SPICILEGIUM SACRUM LOVANIENSE
ÉTUDES ET DOCUMENTS
FASCICULE 40

THÉORIE DE LA PROPHÉTIE ET PHILOSOPHIE DE LA CONNAISSANCE

AUX ENVIRONS DE 1230

LA CONTRIBUTION D'HUGUES DE SAINT-CHER
(Ms. Douai 434, Question 481)

ÉDITION CRITIQUE
AVEC INTRODUCTION ET COMMENTAIRE

PAR

Jean-Pierre TORRELL O.P.

LEUVEN   LOUVAIN
SPICILEGIUM SACRUM LOVANIENSE
RAVENSTRAAT 112

1977

SPICILEGIUM SACRUM LOVANIENSE
ÉTUDES ET DOCUMENTS

POUR SERVIR A L'HISTOIRE DES DOCTRINES CHRÉTIENNES DEPUIS LA FIN
DE L'ÂGE APOSTOLIQUE JUSQU'A LA CLÔTURE DU CONCILE DE TRENTE

DIRECTION :

J. GEENEN, O. P., Professeur à la Pontificia Università S. Tommaso, Rome.
A. VAN ROEY, Professeur à l'Université Catholique, Louvain.

ADMINISTRATION :

A. H. THOMAS, O. P., Ravenstraat 112, 3000 Leuven.

Le SPICILEGIUM SACRUM LOVANIENSE comprend un triple genre de travaux qui paraissent en série unique :

1º les *Études* : travaux d'ordre critique, historique, littéraire ou doctrinal, sur les écrivains, les œuvres ou les idées de la période indiquée ;

2º les *Textes* : publication de textes inédits, originaux ou versions anciennes, et réédition critique de ceux pour lesquels pareil besoin se fait sentir, soit dans la période patristique, soit dans la période médiévale ;

3º les *Documents* ou *Instruments de travail* : travaux d'approche, nécessaires ou utiles à qui veut préparer l'édition d'un ouvrage, pénétrer son contenu ou apprécier l'étendue et les raisons de son influence et de sa diffusion.

La souscription à *tous* les fascicules à paraître, prise au Bureau de l'Administration (*Spicilegium sacrum Lovaniense*, Ravenstraat 112, B-3000 Leuven ; C. C. P. 5657.22), donne droit à une remise de 20% sur les prix. Les fascicules sont payables après réception.

THÉORIE DE LA PROPHÉTIE ET PHILOSOPHIE DE LA CONNAISSANCE

AUX ENVIRONS DE 1230

D/1977/0830/01
Tous droits de reproduction, d'adaptation et de traduction réservés pour tous pays.

SPICILEGIUM SACRUM LOVANIENSE
ÉTUDES ET DOCUMENTS
FASCICULE 40

THÉORIE DE LA PROPHÉTIE ET PHILOSOPHIE DE LA CONNAISSANCE
AUX ENVIRONS DE 1230

LA CONTRIBUTION D'HUGUES DE SAINT-CHER
(Ms. Douai 434, Question 481)

ÉDITION CRITIQUE
AVEC INTRODUCTION ET COMMENTAIRE

PAR

Jean-Pierre TORRELL O.P.

LEUVEN   LOUVAIN
SPICILEGIUM SACRUM LOVANIENSE
RAVENSTRAAT 112

1977

BS
1198
.H8314
1977
cop.2

INTRODUCTION

1. Un témoin de l'activité scolaire aux environs de 1230

Le manuscrit de *Douai 434* est bien connu des médiévistes. C'est en 1933 déjà que Dom Odon Lottin publiait la première étude de quelque importance consacrée à cette célèbre collection [1]. Il avait pour but de dresser un catalogue complet de quelque 150 questions dont une indication du manuscrit permettait d'identifier l'auteur. Par ce travail, antérieurement ébauché par d'autres chercheurs [2], O. Lottin donnait pour ce recueil la preuve d'un intérêt qui ne devait pas se démentir tout au long de sa carrière [3].

Au témoignage même de son auteur, cette première étude est maintenant « largement dépassée par le minutieux inventaire que Mgr P. Glorieux a fait de toute la collection » [4]. Ce dernier, en effet, en un travail fondamental, a publié en 1938 une description complète et soignée du contenu des deux premiers tomes du

---

1. O. LOTTIN, *Quelques « Quaestiones » de maîtres parisiens aux environs de 1225-1235*, dans *Recherches de théologie ancienne et médiévale*, V (1933), pp. 79-95.
2. Franz PELSTER, *Literargeschichtliches zur Pariser theologischen Schule aus den Jahren 1230 bis 1256*, dans *Scholastik*, V (1930), pp. 46-78. L'auteur communiquait à titre provisoire (pp. 69-72) la liste de quelques auteurs qu'il avait identifiés et souhaitait une étude plus poussée de ce manuscrit, dont il soulignait l'importance pour cette période précédant l'épanouissement de la grande scolastique. Un an plus tard, dans une nouvelle étude: *Forschungen zur Quästionenliteratur in der Zeit des Alexander von Hales*, dans *Scholastik*, VI (1931), pp. 321-353, il mentionnait du nouveau le *Douai 434* et donnait quelques précisions sur Guiard de Laon et Eudes de Châteauroux, dont ce manuscrit contient quelques questions (cf. pp. 345-350). Pour sa part, P. GLORIEUX, *Répertoire des maîtres en théologie de Paris au XIIIe siècle*, Paris, 1933, avait lui aussi donné de nombreuses indications concernant le contenu de ce manuscrit; cf. table des manuscrits, t. II, p. 470.
3. Il suffit de consulter la table des manuscrits de chacun des tomes de *Psychologie et morale aux XIIe et XIIIe siècles* (6 t., Gembloux, 1942-1960) pour s'en apercevoir; cf. en particulier t. IV, p. 877. Nous citerons désormais cet ouvrage en abrégé: PM.
4. O. LOTTIN, PM, VI, p. 137.

Douai 434 [5]. Chacune des pièces renfermées dans ces deux premiers tomes a été exactement décrite avec son titre s'il y a lieu, son *incipit* et son *explicit* ; elles ont également reçu un numéro d'ordre, et c'est d'après cette numérotation commode qu'on les cite désormais [6].

P. Glorieux accompagnait cet inventaire d'une présentation technique du manuscrit sur laquelle nous n'avons pas à nous étendre, mais dont nous retiendrons pourtant quelques données qui sont de nature à éclairer notre travail. En effet, parmi les douze mains différentes dont on peut repérer l'écriture dans ce recueil, il en est une (*m*) qui a une importance particulière. P. Glorieux y voit la main de l'organisateur du recueil, celui qui en a fait un tout ordonné et non pas une quelconque suite de copies de diverses œuvres. La présence de ce personnage tout au long de ce travail constitue un élément précieux pour déterminer le caractère et la date de composition du recueil. Elle suppose en effet que ce travail s'est accompli en un temps relativement bref [7].

Ce premier élément important pour la datation du recueil se trouve aussitôt complété par un autre plus précis : les auteurs

---

5. P. GLORIEUX, *Les 572 Questions du manuscrit de Douai 434* (*Description du tome I*, dans *Recherches de théol. anc. et méd.*, X (1938), pp. 123-152 ; *Description du tome II*, *ibid.*, pp. 225-267). Le manuscrit se composait originellement de quatre tomes, dont le quatrième est maintenant perdu. Il provient de l'abbaye d'Anchin et a été écrit par diverses mains du XIIIe siècle. Cf. aux pp. 124-125 la description donnée par le *Catalogue général des manuscrits des bibliothèques publiques des départements de France. Bibliothèque de Douai*, t. VI, 1878, in-4°, pp. 246-249.

6. On a relevé depuis une nouvelle question que P. Glorieux avait omise dans son inventaire. Il s'agit d'une question sur le corps mystique, située au folio 338r-v du t. II, entre les numéros 525 et 526 de P. Glorieux. Cf. les *Prolegomena* à l'édition des *Quaestiones disputatae « Antequam esset frater »* d'ALEXANDRE DE HALÈS, Quarachi, 1960, t. I, p. 15*, note 5.

7. L'écriture de *m* « revient fréquemment au cours de ce recueil, soit pour compléter certaines questions, soit pour utiliser les vides qui subsistent, soit pour ajouter son apport personnel à la collection. A n'en pas douter, *m* représente l'organisateur et l'ordonnateur de cette compilation. Il fait travailler par divers copistes (toutes les autres écritures : m^1, m^2, etc.) dont il interrompt le travail de transcription (par exemple aux fol. 39d, 46b, 56b, 62d, 76c) ; qu'il complète (v.g. 35c) ou à qui il passe la main (f. 38c, 124b, 128c). Il dispose lui-même de ses cahiers (voir le cas du cahier 46-58 qu'il enfle) ou des blancs qui y demeurent (voir ses divers renvois). C'est lui très certainement qui fait l'unité dans le recueil. Il faudra donc s'appuyer particulièrement sur lui et essayer d'interpréter correctement son témoignage, quand on essaiera de déterminer le mode et le temps de composition de tout l'ouvrage » (*Les 572 Questions*, pp. 151-152).

qui sont ainsi rassemblés. A quelques exceptions près, ils sont tous d'une époque bien délimitée, et parfois même strictement contemporains. C'est ainsi que P. Glorieux pouvait identifier : Arnould de la Pierre, Étienne Bérout, Philippe le Chancelier, Durham, Guillaume d'Auxerre, Guiard de Laon, Hugues de Saint-Cher, Odo, Pierre de Bar, Petrus Parvus, pour ne mentionner que ceux qu'il pensait pouvoir avancer avec assez de certitude [8]. Pour d'autres questions, l'auteur reconnaissait son hésitation, et même son ignorance. Comme naguère O. Lottin, il signalait l'importance d'un « énigmatique personnage » désigné par la lettre G. [9].

Des travaux ultérieurs viendraient confirmer ou infirmer certaines de ces attributions, mais à quelques années près, la situation générale que P. Glorieux assignait au recueil dans l'histoire de la pensée au XIIIe siècle, serait acceptée par les médiévistes. En une première approximation, il proposait comme date la « période qui suivit immédiatement la grande grève scolaire, entre 1230 et 1235-37 » [10] ; après avoir énuméré l'ensemble des auteurs identifiables, il revenait sur cette question à la fin de son article pour conclure dans le même sens [11].

Trois indices précis lui permettaient cette assurance. Il s'agit d'abord d'une époque où le Chancelier de l'Université de Paris est Philippe ; ce ne peut donc être après le 23 décembre 1236, date de sa mort. Par ailleurs, Hugues de Saint-Cher reçoit le nom de Maître dans les questions qui lui sont attribuées ; or il ne reçut ce titre qu'en 1230. Enfin, ce recueil contient un très grand nombre de questions de maîtres séculiers ; or la grève scolaire empêcha leur enseignement de mai 1229 à avril 1231 ; donc c'est après cela qu'il faut situer la constitution du recueil [12].

Il ne faut pas se méprendre sur ces dates, elles signifient que « la compilation du recueil se place entre 1231 et 1236 » [13]. Elles n'excluent pas la présence dans cette collection de pièces

---

8. Cf. *ibid.*, pp. 251-259.
9. *Ibid.*, p. 259 ; cf. O. LOTTIN, *Quelques « Quaestiones »*, pp. 89-94.
10. *Les 572 Questions*, p. 123.
11. « Le contenu de *Douai 434* se rapporte, croyons-nous, à l'enseignement des maîtres de Paris, au cours des années 1231-1235 » (*ibid.*, p. 262).
12. Nous reprenons ici les arguments et parfois même les termes de P. Glorieux (*ibid.*, p. 260).
13. *Ibid.*, p. 262 ; nous soulignons.

antérieures à cette période ; l'auteur lui-même en donne quelques exemples [14]. Mais ne faudrait-il pas aussi envisager l'inclusion de pièces postérieures à ces dates si précises [15] ? D'autres travaux pourront peut-être répondre à cette question ; pour l'instant, nous pouvons considérer le résultat global comme acquis : la majorité de ces textes nous reportent à l'époque qui précède immédiatement la grande scolastique.

Parmi les divers travaux qui toucheront par la suite de plus ou moins près au *Douai 434* [16], il faut faire une place à part à l'importante contribution du Père Victorin Doucet [17]. Parcourant en tous sens ce manuscrit à la recherche des inédits d'Alexandre de Halès, il avait pu faire d'intéressantes observations qu'il communiquait sous cinq chefs principaux.

---

14. « Les questions de Langton et de son école, la *Summa contra hereticos* de Prévostin, les *Sentences* d'Isidore... » (*ibid.*). C'est un point que Dom Lottin n'a pas manqué de souligner ; cf. v.g. *Bull. de théol. anc. et méd.*, VI (1950-1953), n° 169, p. 54 ; *ibid.*, VII (1954-1957), n° 1423, p. 352.

15. Il faut en effet souligner un détail qui affaiblit quelque peu la force probante des raisons de P. Glorieux. En marge d'un sermon contenu dans le recueil (n° 54, t. I, f. 57ra), le copiste *m*, dont on a dit ci-dessus qu'il est l'artisan de l'ouvrage, a inscrit de sa main : *Anno XLI°* (i.e. 1241) *hoc predicavi populo suess(ionensi) in ramis palmarum* (d'après O. LOTTIN, *Quelques « Quaestiones »*, p. 78, n. 1). O. Lottin concluait de cette indication que « la transcription d'un grand nombre de textes du manuscrit 434 de Douai est donc postérieure à cette date » (*ibid.*). Cette annotation du manuscrit n'a pas échappé à P. Glorieux, mais il croit y voir une allusion à l'âge de l'auteur, non à l'année 1241 (cf. *Les 572 questions*, p. 263). A notre connaissance, O. Lottin n'est pas revenu sur cette question, mais on peut ajouter qu'un autre médiéviste de classe lit cette indication de la même manière que lui (cf. V. DOUCET, p. 540 de l'art. cité ci-dessous, note 17). Sans vouloir ici départager les auteurs en présence, il était utile de signaler que la question reste ouverte.

16. Signalons les plus importants de ces travaux : H. BETTI, *Animadversiones in opera Guidonis de Orchellis* (dans *Antonianum*, XXIV (1949), pp. 43-64), a attribué avec certitude 17 questions du *Douai 434* à Guy d'Orchelles (numéros 166-182, t. I, f. 91a-93c). Celui-ci a enseigné aux environs de 1217-1220 et ne semble pas avoir connu la *Summa aurea* de Guillaume d'Auxerre ; cela souligne la présence dans le *Douai 434* de pièces antérieures à 1230. — D. VAN DEN EYNDE, *Nouvelles questions de Hugues de Saint-Cher* (dans *Mélanges Joseph de Ghellinck*, Gembloux, 1951, pp. 815-835) a pu établir la paternité du maître dominicain sur les qq. 428-432 du *Douai 434* (t. II, f. 78ra-82rb). — O. LOTTIN, *Quelques « Quaestiones » de la collection de Douai 434* (dans PM, t. VI, 1960, pp. 137-148) ; dans cette reprise d'études antérieures remaniées, l'auteur attribue quatre questions à Godefroid de Poitiers (t. II, f. 26vb-29ra) et trois autres à Hugues de Saint-Cher (t. I, f. 108ra-109ra).

17. V. DOUCET, *A travers le manuscrit 434 de Douai*, dans *Antonianum*, XXVII (1952), pp. 531-580.

Il établissait d'abord, plus clairement que ne l'avait fait P. Glorieux, le caractère particulier du manuscrit : non pas simple reproduction de textes donnés, mais recueil et compilation personnelle, analogue à ces cahiers d'étudiant ou d'auteur, où l'on rencontre aussi bien des textes complets que des résumés, des extraits d'ouvrages divers, des notes de cours, et même des ébauches et des brouillons de travaux personnels [18]. Comme exemple de notes de cours, V. Doucet évoquait le numéro 130, bref texte de 18 lignes, qui nous transmet le schéma d'une Question disputée de Guiard de Laon sur la prophétie [19]. Pour illustrer l'aspect extrait, ébauche, brouillon et, en tout cas, important remaniement personnel, on peut renvoyer au numéro 540, texte qui a également la prophétie pour sujet, et que nous avons publié ailleurs [20].

En second lieu, V. Doucet se mettait « sur les traces du compilateur de Douai 434 » [21]. Rassemblant les indices qu'il avait lui-même recueillis et les joignant aux constatations déjà faites par O. Lottin et P. Glorieux, il formulait une hypothèse aussi séduisante qu'apparemment bien établie et proposait de voir dans le mystérieux G. l'auteur de l'écriture *m* — l'identifiant ainsi comme le maître d'œuvre du *Douai 434*. G. ne serait donc pas un maître en exercice (ce titre de maître ne lui est jamais donné), mais un compilateur, le compilateur du *Douai 434*, — toutes ces questions copiées, abrégées, remaniées par lui, étant au moins le signe de son intérêt pour les choses philosophiques et théologiques. Faisant un pas de plus, et rapprochant l'indication du manuscrit suivant laquelle le n° 54 est un sermon prêché à Soissons en 1241, d'un autre texte dans lequel l'auteur s'identifie comme étant lui-même de cette ville [22], V. Doucet proposait de voir en « G. de Soissons » le personnage qui nous a laissé le recueil.

En un troisième temps de son article, V. Doucet éditait ce qu'il appelait « la perle de Douai 434 » : un *sermo in curia romana*, « *Sedens in cathedra* », de 1228, qu'il attribuait à Philippe le

---

18. *Ibid.*, pp. 532-544.
19. *Ibid.*, p. 543.
20. *La Question 540 (De prophetia) du manuscrit de Douai 434*, dans *Antonianum*, XLIX (1974), pp. 499-526.
21. *A travers*, pp. 544-552.
22. Q. 187, f. 95a, où l'auteur assure que le chef de saint Jean-Baptiste se trouve *apud nos Suessione*. Cf. *ibid.*, p. 550.

Chancelier, et qui nous donne un écho des péripéties qui précédèrent la nomination de Guillaume d'Auvergne comme évêque de Paris, le 10 avril 1228 [23].

L'auteur en venait ensuite aux « Questions de Maître A ». P. Glorieux avait cru pouvoir identifier ce personnage comme étant Arnould de la Pierre. V. Doucet montre péremptoirement que ce n'est pas possible : il en fait la preuve à partir de la Q. 476 dont l'auteur combat la pluralité des bénéfices, alors qu'Arnould de la Pierre en était au contraire un défenseur connu [24]. Rejoignant ainsi par une autre voie les recherches antérieures de Damien Van den Eynde [25], V. Doucet établissait que ces questions ont Hugues de Saint-Cher pour auteur. Ce faisant, il augmentait considérablement « l'héritage littéraire » du maître dominicain, portant à quelque trente-cinq les questions de cet auteur contenues dans le *Douai 434* [26]. Parmi elles se trouve notamment la Q. 481, objet de notre travail.

En cinquième et dernier lieu, V. Doucet faisait enfin part de sa déception : contrairement à ce qu'il espérait, le *Douai 434* ne contient que très peu de choses d'Alexandre de Halès. Cette absence même n'est pas sans signification pour la date du recueil. Ce dernier contient une majorité de textes des environs de 1230, or « de 1229 à 1232 Alexandre a dû quitter l'enseignement pour s'occuper d'affaires ecclésiastiques ». C'était précisément le moment où la jeune école dominicaine, dont Hugues de Saint-Cher fut le deuxième maître, commençait son enseignement « et Douai 434 n'est qu'un nouveau témoin de l'enthousiasme suscité dans le monde universitaire parisien par cette innovation » [27]. La date proposée par P. Glorieux se trouve donc globalement confirmée par les travaux de V. Doucet. Ce dernier toutefois anticiperait légèrement la date du *terminus a quo* qu'il placerait avant 1229 [28].

---

23. *Ibid.*, pp. 551-557.
24. *Ibid.*, p. 559.
25. Cf. ci-dessus, note 16.
26. « Aux neuf questions que lui attribue le manuscrit (nn. 234, 261, 263-264, 268-271, 285), aux cinq ou six autres que lui a restituées le P. Van den Eynde (nn. 428-433), s'ajoutent maintenant les qq. 27, 36, 290, 427, 470-481, plus les quelques autres que nous avons signalées et qui demanderaient peut-être à être contrôlées (nn. 26, 28, 31, 35, 118, 129) » (*A travers*, p. 568).
27. *Ibid.*, p. 580.
28. Le manuscrit contient en effet des questions de Guillaume de Durham (cf. *Les 572 Questions*, p. 256), qui est « un des maîtres anglais qui laissèrent défini-

Après cet article de V. Doucet, le manuscrit de *Douai 434* sera encore l'objet d'études de détail que nous aurons à mentionner, mais aucun autre travail d'ensemble ne lui sera plus consacré. Nous pouvons arrêter ici ces généralités et en venir à des considérations plus proches de notre sujet.

2. Six textes sur la prophétie

Parmi les 572 questions du manuscrit, il en est six qui sont consacrées à la prophétie. Contrairement à ce que l'on penserait au premier abord, elles ne sont pas forcément le signe d'un intérêt particulier porté à cette question aux environs de 1230 [29]. Mais la présence de plusieurs textes sur le même sujet n'en est pas moins précieuse pour notre propos. A simplement les parcourir, on s'aperçoit déjà qu'ils se divisent en deux groupes comprenant chacun trois questions.

De fait, le premier de ces deux groupes est assez hétéroclite ; nous y rangeons les QQ. 130, 241, 490. Le critère qui nous a guidé pour les rapprocher est moins la ressemblance que la dissemblance. Si l'on excepte leur brièveté et le fait que deux d'entre elles soient des reportations, le seul point qui leur est commun c'est qu'elles diffèrent des trois autres qui, elles, ont un air de famille incontestable, tant au point de vue littéraire que doctrinal. Mais avant d'en venir à ce deuxième groupe qui nous retiendra plus longuement, il faut dire un mot de chacun des éléments du premier.

Le numéro 130 est un de ceux dont l'auteur peut être identifié avec certitude grâce aux indications du manuscrit. Il s'agit

---

tivement Paris pour Oxford à l'occasion de la grève scolaire de 1229 » (*A travers*, pp. 543-544). Il faut donc, pense V. Doucet, que ces questions aient été entendues et reportées avant ce départ. — L'argument est-il si contraignant ? — Il y a bien des questions dans ce recueil antérieures à cette date ; faudra-t-il donc pour autant modifier les dates de compilation du recueil ? V. Doucet connaît également la date de 1241 et en tire le parti que l'on sait, mais n'en prend pas argument concernant le *terminus post quem*.

29. Le recueil renferme nombre d'autres questions ainsi répétées plusieurs fois : *De raptu Pauli* (230, 260, 338, 480) ; *De dotibus* (*animae* : 14, 271, 551, 565 ; *corporis* : 133, 270, 410, 416) ; *De visione Dei* (9, 20, 256, 441, 499, 531). On trouvera dans la « table idéologique » dressée par P. GLORIEUX de nombreux autres exemples (cf. *Les 572 Questions*, pp. 265-267).

d'une *reportatio* d'une Question débattue par Guiard de Laon [30], faite de la main même du compilateur de Douai. Ce texte, très bref, est partiellement reproduit par V. Doucet comme un exemple de la manière dont travaillait ce personnage [31]. On le sait, le manuscrit de Douai contient treize questions du même Guiard [32]; jointes à celles déjà connues par ailleurs, elles constituent un ensemble non négligeable pour la connaissance de cet auteur [33]. Mais à vrai dire, si l'une ou l'autre notation permet de saisir sa position sur la prophétie, le schématisme de ces « notes de cours » ne permet guère d'en tirer des conclusions définitives.

La Question 241 [34] appartient à ce même genre de la *reportatio* et elle aussi a été recopiée de la même main [35]. Un peu plus développée que la Q. 130 (vingt-six lignes), elle laisse transparaître une doctrine originale à laquelle nous renverrons à l'occasion. Elle appartient malheureusement à ce lot de questions anonymes que renferme encore le recueil. Il ne semble pas en effet qu'on puisse accepter la suggestion de P. Glorieux et voir dans le mystérieux G. l'auteur de ce texte. C'est à plus

---

30. m.G. de L. (= *magister Guiardus de Lauduno*): *De prophetia* (A, f. 77vb); cf. P. GLORIEUX, *Les 572 Questions*, pp. 138, 257.

31. *A travers*, p. 543 : « De simples notes,... que le compilateur a jetées là pour mémoire au sortir des disputes qu'il venait d'entendre ».

32. Cf. *Les 572 Questions*, p. 257.

33. En fait, les limites de l'œuvre attribuée à Guiard de Laon ont été sujettes à fluctuation. F. PELSTER (*Les « Quaestiones » de Guiard de Laon dans « Assise, Bibl. Comm. 138 »*, dans *Recherches de théol. anc. et méd.*, V (1933), pp. 369-390) avait cru pouvoir en identifier 74. Mais une critique serrée de la « méthode des formules » employée par cet auteur, réduisit d'abord ce chiffre de moitié. Voir F.-M. HENQUINET, *Les écrits du Frère Guerric de Saint-Quentin O.P.*, dans *Recherches...*, VI (1934), pp. 184-214, 284-312, 394-410; voir plus spécialement : pp. 194-195, 209, n. 78, 286-312, 394-403. Finalement, ce sont seulement trois questions de Guiard qui demeurent incontestées dans ce manuscrit d'*Assisi, Bibl. com. 138* (nn. 29, 30, 31). Cf. F.-M. HENQUINET, *Notes additionnelles sur les écrits de Guerric de Saint-Quentin*, dans *Recherches...*, VIII (1936), pp. 369-388. A cela il faut ajouter diverses autres questions et un ensemble considérable de sermons dont l'inventaire a été dressé par P. C. BOEREN, *La vie et les œuvres de Guiard de Laon, 1170 env. - 1248*, La Haye, 1956. Ce dernier auteur a éclairci maintes questions concernant la biographie de Guiard (dates de son enseignement : de 1222 à 1238; chancelier de l'Université de Paris en 1237; évêque de Cambrai un an plus tard), mais nombre de ses affirmations gratuites ont été réduites à néant par la critique décisive de N. WICKI, *Guiard von Laon*, dans *Freiburger Zeitschrift für Philosophie und Theologie*, X (1963), pp. 116-123.

34. *Douai 434*, I, f. 104va.

35. Cf. *Les 572 Questions*, pp. 145, 151.

juste titre que V. Doucet le désigne comme le compilateur qui l'a consigné sur ses cahiers [36].

Le troisième texte de ce groupe porte le n° 490 [37]. Sa brièveté (deux colonnes) le rapproche des numéros 130 et 241, mais il s'en distingue par le fait qu'il ne semble pas être une *reportatio* ; sans être d'une forme très achevée, il est pourtant plus proche d'un texte complètement rédigé. On ne peut cependant pas le rapprocher des textes du deuxième groupe, car il n'envisage qu'une infime partie de la matière traitée par eux. Son style et son point de vue original (l'auteur parle d'une double vérité dans certaines prophéties, là où les autres parlent plutôt d'un double sens), permettent de se demander si cette particularité ne serait pas à l'origine de sa présence dans le recueil de Douai : le compilateur n'aurait recueilli d'une question plus vaste que ce passage qui l'aurait spécialement intéressé. Ce texte n'a fait jusqu'ici l'objet d'aucune tentative d'attribution [38].

Ce n'est pas seulement l'étendue matérielle des trois autres questions (107-113, 481, 540) qui invite à leur réserver un traitement à part ; c'est leur commune inspiration qui contraint à les rapprocher. Cette proximité de contenu se détecte par une étroite parenté littéraire entre les QQ. 481 et 540 ; elle est si forte que P. Glorieux voyait dans la seconde un doublet de la première [39]. Plus perspicace, V. Doucet l'identifiait plutôt comme un extrait de la *Summa de bono* de Philippe le Chancelier ; ce que la mise en parallèle des deux textes semblait appuyer de manière éclatante [40]. En fait, les deux positions ont leur part de vérité : si P. Glorieux avait eu le loisir de pousser son

---

36. Cf. *A travers*, p. 543.

37. B. f. 144rb-vb ; signalons que nous nous écartons ici de la pagination donnée par Glorieux (= 291b-292b). La raison de cette différence vient du fait que ce tome est l'objet d'une double pagination : l'une au composteur, celle que nous suivons, et d'après laquelle on en obtient photocopie auprès de l'Institut de recherche et d'histoire des textes de Paris ; l'autre au crayon, celle qu'a suivie Glorieux, qui le signale dans *Les 572 Questions*, p. 239. La même remarque vaut pour la Q. 540.

38. Nous pensons pouvoir éditer prochainement le texte de ces trois premières questions (130, 241 et 490) ; pour autant que la chose sera possible, nous essaierons à ce moment-là de mieux les situer dans le contexte contemporain.

39. Cf. *Les 572 Questions*, pp. 251-254. Le texte de la Q. 540 se trouve en B, f. 181va-182va (pagination Glorieux = 364a-366a). Nous avons publié ce texte accompagné de l'étude à laquelle nous renvoyons ci-dessus, note 20.

40. Cf. *A travers*, pp. 534, 536-538.

étude, il n'aurait pas manqué de s'apercevoir que la parenté qui existe entre la Q. 540 et la Q. 481 s'explique par une commune dépendance des deux textes à l'égard de Philippe. Dépendance telle que certains passages de Philippe pourraient être intégralement restitués à partir des extraits qu'en font les deux autres [41]. C'est en quoi la thèse de V. Doucet est exacte pour la majeure partie de la Q. 540 ; mais elle ne tient pas compte du fait que cet abrégé du texte de Philippe contient des modifications sensibles d'un auteur qui en a fait une œuvre personnelle. S'agit-il d'un plagiaire qui se démarque comme il peut de l'auteur qu'il pille, ou bien de quelqu'un qui essaie d'assimiler personnellement ce qu'il retranscrit en y ajoutant de son propre cru ? ... La chose est difficile à trancher, mais nous pensons du moins avoir montré que cet auteur est le compilateur même du *Douai 434* [42].

Quant au dernier texte que nous avons à présenter brièvement, il a reçu les numéros 107-113 dans la description de P. Glorieux [43], qui l'a publié comme une partie de l'ensemble qu'il a dénommé *Summa Duacensis* [44]. Ce troisième texte du groupe est certainement moins proche des deux premiers que ceux-ci ne le sont entre eux, mais la ressemblance de contenu est assez frappante pour que nous ayons dû nous interroger à ce sujet. Or, de même que nous avons été conduit à placer Philippe le Chancelier à la source des QQ. 481 et 540, ainsi avons-nous dû conclure à la dépendance de Philippe à l'égard de la *Summa Duacensis* [45]. L'antériorité de ce texte à l'égard de la *Summa de bono* était une réalité déjà reconnue, admise aussi bien par P. Glorieux

---

41. Nous en donnons des exemples plus loin à propos de la Q. 481.

42. Cf. l'article signalé ci-dessus, note 20, où l'on trouvera notamment des exemples de cette utilisation de la *Summa de bono* dans la Q. 540.

43. *Les 572 Questions*, p. 137 ; il s'agit de A, f. 69ra-70ra ; la copie du texte est inachevée, mais il ne manque vraisemblablement pas plus de quelques lignes.

44. *La « Summa Duacensis » (Douai 434)*, texte critique avec une introduction et des tables, publié par Mgr P. GLORIEUX (coll. Textes philosophiques du moyen âge, II), Paris, 1955 ; le *De prophetia* occupe les pp. 123-139. C. VAN-STEENKISTE (dans *Angelicum*, XXXIV (1957), pp. 331-334) a relevé dans cette édition de nombreuses erreurs de lecture et coquilles typographiques. Pour les pages qui nous occupent, il proposait deux corrections : l'une d'elles aurait pu faire l'objet d'une conjecture, mais le manuscrit dit bien *in quid*, non *inquit* (p. 131, ligne 11) ; quant à la seconde (p. 130, ligne 2), nous lisons avec Glorieux *taliter ullum* et non *totaliter nullum* comme le propose C. Vansteenkiste, sans avoir pu vérifier sur le manuscrit ; cf. sa recension, p. 332.

45. Cf. *La « Summa Duacensis » et Philippe le Chancelier. Contribution à l'histoire du traité de la prophétie*, dans *Revue thomiste*, LXXV (1975), pp. 67-94.

que par V. Doucet. Seule l'identification de l'auteur faisait encore problème : pour P. Glorieux, c'est un personnage différent de Philippe [46]; pour V. Doucet, Philippe est l'auteur des deux textes, la *Summa Duacensis* n'étant que le premier jet — le brouillon même — de la *Summa de bono* [47]. Pour notre part, nous avons rejoint par d'autres voies les conclusions de P. Glorieux, et nous considérons comme établi avec toute la certitude possible en pareille matière que les deux textes remontent bien à deux personnages différents — sans toutefois avoir pu identifier l'anonyme de Douai.

3. Une *Quaestio disputata*

La Question 481 est le plus important de nos textes, non seulement en raison de son étendue matérielle ou de son contenu doctrinal, mais également du point de vue de sa construction technique. En effet, tant par sa structure que par les personnages qui y participent, elle se présente selon le schéma de la *Quaestio disputata*. Or, si de nombreux auteurs ont étudié l'histoire de la Question disputée avant ou après cette période, il n'existe rien à notre connaissance sur les années 1230-1235. Il sera donc utile de consacrer quelques pages au genre littéraire de notre texte pour mettre en lumière son intérêt comme témoin de la méthode d'enseignement à cette époque. Du même coup nous mettrons en relief ses grandes articulations et ainsi nous introduirons à sa lecture directe [48].

---

46. P. GLORIEUX, *La Summa Duacensis*, dans *Recherches de théol. anc. et méd.*, XII (1940), pp. 104-135.
47. V. DOUCET, *A travers*, pp. 540-541.
48. Le plus récent auteur qui se soit intéressé à ce sujet, Hiram PERI (*Die scholastische Disputation*, dans *Romanica et Occidentalia. Études dédiées à la mémoire de Hiram Peri (Pflaum)*, édité par M. LAZAR, Jérusalem, 1963, pp. 349-368), a fait remarquer qu'aucun ouvrage spécial n'a été consacré à la *quaestio disputata* malgré son importance. Il est néanmoins possible de retracer les grandes lignes du développement de cette institution essentielle à la vie scolaire du moyen âge. R.-M. MARTIN (*Œuvres de Robert de Melun*, t. I: *Questiones de divina pagina* (Spic. sacrum Lov., 13), Louvain, 1932, pp. XXXIV-XLVI) a proposé une esquisse de cette histoire, dont Robert de Melun représente un des premiers jalons (à Melun vers 1142; A. LANDGRAF, *Quelques collections de « Quaestiones » de la seconde moitié du XIIe siècle*, dans *Recherches de théol. anc. et méd.*, VI (1934), pp. 368-393; VII (1935), pp. 113-128, s'est plu à donner son accord aux vues de R.-M. Martin; cf. pp. 122-123). La « question » est à cette époque étroitement liée à la leçon du Maître; il en est encore ainsi quelque vingt

La Question disputée comporte, on le sait, quatre éléments. Les auteurs, souvent, n'en mentionnent que trois, car le premier n'est qu'un préalable très bref : l'énoncé d'une question qu'un Maître soumet à la discussion, soit à l'usage interne de ses élèves qu'il s'agit d'initier ou de parfaire à la pratique de l'argumentation, soit en une réunion publique à laquelle participent maîtres et étudiants des autres écoles. Cette donnée proposée au débat se retrouve très clairement sous la forme d'une alternative dans les premières lignes de notre Question (p. 3, n° 1). Viennent ensuite les trois autres étapes obligées : 1) une série d'arguments pour ou contre la thèse en discussion, et qui a

---

ans plus tard, vers 1164, chez Odon de Soissons (ou d'Ourscamp ; cf. J. B. PITRA, *Analecta novissima. Spicilegii Solesmensis altera continuatio*, t. II : *Tusculana*, Tusculum, 1888, introduction, pp. IX-XX ; textes, pp. 4-187). Mais chez Simon de Tournai, dont l'enseignement se situe dans le dernier tiers du XIIe siècle, la « question » est désormais « un grand exercice scolaire prenant la place d'une leçon magistrale » (J. WARICHEZ, cf. ci-dessous, p. XLIV). Simon est un témoin aussi précieux pour l'histoire de la méthode scolastique que pour la liste des sujets débattus à cette époque ; la prophétie s'y trouve en bonne place. Cf. J. WARICHEZ, *Les « Disputationes » de Simon de Tournai* (Spic. sacrum Lov., 12), Louvain, 1932, pp. XLIII-LII, pour le déroulement des questions ; textes sur la prophétie, *Disp.* XXXV, q. II et III, pp. 103-106 ; *Disp.* LXVI, q. II, pp. 183-185 ; *Disp.* C, q. VI, pp. 291-294. M. GRABMANN (*Die Geschichte der scholastischen Methode*, t. II, Freiburg i.B., 1911, pp. 543-544) avait déjà souligné la place exceptionnelle qui revient à Simon dans l'histoire de la Question disputée.

Il n'existe malheureusement pas d'étude consacrée à la période qui nous occupe (deuxième quart du XIIIe siècle). Toutefois P. MANDONNET (*Les questions disputées de saint Thomas d'Aquin*, introduction à *S. Thomae Aquinatis Quaestiones disputatae*, Paris, 1926, pp. 7-8) fixe en 1215, ou au plus tard en 1231, l'apparition officielle de la question disputée ordinaire, qui se tenait tous les samedis (selon H. PERI, p. 353), ou tous les quinze jours (selon L. HÖDL, dans *Lexikon für Theologie und Kirche*, t. VIII, c. 925), à l'Université de Paris. La fréquence de cet exercice en faisait l'équivalent d'une corvée dont les Maîtres se dispensaient volontiers (H. PERI, p. 354), d'où les prescriptions qui les y obligeaient. Cf. H. DENIFLE-A. CHÂTELAIN, *Chartularium Universitatis Parisiensis*, t. II, Paris, 1891, p. 698 (17).

Il n'en allait pas de même pour les disputes solennelles *de quolibet* (*quaestiones quodlibetales*) qui, bien que plus tard venues, éclairent par de nombreux traits l'histoire et la structure des questions ordinaires. Elles se tenaient deux fois l'an à Paris, à Pâques et à Noël, et leurs allures de tournoi en faisaient un spectacle apprécié (cf. P. GLORIEUX, *La littérature quodlibétique*, t. II [Bibl. thom., XXI], Paris, 1935, pp. 28-36, qui précise les rapports entre les deux genres de disputes ; à compléter par A. TEETAERT, *La littérature quodlibétique*, dans *Ephemerides theol. lovan.*, XIV (1937), pp. 75-105 ; l'étude de L. MEIER, *Les disputes quodlibétiques en dehors des Universités*, dans *Revue d'hist. ecclés.*, LIII (1958), pp. 401-442, décrit la situation au XVe siècle en Allemagne, et ne présente donc pas d'intérêt pour nous).

pour but de faire progresser la recherche de la solution par les procédés de la dialectique [49] ; 2) la *determinatio magistralis*, c'est-à-dire la réponse détaillée donnée par le Maître à la question qu'il avait lui-même posée, et qui était habituellement remise à une autre séance [50] ; 3) enfin les réponses aux objections soulevées dans la discussion précédente [51].

La mise en ordre rédactionnelle de cet ensemble a sûrement enlevé à notre question quelque chose de la spontanéité qui a dû présider à son jaillissement [52], mais cette structure se retrouve intégralement dans ses deux premiers articles. Nous y retrouvons aussi la trace des personnages qui prennent part à cet échange d'idées. Dès les premières lignes apparaît le *Respondens* (p. 3, n° 1), qui reviendra à plusieurs reprises dans la suite de la discussion (p. 21, 22, 23) ; étudiant plus avancé, ou même bachelier dans les questions débattues en public, sa tâche est de défendre officiellement le point de vue du Maître, de répondre à sa place aux objections avancées — le Maître n'intervenant que pour suppléer aux insuffisances du *Respondens* [53]. On s'en aperçoit à la lecture de notre texte, l'exposé du Maître pouvait rectifier sensiblement et parfois même contredire les assertions de son lieutenant [54].

Face à ce dernier, nous rencontrons l'autre personnage obligé de la dispute, l'*Opponens*, mentionné une seule fois (p. 22), mais à qui nous devons sans doute bon nombre des arguments avancés dans la discussion. C'est à lui, en effet, que revenait la charge de trouver le point faible de la position de son vis-à-vis

---

49. R.-M. MARTIN (*Œuvres de Robert de Melun*, t. I, pp. XXXV-XXXVIII) a bien dégagé le sens de ce débat préliminaire.

50. En général, la discussion avait lieu le matin ; la solution était donnée l'après-midi, ou le lendemain matin, parfois même un autre jour. Cf. en particulier, A. TEETAERT, *La littérature quodlibétique*, pp. 79-83, qui rectifie sur ce point P. Glorieux, pour qui ce dernier usage aurait été réservé aux Quodlibets.

51. M.-D. CHENU (*Introduction à l'étude de saint Thomas d'Aquin*, Montréal-Paris, 1950, pp. 73-77), à la suite de P. Mandonnet (*Revue thomiste*, XXIII (1928), pp. 267-269), a brossé un séduisant tableau du déroulement d'une Question disputée.

52. C'est ainsi que l'énoncé du plan qui ouvre le texte (p. 3), représente le résumé, ordonné *post factum*, de ce qui s'est passé ce jour-là. Les *Disputes* de Simon de Tournai, ou les *Questions* d'Odon de Soissons, sont beaucoup plus riches en détails concrets que notre texte déjà bien épuré. Cf. J. WARICHEZ, *Les « Disputationes »*, p. XLV ; J. B. PITRA, *Analecta*, p. XII.

53. Cf. H. PERI, *Die scholastische Disputation*, p. 351.

54. Cf. p. 3, n° 1, et au début de la réponse *ad 1*, p. 11.

et donc de provoquer l'approfondissement et l'affinement des idées par le moyen de la contradiction.

Notre texte nous a conservé un intéressant fragment grâce auquel nous pouvons revivre quelque peu le climat de cette discussion (cf. p. 23). Le *Respondens* y fait plutôt piètre figure : ses réponses, brèves et sans raisonnement à l'appui, semblent données un peu au petit bonheur plutôt que fondées en raison. Son adversaire, il est vrai, ne le ménage pas ; ses questions précises et nerveuses ne lui laissent pas d'échappatoire, et ses réfutations longues et motivées mettent bientôt fin à l'échange. Il ne reste plus au Maître qu'à clore le tout par sa *determinatio*.

Outre qu'elle nous fait revivre un moment de la dispute, cette discussion permet de répondre, croyons-nous, à une question que soulève notre texte : s'agit-il d'une *quaestio disputata* publique qu'il faudrait ranger dans les *quaestiones ordinariae* qui avaient lieu périodiquement toutes les semaines ou tous les quinze jours [55] ? ou bien s'agit-il plus simplement d'un exercice scolaire privé auquel ne prenaient part que les étudiants d'un maître déterminé, sous la direction de ce dernier ? Nous pensons devoir retenir cette deuxième hypothèse ; la manière dont a été conduite la discussion évoquée ci-dessus, ne laisse guère de doute à ce sujet. Le personnage qui malmène si rudement le *Respondens*, ce n'est pas l'*Opponens*, son collègue étudiant, anonymement désigné, mais quelqu'un qui intervient à la première personne (*quero*). Il a donc autorité pour parler ainsi et ses questions, qui témoignent d'une égale assurance, sont toutes ordonnées à préparer la solution qui suit. C'est donc le Maître lui-même, pensons-nous, qui intervient à ce moment-là dans la discussion ; si son *quero* n'est pas de pure forme (le texte nous transmet bien l'écho d'une discussion réelle), il est pourtant le signe que la *determinatio* est tout proche, et même en un sens déjà commencée.

Si nous en venons maintenant aux articulations internes du texte, les deux premiers articles se font encore remarquer par la clarté de leur construction. Le premier s'attache à définir ce qu'est la prophétie. La problématique se divise en deux blocs très nets : une première série de cinq objections conteste la

---

55. Cf. ci-dessus, note 48.

position du *Respondens* qui prétend que la prophétie est à considérer comme une *scientia* ; les objections, qui sont inspirées de Guillaume d'Auxerre, veulent en faire une *virtus* (n⁰ˢ 1-6). En second lieu, c'est la définition de la prophétie par Cassiodore, revue par Pierre Lombard, qui est soumise à examen : *Contra hanc diffinitionem obiectum est multipliciter* (obj. 7, p. 5). Successivement, chaque mot significatif de cette formule reçue passe à l'épreuve des arguments contradictoires. Le Maître peut alors intervenir : sa *solutio*, brève mais ferme, expose ce qu'il faut entendre par le concept de prophétie et en quel cas il se vérifie. Sans le dire expressément, il considère cette notion comme analogique, et décrit donc dès l'abord la diversité de ses réalisations. Ceci dit, il enchaîne : *Hoc viso, respondemus ad obiecta per ordinem* (p. 11). Viennent alors, sans qu'aucune soit oubliée, les réponses aux quatorze points litigieux soulevés dans la dispute. Notre auteur révèle ainsi un souci du détail presque méticuleux, qui l'entraîne à une prolixité parfois lassante — ce qui ne l'empêche d'ailleurs pas, nous le verrons, d'omettre de répondre à certaines difficultés.

Le deuxième article est bâti exactement selon le même plan, à ceci près que son déroulement est interrompu pendant les quelques lignes qui nous rapportent le fragment de discussion évoqué ci-dessus. Deux singularités distinguent pourtant cet article du précédent : d'une part, un nombre réduit de points discutés (cinq au lieu de quatorze) ; d'autre part, une *solutio* dont l'ampleur assez exceptionnelle contraste avec la sobriété de la première. La chose s'explique sans peine : à propos de la *visio in speculo*, thème de cet article, l'auteur a conscience tant de la difficulté du sujet que de l'originalité de ses vues. D'où son développement en trois points, dans lesquels — chose notable, car elle est rare — il prend quelque distance à l'égard de Philippe le Chancelier, qu'il suit pourtant souvent pas à pas. Mais cet exposé étant fait, c'est une formule semblable qui introduit les réponses aux objections. En sorte que ce deuxième article, comme le premier, donne au lecteur une satisfaisante impression d'achèvement.

Il en va autrement des deux articles suivants dont la facture est toute différente. S'ils comportent bien l'un et l'autre l'énoncé des arguments pour et contre, ainsi que les réponses à ces mêmes difficultés, qui constituent le premier et le dernier temps des articles précédents, les ressemblances s'arrêtent là. L'un et l'autre sont, en effet, également dépourvus de la solution magistrale ; si ce trait les rapproche, il ne les unifie pas pour autant. On cherche vainement où se trouve le principe d'intelligibilité qui permet à l'auteur de regrouper sa matière en deux articles aussi nettement différenciés. Cette belle architecture extérieure ne tient pas devant l'analyse du texte.

Comme nous le signalons plus loin [56], il est aisé de discerner deux divisions différentes qui chevauchent l'une sur l'autre : 1) la séparation actuelle en articles III et IV, démentie de manière flagrante par le premier mot de l'article IV : *Tercio quesitum est* (on ne peut songer à une distraction du scribe, car ce *tercio* fait très logiquement suite à un *primo* et à un *secundo* antérieurs) ; 2) la division réelle qui commence au milieu de l'actuel article III (p. 35, début du n° 11).

Si l'on tient compte de ces indications du texte, l'article III porte bien son nom, *De speciebus prophetie*, qui annonce les explications données à propos des diverses sortes de prophétie : prédestination, prescience, menace ; ce qui apparaît plus clairement dans les réponses que dans l'énoncé des difficultés. Quant à l'article IV, ainsi augmenté de ce qui n'appartient pas au sujet précédent, il ne saurait porter d'autre titre que celui suggéré par l'auteur : *De quibusdam auctoritatibus que videntur habere difficultatem*. Comme cette annonce le laisse entendre, cet article n'a pas d'unité interne. Il soulève successivement un certain nombre de problèmes liés notamment à tel ou tel texte de l'Écriture ou des Pères, dont les apparentes contradictions inquiétaient ces hommes imbus du respect des textes qu'étaient les médiévaux. Ces difficultés, en effet, n'étaient pas propres à l'auteur de la Q. 481 ; il n'a guère fait que reprendre en une liste unique des questions qu'on trouve déjà en partie chez Philippe le Chancelier, en partie chez Guillaume d'Auxerre, et, pour certaines d'entre elles, chez Godefroid de Poitiers, et même chez Étienne Langton — de ce dernier semble venir le titre de l'article IV actuel : *De officio prophetarum* [57].

---

56. Cf. note 15 à l'art. III, p. 35.
57. Cf. plus loin, chap. III, p. 138.

Nous avouons n'avoir pas trouvé d'explication satisfaisante à cette incohérence dans le plan de notre texte. L'hypothèse la plus vraisemblable serait peut-être que le Maître a laissé à l'un de ses disciples le soin de mettre en ordre le matériel recueilli pour ces deux ultimes sections. Ce dernier, jugeant que l'article IV, tel que nous venons d'en esquisser les contours, avait une ampleur démesurée, aurait pris sur lui de répartir autrement la matière, sans s'inquiéter de faire disparaître les traces qui, à l'heure actuelle, dénoncent encore ce remaniement.

L'hypothèse est fragile, nous en convenons ; car ce sont justement ces traces qui rendent peu plausible pareil remaniement. Il faut, en effet, remarquer que celui-ci aurait été fait avec le plus grand soin, car objections et réponses se correspondent parfaitement. Cette harmonie suppose que les premières objections de l'article IV, ainsi que leurs réponses, sont devenues les dernières de l'actuel article III, et que leur numéro d'ordre a été modifié en conséquence. De même la numérotation de l'article IV, tel qu'il nous est parvenu, aurait elle aussi été entièrement refaite. Or, sur ce plan-là, nous n'avons pu constater la moindre incohérence. Comment un secrétaire aussi soigneux aurait-il laissé subsister des vestiges aussi apparents d'une subdivision antérieure ?

Cette nouvelle question pourrait peut-être trouver sa réponse dans le fait que le rédacteur aurait utilisé des notes de cours, dont il n'aurait pas vu, dans son souci de les reproduire fidèlement malgré sa mise en ordre, qu'elles portaient les marques du déroulement réel de la discussion. Mais il ne s'agirait là que d'une nouvelle hypothèse ajoutée à la précédente sans lui conférer pour autant une valeur plus grande.

Le fait de cette double division reste cependant incontestable. Si nous l'avons signalé, c'est pour éviter au lecteur un étonnement et une difficulté. Ce n'est d'ailleurs pas le seul point d'interrogation que nous pose la Q. 481 ; ses sources, la méthode de travail qui a présidé à sa composition, son auteur, ce sont autant de questions sur lesquelles il faudra revenir après avoir lu le texte.

* * *

Le texte de la Q. 481 nous est parvenu dans un manuscrit unique (du moins le seul connu à ce jour), le recueil de *Douai 434*, dont nous venons de rappeler les caractéristiques. Étant donné la personnalité de son auteur, il serait fort étonnant qu'il n'en existe pas d'autres témoins. Mais, en attendant leur découverte, l'établissement critique du texte a été impérieusement commandé par cette circonstance. Nous avons donc suivi les règles qui s'imposent en pareil cas [58], reproduisant fidèlement le texte tel que nous avons pu le déchiffrer, sans toutefois nous interdire ici ou là une addition ou une conjecture en vue d'en faciliter l'intelligence. Les conjectures sont indiquées par un appel de note qui renvoie en bas de page à la leçon du manuscrit. Quant aux ajouts, ils sont simplement signalés entre parenthèses ⟨ ⟩ ; c'est le cas notamment de tout ce qui concerne la présentation matérielle des textes, les sous-titres, la numérotation des articles, des arguments et des réponses.

L'écriture du copiste qui nous a laissé le texte, est celle de la neuvième main qui a participé à la transcription du recueil (m^9) [59] ; sa graphie est remarquablement soignée, quoique considérablement abrégée. Pour autant que l'on puisse en juger d'après l'intelligibilité du texte, ses lapsus ou ses distractions sont rares. Nous avons respecté son orthographe irrégulière (*ymago* ou *imago* ; *dupplex* ou *duplex* ; *ostensa* ou *ostenssa* ; etc.), en la modernisant et en l'uniformisant toutefois pour certaines lettres, puisque nous écrivons *tempus* ou *videt* par exemple, quand le copiste écrit *tenpus*, *uidet*. L'abréviation *n'cio* nous a posé un problème particulier, car elle est développée de deux manières différentes : parfois *nuncio*, parfois *noncio*. Dans le doute, nous avons transcrit uniformément *noncio*, sauf dans les deux cas où effectivement le scribe a écrit un *u* en toutes lettres (cf. p. 17, l. 11 et 19 : *denunciationem*). Étant donné leur petit nombre, nous n'avons pas jugé utile de faire un registre spécial pour les notes textuelles ; on les trouvera donc mêlées aux autres notes diverses qui accompagnent le texte.

---

58. Cf. E. Faral, *A propos de l'édition des textes anciens. Le cas du manuscrit unique*, dans *Recueil de travaux offert à M. Clovis Brunel*, t. I, Paris, 1955, pp. 409-421 ; R. Marichal, *La critique des textes*, dans *L'histoire et ses méthodes*, publié sous la direction de Ch. Samaran (Enc. de la Pléiade), Paris, 1967, pp. 1247-1366, 1270-1274 : « Texte conservé dans un seul exemplaire ».

59. Cf. P. Glorieux, *Les 572 Questions*, p. 238, n. 42.

SIGLES ET ABRÉVIATIONS

On trouvera ci-dessous les sigles couramment utilisés dans les notes au « Texte » et au « Commentaire ». Les sigles qui désignent les manuscrits sont donnés dans la liste des « sources manuscrites », en tête de la bibliographie (p. XXIV). Les titres de livres ou d'articles cités en abrégé, ont leur signalement complet dans cette même bibliographie.

Nos références à la *Glose* ou aux *Commentaires scripturaires* d'Hugues de Saint-Cher renvoient aux éditions décrites dans la bibliographie, par la simple mention du tome et de la colonne (le contexte suffisant à déterminer dans chaque cas duquel de ces deux ouvrages il s'agit).

AFH	Archivum franciscanum historicum, Grottaferrata (Rome).
AFP	Archivum fratrum praedicatorum, Rome.
AHDLMA	Archives d'histoire doctrinale et littéraire du moyen âge, Paris.
BFSMAe	Bibliotheca franciscana scholastica Medii Aevi, Quaracchi.
BTAM	Bulletin de théologie ancienne et médiévale, Louvain.
BZ	Biblische Zeitschrift, Paderborn.
CCL	Corpus christianorum, Series latina, Turnhout.
CF	Collectanea franciscana, Rome.
CSEL	Corpus scriptorum ecclesiasticorum latinorum, Vienne.
DTC	Dictionnaire de théologie catholique, Paris.
EF	Études franciscaines, Paris.
ETL	Ephemerides theologicae lovanienses, Louvain.
FS	Franciscan Studies, St. Bonaventure (New-York).
FZPT	Freiburger Zeitschrift für Philosophie und Theologie, Fribourg (Suisse).
GCS	Die griechischen christlichen Schriftsteller der ersten (drei) Jahrhunderte, Berlin-Leipzig.
LTK	Lexikon für Theologie und Kirche, Freiburg im Breisgau.
MS	Mediaeval Studies, Toronto.
MTZ	Münchener theologische Zeitschrift, Munich.
PG	Patrologia graeca (J. P. MIGNE), Paris.
PL	Patrologia latina (J. P. MIGNE), Paris.
PM	O. LOTTIN, Psychologie et morale aux XIIe et XIIIe siècles, Louvain-Gembloux.
RB	Revue biblique, Paris et Jérusalem.
RFNS	Rivista di filosofia neoscolastica, Milan.
RHE	Revue d'histoire ecclésiastique, Louvain.
RHR	Revue de l'histoire des religions, Paris.
RSPT	Revue des sciences philosophiques et théologiques, Paris.
RT	Revue thomiste, Toulouse.
RTAM	Recherches de théologie ancienne et médiévale, Louvain.
ZKT	Zeitschrift für katholische Theologie, Vienne.

BIBLIOGRAPHIE

Cette liste est un simple relevé des sources et des études citées ou effectivement utilisées au cours de ce travail (pour Hugues de Saint-Cher, il a paru utile de signaler les fragments édités en divers lieux). La répartition de cette bibliographie en deux grands titres laisse apparaître le caractère annexe des travaux modernes, dont fort peu sont directement consacrés à notre sujet.

I. SOURCES

A. SOURCES MANUSCRITES

A = *Douai 434*, I (*passim*, mais plus spécialement numéros 9, 28, 43, 107-113, 129, 130, 241, 263, 264, 285).

B = *Douai 434*, II (*passim*, mais plus spécialement numéros 480, 481, 490, 540).

C = PHILIPPE LE CHANCELIER, *De prophetia* (PADOVA, *Bibl. Anton. 156*, f. 77va-83va).

D = *Summa Duacensis, De prophetia* (*Douai 434*, I, f. 69ra-70ra; cf. ci-dessous, p. XXIX, éd. P. GLORIEUX).

E = GODEFROID DE POITIERS, *De prophetia* (BOLOGNA, *Bibl. Com. dell' Archiginnasio, Cod. A 1036*, f. 92rb-93va).

F = ROLAND DE CRÉMONE, *De prophetia* (PARIS, *Bibl. Mazarine 795*, f. 35vb-37ra).

G = PIERRE DE CAPOUE, *De prophetia* (VATICANO, *lat. 4296*, f. 9rb-10ra).

H = HUGUES DE SAINT-CHER, *Sentences* (BRUXELLES, *Bibl. Roy. 11422/23*, 122 folios).

H[1] = — *Sentences* (ASSISI, *Bibl. Com. 131*, 202 folios).

H[2] = — *Sentences* (VATICANO, *lat. 1098*, 208 folios).

I = *Summa Basilensis, De prophetia* (BASEL, *Univ. B IX 18*, f. 28r-v).

J = JEAN DE TRÉVISE, *De prophetia* (VATICANO, *lat. 1187*, f. 11vb-12va).

K = *Summa « Breves dies hominis »* (Ps.-LANGTON), *De prophetia* (BAMBERG, *Staatliche Bibl., Patr. 136 (A VI 50)*, f. 20rb-21va).

L = ÉTIENNE LANGTON, *Quaestiones de prophetia* (VATICANO, *lat. 4297*, f. 47ra-48vb: QQ. 50, 51, 52).

M = MAÎTRE MARTIN, *De prophetia* (PARIS, *B.N. lat. 14556*, f. 276ra-277ra).

M[1] = — *De prophetia* (PARIS, *B.N. lat. 14526*, f. 67vb-68va).

N = PRÉVOSTIN DE CRÉMONE, *Summa theologiae* (BRUGGE, Stadsbibl. 287, 85 fol.).
O = HERBERT D'AUXERRE, *De prophetia* (VATICANO, lat. 2674, f. 22rb-23rb).
P = ALEXANDRE NECKAM, *Speculum speculationum* (LONDON, Brit. Mus., Royal 7 F 1, 94 fol.).
Q = Summa « Ne transgrediaris », *De prophetia* (VATICANO, lat. 10754, 31rb-31vb).
R = ALBERT LE GRAND, *De prophetia* (VATICANO, lat. 781, f. 9ra-14rb).
S = *De prophetia* (ASSISI, Bibl. com. 186, f. 10va-13va).
T = « Quoniam velut quatuor paradisi flumina libri sententiarum hortum ecclesie irrigant » (*Filia Magistri* ; BRUGGE, Stadsbibl., Cod. 80, f. 133-173).
U = *Quaestio De prophetia* (MADRID, Nac. 4008, f. 59va-82va).

B. SOURCES IMPRIMÉES

ALBERT LE GRAND, *De somno et vigilia*, dans *Opera omnia*, t. IX, éd. A. BORGNET, Paris, 1890, pp. 121-212.
— *Postilla super Isaiam, super Ieremiam et Ezechielem fragmenta* (*Opera omnia*, editio Coloniensis, t. XIX), Münster i.W., 1952.
ALEXANDRE D'APHRODISE, *De intellectu et intellecto*, éd. G. THÉRY, dans *Autour du décret de 1210* : II. - *Alexandre d'Aphrodise. Aperçu sur l'influence de sa noétique* (Bibliothèque thomiste, VII), Kain, 1926, pp. 68-83.
ALEXANDRE DE HALÈS, *Summa theologica seu sic ab origine dicta « Summa Fratris Alexandri »*, ... studio et cura PP. Collegii S. Bonaventurae ad fidem codicum edita, t. IV, lib. III (*Prolegomena*), Quaracchi, 1948.
— *Glossa in quatuor libros Sententiarum Petri Lombardi*, nunc demum reperta atque primum edita studio et cura PP. Collegii S. Bonaventurae, 4 t. (BFSMAe, XII-XV), Quaracchi, 1951, 1952, 1954, 1957.
— *Quaestiones disputatae « Antequam esset frater »*, nunc primum editae studio et cura PP. Collegii S. Bonaventurae, 3 t. (BFSMAe, XIX-XXI), Quaracchi, 1960.
AL-FARABI, I., *De intellectu et intellecto*, éd. É. GILSON, dans AHDLMA, IV (1929), pp. 108-141.
ALFRED DE SARESHEL : *Des Alfred von Sareshel (Alfredus Anglicus) Schrift De motu cordis*, éd. Cl. BAEUMKER (Beiträge z. Gesch. der Phil. des Mittelalters, XXIII, 1-2), Münster i.W., 1923.
ANSELME DE CANTORBÉRY, *Cur Deus homo*, éd. F.S. SCHMITT, Stuttgart, 1968.
ANSELME DE LAON, *Sentences du « Liber Pancrisis »* : *De prophetia*, éd. O. LOTTIN, PM, V, pp. 70-73 (numéros 82-84 ; cf. numéros 164 et 226, pp. 121 et 142).
ARISTOTE, *Metaphysica, Translatio G. de Moerbeka*, dans *S. Thomae Aquinatis in duodecim Libros Metaphysicorum Aristotelis expositio*, éd. M. R. CATHALA et R. M. SPIAZZI, Torino, 1950.

ARISTOTE, *De l'âme (Περὶ ψυχῆς - De anima)*, trad. nouvelle et notes par J. TRICOT, nouvelle édition, Paris, 1959.
— *De anima. Translatio vetus*, dans M. ALONSO, *Pedro Hispano, Obras filosóficas*, t. III, Madrid, 1952.
— *De anima. Translatio arabica*, dans F. S. CRAWFORD, *Averrois Cordubensis Commentarium magnum in Aristotelis De anima libros*, Cambridge (Mass.), 1953.
— *De anima. Translatio G. de Moerbeka*, dans *Sancti Thomae Aquinatis in Aristotelis librum De anima commentarium*, ed. quarta, cura et studio A. M. PIROTTA, Torino, 1959.
— *Ethica vetus*, éd. C. MARCHESI, *L'Etica Nichomachea nella tradizione latina medievale*, Messina, 1904, Appendice, pp. I-XL.
— *Ethica Nicomachea. Translatio antiquissima libr. II-III sive « Ethica Vetus » et Translationis antiquioris quae supersunt sive « Ethica Nova », « Hoferiana », « Borghesiana »*, éd. R.-A. GAUTHIER (Aristoteles latinus, XXVI, 2), Leiden-Bruxelles, 1972.
— *Ethica Nicomachea. Translatio Roberti Grosseteste Lincolniensis sive « Liber Ethicorum »*, A. *Recensio pura*, éd. R.-A. GAUTHIER (Aristoteles latinus, XXVI, 3), Leiden-Bruxelles, 1972.
AUGUSTIN, *Opera omnia* (PL, t. 32-46).
— *La Genèse au sens littéral en douze livres*, traduction, introduction et notes par P. AGAËSSE et A. SOLIGNAC (Œuvres de saint Augustin, 48 et 49), Paris, 1972.
— *De diversis quaestionibus LXXXIII*, texte, introduction, traduction et notes par G. BARDY, J.-A. BECKAERT, J. BOUTET, dans *Mélanges doctrinaux* (Œuvres de saint Augustin, 10), Paris, 1952, pp. 11-379.
AVERROÈS : *Averrois Cordubensis Commentarium magnum in Aristotelis De anima libros*, recensuit F. S. CRAWFORD (Corpus Comm. Averrois in Aristotelem. Versionum lat. vol. VI, 1), Cambridge (Mass.), 1953.
AVICENNE, *Opera philosophica*, Venise, 1508 ; réimpression en fac-similé..., Louvain, 1961.
— (IBN SĪNĀ), *Livre des directives et remarques*, traduction avec introduction et notes par A.-M. GOICHON, Paris, 1951.
— *Avicenna latinus. Liber de anima seu Sextus de naturalibus*, éd. critique de la traduction latine médiévale par S. VAN RIET ; introduction sur la doctrine psychologique d'Avicenne par G. VERBEKE, Louvain-Leiden, t. I-III, 1972 ; t. IV-V, 1968.

Biblia sacra juxta Vulgatae exemplaria et correctoria romana, denuo edidit... A. C. FILLION, ed. alt., Paris, 1887.
Biblia sacra cum Glossa ordinaria... et Postilla Nicolai Lyrani..., 6 t., Douai, 1617.
(BONAVENTURE, saint), *De humanae cognitionis ratione anecdota quaedam seraphici doctoris sancti Bonaventurae et nonnullorum ipsius discipulorum*, Quaracchi, 1883.

CASSIODORE, *Expositio psalmorum. Praefatio*, cap. I : *De prophetia*, dans CCL, t. 97, Turnhout, 1958, pp. 7-9.

Corpus iuris canonici, éd. E. FRIEDBERG, 2 t., 2ᵉ éd., Leipzig, 1922.
COSTA BEN LUCA, *De differentia animae et spiritus liber, ex arabico in latinum translatus a Johanne Hispalensi*, éd. C. S. BARACH, Innsbruck, 1878, pp. 121-139.

DENIFLE, H. et CHÂTELAIN, A., *Chartularium Universitatis Parisiensis*, t. I-II, Paris, 1889 et 1891.
DENYS L'ARÉOPAGITE, *La hiérarchie céleste*, éd. R. ROQUES, G. HEIL, M. DE GANDILLAC (Sources chrétiennes, 58), Paris, 1958.
De potentiis animae, éd. D. A. CALLUS, *The Powers of the Soul. An Early Unpublished Text*, dans RTAM, XIX (1952), pp. 131-170.
De spiritu et anima. Liber unus (parmi les œuvres de saint Augustin, dans PL, t. 40, cc. 779-832).

ÉTIENNE LANGTON : *Der Sentenzenkommentar des Kardinals Stephan Langton*, herausgegeben von A. M. LANDGRAF (Beiträge z. Gesch. der Phil. u. Theol. des Mittelalters, XXXVII, 1), Münster i.W., 1952.

FRIEDBERG, E., voir *Corpus iuris canonici*.

Glossa Holmensis in primum et quartum librum Sententiarum (Stockholm, Königl. Bibl. A 150), éd. F. STEGMÜLLER, dans *Analecta Upsaliensia...*, t. I, pp. 96-146.
Glossa ordinaria, voir *Biblia sacra cum Glossa ordinaria...*
GRÉGOIRE LE GRAND, *In expositionem Beati Job Moralia, seu Moralium libri* (PL, t. 75-76).
— *Homiliae in Hiezechihelem Prophetam, Hom. I* (CCL, t. 142, pp. 5-16), Turnhout, 1971.
GUILLAUME D'AUVERGNE, *De universo*, II, I-III, dans GUILIELMI ALVERNI... *Opera omnia*, t. I, Paris, 1674 ; réimpression photomécanique, Frankfurt, 1963, pp. 807-1074.
— *De anima*, dans GUILIELMI ALVERNI... *Opera omnia*, t. II, *Suppl.*, Paris, 1674 ; réimpression photomécanique, Frankfurt, 1963, pp. 65-228.
GUILLAUME D'AUXERRE, *Summa aurea in quattuor libros sententiarum : a subtilissimo doctore Magistro Guillermo altissiodorensi edita...*, Paris, Pigouchet, s.d. (1500-1501) ; réimpression photomécanique, Frankfurt/Main, 1964.
GUNDISSALINUS, *De anima*, éd. J. T. MUCKLE, dans MS, II (1940), pp. 23-103.
— *De anima* (Cap. X), éd. R. DE VAUX, dans *Notes et textes sur l'avicennisme latin...*, pp. 147-178.
GUY D'ORCHELLES, *Guidonis de Orchellis Tractatus de Sacramentis ex eius Summa de Sacramentis et Officiis Ecclesiae*, éd. D. et O. VAN DEN EYNDE (Franciscan Institute Publications, Text series, n⁰ 4), St. Bonaventure-Louvain-Paderborn, 1953.
— *The « Summa de Officiis Ecclesiae » of Guy d'Orchelles*, éd. V. L. KENNEDY, dans MS, I (1939), pp. 23-62.

HUGUES DE SAINT-CHER, *Postillae in universa Biblia juxta quadruplicem sensum litteralem, allegoricum, moralem, anagogicum*, 8 t., Lyon, 1645.
— *Commentarius in primum (dist. I) et quartum (dist. I) librum Sententiarum (Upsala C 165)*, éd. F. STEGMÜLLER, dans *Analecta Upsaliensia*..., t. I, pp. 33-95.
— *Ex libro tertio commentarii in Sententias Magistri Hugonis a Sancto Caro (dist. I, II, IV, V, VI, VII, VIII, X, XI, XII, XXII); textus selecti ex (Libro primo)*, dans W. BREUNING, *Die hypostatische Union*..., pp. 334-387.
— *Scriptum super III Sententiarum. Distinctiones 2, 5-7, 10-12, 21-22*, dans W. H. PRINCIPE, *Hugh of Saint-Cher's Theology*..., pp. 163-243.
— (Extrait du quatrième livre du Commentaire sur les Sentences sur l'épiscopat), publié par A. MC DEVITT, *The Episcopate as an Order and Sacrament*..., pp. 130-132.
— *In IV Sent., dist. 1*, dans H. D. SIMONIN et G. MEERSSEMAN, *De Sacramentorum efficientia apud Theologos Ord. Praed. fasc. I: 1229-1276*, Romae, 1936, pp. 6-10.
— Extraits: du *Commentaire sur les Sentences*, IV, 1; de la Question *De Sacramentis in communi* (du *Douai 434*, I, f. 111 c-111 d), publiés par D. VAN DEN EYNDE, *The causality of the Sacraments*..., pp. 146-151.
— *De sacramento confirmationis ex commentario in IV librum Sententiarum*, éd. K. F. LYNCH, dans *The Sacrament of Confirmation in the Early-Middle Scholastic Period*, volume I: *Texts*, New-York, 1957, pp. 13-20.
— Fragments divers édités par O. LOTTIN: sur le libre arbitre (PM, I, pp. 99-101; 102-103), la simplicité de l'âme (*ibid.*, pp. 429-431), l'identité de l'âme et de ses facultés (*ibid.*, pp. 486-487), la syndérèse (PM, II, p. 127), les doutes de conscience (*ibid.*, p. 412, n. 3), la moralité intrinsèque (*ibid.*, p. 429), les mouvements premiers de l'appétit sensitif (*ibid.*, pp. 527-528), le péché d'ignorance (PM, III, pp. 26-27, notes), le péché originel (PM, IV, pp. 118-129; 291-292; cf. PM, VI, pp. 171-180), l'intention morale (PM, IV, pp. 421-422).
— *Quaestio de beneficiis ecclesiasticis*, éd. F. STEGMÜLLER, dans *Die neugefundene Pariser Benefizien-Disputation des Kardinals Hugo von St. Cher OP.*, dans *Historisches Jahrbuch*, LXXII (1953), pp. 176-204.
— *Confessio debet esse praevisa*..., formulaire pour la confession *ad mentem Hugonis*, publié par P. MICHAUD-QUANTIN, *Deux formulaires pour la confession du milieu du XIIIe siècle*, dans RTAM, XXXI (1964), pp. 43-62; cf. 49-57.

ISIDORE DE SÉVILLE: *Isidori Hispalensis episcopi Etymologiarum sive originum libri XX*, éd. W.M. LINDSAY, Oxford, 1957.

JEAN DAMASCÈNE: *Saint John Damascene, De fide orthodoxa. Versions of Burgundio and Cerbanus*, éd. E. M. BUYTAERT, St. Bonaventure-Louvain-Paderborn, 1955.

JEAN DE LA ROCHELLE, *Tractatus de divisione multiplici potentiarum animae*, texte critique avec introduction, notes et tables, publié par P. MICHAUD-QUANTIN (Textes philosophiques du moyen âge, XI), Paris, 1964.

JÉRÔME, *In Ionam; In Michaeam*, dans CCL, t. 76, Turnhout, 1969, pp. 377-524.

Liber de causis primis et secundis, éd. R. DE VAUX, *Notes et textes sur l'avicennisme latin...*, pp. 81-140.

ODON DE SOISSONS (ou D'OURSCAMP), *Quaestiones*, éd. J.B. PITRA (*Analecta novissima. Spicilegii Solesmensis altera continuatio*, t. II, pp. 3-187), Tusculum, 1888.

PHILIPPE LE CHANCELIER: *Ex Summa Philippi Cancellarii Quaestiones de anima*, ad fidem manuscriptorum edidit L. W. KEELER (Opuscula et textus, Series scholastica, XX), Münster i. W., 1937.
— *De fide. Ex Summa Philippi Cancellarii († 1236) excerpta...*, auctore VICTORIUS A CEVA, Roma, 1961.

PIERRE LOMBARD: *Petri Lombardi Libri IV Sententiarum*, studio et cura PP. Collegii S. Bonaventurae editi, 2 t., secunda ed., Quaracchi, 1916.
— *Magistri Petri Lombardi, Parisiensis Episcopi, Sententiae in IV Libris Distinctae*, ed. tertia, ad fidem codicum antiquiorum restituta, t. I, pars I: *Prolegomena*; t. I, pars II: *Liber I et II* (Spicilegium Bonaventurianum, IV), Grottaferrata (Romae), 1971.
— *Commentarium in Psalmos. Praefatio*, dans PL, t. 191, cc. 55-62.
— *In epistolam ad Romanos*, dans PL, t. 191, cc. 1301-1534.

PIERRE DE POITIERS: *Sententiae Petri Pictaviensis*, 2 t., éd. Ph. S. MOORE and M. DULONG (Publications in Mediaeval Studies, VII et XI), Notre-Dame (Indiana), 1943 et 1950.

QUÉTIF, J. et ÉCHARD, J., *Scriptores Ordinis Praedicatorum*, t. I, Paris, 1719.

ROBERT DE MELUN: *Œuvres de Robert de Melun*, t. I: *Questiones de divina pagina*; t. II: *Questiones (theologice) de epistolis Pauli*, éd. R. M. MARTIN (Spicilegium sacrum Lovaniense, 13 et 18), Louvain, 1932 et 1938.

ROLAND DE CRÉMONE: *Summae Magistri Rolandi Cremonensis O.P. Liber Tercius*, editio princeps... curante Aloys. CORTESI, Bergamo, 1962.

Sententiae Atrebatenses, 10: *De prophetia*, éd. O. LOTTIN, PM, V, pp. 423-425.

SIMON DE TOURNAI: *Les « Disputationes » de Simon de Tournai*, ed. J. WARICHEZ (Spicilegium sacrum Lovaniense, 12), Louvain, 1932.

Summa Duacensis, éd. P. GLORIEUX, *La « Summa Duacensis » (Douai 434)*. Texte critique avec une introduction et des tables publié par... (Textes philos. du M.A., II), Paris, 1955.

THOMAS D'AQUIN, *Summa theologiae*, cura et studio Instituti Studiorum Medievalium Ottaviensis..., editio altera emendata, 5 t., Ottawa, 1953.
— *Quaestio disputata De prophetia*, dans *De veritate*, qu. XII (*Opera omnia*, editio Leonina, t. XXII, vol. II, pp. 365-414), Romae, 1970.

II. TRAVAUX

ABELLÀN, P., *La doctrina matrimonial de Hugo de San Caro*, dans *Archivo teológico Granadino*, I (1938), pp. 27-56.
ALLARD, B., *La nature et le rôle du signe dans la théorie de la connaissance intellectuelle de Guillaume d'Auvergne (1180-1249). Étude doctrinale s'appuyant en particulier sur l'édition critique (jointe) du chapitre V^e du De anima*. Thèse présentée à l'Institut supérieur de philosophie de l'Université de Louvain pour l'obtention du grade de Docteur en philosophie, sept. 1971.
ALONSO, M., *Pedro Hispano, Obras filosoficas*, t. III, Madrid, 1952.
ALTANER, B., *Zur Kenntnis des Hebräischen im Mittelalter*, dans BZ, XXI (1933), pp. 288-308.
ALVERNY, M. Th. D', *Avicenna latinus*, I, dans AHDLMA, XXVIII (1961), pp. 284-288.
— *Les traductions d'Aristote et de ses commentateurs*, dans *Revue de synthèse*, LXXXIX (1968), pp. 125-144.
ANCIAUX, P., *La théologie du sacrement de pénitence au XIIe siècle*, Louvain-Gembloux, 1949.
— *La date de composition de la Somme de Godefroid de Poitiers*, dans RTAM, XVI (1949), pp. 165-166.
ANTL, L., *An Introduction to the « Quaestiones theologicae » of Stephen Langton*, dans FS, XII (1952), pp. 151-175.
ARNALDEZ, R., *Ibn Rushd*, dans *Encyclopédie de l'Islam*, t. III, 1971, 934-944.

BAKŎS, J., *Note liminaire sur les Pneumas*, dans *Psychologie de Grégoire Aboulfaradj dit Barhebraeus d'après la huitième base de l'ouvrage « Le candélabre des sanctuaires »*, éditée et traduite en français par..., Leiden, 1948, pp. XXXV-XL.
BALTHASAR, H., URS V., *Thomas von Aquin, Besondere Gnadengaben und die zwei Wege menschlichen Lebens*, kommentiert von... (Die deutsche Thomas-Ausgabe, 23), Heildelberg-München, 1954.
BENOIT, P., *La plénitude de sens des Livres saints*, dans RB, LXVII (1960), pp. 161-196.
BERGER, S., *Des essais qui ont été faits à Paris au XIIIe siècle pour corriger le texte de la Vulgate*, dans *Revue de théologie et de philosophie*, XVI (1883), pp. 41-66.
— *De l'histoire de la Vulgate en France*, Paris, 1887.
— *Quam notitiam linguae hebraicae habuerunt christiani medii aevi temporibus in Gallia*, Nancy, 1893.
BETTI, U., *Animadversiones in opera Guidonis de Orchellis*, dans *Antonianum*, XXIV (1949), pp. 43-64.
— *Notes de littérature sacramentaire. Quelques écrits sur les sacrements en général au début de la grande scolastique (env. 1225-1240)*, dans RTAM, XVIII (1951), pp. 211-237.

BLIEMETZRIEDER, F., *Autour de l'œuvre théologique d'Anselme de Laon*, dans RTAM, I (1929), pp. 435-483.
BOEREN, P. C., *La vie et les œuvres de Guiard de Laon 1170 env. - 1248*, La Haye, 1956.
BRADY, I., *S. Bonaventura alunno della scuola francescana di Parigi*, dans *L'Uomo Bonaventura* (Incontri Bonaventuriani, 9), Montecalvo Irpino, 1973, pp. 62-74.
BREUNING, W., *Die hypostatische Union in der Theologie Wilhelms von Auxerre, Hugos von St. Cher und Rolands von Cremona*, Trier, 1962.
— *Roland v. Cremona O.P.*, dans LTK, t. VIII, 1963, c. 1367.

CALLUS, A. D., *Introduction of Aristotelian Learning to Oxford*, London, 1943.
CECCHETTI, I., *Alchero di Chiaravalle*, dans *Enciclopedia Cattolica*, t. I, 1948, cc. 722-723.
CHENU, M.-D., *Le « De spiritu imaginativo » de R. Kilwardby, O.P., †1279*, dans RSPT, XV (1926), pp. 507-517.
— *Notes de lexicographie médiévale*, dans RSPT, XVI (1927), pp. 435-446.
— *Introduction à l'étude de saint Thomas d'Aquin* (Université de Montréal, Publications de l'Institut d'études médiévales, XI), Paris-Montréal, 1950.
— *« Spiritus ». Le vocabulaire de l'âme au XIIe siècle*, dans RSPT, XLI (1957), pp. 209-232.
CONTENSON, P.-M. DE, *S. Thomas et l'avicennisme latin*, dans RSPT, XLIII (1959), pp. 3-31.
— *Avicennisme latin et vision de Dieu au début du XIIIe siècle*, dans AHDLMA, XXVI (1959), pp. 29-97.
CORTI, G., *Il « Tractatus de gratia » di Guglielmo d'Auvergne*, Roma, 1966.

DECKER, B., *Die Analyse des Offenbarungsvorganges beim hl. Thomas im Lichte vorthomistischer Prophetietraktate. Ein historischer Kommentar zu « S. theol. » II II q. 173 a. 2 (De ver. q. 12 a. 7)*, dans *Angelicum*, XVI (1939), pp. 195-244.
— *Die Entwicklung der Lehre von der prophetischen Offenbarung von Wilhelm von Auxerre bis zu Thomas von Aquin* (Studien z. hist. Theol. N.F., Band 7), Breslau, 1940.
DELHAYE, P., *Guiard ou Guy de Laon*, dans *Catholicisme*, t. V, 1964, cc. 365-366.
DENIFLE, H., *Die Handschriften der Bibel-Correctorien des 13. Jahrhunderts*, dans *Archiv für Literatur- und Kirchengeschichte des Mittelalters*, IV (1888), pp. 243-311, 471-601.
— *Die abendländischen Schriftausleger bis Luther über Justitia Dei (Rom. 1, 17) und Justificatio*, Mainz, 1905.
DICKSON, C. et M., *Le cardinal Robert de Courson. Sa vie*, dans AHDLMA, IX (1934), pp. 53-142.
DONDAINE, A., *Un commentaire scripturaire de Roland de Crémone: « Le Livre de Job »*, dans AFP, XI (1941), pp. 109-137.

DONDAINE, H.-F., *Hugues de Saint-Cher et la condamnation de 1241*, dans RSPT, XXXIII (1949), pp. 170-174.
— *Les Gloses sur le IV*e *Livre des Sentences du manuscrit Paris Nat. lat. 3032*, dans RTAM, XVII (1950), pp. 79-89.
— *L'objet et le ' medium ' de la vision béatifique chez les théologiens du XIII*e *siècle*, dans RTAM, XIX (1952), pp. 60-130.
— *Les scolastiques citent-ils les Pères de première main?*, dans RSPT, XXXVI (1952), pp. 231-243.
DONDAINE, H.-F. et GUYOT, B.-G., *Guerric de Saint-Quentin et la condamnation de 1241*, dans RSPT, XLIV (1960), pp. 225-242.
DOUCET, V., *La date des condamnations parisiennes dites de 1241. Faut-il corriger le Cartulaire de l'Université?*, dans *Mélanges Auguste Pelzer. Études d'histoire littéraire et doctrinale de la scolastique médiévale offertes à Mgr Auguste Pelzer*, Louvain, 1947, pp. 183-193.
— *A travers le manuscrit 434 de Douai*, dans *Antonianum*, XXVII (1952), pp. 531-580.
— *Commentaires sur les Sentences. Supplément au Répertoire de M.F. Stegmüller*, Quaracchi, 1954.
— *Quelques commentaires sur les « Sentences » de Pierre le Lombard*, dans *Miscellanea Lombardiana*, Novara, (1957), pp. 275-294.
DULUDE, H., *La tradition latine des traités de l'âme d'Aristote et d'Avicenne* thèse dactylographiée (Licence en sciences médiévales), Montréal, 1958.
DUVAL, A., *Hugues de Saint-Cher*, dans *Catholicisme*, t. V, 1963, cc. 1039-1041.

EHRLE, F., *S. Domenico, le origini del primo Studio Generale del suo Ordine a Parigi e la Somma Teologica del primo maestro, Rolando da Cremona*, dans *Miscellanea Dominicana in memoriam VII anni saecularis ab obitu sancti patris Dominici (1221-1921)*, Romae, 1923, pp. 85-134.
— *L'agostinismo e l'aristotelismo nella scolastica del secolo XIII. Ulteriori discussioni e materiali*, dans *Xenia Thomistica*, t. III, Romae, 1925, pp. 517-550.
— *Gesammelte Aufsätze zur englischen Scholastik*, herausgegeben von F. PELSTER, Roma, 1970.
ERNST, J.-T., *Die Lehre der hochmittelalterlichen Theologen von der vollkommenen Erkenntnis Christi*, Freiburg i.B., 1971.

FARAL, E., *A propos de l'édition des textes anciens, le cas du manuscrit unique*, dans *Recueil de travaux offert à C. Brunel*, t. I, Paris, 1955, pp. 409-421.
FEUILLET, A., *La synthèse eschatologique de saint Matthieu (XXIV-XXV)*, dans RB, LVI (1949), pp. 340-364.
FILTHAUT, E., *Roland von Cremona O.P. und die Anfänge der Scholastik im Predigerorden. Ein Beitrag zur Geistesgeschichte der älteren Dominikaner*, Vechta i.O., 1939.
— *Guerricus v. S. Quentin*, dans LTK, t. IV, 1960, cc. 1264-1265.
— *Hugo v. St-Cher*, dans LTK, t. V, 1960, cc. 517-518.
FISHER, J, *Hugh of St Cher and the Development of Mediaeval Theology*, dans *Speculum*, XXXI (1956), pp. 57-69.

FOREST, A., *Guillaume d'Auvergne critique d'Aristote*, dans *Études médiévales offertes à M. le Doyen Augustin Fliche*, Montpellier, 1952, pp. 67-79.

FRIES, A., *De commentario Guerrici de S. Quintino in libros Sententiarum*, dans AFP, V (1935), pp. 326-340.

— *Ein Abriss der Theologie für Seelsorger aus der ersten Hälfte des 13. Jahrhunderts*, dans AFP, VI (1936), pp. 351-360.

GARDET L., *La pensée religieuse d'Avicenne (Ibn Sīnā)* (Études de philosophie médiévale, XLI), Paris, 1951.

— *La notion de prophétie en théologie musulmane*, dans RT, LXVI (1966), pp. 353-409.

GAUTHIER, L., *La théorie d'Ibn Rochd sur les rapports de la religion et de la philosophie*, Paris, 1909.

— *Ibn Rochd (Averroès)*, Paris, 1948.

GAUTHIER, R.-A., *Magnanimité. L'idéal de la grandeur dans la philosophie païenne et dans la théologie chrétienne* (Bibl. thom., XXVIII), Paris, 1951.

GEYER, B., *Die patristische und scholastische Philosophie*, 11e éd., Berlin, 1928.

GHELLINCK, J. DE, « *Originale* » *et* « *Originalia* », dans *Arch. lat. med. aevi*, XIV (1939), pp. 95-105.

GILBY, T., *Barbara Celarent. A Description of Scholastic Dialectic*, London, 1949.

GILLON, L.-B., *La théorie des oppositions et la théologie du péché au XIIIe siècle*, Paris, 1937.

— *La noción de persona en Hugo de San Caro*, dans *Ciencia Tomista*, LXV (1943), pp. 171-177.

GILSON, É., *Pourquoi saint Thomas a critiqué saint Augustin*, dans AHDLMA, I (1926-1927), pp. 5-127.

— *Les sources gréco-arabes de l'augustinisme avicennisant*, dans AHDLMA, IV (1929), pp. 5-149.

— *La philosophie au moyen âge*, 2e éd., Paris, 1952.

GLORIEUX, P., *La littérature quodlibétique de 1260 à 1320*, 2 t. (Bibl. thom., V et XXI), Paris, 1925 et 1935.

— *Répertoire des maîtres en théologie de Paris au XIIIe siècle*, 2 t. (Études de phil. médiévale, XVII-XVIII), Paris, 1933.

— *Aux origines du quodlibet*, dans *Divus Thomas* (Piac.), XXXVIII (1935), pp. 502-522.

— *De quelques « emprunts » de saint Thomas*, dans RTAM, VIII (1936), pp. 154-167.

— *Les 572 Questions du manuscrit de Douai 434*, dans RTAM, X (1938), pp. 123-152, 225-267.

— *Le quodlibet et ses procédés rédactionnels*, dans *Divus Thomas* (Piac.), XLII (1939), pp. 61-93.

— *La Summa Duacensis*, dans RTAM, XII (1940), pp. 104-135.

— *Où en est la question du quodlibet?*, dans *Revue du moyen âge latin*, II (1946), pp. 405-414.

GLORIEUX, P., *Godefroid de Bléneau et son Quodlibet*, dans RTAM, XXIII (1956), pp. 321-323.
GOICHON, A.-M., *Lexique de la langue philosophique d'Ibn Sīnā (Avicenne)*, Paris, 1938.
GRABMANN, M., *Die Geschichte der scholastischen Methode*, 2 t., Freiburg i.B., 1909 et 1911.
— *Forschungen über die lateinischen Aristotelesübersetzungen des XIII. Jahrhunderts* (Beiträge z. Gesch. der Phil. des Mittelalters, XVII, 5-6), Münster i.W., 1916.
— *Der göttliche Grund menschlicher Wahrheitserkenntnis nach Augustinus und Thomas von Aquin*, Münster i.W., 1924.
— *Eine ungedruckte Summa theologiae aus der ersten Hälfte des 13. Jahrh. (Basel Univ. B. IX. 18)*, dans RTAM, VII (1935), pp. 73-81.
GREGORY, A.L., *The Cambridge Manuscript of the «Questiones» of Stephen Langton*, dans The New Scholasticism, IV (1930), pp. 165-226.
GRÜNDEL, J., *Johannes v. Treviso*, dans LTK, t. V, 1960, cc. 1092-1093.
— *Filia Magistri*, dans LTK, t. IV, 1960, cc. 125-126.
— *Hugo von St. Cher O.P. und die älteste Fassung seines Sentenzenkommentars*, dans Scholastik, XXXIX (1964), pp. 391-401.
GUINDON, R., *La « Lectura super Matthaeum incompleta » de saint Thomas*, dans Revue de l'Univ. d'Ottawa, XXV (1955), pp. 213*-219*.
GUYOT, B.-G., *Quaestiones Guerrici, Alexandri et aliorum magistrorum Parisiensium (Praha, Univ. IV D 13)*, dans AFP, XXXII (1962), pp. 5-119.

HEINZMANN, R., *Die « Compilatio Quaestionum theologiae secundum Magistrum Martinum »* (Mitteilungen des Grabmann-Instituts, Heft 9), München, 1964.
— *Zur Anthropologie des Wilhelm von Auvergne (gest. 1249)*, dans MTZ, XVI (1965), pp. 27-36.
— *Wilhelm v. Auvergne*, dans LTK, t. X, 1965, cc. 1127-1128.
HENQUINET, F.M., *Un brouillon autographe de S. Bonaventure sur le commentaire des Sentences*, dans EF, XLIV (1932), pp. 633-655; XLV (1933), pp. 59-81.
— *Un recueil de questions annoté par S. Bonaventure*, dans AFH, XXV (1932), pp. 553-555.
— *De causalitate Sacramentorum iuxta codicem autographum S. Bonaventurae*, dans Antonianum, VIII (1933), pp. 377-424.
— *Les écrits du frère Guerric de Saint-Quentin O.P.*, dans RTAM, VI (1934), pp. 184-214, 284-312, 394-410.
— *Vingt-deux questions inédites d'Albert le Grand dans un manuscrit à l'usage de S. Thomas d'Aquin*, dans The New Scholasticism, IX (1935), pp. 283-328.
— *Notes additionnelles sur les écrits de Guerric de Saint-Quentin*, dans RTAM, VIII (1936), pp. 369-388.
HÖDL, L., *Quaestio, Quaestionenliteratur*, dans LTK, t. VIII, 1963, cc. 925-928.

KÄPPELI, Th., *Kurze Mitteilungen über mittelalterliche Dominikanerschriftsteller*, dans, AFP, X (1940), pp. 282-296.
— *Scriptores Ordinis Praedicatorum Medii Aevi*, vol. II (G-I), Romae, 1975.
KRAMP, J., *Des Wilhelm von Auvergne « Magisterium divinale »*, dans *Gregorianum*, I (1920), pp. 538-584; II (1921), pp. 42-78 et 174-187.
KÜNZLE, P., *Hat Philipp der Kanzler die Summa Duacensis verfasst?*, dans FZPT, II (1955), pp. 469-473.

LACOMBE, G., *Prepositini Cancellarii Parisiensis (1206-1210) Opera omnia. I. - La vie et les œuvres de Prévostin* (Bibl. thom., XI), Kain, 1927.
LACOMBE, G., et LANDGRAF, A., *The « Questiones » of Cardinal Stephen Langton (II et III)*, dans *The New Schol.*, III (1929), pp. 113-158; IV (1930), pp. 115-164.
LANDGRAF, A., *Echtheitsfragen bei Stephan von Langton*, dans *Philosophisches Jahrbuch*, XLVII (1927), pp. 306-318.
— *Beobachtungen zur Einflussphäre Wilhelms von Auxerre*, dans ZKT, LII (1928), pp. 53-64.
— *Eine neuentdeckte Summe aus der Schule des Praepositinus*, dans CF, I (1931), pp. 289-318.
— *Mitteilungen zum Sentenzenkommentar Hugos a S. Caro*, dans ZKT, LVIII (1934), pp. 391-400.
— *Quelques collections de « Quaestiones » de la seconde moitié du XIIe siècle*, dans RTAM, VI (1934), pp. 368-393; VII (1935), pp. 113-128.
— *Drei Zweige der Pseudo-Poitiers-Glosse zu den Sentenzen des Lombarden*, dans RTAM, IX (1937), pp. 167-204.
— *Sentenzenglossen des beginnenden 13. Jahrhunderts*, dans RTAM, X (1938), pp. 36-55.
— *Bemerkungen zum Sentenzenkommentar des Cod. Vat. lat. 691*, dans *Franziskanische Studien*, XXVI (1939), pp. 183-190.
— *Werke aus der engeren Schule des Petrus Cantor*, dans *Gregorianum*, XXI (1940), pp. 34-74.
— *A Study of the Academic Latitude of Peter of Capua*, dans *The New Scholasticism*, XIV (1940), pp. 57-74.
— *Die Quellen der anonymen « Summe » des Cod. Vat. lat. 10754*, dans MS, IX (1947), pp. 296-300.
— *Dogmengeschichte der Frühscholastik*, Teil I, Bd. I: *Die Gnadenlehre*, Regensburg, 1952.
— *Introduction à l'histoire de la littérature théologique de la scolastique naissante*, trad. de l'allemand par L.-B. GEIGER, édition française par les soins de A.-M. LANDRY (Université de Montréal. Publications de l'Institut d'études médiévales, XXII), Montréal-Paris, 1973.
— *Die Einführung des Artikels « li » an der Wende der Früh- und Hochscholastik*, dans *Scholastik*, XXXII (1957), pp. 550-564.
LARCHER, C., *Études sur le livre de la Sagesse* (Études bibliques), Paris, 1969.
LAVAUD, B., *La vision de Dieu ici-bas par Moïse et saint Paul*, dans RT, XXXV (1930), pp. 75-83, 252-256.

LEFÈVRE, Pl.F., *Une intervention du pape Innocent IV et du cardinal Hugues de Saint-Cher à Bruxelles au milieu du XIIIᵉ siècle*, dans AFP, XXXIX (1969), pp. 91-96.

LERNER, R.E., *Weltklerus und religiöse Bewegung im 13. Jahrhundert. Das Beispiel Philipps des Kanzlers*, dans Archiv für Kulturgeschichte, LI (1969), pp. 94-108.

LIO, E., *Nuove fonti domenicane nei Commentarii dello Pseudo Oddone Rigaldi al IV Libro delle Sentenze*, dans Franzisk. Studien, XXXIII (1951), pp. 386-420.

LOTTIN, O., *L'authenticité de la « Summa » d'Étienne Langton*, dans RTAM, I (1929), pp. 497-504.

— *Quelques « Quaestiones » de maîtres parisiens aux environs de 1225-1235*, dans RTAM, V (1933), pp. 79-85.

— *Le problème de la moralité intrinsèque d'Abélard à saint Thomas d'Aquin*, dans RT, XXXIX (1934), pp. 477-515.

— *Les premiers exposés scolastiques sur la loi éternelle*, dans ETL, XIV (1937), pp. 287-301.

— *Psychologie et morale aux XIIᵉ et XIIIᵉ siècles*, 6 t., Louvain-Gembloux, 1942-1960.

LUBAC, H. DE, *Exégèse médiévale. Les quatre sens de l'Écriture*, 3 t. (Théologie, 41-42, 59), Paris, 1959-1964.

LYNCH, K.F., *Some Fontes of the Commentary of Hugh de Saint Cher: William of Auxerre, Guy d'Orchelles, Alexander of Hales*, dans FS, XIII (1953), pp. 119-146.

MANDONNET, P., *Les questions disputées de saint Thomas d'Aquin*, introduction à S. Thomae Aquinatis Quaestiones disputatae, t. I, Paris, 1926, pp. 1-24.

— *Thomas d'Aquin, novice prêcheur, 1244-1246*, dans RT, XXIX (1924), pp. 243-267, 370-390, 529-547; XXX (1925), pp. 3-20, 222-249, 393-416, 489-533.

— *La date de la mort de Guillaume d'Auxerre*, dans AHDLMA, VII (1933), pp. 39-46.

MANGENOT, E., *Hugues de Saint-Cher*, dans DTC, t. VII, I, 1927, cc. 221-239.

MARICHAL, R., *La critique des textes*, dans L'histoire et ses méthodes, publié sous la direction de C. SAMARAN (Encyclopédie de la Pléiade), Paris, 1967, 1247-1366.

MARTIN, R.-M., *Quelques « premiers » maîtres dominicains de Paris et d'Oxford et la soi-disant école dominicaine augustinienne (1229-1279)*, dans RSPT, IX (1920), pp. 556-580.

— *« Filia magistri ». Un abrégé des Sentences de Pierre Lombard. Notes sur un manuscrit latin conservé à la Bibliothèque John Rylands à Manchester*, dans Bull. of the John Rylands Library, II (1915), pp. 370-379.

MASNOVO, A., *Da Guglielmo d'Auxerre a S. Tommaso d'Aquino* (Pubbl. dell'Univ. Catt. del S. Cuore, n.s., VIII-X), 3 vol., Milano, 1945-1946.

McDEVITT, A., *The Episcopate as an Order and Sacrament on the Eve of the High Scholastic Period*, dans FS, XX (1960), pp. 96-148.

MEERSSEMAN, G., *De S. Alberti Magni Postilla inedita super Ieremiam*, dans *Angelicum*, IX (1932), pp. 3-20, 225-238.

MEIER, L., *Les disputes quodlibétiques en dehors des universités*, dans RHE, LIII (1958), pp. 401-442.

MÉNARD, É., *La Tradition. Révélation, Écriture, Église selon saint Thomas d'Aquin* (Studia. Recherches de philosophie et de théologie... de Montréal, 18), Bruges-Paris, 1964.

MEYLAN, H., *Les « questions » de Philippe le Chancelier*, dans *Positions des thèses : École nationale des chartes*, Paris, 1927, pp. 89-94.

MICHAUD-QUANTIN, P., *Les champs sémantiques de « species ». Tradition latine et traduction du grec*, dans *Études sur le vocabulaire philosophique du moyen âge*, Rome, 1970, pp. 113-150.

MINGES, P., *Philosophiegeschichtliche Bemerkungen über Philipp von Grève († 1236)*, dans *Philosophisches Jahrbuch*, XXVII (1914), pp. 21-32.

MINIO-PALUELLO, L., *Le texte du « De anima » d'Aristote : la tradition latine avant 1500*, dans *Opuscula. The Latin Aristotle*, Amsterdam, 1972, pp. 250-276.

NORPOTH, L., *Der pseudo-augustinische Traktat « De Spiritu et Anima ».* Philosophische Dissertation, München, 1924, erstmals gedruckt (...), Köln-Bochum, 1971.

OTT, L., *Herbert v. Auxerre*, dans LTK, t. V, 1960, c. 241.

OTTAVIANO, C., *Guglielmo d'Auxerre († 1231). La vita, le opere, il pensiero* (Biblioteca di filosofia e scienze, 12), Roma, s.d. (ca. 1929).

PELSTER, F., *Literargeschichtliches zur Pariser theologischen Schule aus den Jahren 1230 bis 1256*, dans *Scholastik*, V (1930), pp. 46-78.

— *Das Leben und die Schriften des Oxforder Dominikanerlehrers Richard Fishacre († 1248)*, dans ZKT, LIV (1930), pp. 518-553.

— *Forschungen zur Quaestionenliteratur in der Zeit des Alexander von Hales*, dans *Scholastik*, VI (1931), pp. 321-353.

— *Les « Quaestiones » de Guiard de Laon dans « Assise Bibl. comm. 138 »*, dans RTAM, V (1933), pp. 369-390.

PÉPIN, J., *« Primitiae Spiritus ». Remarques sur une citation paulinienne des « Confessions » de saint Augustin*, dans RHR, CXL (1951), pp. 155-202.

PERI (PFLAUM), H., *Die scholastische Disputation*, dans *Romanica et Occidentalia. Études dédiées à la mémoire de Hiram Peri (Pflaum)*, éd. M. LAZAR, Jérusalem, 1963, pp. 349-368.

POUILLON, H., *Le premier Traité des Propriétés transcendantales. La « Summa de bono » du Chancelier Philippe*, dans *Revue néoscol. de phil.*, XLII (1939), pp. 40-77.

POWICKE, F.M., *Stephen Langton*, Oxford, 1928.

PRINCIPE, W.H., *Report of a Thesis Recently Defended at the Pontifical Institute of Mediaeval Studies. The Theology of the Hypostatic Union in the early Thirteenth Century. The Doctrines of William of Auxerre, Alexander of Hales, Hugh of Saint-Cher, and Philip the Chancellor*, dans MS, XXIV (1962), pp. 392-394.

PRINCIPE, W. H., *The Theology of the Hypostatic Union in the Early Thirteenth Century*, vol. I: *William of Auxerre's Theology of the Hypostatic Union*; vol. III: *Hugh of Saint-Cher's Theology of the Hypostatic Union*, Toronto, 1963, 1970.
— *Hugh of Saint-Cher's Stockholm « Gloss on the Sentences »: An Abridgment rather than a First Redaction*, dans MS, XXV (1963), pp. 372-376.

RACITI, G., *L'autore del « De spiritu et anima »*, dans RFNS, LIII (1961), pp. 385-401.
RIEDLINGER, H., *Petrus v. Capua d. J.*, dans LTK, t. VIII, 1963, c. 354.
ROUSE, R.H. and ROUSE, M.A., *The Verbal Concordance to the Scriptures*, dans AFP, XLIV (1974), pp. 5-30.

SAFFREY, H.-D., *Une brillante conjecture de saint Albert et la « recensio nova » du « De anima »*, dans RSPT, XL (1956), pp. 255-263.
SALMAN, H.D., *Jean de la Rochelle et l'averroïsme latin*, dans AHDLMA, XVI (1947-1948), pp. 133-142.
— *Note sur la première influence d'Averroès*, dans *Revue néoscol. de phil.*, XL (1937), pp. 203-212.
— *S. Thomas et les traductions latines des Métaphysiques d'Aristote*, dans AHDLMA, VII (1932), pp. 85-120.
— *Algazel et les latins*, dans AHDLMA, X-XI (1935-36), pp. 103-127.
SCHNEYER, J.B., *Die Sittenkritik in den Predigten Philipps des Kanzlers* (Beiträge z. Gesch. der Phil. und Theol. des Mittelalters, XXXIX, 4), Münster i.W., 1963.
SMALLEY, B., *Some Thirteenth-Century Commentaries on the Sapiential Books*, dans *Dominican Studies*, II (1949), pp. 318-355; III (1950), pp. 41-77, 236-274.
— *The Study of the Bible in the Middle Ages*, 2ᵉ ed., Oxford, 1952.
SMITH A., *Hugh of Saint-Cher*, dans *New Catholic Encyclopedia*, t. VII, 1967, cc. 193-194.
SPICQ, C., *Esquisse d'une histoire de l'exégèse latine au moyen âge* (Bibl. thom., XXVI), Paris, 1944.
STEGMÜLLER, F., *Repertorium commentariorum in Sententias Petri Lombardi, collegit, disposuit, edidit...*, t. I: *Textus*, Würzburg, 1947.
— *De endgültige Redaktion des Sentenzenkommentars Hugos von St. Cher*, dans *Classica et mediaevalia*, IX (1948), pp. 246-265.
— *Die älteste Redaktion des Sentenzenkommentars Hugos von St. Cher in einer Handschrift der königlichen Bibliothek zu Stockholm*, dans *Nordisk Tidskrift för Bok- och Biblioteksväsen*, XXXV (1948), pp. 69-79.
— *Quodlibeta Holmensia*, dans *Divus Thomas* (Fribourg), XXVII (1949), pp. 201-222.
— *Alexander Neckam*, dans LTK, t. I, 1957, cc. 308-309.
— *Repertorium biblicum Medii Aevi*, t. III: *Commentaria. Auctores H-M*, Madrid, 1951.
— *Die neugefundene Pariser Benefizien-Disputation des Kardinals Hugo von St. Cher O.P.*, dans *Historisches Jahrbuch*, LXXII (1953), pp. 176-204.

— *Analecta Upsaliensia theologiam medii aevi illustrantia*, t. I: *Opera systematica*, Uppsala, 1953.

SYNAVE, P. et BENOIT, P., *Saint Thomas d'Aquin, Somme théologique. La Prophétie*, 2ᵃ-2ᵃᵉ, Questions 171-178, traduction française par... (Éditions de la Revue des jeunes), Paris-Tournai-Rome (1947).

TAYLOR, J.H., *The Meaning of « Spiritus » in St. Augustine's « De Genesi », XII*, dans *The Modern Schoolman*, XXVI (1948-1949), pp. 211-218.

TEETAERT, A., *La littérature quodlibétique*, dans ETL, XIV (1937), pp. 75-105.

THÉRY, G., *L'authenticité du « De spiritu et anima » dans saint Thomas et Albert le Grand*, dans RSPT, X (1921), pp. 373-377.

THIEL, M., *Grundlagen und Gestalt der Hebräischkenntnisse des frühen Mittelalters*, dans *A Giuseppe Ermini*, t. III (Studi Medievali X/3, 1969), pp. 3-212.

TORRELL, J.-P., *Hugues de Saint-Cher et Thomas d'Aquin. Contribution à l'histoire du traité de la prophétie*, dans RT, LXXIV (1974), pp. 5-22.

— *La question 540 (« De prophetia ») du manuscrit de Douai 434*, dans *Antonianum*, XLIX (1974), pp. 499-526.

— *La « Summa Duacensis » et Philippe le Chancelier. Contribution à l'histoire du traité de la prophétie*, dans RT, LXXV (1975), pp. 67-94.

— *La notion de prophétie et la méthode apologétique dans le « Contra Saracenos » de Pierre le Vénérable*, dans *Studia monastica*, XVIII (1975), pp. 257-282.

VALOIS, N., *Guillaume d'Auvergne, évêque de Paris (1228-1249). Sa vie et ses ouvrages*, 2 t., Paris, 1880.

VAN DEN EYNDE, D., *Les définitions des sacrements pendant la première période de la théologie scolastique (1050-1240)*, Rome-Louvain, 1950.

— *Nouvelles questions de Hugues de Saint-Cher*, dans *Mélanges Joseph de Ghellinck*, t. II, Gembloux, 1951, pp. 815-835.

— *Précisions chronologiques sur quelques ouvrages théologiques du XIIIᵉ siècle*, dans *Antonianum*, XXVI (1951), pp. 223-246.

— *Stephen Langton and Hugh of St. Cher on the Causality of the Sacraments*, dans FS, XI (1959), pp. (141)-(155).

VAN STEENBERGHEN, F., *Le problème de l'existence de Dieu dans le « Scriptum super Sententiis » de saint Thomas*, dans *Studia mediaevalia in honorem... R.J. Martin*, Bruges, 1948, pp. 331-349.

— *La philosophie au XIIIᵉ siècle* (Philosophes médiévaux, IX), Louvain, 1966.

VANSTEENKISTE, C., Compte rendu critique de P. GLORIEUX, *La « Summa Duacensis » (Douai 434)*, dans *Angelicum*, XXXIV (1957), pp. 331-334.

VAUX, R. DE, *La première entrée d'Averroès chez les latins*, dans RSPT, XXII (1933), pp. 193-243.

— *Notes et textes sur l'avicennisme latin aux confins des XIIᵉ et XIIIᵉ siècles* (Bibl. thom., XX), Paris, 1934.

VAUX SAINT-CYR, M.-B., DE, *Les deux commentaires d'Étienne Langton sur Isaïe*, dans RSPT, XXXIX (1955), pp. 228-236.

VICAIRE, M.-H., *Roland de Crémone ou la position de la théologie à l'université de Toulouse*, dans Les universités du Languedoc au XIIIe siècle (Cahiers de Fanjeaux, V), Toulouse, 1970, pp. 145-178.

WALTHER, H., *Proverbia sententiaeque latinitatis Medii Aevi. Lateinische Sprichwörter und Sentenzen des Mittelalters in alphabetischer Anordnung* (Carmina medii aevi posterioris latina, II, 2), Göttingen, 1964.

WEISWEILER, H., *Théologiens de l'entourage d'Hugues de Saint-Cher*, dans RTAM, VIII (1936), pp. 389-407.

WICKI, N., *Guiard von Laon*, dans FZPT, X (1963), pp. 116-123.

— *Philipp der Kanzler und die Pariser Bischofswahl von 1227-1228*, dans FZPT, V (1958), pp. 318-326.

— *Die Lehre von der himmlischen Seligkeit in der mittelalterlichen Scholastik von Petrus Lombardus bis Thomas von Aquin* (Studia Friburgensia, N.F. 9), Freiburg, Schweiz, 1954.

ZARB, S., *Le fonti agostiniane del trattato sulla profezia di S. Tommaso d'Aquino*, dans Angelicum, XV (1938), pp. 169-200.

DE PROPHETIA

(Ms. Douai 434 - Question 481)

I

TEXTE

f. 132rb   Quesitum est de prophetia. Primo quid sit realiter et diffinitive. Secundo quid sit prophetas videre in speculo ; et utrum omnis propheta videat in speculo ; et quid sit differencia inter videre fidei per speculum et videre prophetie in speculo. Tercio de
5   differenciis prophetie et de quibusdam actoritatibus que videntur habere specialem difficultatem. Quarto de officio prophetarum.

⟨I. QUID SIT PROPHETIA⟩

⟨1⟩ Ad primum sic : tria sunt in anima et non plura, sicut dicit PHILOSOPHUS [1] : potentia, habitus et passio ; sed prophetia
10   est in anima ; ergo est potentia vel habitus vel passio. Sed constat quod non est potentia vel passio, ergo est habitus. Igitur vel virtus vel scientia ; queritur quod illorum duorum.
    Respondens dicit quod scientia.

⟨2⟩ Contra : prophetia est « bona qualitas mentis qua bene
15   vivitur et nemo male utitur, quam Deus operatur in nobis sine nobis » [2], ergo est virtus.

---

1. ARISTOTE, *Éthique à Nicomaque*, II, v, 1105b20 ; cf. le texte de l'*Ethica vetus*, éd. R.-A. GAUTHIER (Aristoteles latinus, XXVI, 1-3), p. 11 : « Quoniam igitur ea que in anima fiunt tria sunt, passiones, potencie, habitus, horum aliquid erit virtus ».

2. GUILLAUME D'AUXERRE, *Summa aurea*, lib. III, tr. II, cap. II, *ed. cit.*, f. CXXVIIIvb, au début. Cette définition de la vertu, que la question 481 recopie littéralement de Guillaume et qu'elle attribue comme lui à saint Augustin, est en fait une création de Pierre Lombard, qui a combiné l'idée augustinienne de la gratuité de la grâce (*in nobis sine nobis*) avec divers textes du docteur d'Hippone. Cf. PIERRE LOMBARD, *Sent.*, lib. II, dist. XXVII, cap. I, 1 (*Sententiae in IV libris distinctae*, ed. tertia, t. I, 2, Grottaferrata, 1971, p. 480) : « Virtus est, ut ait Augustinus, *bona qualitas mentis, qua recte vivitur et qua nullus male utitur, quam Deus solus in homine operatur* ». Cf. AUGUSTIN, *De libero arbitrio*, lib. II, 19 : « Virtutes igitur quibus recte vivitur magna bona sunt (...). Virtutibus nemo male utitur » (CSEL, t. 74, nn. 191, 192, p. 85 ; ID., *Retractationes*, lib. I, cap. VIII (IX), CSEL, t. 36, p. 40). Odon LOTTIN (PM, III, pp. 99-150) appelle « théologique » cette première définition de la vertu dont il trouve les premiers essais de formulation chez Hugues de Saint-Victor (cf. pp. 100-102).

⟨3⟩ Item, prophetia est « habitus mentis bene constitute » [3], ergo est virtus.

⟨4⟩ Item, prophetia est donum Dei, unde I *Cor.* XII : « alii datur sermo sapiencie, alii sermo scientie, alii prophetia » [4], ergo est virtus.

⟨5⟩ Item, prophete merebantur prophetando, ergo prophetare est actus meritorius, ergo est opus virtutis, ergo prophetia est virtus.

⟨6⟩ Item, prophetia aufertur per mala merita. Quod patet. Unde *Psalmus* : « Ne proicias me a facie tua » [5] etc. ; ibi *Glosa* : « Spiritum prophetie qui sibi omnibus rebus preciosior est, petit non auferri tacens de ceteris » [6]. Sed solum virtus aufertur per mala merita, ergo prophetia est virtus. Ad minus scientia non aufertur per mala merita. Quod patet. Et prophetia aufertur. Ergo prophetia non est scientia.

Item, *Psalmus* : « Domine labia mea aperies » [7] etc. ; ibi *Glosa* : « Propter peccata clausa » [8]. Item ad idem [9] : in *Prologo super Psalmos* dicit CASSIODORUS : « Audivimus David homicidam et adulterum per penitenciam prophetie recuperasse spiritum » [10]. Igitur David recuperavit spiritum prophetie per

---

3. GUILLAUME D'AUXERRE, *Summa aurea*, lib. II, tr. VI, *ed. cit.*, f. XLVIIIvb, au début. Cette deuxième définition classique de la vertu, que Lottin qualifie de « philosophique » (*loco cit.*), remonte en sa notion à Aristote, reprise par Boèce et Abélard, mais sa formulation est due à un disciple de ce dernier, HERMAN, l'auteur de l'*Epitome theologiae christianae*. Cf. PL, t. 178, c. 1749, cap. 32 : « Virtus est, ut aiunt philosophi, habitus mentis optimus (Abélard), *vel bene constitutae mentis* ». Herman rejoignait ainsi une sentence attribuée à Anselme de Laon par le *Liber Pancrisis*. Cf. Fr. BLIEMETZRIEDER, *Trente-trois pièces inédites de l'œuvre théologique d'Anselme de Laon*, dans RTAM, II (1930), pp. 54-79, p. 71 : « *Virtus est habitus mentis bene constitute*, et vicium habitus est mentis male constitute ». Pour les rapports entre ces deux définitions et le développement de la doctrine elle-même, cf. l'étude de O. Lottin citée à la note précédente.

4. *I Cor.*, 12, 8-10.
5. *Ps. 50*, 13.
6. *Glos. ord. sup. Ps. 50*, 13 ; nous citons la *Glose* d'après l'édition de Douai, 1617, 6 tomes, comprenant aussi les *Postilles* de Nicolas DE LYRE ; ici t. III, c. 804. Cf. CASSIODORE, *Expositio in Ps. 50*, 13 : « Solum *spiritum* prophetiae sibi non auferri petiit, quem pretiosum supra cuncta rex habuit » (CCL, t. 97, p. 463).
7. *Ps. 50*, 17.
8. *Glos. interl. sup. Ps. 50*, 17 (III, c. 806).
9. *Item ad idem* : répété dans le ms.
10. Cf. PIERRE LOMBARD, PL, t. 191, c. 57.

penitenciam ; ergo spiritus prophetie subiacet merito. Sed nulla scientia subiacet merito ; ergo prophetia non est scientia.

Item, si prophetia est scientia, ergo est tantum in vi intellectiva in qua est omnis scientia. Sed constat quod quedam prophetia
5 est in vi ymaginativa, scilicet imaginaria. Ergo non est scientia, et est habitus mentis, ergo est virtus.

⟨7⟩ Item Cassiodorus, in *Prologo super Psalmos*, sic describit prophetiam : « Prophetia est inspiratio vel revelatio divina rerum eventus immobili veritate denoncians »[11]. Contra hanc
10 diffinitionem obiectum est multipliciter.

Primo sic : fides est divina inspiratio quia divinitus inspiratur, et est rerum eventus immobili veritate denoncians, quia credit et predicat resurrectionem mortuorum et iudicium generale futurum immobili veritate. Ergo fides est prophetia vel diffinitio
15 prophetie male assignata est. Si dicat quod fides et prophetia differunt in assenssu quia fides assentit in creditum, prophetia autem non assentit in prophetatum semper, contra : prophete conformabant voluntatem suam voluntati divine et sciebant vel credebant Deum velle quod eis inspirabat ad prophetandum,
20 ergo consentiebant in rem prophetatam ut fieret sicut Deus volebat. Ergo sicut fides habet assenssum, ita et prophetia, ergo non differunt in assenssum.

⟨8⟩ Item, videtur quod inspiratio non conveniat omni prophetie. Aut enim dicitur inspiratio [12] in comparatione spiritus
25 a quo vel spiritus in quo est. Primo modo non, quia ista comparatio notatur per hoc quod dicitur « divina ». Item nec secundo modo, quia prophetia quedam est intellectualis, quedam spiritualis, quedam corporalis. Sola spiritualis dicitur in comparatione spiritus in quo, unde dicitur spiritualis, id est in spiritu designa-
30 tio. Ergo non omnis prophetia est inspiratio.

Item, inspiratio dicitur quando fit solo Spiritus Sancti instinctu sine alio medio. Unde Cassiodorus in *Prologo super Psalmos* :

---

11. Cf. Cassiodore : « Prophetia est aspiratio divina, quae eventus rerum aut per facta aut per dicta quorumdam immobili veritate pronuntiat » (CCL, t. 97, p. 7). Le texte est cité par la Q. 481 d'après le prologue au *Commentaire des Psaumes* de Pierre Lombard qui, le premier, ajouta les mots caractéristiques *vel revelatio* : « Est igitur prophetia inspiratio vel revelatio divina, rerum eventus immobili veritate denuntians » (PL, t. 191, c. 58).

12. Ms : *inspiratur*.

« Est alius prophetie modus ceteris dignior, quando scilicet ex sola Spiritus inspiratione, remoto omni exteriori amminiculo facti vel dicti vel visionis vel sompnii, prophetatur. Hoc modo prophetavit David, scilicet solius Spiritus Sancti instinctu »[13].
Unde : « Audiam quid loquatur in me Dominus »[14]. Ergo inspiratio non convenit omni prophetie. Ergo male ponitur in diffinitione eius.

⟨8 bis⟩ Item, videtur per hoc quod apponitur « divina » quod alica inspiratio sit non ⟨divina⟩. Sed contra : inspiratio est cognitio de nichilo facta et formata a Spiritu, nulla preexistente similitudine, ut patet in David. Sed constat quod facere rem vel cognitionem de nichilo solius Dei est. Ergo omnis inspiratio est divina.

Item, inspiratio non est nisi mentis depurate a fantasiis et talis mens non est subdita nisi soli Deo, sicut dicit AUGUSTINUS in libro *De anima et spiritu* : « Mentem dicimus quod ita facta est ad similitudinem Dei, ut nulla interposita natura creata formetur a prima veritate »[15]. Ergo omnis inspiratio est divina.

Item *Psalmus* : « Manus tue fecerunt me et plasmaverunt »[16] etc., ibi *Glosa* : « Dominus qui per se ipsum lux est illuminat pias mentes etsi aliquando utatur angeli ministerio. Ita enim dicitur angelus intellectum dare homini, ut quis dicitur dare lumen ‖ domui cui fenestram facit, cum tamen non sua luce penetret vel illustret »[17]. Ergo solus Deus illuminat mentes, ergo solus Deus inspirat, ergo omnis inspiratio est divina.

---

13. PIERRE LOMBARD, *ibid.*, PL, t. 191, c. 58; cf. CASSIODORE : « Unde constat sanctum David non per operationes hominum, non per nativitates geminorum, non per angelos, non per visiones, non per somnium, non per nubem et vocem de caelo, nec per alios quoscumque modos, sed caelesti aspiratione fuisse completum » (CCL, t. 97, p. 7).

14. *Ps. 84,* 9.

15. *De spiritu et anima*, cap. XI (PL, t. 40, c. 786). Cet opuscule, dont l'authenticité augustinienne était suspectée dès le milieu du XIIIe siècle, était récemment encore attribué à Alcher de Clairvaux (cf. G. THÉRY, *L'authenticité du « De spiritu et anima » dans saint Thomas d'Aquin et Albert le Grand,* dans RSPT, X (1921), pp. 373-377; I. CECCHETTI, *Alchero di Chiaravalle,* dans *Enciclopedia Cattolica,* t. I, 1948, cc. 722-723). Gaetano RACITI (*L'autore del « De spiritu et anima »,* dans RFNS, LIII (1961), pp. 385-401 a montré que cette attribution ne pouvait pas être soutenue et propose, sans pouvoir le prouver de manière absolue, de considérer Pierre le Mangeur comme l'auteur de cet ouvrage.

16. *Ps. 118,* 73.

17. *Glos. ord. sup. Ps. 118,* 73 (III, c. 1373).

QUID SIT PROPHETIA

⟨9⟩ Item, prophetia quandoque fit per facta, quandoque per dicta, ut dicitur in *Prologo super Psalmos*[18]. Sed constat quod in prophetia facti nulla est denonciatio, ergo male ponitur « denoncians » in diffinitione prophetie, cum non conveniat omni.

Item GREGORIUS *super ⟨Ezechielem⟩* primo dicit : « Propheta non dicitur quia scit futura, sed quia videt occulta »[19].

Item in *Prologo Psalmorum* distinguitur propheta quidam de preterito, quidam de presenti, quidam de futuro[20].

Ex hiis videtur quod non omnis prophetia est de re futura, ergo male apponitur in diffinitione prophetie « rerum eventus denoncians », cum eventus futurum tempus respiciat et prophetia non tantum sit in revelatione suscipientis, sed ad denonciandum aliis. Unde videtur quod futuritio cadat in ratione prophetie secundum dictam diffinitionem.

⟨10⟩ Item, queritur utrum inspiratio de re futura fiat prophetis per modum complexionis vel per modum incomplexionis. Et videtur quod per modum incomplexionis. Fit enim per modum visionis in speculo eterno ; sed hec speculatio est de rebus secundum quod sunt in sua causa primaria sive in suo exemplari. Sed constat quod res prout sunt ibi carent omni complexione. Deus[21] enim esse simplicissimum est ; ibi ergo non fit per modum complexionis.

Contra, hec inspiratio fit ad denonciandum per sermonem. Sed denonciatio de rebus futuris per sermonem est sub complexione, et constat quod inspiratio format denonciationem. Ergo inspiratio de rebus futuris est per modum complexionis.

⟨11⟩ Item, angelus aliquando inspirat aliquid ad denonciandum, ut dicit GREGORIUS in *Moralia*[22], immo et *Zacarias* I : « Dixit angelus qui loquebatur in me »[23]. Queritur ergo utrum

---

18. Cf. CASSIODORE, *loco cit.* ; cf. ci-dessus, note 11, p. 5.
19. GRÉGOIRE LE GRAND, *In Ezechielem*, Hom. I, 1 : « ... recte prophetia dicitur, non quia praedicit ventura, sed quia prodit occulta » (CCL, t. 142, p. 5).
20. Cf. PIERRE LOMBARD, PL, t. 191, c. 59. Le texte est en réalité de GRÉGOIRE LE GRAND (*loco cit.*, n° 4 s, éd. citée, p. 7 s). Cf. CASSIODORE : « Sciendum est sane quod omnis prophetia aut de praeterito aut de praesenti aut de futuro tempore loquatur aut agat aliquid » (*ed. cit.*, p. 7).
21. Ms: *Omne*.
22. GRÉGOIRE LE GRAND, *Moralia in Job*, lib. XXVIII, cap. I, 9 (PL, t. 76, c. 451).
23. *Zac.*, 1,9.

talis inspiratio debeat dici prophetia et videtur quod sic, quia aliter non esset propheta Zacarias.

Preterea, angelus bonus habet potestatem super animam quantum ad utramque partem prophetie, sicut patet per AUGUSTINUM in libro *De spiritu et anima*, ubi distinguit genera visionum [24]. Angelus enim potest dare anime illuminationem ad cognoscendum, item potest facere apparitionem in parte anime spirituali, sicut patet in visionibus sompniorum quas habent sancti. Ergo cum prophetia non habeat plus nisi apparitionem ymaginum et illuminationem ad cognoscendum, inspiratio angeli est prophetia.

Contra, prophetia est divina inspiratio, non ergo angelica. Item prophete vident in speculo eterno et ex illa visione dicuntur prophete. Ergo inspiratio angelica non est prophetia.

⟨12⟩ Item, Dominus revelat aliquid superioribus angelis quod prius nesciebant, ut patet *Ysa.* LXIII : « Quis est iste qui venit de Edom ? »[25], ad denonciandum aliis inferioribus, sicut dicit DIONISIUS [26]. Sed prophetia est divina revelatio ad denonciandum, ergo angeli sunt prophete. Si dicat quod non sunt quia in eis non est apparitio imaginum que fit in parte anime spirituali, contra : in *Prologo Psalmorum* dicit CASSIODORUS quod est quedam prophetia que fit immediate a Deo sine omni ymagine, ut prophetia David ; ergo hoc quod angeli non habent apparitionem ymaginum non impedit quin dicantur prophete.

⟨13⟩ Item, obiectum est de hoc quod dicit « immobili veritate ». Illa enim immobilitas veritatis non est ex parte ipsarum rerum que eveniunt, cum sint contingenter future. Futurorum autem contingencium veritas est mobilis.

Item, non est ex parte denonciationis, quia ipsa visio vel denonciatio prophetarum non dat rebus enonciatis immobilitatem sive necessitatem. Non enim ideo res necesse est evenire quia propheta videt vel enonciat ipsas. Non enim ideo necesse est evenire rem quia Dominus revelat eam, ut patet in Ysaia

---

24. *De spiritu et anima*, cap. XXIV (PL, t. 40, c. 797).
25. *Is.*, 63, 1.
26. Cf. *La hiérarchie céleste*, VII, 3 (PG, t. 3, c. 209 ; éd. *Sources chrétiennes*, 58, Paris, 1958, p. 113). La source directe ici pourrait bien être GRÉGOIRE LE GRAND, *Homil. in Evangelia*, lib. II, hom. XXXIV (PL, t. 76, cc. 1254-1255).

cui revelaverat mortem Ezechie, et tamen non fuit tunc mortuus [27].

Item, neque ex parte speculi in quo vident prophete, quia non aliter resultat res in speculo quam sit; alioquin non esset verum speculum. Et constat quod propheta ita videt res in speculo sicut ibi sunt. Ergo contingencia videt sub contingencia sua, et ut videt ita enonciat. Ergo enonciat contingencia ut possibilia aliter evenire, ergo non immobili veritate.

Item, patet hoc in Iona qui denonciavit rem possibilem aliter evenire, et que aliter evenit secundum suum intellectum. Similiter patet in *Ysa.* XXXVIII qui dixit Ezechie: « Morieris tu et non vives » [28], nec ita evenit. Ergo enonciavit sub mobili veritate. Preterea ibi dicit *Glosa Ysa.* XXXVIII quod Ysaias legerat mortem Ezechie in speculo secundum causas inferiores [29], sed cause inferiores non dant rebus immobilitatem.

Item, res future contingentes non videntur in speculo ut necessarie, quia sic falso viderentur, sed ut contingentes. Ergo nullus propheta licet viderit ‖ in speculo eterno enonciat rerum eventus immobili veritate.

Item, GREGORIUS *super Ysa.* XXXVIII dicit quod « Dominus mutat sentenciam et non mutat consilium, et sentenciam revelat prophetis, non consilium » [30]. Ergo quod Ysaias dixit et quod intendit dicere fuit sentencia, non consilium. Ergo non habuit immobilem veritatem, ergo non enonciavit rei eventum immobili veritate, ergo tunc non prophetavit.

⟨14⟩ Item, queritur utrum Ionas et Ysaias dixerint falsum, et videtur quod sic. Constat enim quod illud quod Ionas intendebat dicere falsum erat, et vox prolata ab eo significabat illud, ergo dixit falsum.

Item ad idem, *Glosa super Ysa.* XXXVIII dicit: « Quicumque sic credit ut loquitur, etsi non vera loquitur, tamen fideliter loquitur » [31]. Hec Glosa vult quod Ysaias falsum dixit sed non mendacium, quia non dixit contra mentem.

---

27. Cf. *Is.*, 38, 1 ss.
28. *Is.*, 38, 1.
29. *Glos. ord. sup. Is.*, 38, 1 (IV, c. 335-336).
30. *Ibid.*, c. 336.
31. *Ibid.*

Item, *Ier.* XXVIII, ait Ieremias Ananie : « Amen ! sic facit Dominus » [32]. *Glosa* ibi : « Contristatur Ionas quia mentitus est et arguitur a Domino utilius esse mendacium quam tante ruinam multitudinis » [33].

Contra, fidei non subest falsum, ergo nec prophetie. Item, in predicta *Glosa* dicitur : « Verum dixit Ysaias nec est deceptus quia sic legit, nec est mentitus quia sic credidit » [34].

Item ad idem, Deus duppliciter considerat res futuras : uno modo secundum merita hominum vel secundum phisicam, que dicuntur cause inferiores, alio modo secundum consilium suum, quod dicitur causa superior. Ezechiam moriturum secundum causas inferiores et Ninivem subvertendam erat verum. Item Ezechiam non moriturum et Ninivem non esse subvertendam secundum divinum consilium era⟨t⟩ verum. Utrumque scriptum erat in libro vite, sed alterum suis prophetis legendum permisit Deus, alterum non permisit [35]. Et constat quod ipsi non intendebant dicere nisi quod legerant in libro. Ergo Ysaias intendebat dicere quod Ezechias morietur secundum merita sua vel secundum phisicam ; similiter Ionas intendebat dicere Ninive subvertetur secundum merita vel secundum phisicam ; et utrumque verum est ; ergo uterque dixit verum.

SOLUTIO

Prophetia multis modis dicitur : aliquando prophetia dicitur sermo propheticus ; aliquando actus ipse prophetandi ; aliquando ipsum prophetatum ; aliquando visio prophetalis ; aliquando habitus mentis quo anima prophete habilis est ad cognoscendum res sibi ostenssas, ut dicunt quidam [36], et hoc ultimo modo diffinitur prophetia a CASSIODORO, ut dicunt.

Michi autem videtur sine preiudicio quod prophetia secundum quod diffinitur a CASSIODORO, dicitur ipsa visio prophetica que tria importat : primum est apparitio ymaginum que fit in parte

---

32. *Jér.*, 28, 6.
33. *Glos. ord. sup. Ier.*, 28, 6 (IV, c. 772).
34. *Glos. ord. sup. Is.*, 38, 1 (IV, c. 336).
35. Citation implicite de la *Glos. ord. sup. Is.*, 38, 1 (*ibid.*).
36. GUILLAUME D'AUXERRE, *Summa aurea*, lib. II, tr. VI, *ed. cit.*, f. XLVIIIvb ; cf. notre tableau comparatif ci-dessous pp. 65-66.

anime spirituali, id est in vi ymaginativa ; secundum est revelatio eius quod latet sub imagine ostenssa, sive illuminatio mentis ad cognoscendum veritatem sub ymagine ostenssa latentem ; tercium est denonciatio rei revelate propter quam fit revelatio
5 prophetis.

Aliquando primum dicitur prophetia, id est apparitio ymaginum, et propheta dicitur ille cui fit hec apparitio, licet non intelligat quod latet sub ymagine et licet non sit ei facta apparitio ad denonciandum extra. Sic Pharao potest dici propheta, sed
10 minus proprie et materialiter tantum.

Aliquando secundum dicitur prophetia, id est revelatio significationis ymaginum ad cognoscendum [37]. Sic Iosep dicitur propheta.

Aliquando primum cum tercio, id est apparitio ymaginum
15 facta ad denonciandum. Sic Caiphas fuit propheta.

Aliquando secundum cum tercio, id est revelatio rei occulte facta ad denonciandum. Sic David dicitur propheta cui facta fuit revelatio sine omni ymagine ad denonciandum.

Proprie vero et integre dicitur prophetia que habet hec tria,
20 scilicet imaginariam sive spiritualem apparitionem, occulte rei revelationem, revelate rei denonciationem. Et habens hec tria proprie dicitur propheta, ut Ysaias, Daniel et ceteri.

Sic ergo tripliciter accipitur prophetia : scilicet materialiter, formaliter, finaliter. Materialiter tantum, id est apparitio ymagi-
25 num ; sic Pharao dicitur propheta. Formaliter tantum, id est revelatio significationis ymaginum ; sic Ioseph dicitur propheta. Materialiter et finaliter, sic Caiphas dicitur propheta. Formaliter et finaliter, id est revelatio et denonciatio ; sic David dicitur propheta. Materialiter, formaliter, finaliter ; sic Daniel, Ysaias,
30 Ieremias.

Hoc viso, respondemus ad obiecta per ordinem.

Ad primum ergo dicimus quod prophetia non est scientia neque virtus, sed actus compositus ex triplici actu, scilicet visione ymaginarie apparitionis, intelligentia significationis,
35 denonciatione facte revelationis. Hunc autem triplicem actum precedit dupplex passio, scilicet ymaginum impressio et significationis revelatio. Quod autem obicitur quod quicquid est in

---

37. Ms : *denonciandum*.

anima est potentia vel habitus vel passio, intelligendum est vel actus qui est ex habitu et potentia, et ideo non connumeratur eis, et quia non proprie est in anima sed magis ab anima vel ad animam.

Ad id quod secundo obicitur, scilicet quod prophetia est virtus quia est « bona qualitas mentis », solvendum est per interemptionem quia non est qualitas mentis, sed actus. Etiam dico quod sit qualitas sicut volunt quidam [38], adhuc non sequitur quod sit virtus quia deficit illud membrum « qua bene vivimur et nemo male utitur » [39].

Ad id quod tercio dicitur quod prophetia est « habitus mentis bene constitute », dicendum quod non est habitus, sed actus. Dato etiam quod sit habitus, dicimus quod non est « habitus mentis bene constitute », sicut accipitur ab AUGUSTINO. Non enim bene constituit mentem, id est non bonam facit. Verumtamen ex illo actu triplici quem dicimus esse prophetiam relinquitur in mente quidam habitus, id est quedam noticia qua propheta recedente visione scit se vidisse aliquid et quid est illud ; sed habitus ille non est prophetia, sed effectus.

Ad quartum dicimus quod revera prophetia est donum Dei, sed non sequitur « ergo est virtus » neque scientia sicut operatio virtutum. Donum Dei est, ut dicit Apostolus ibidem [40], nec tamen est virtus vel scientia ; et licet sit donum Dei, tamen potest esse in malis et in bonis, nam donorum Dei quoddam est in malis tantum sed non facit malos, ut timor servilis. Item quoddam est tantum in bonis et bonos facit, ut caritas. Item quoddam est in bonis et malis, nec bonos nec malos facit, ut operatio virtutum et prophetia sumpta communiter. Item quoddam est quod est in bonis tantum et bonos non facit, ut prophetia quedam que scilicet pertinet ad veritatem pietatis. Unde II *Pe.* II : « Non enim voluntate humana allata est aliquando prophetia, sed Spiritu Sancto inspirati locuti sunt sancti Dei homines » [41].

---

38. GUILLAUME D'AUXERRE, *ibid.*
39. Cf. ci-dessus, note 2, p. 3.
40. Cf. *I Cor.*, 12, 10.
41. *II Pierre*, 1, 21.

Ad quintum dicimus quod non valet hec argumentatio « prophete prophetando merebantur, ergo prophetare est actus meritorius... ». Quod enim merebantur non erat a prophetia vel ab actu prophetandi vestito omnibus circumstantiis suis, sed a caritate vel fide vel obedientia ex qua fiebat ille actus. Omnis enim motus virtutis secundum quod motus virtutis est, est meritorius. Verbi gratia : motus largitatis est dare danda cum debet et cui debet et gratia cuius debet, et sic de aliis circumstantiis. Talis motus vestitus omnibus circumstantiis suis procedit a sua virtute, unde est meritorius secundum se, quia est laudabile et difficile in medio tali consistere. Motus autem prophetie secundum se non tenet aliquod medium laudabile et difficile, quia eius motus est videre et prononciare, ubi nulla difficultas. Unde sicut videre corporale et loqui non est opus virtutis secundum se, ita nec prophetare ; tamen potest aliquis loqui meritorie, ita et prophetare.

Ad sextum dicimus quod in prophetia tria sunt, scilicet imaginaria apparitio, intellectiva cognitio et denonciatio. Aliquando potest auferri unum sine altero, aliquando simul illa tria auferuntur. Quando autem aufertur prophetia, potest auferri sola Dei voluntate qui quando vult revelat, quando vult occultat. Unde IIII *Reg.* IIII : « Dominus celavit a me et non indicavit michi » [42]. Et II *Pe.* II : « Non enim voluntate humana aliquando allata est prophetia » [43], ibi *Glosa* : « Sicut in voluntate prophetarum non erat semper habere spiritum, semper futura dicere, ita non erat potestatis eorum ut quecumque vellent dicerent sed ea sola que a Spiritu Sancto didicerant » [44].

Item aliquando amittebatur spiritus prophetie propter merita mala prophete. Unde primo *Reg.* XVI : « Spiritus Domini recessit a Saul et exagitavit eum spiritus nequam a Domino » [45], de quo prius dictum est I *Reg.* X : « Insiliet [46] in te Spiritus Domini et prophetabis cum eis » [47].

---

42. *II Rois* (= *IV Reg.*), 4, 27.
43. *II Pierre*, 1, 21.
44. *Glos. ord. sup. II Pet.*, 1, 21 (VI, c. 1354). Cf. Bède le Vénérable, PL, t. 93, c. 73.
45. *I Sam.* (= *I Reg.*), 16, 14.
46. Ms : *insiliit*.
47. *I Sam.* (= *I Reg.*), 10, 6.

Aliquando etiam amittitur spiritus prophetie propter mala merita aliorum. Unde *Ysa.* VI : « Vidi Dominum super solium excelsum » [48] etc., ibi *Glosa* : « Dum rex leprosus, id est diabolus, regnat in nobis, non possumus videre Dominum, nec misteria trinitatis cognoscere » [49]. Item, *Michee* III : « Propterea nox pro visione erit vobis et tenebre pro divinatione et occumbet sol super prophetas » [50]. Et auctor quidam dicit : « Propter peccata principum claudit Deus ora prophetarum » [51].

Unde est de prophetia sicut de candela : ille qui tenet candelam, si vult potest occultare, et non erit lumen in domo ; item ille qui est in domo potest claudere fenestram et foramina obturare, et non intrabit lumen candele. Sic Dominus quando vult occultat lumen prophetie, et propheta quandoque peccatis suis fugat a se spiritum prophetie.

Quod ergo obicitur quod sola virtus et non scientia expellitur per mala merita, falsum est simpliciter ; imo quodlibet donum Dei per mala merita potest amitti, ut gratia predicandi, gratia miracula faciendi. Etiam scientia quandoque amittitur merito peccatorum.

Ad id quod septimo obicitur de fide cui videtur convenire diffinitio prophetie, dicimus quod differunt fides et prophetia, quia fides inspiratur ad credendum ‖ quod non videtur, prophetia autem inspiratur ad denonciandum aliis quod videtur. Preterea prophetia sepius fit per apparitionem ymaginariam, fides autem non. Item in fide est asensio qua assentitur credito sive viso propter ipsum, non propter visionem, in prophetia vero est assenssio qua assentitur viso propter visionem. Sicut ego, cum video te, assentio quod tu es hic non propter te sed propter visionem, eodem modo in prophetia. Item in fide elevat se mens supra se propter visum ; in prophetia vero propter visionem, non propter visum.

Ad octavum dicimus quod inspiratio duobus modis accipitur : communiter et proprie, secundum ambitum huius nominis

---

48. *Is.*, 6, 1.
49. *Glos. ord. sup. Is.*, 6, 1 (IV, c. 77). Cf. Jérôme, *Lettre au pape Damase*, Lettre XVIII, 2 (CSEL, t. 54, p. 76).
50. *Michée*, 3, 6.
51. Auteur non identifié.

spiritus, maiorem vel minorem. Spiritus enim quandoque dicitur vis ymaginativa sive substantia habens vim ymaginariam, inquantum huiusmodi ; sic spiritus dividit contra mentem. Unde I *Cor.* XIIII : « Spiritus loquitur misteria »[52] ; *Glosa* :
5 « Que non intelliguntur, in spiritu dicuntur et non in mente »[53]. Item spiritus dicitur omnis vis anime interior sive anima habens vim quamlibet comprehendentem formas sive intellectuales, sive spirituales, sive corporales. Hoc modo dicitur omnis prophetia inspiratio, id est similitudinum vel lucis in spiritu impressio ;
10 sic accipitur in diffinitione CASSIODORI. Primo autem modo non omnis prophetia est inspiratio. Quedam enim visio est intellectualis, quedam ymaginaria, quedam dicitur spiritualis, hoc modo accipiendi spiritum, quedam corporalis sive senssibilis. Unde cum prophetia dividitur secundum differentias visionum [54],
15 intelligitur divisio quantum ad apparitiones factas, non quantum ad ea que sub apparitionibus videntur vel intelliguntur.

⟨8 bis⟩ Habet autem inspiratio duplicem comparationem : unam ad spiritum a quo, alteram ad spiritum in quo. Et quod obicitur quod hec differentia « divina » superfluit, dicimus
20 quod non est verum, sed specificat inspirationem et determinat a quo est. Dicitur enim inspiratio ipsa similitudinum impressio et rei latentis sub similitudine revelatio. Utrumque est a Spiritu Sancto, sed primum potest esse ab angelo et a diabolo ; habet enim potestatem super vim imaginativam ut in ea formet
25 ymagines quasdam rerum. Quod potest probari per illud quod dicitur *Numeri* XXII : « Venit Deus ad Balaam nocte »[55] etc. ; ibi *Glosa* : « Balaam divinus erat demonum ministerio et arte magica nonnumquam futura prenoscens »[56]. Inspiratio ergo inquantum est ab angelo vel diabolo non est prophetia vel pars
30 prophetie, sed inquantum est a Spiritu Sancto a quo est significationis occulte cognitio. Et ad hoc significandum apponitur « divina » in diffinitione prophetie.

---

52. *I Cor.*, 14, 2.
53. *Glos. ord. sup. I Cor.*, 14, 2 (VI, cc. 318-319).
54. Ms : *divisionum.*
55. *Nombres*, 22, 20.
56. *Glos. ord. sup. Num.*, 22, 20 (I, c. 1343). Cf. RABAN MAUR, *Enar. in lib. Num.*, lib. III, cap. VI (PL, t. 108, cc. 725-728).

Ad id quod nono queritur, dicimus quod proprie prophetia est de re futura, sumitur tamen aliquando communiter pro revelatione qualibet occultorum facta a Deo sive preteritorum sive presentium sive futurorum, sicut dicit Gregorius *super* ⟨*Ezechielem*⟩ [57]. Ideo signanter describit prophetiam Cassiodorus sub disiunctione dicens : « Prophetia est divina inspiratio vel revelatio »[58], ut notaret hanc dupplicem acceptionem prophetie. Sed si initatur rationi vocabuli dicemus quod prophetia est revelatio eorum que procul sunt, id est futurorum tantum. Preterita enim et presentia non dicuntur procul esse a cognitione inquantum huiusmodi, sed futura tantum quorum cognitio est Dei tantum.

Ad id quod decimo queritur, utrum inspiratio prophetica fiat per modum complexionis vel per modum incomplexionis, dicimus quod sicut sensus signatur in suo senssibili per modum incomplexi, sic intellectus in suo intelligibili. Res etiam omnes sunt in speculo per modum incomplexi, etiam complexa, sicut enim mutabilia sunt ibi immutabiliter et temporalia intemporaliter, sic complexa incomplexionaliter. Unde propheta videns in speculo videt ibi sine omni complexione, sed denonciatio fit per modum complexi ; vis enim enoncians est vis interpretativa que respicit complexionem. Sic ergo prophetia quantum ad inspirationem est rei future sine complexione, quantum ad denonciationem sub complexione.

Ad id quod undecimo obicitur ⟨dicimus⟩ quod angelica inspiratio non est prophetia inquantum huiusmodi, nam solius Dei est cognitionem rei prophetice facere. Et quod dicitur quod angelus potest facere illuminationem ad cognoscendum, intelligitur « per modum docentis ». Docere autem dicitur loquendo, monendo, impedimenta removendo [58bis], et sic intellectum preparando ad recipiendum divine lucis infusionem. Proprie ergo Deus illuminat mentem, sed angelus docet revelando ei Dei voluntatem. Unde *Dan.* IX dixit Gabriel Danieli : « Egressus sum ut docerem te »[59]. Et quod obicitur quod secundum hoc Zacarias non fuit propheta, verum est propter hoc quod angelus loquebatur ad eum, sed

---

57. Grégoire le Grand, *loco cit.*, cf. ci-dessus, note 19, p. 7.
58. Cf. ci-dessus, note 11, p. 5.
58bis. Ms : *innovando*.
59. *Dan.*, 9, 22.

per hoc quod Deus illuminabat eum ad videndum futura que latebant sub apparitionibus sibi factis.

Ad id quod duodecimo queritur, dicimus quod angelus proprie non debet dici propheta, nec revelatio facta ab angelo debet dici prophetia. Et huius ratio est quia denonciatio est de ratione prophetie ∥ ut dictum est supra [60]. Denonciatio vero habet fieri proprie per vim interpretativam que est solius hominis, et est coniuncti; est enim motiva instrumenti corporei ad formanda verba quibus exprimatur revelatio facta. Angelus autem pure spiritus est, et ideo non habet vim interpretativam ad denunciandum extra, et ideo non est propheta proprie. Fari enim proprie non convenit angelo quod est de ratione prophetie. Secundum nominis rationem prophetari enim dicitur quasi procul fari et propheta procul fans [61].

Quod autem queritur in qua vi sit prophetia, dicendum quod secundum tria que in prophetia sunt, est in vi triplici : quoad visionem apparitionis ymaginarie est in vi imaginativa ; quoad cognitionem revelationis facte est in vi intellectiva ; quoad denunciationem exteriorem est in vi interpretativa. Sed secundum hoc videtur quod prophetia non sit una [62] sed diversa, cum sit in diversis viribus. Sed dicimus quod ymaginativa, intellectiva, interpretativa sunt idem secundum substantiam, differens ratione, ut alibi dictum est [63] ; et illa tria que sunt in prophetia ordinantur ad unum finem, scilicet ad notificandum aliis voluntatem Dei. Quod patet per id quod dicitur I *Cor.* XIIII : « Maior est qui prophetat quam qui loquitur lingua » [64] ; ibi *Glosa* : « Qui videt et non intelligit propheta non est, sed qui videt et intelligit ille proprie propheta est » [65].

Ad id quod terciodecimo obicitur dicimus quod immobilitas veritatis que ponitur in diffinitione prophetie non est rerum

---

60. Cf. au début de la *Solutio*.
61. Cf. Isidori Hispalensis episcopi *Etymologiarum sive originum libri XX*, éd. W. M. Lindsay, Oxford, 1957, t. I, lib. VII, cap. VIII, n° 1 ss. (PL, t. 82, c. 283) ; Isidore toutefois dit *porro fantur*, non *procul fans*.
62. Ms : *unum*.
63. Cf. Hugues de Saint-Cher, *In Sent.*, I, II (H, 3va ; 6rb-va) ; cf. textes dans O. Lottin, PM, I, p. 430 s., p. 487.
64. *I Cor.*, 14, 5.
65. *Glos. ord. sup. I Cor.*, 14, 5 (VI, c. 319).

secundum se, neque secundum quod sunt in vi ymaginativa vel intellectiva vel interpretativa, sed inquantum sunt relate ad speculum in quo videntur et ad causam suam ; ibi enim habent immobilitatem. Sed hec immobilitas non removet possibilitatem aliter eveniendi, sed quod [66] non aliter eveniet.

Ad id vero quod obicitur, scilicet quod aliter evenit quando Ionas vel Ysaias prophetavit, dicendum quod in prophetia Ione et Ysaie tria sunt consideranda, scilicet sentencia absoluta et sentencia ordinata ad merita vel causam phisicam, tercium est consilium Dei. Primum est mutabile simpliciter et mutatum fuit, id est aliter evenit quam verba significant absolute ; cum enim dicitur : « Ninive subvertetur » vel « Ezechias morietur », iuxta sensum verborum intelligitur de subversione corporali et morte corporali. Secundum fuit immobile secundum quid et secundum quid mobile ; sentencia enim ordinata ad merita manentibus meritis immutabilis erat, sed quia merita poterant mutari, ideo sentencia poterat mutari ; coniunctim ergo immutabile fuit, divisim [67] vero mutabile. Tercium, id est consilium, simpliciter est immutabile.

Hec igitur differencia « immobili veritate » respicit tercium et secundum inquantum est immutabile. Et sic vere apponitur. Propheta ergo vidit illa tria in speculo sub communi ratione sub qua ostenssum est ei. Nam in speculo erat et sentencia absoluta et sentencia ordinata et consilium, et Ionas cum dixit : « Ninive subvertetur » respexerat ordinationem ad merita secundum quorum exigenciam erat subvertenda, id est debita vel digna subverti. Et hoc vidit in speculo, non tamen expressit in dicendo ut magis terreret Ninivitas et ad penitenciam provocaret. Eadem ratione Dominus noluit revelare consilium suum prophete Ysaie vel Ione, quia consilium Dei secundum quod erat Ninive subvertenda spiritualiter et Ezechias moriturus spiritualiter non terreret. Sed sentencia terrere poterat, et territi peniterent et sic consilium impleretur. Et ita patet quod modus prononciandi et ostendendi iuvat ad consilii divini impletionem, quod est ultimus finis prophetie.

Ad id quod quartodecimo queritur, scilicet utrum Ionas et Ysaias dixerint falsum cum Ionas dixit : « Ninive subvertetur »

---

66. *Quod* : répété dans le ms.
67. Ms praem. : *secundum*.

et Ysaias : « Morieris et non vives », dicimus quod in verbo
Ione duplex est intellectus : primus quod verbum prima facie
offert audientibus, qui dicitur sentencia absoluta ; secundus
conditionalis quod propheta intellexit, qui dicitur sentencia
5 ordinata ; tercius occultus de subversione spirituali, qui dicitur
consilium. Quoad primum dixit falsum Ionas, quoad secundum
dixit verum, et quoad tercium similiter. Et quia secundum
intellectum respexit Ionas dixit verum secundum intentionem,
et ideo non est mentitus. Tamen quia verba que protulit figurant
10 falsum, dixit falsum. Unde dicit *Glosa super Ysa.* XXXVIII
quod excusatur a mendacio sed non a falsitate, quia id quod
dixit falsum fuit quoad primum intellectum [68].

De Ysaia dicimus quod dixit verum simpliciter, quia in eius
verbo consideratur veritas secundum causas inferiores, et hoc
15 vidit [69] ipse, et non erat apponenda determinatio quia in ipsa
natura negocii intelligitur, ut cum dicitur : « hoc est impossibile »
non oportet apponere « secundum naturam » quia intelligitur.
Unde qui diceret : « impossibile est istum cecum videre » verum
diceret, licet Deus illuminaret eum, quia intelligitur : « secundum
20 naturam » [70]. Eodem modo cum Ysaias dixit : « Morieris et non
vives » verum dixit, quia intellexit secundum phisicam secundum quam moriturus erat. Vel potest dici sicut de Iona quod
falsum dixit quantum ad primum intellectum qui dicitur sentencia absoluta, verum autem dixit quantum ad secundum
25 intellectum qui dicitur sentencia ordinata ; utrumque enim
intellectum habuit Ysaias.

---

68. Cf. *Glos. ord. sup. Is.*, 38, 1 (IV, c. 336).
69. Ms : *videt*.
70. Cf. *Glos., ibid.*

⟨II. QUID SIT VIDERE IN SPECULO⟩

f. 133vb ⟨Se⟩ ‖ cundo quesitum est quid sit videre in speculo.

⟨1⟩ Cum enim dictum sit quod propheta recipit similitudines rerum in spiritu, id est in vi ymaginativa, questio est utrum trahat cognitionem ex illis. Si sic, ergo non videt in speculo eternitatis ; aut, si hoc est videre in speculo, omnes qui habent huiusmodi cognitionem vident in speculo.

Item quomodo trahit ex illis cognitionem cum multi habeant rerum similitudines in spiritu qui tamen non habent earum cognitionem ut Pharao, Nabuchodonosor, Baltasar. Si ergo non trahat, queritur unde habeat cognitionem. Si dicatur quod a speculo, queritur utrum ad hoc conferant similitudines rerum aut non. Si non, ergo sine illis haberet propheta cognitionem, ergo superfluunt. Si conferunt, queritur quomodo, non enim ex illis trahitur cognitio, ut iam dictum est ; neque ducunt prophetam ad videndum in speculo, quia speculum illud est spirituale et pure intelligibile et ille similitudines sunt corporales.

Item ille similitudines non videntur in speculo quia non sunt ibi, sed potius videntur in spiritu, id est in vi ymaginativa in qua sunt.

⟨2⟩ Item speculum corporale, quando dat cognitionem inspectori, imprimit in sensu eius similitudines rerum. Queritur si eodem modo fiat in speculo eternitatis. Si non, queritur ergo quomodo dat inspectori cognitionem ; si dicatur quod sic, contra : ille similitudines non sunt in speculo eternitatis. Ergo speculum non imprimit illas in intellectu inspectoris. Sed si hoc est, quomodo dat speculum cognitionem prophete, si nichil evenit de speculo ad intellectum prophete ?

⟨3⟩ Item DAMASCENUS dicit quod nomina rerum inferiorum que dicuntur de Deo, dicuntur transsumptive [1]. Omnis autem

---

[1]. Jean DAMASCÈNE, *De fide orthodoxa*, I, 11 (PG, t. 94, c. 842) ; cf. SAINT JOHN DAMASCENE, *De fide orthodoxa. Versions of Burgundio and Cerbanus*, ed. by Eligius M. BUYTAERT, St. Bonaventure-Louvain-Paderborn, 1955, pp. 52 ss., cap. 11 : *De hiis quae corporaliter in Deo dicuntur*.

transsumptio fit per alicam similitudinem. Queritur ergo qua similitudine speculum dicatur de Deo. In speculo enim corporali sunt diverse similitudines que non sunt ipsum speculum ; sed in speculo eterno non est aliud similitudo et ipsum speculum.
    Item oculus corporalis non videt in speculo corporali nisi per distanciam situalem. Sic autem non est in speculo eterno quia ubique est.
    Item speculum corporale non dat inspectori cognitionem, sed tantum offert similitudines que in ipso sunt. Sed speculum eternum dat cognitionem inspectori, ergo in hoc non tenet proprietates speculi corporalis neque in aliis que diximus. Queritur ergo qua similitudine vel qua ratione eterna sapientia dicatur speculum.
    Respondens dixit quod in hoc est similitudo.

⟨4⟩ Item speculum eternum simplicissimum est sicut divina sapientia ; ergo quicquid est in eo est ipsum ; ergo ydea que videtur in eo est idem quod speculum ; ergo propheta videndo ydeam in speculo videt speculum. Sed speculum idem est quod divina essentia, ergo propheta videndo in speculo videt Deum.
    Item ad idem, *Io.* XIIII : « Philippe, qui videt me, videt et patrem meum »[2]. Una expositio est quia Pater est eiusdem essencie cum Filio, ergo eadem ratione qui videt speculum videt Deum ; immo multo forcius, quia Filius non est Pater, licet sit idem quod Pater, sed speculum est idem quod Deus et est Deus.
    Preterea nemo potest videre in speculo corporali similitudinem rei quin videat speculum ; ergo eadem ratione, immo multo forcius, nemo potest videre in speculo eterno ydeas rerum quin videat speculum, quia speculum idem est quod ydea.
    Item liber ille sive speculum illud in quo prophete vident aut legunt idem est quod ydea ; ydea vero in ratione ydee dependet a creaturis ; unde si non fuissent creature future, non esset ydea in ratione ydee ; ergo neque liber vel speculum in ratione libri aut speculi. Ergo cum prophetia in quantum prophetia sit visio in speculo in quantum huiusmodi et visio ydee in ratione huiusmodi, non videt ibi nisi creaturas, quomodo dixit *Ysa.* VI : « Vidi Dominum sedentem »[3] etc. ?

---

2. *Jn*, 14, 9.
3. *Is.*, 6, 1.

⟨5⟩ Item queritur que sit differencia inter videre in speculo per fidem et videre in speculo per prophetiam.

Dicit Respondens : fides videt per speculum creaturas, prophetia in speculo creature.

Contra : *Lu.* X : « Multi reges et prophete voluerunt videre que vos videtis et non viderunt » [4]. Ibi *Glosa* : « Prophete et iusti a longe gloriam Dei viderunt per speculum in enigmate » [5]. Ergo tam fides quam prophetia videt per speculum, et per idem speculum, quia termino semel posito non est utendum equivoce.

Item Ysaias vidit visione fidei hoc : « Virgo concipiet et pariet filium » [6]; similiter vidit idem visione prophetica. Queritur quomodo differant iste due visiones : ex parte rei vise, non, quia idem est visum ; item ex parte potentie videntis, non, quia secundum eandem potentiam est utraque visio ; item ex parte medii per quod, non, quia utraque visio est per speculum ; item ex parte modi, non, quia utraque visio est eodem modo, ut patet I *Cor.* XIII ; item ex parte principii a quo, non, quia ab eodem principio est utraque visio. Si dicatur quod ex parte finis, quia visio prophetica est ad enonciandum quod videtur, visio vero fidei ad credendum ; sed ista differencia extrinseca est, unde non facit differre essencialiter. Et ita videtur quod tantum accidentaliter differant visio fidei et visio prophetica.

Forte dicet sicut dicebat Opponens, scilicet quod visione fidei vidit Ysaias virginem parituram in quantum erat occultum, sed visione prophetie in quantum erat futurum.

Contra : GREGORIUS *super Ezechielem* I dicit : « Manifestum est quod non dicitur propheta quia scit futura, sed quia videt occulta » [7]. Et in *Prologo super psalmos* dicitur quod prophetia quedam est de preterito, quedam de presente, quedam de futuro [8]. ||

Item in visione sensibili tria requiruntur : videns, visibile et lux illuminans [9]. Ad hoc quod sit actu visio, oportet quod lux illuminet videntem [10] et quod visibile sit presens. Ergo eodem

---

4. *Lc*, 10, 24.
5. *Glos. ord. sup. Luc.*, 10, 24 (V, c. 832).
6. *Is.*, 7, 14.
7. GRÉGOIRE LE GRAND, *In Ezech.*, 1, 1 ; cf. ci-dessus, note 19 à la Q. 481, I, p. 7.
8. Cf. ci-dessus, note 20 à la Q. 481, I, p. 7.
9. Cf. ANSELME DE CANTORBÉRY, *De libertate arbitrii*, cap. 3 (PL, t. 158, c. 494D-495B ; éd. F. S. SCHMITT, I, p. 213).
10. Ms : *videns*.

modo in visu spirituali requiruntur eadem tria. Ergo quando Ysaias vidit virginem parituram, oportuit quod esset res visa presens, sed non erat presens per sui essenciam, ergo per speciem sive similitudinem sui. Ergo in omni visione prophetica requiritur species.

Item *super Gen.* XII dicit AUGUSTINUS quod ad esse prophetie duo requiruntur : apparitio imaginum que fit in spiritu et intelligentia significans [11]. Spiritualia vero non habent ymaginem, ut dicit AUGUSTINUS in *Glosa II Cor.* XII [12] ; igitur de spiritualibus non potest esse visio prophetalis.

Item a speculo materiali imprimitur imago quedam visui inspectoris ab imagine que est in speculo. Quero si eodem modo a speculo divino imprimatur alica imago visui inspectoris.

— Dixit Respondens quod sic.
— Quero ergo de illa ymagine impressa vel formata a speculo. Cuius sit ymago sive similitudo : aut rei que videtur aut speculi ?
— Dixit Respondens quod speculi.

Contra : Relinquitur a speculo. Ergo non ducit ad speculum videndum. Sicut illa ymago que fit ab ymagine que est in speculo non ducit ad videndum ymaginem que est in speculo, sed rem. Ergo eodem modo ibi, et si hoc, ergo in omni visione prophetali exigitur species vel ymago. Quod est contra *Glosam super psalmos* in principio [13].

Item quero quid est videre rem in speculo ?
— Respondens : hec (!) est videre speculum representativum rei.

Contra : Ubi est talis visio oportet quod videns primo videat ipsum exemplar, deinde comparando exemplar sive ymaginem rei iudicat utrum sit verum vel perfectum exemplar. Unde necesse est quod videatur exemplar ut res. Sed Deus in via non potest videri ut res : *Exo.* XXXIII [14] et *Io.* I [15]. Ergo prophetam videre rem non est videre speculum representans rem.

---

11. AUGUSTIN, *De Gen. ad litt.*, lib. XII, 9 (CSEL, t. 28, I, p. 391).
12. *Glos. ord. sup. II Cor.*, 12 (VI, c. 447) ; cf. AUGUSTIN, *De Gen. ad litt.*, XII, 6 (CSEL, *ibid.*, p. 387).
13. Cf. CASSIODORE, *Expositio Psalmorum*, Praef., cap. I (*ed. cit.*, p. 7).
14. *Ex.*, 33, 20.
15. *Jn*, 1, 18.

SOLUTIO

⟨I⟩ Ad evidenciam huius articuli primo notandum est quod est triplex visio et duplex speculum in quo et per quod fit hec triplex visio.

Est enim speculum creature et est speculum creatricis essencie : primum creatum est, secundum increatum. De primo dicitur prima *Cor*. XIII : « Videmus nunc per speculum in enigmate »[16] ; de secundo dicitur *Sapientie* VII : « Candor est lucis eterne speculum sine macula Dei maiestatis et imago bonitatis illius »[17].

Prima visio fit per primum speculum tantum, secunda per secundum tantum, tercia que est quasi media per utrumque. Verbi gratia : prima visio est qua per speculum creature videtur creator, et hec visio est in via ; secunda visio est qua creature videntur in speculo creatricis essencie, et hec est in patria. Et ita hec visio se habet ad primam quasi converso modo : nam prima visione videtur creatrix essencia in speculo creature, et hoc per modum ratiocinationis ; secunda visione videtur creatura in speculo creatricis essencie, et hoc per modum intuitionis[18]. Prima visione vident puri viatores, secunda puri comprehensores.

Tercia visio est quasi media qua vident prophete. Vident enim suo modo in speculo creatricis essencie preexistente speculo creature. Non enim possunt videre creaturas in speculo creatricis essencie, nisi alico modo cognoscerent creatorem per speculum creature.

Sed in patria eliminatur ex toto speculum creature. Unde Apostolus I *Cor*. XIII : « Videmus nunc per speculum in enigmate, tunc autem facie ad faciem »[19], et supra : « ex parte cognoscimus et ex parte prophetamus, cum autem venerit quod perfectum est, evacuabitur quod ex parte est »[20], id est cum venerit visio in speculo creatricis essencie evacuabitur visio in speculo creature.

---

16. *I Cor.*, 13, 12.
17. *Sag.*, 7, 26.
18. Cf. Hugues de Saint-Cher, *II Sent.*, dist. xv ; H, 33va *in fine* ; ci-dessous, p. 194.
19. *I Cor.*, 13, 12.
20. *I Cor.*, 13, 9-10.

⟨II⟩ Item notandum quod aliud est visio a speculo, aliud visio in speculo.

Visio a speculo est susceptio impressarum ymaginum in spiritu tantum. Hanc visionem habuit Pharao qui habuit impres-
5 sas ymagines in spiritu sine cognitione significationis que latebat interius.

Visio in speculo duplex est, scilicet simpliciter et secundum quid. Visio in speculo simpliciter est quando ille qui habet impressiones ymaginum, habet plenam cognitionem quoad
10 primum et secundum intellectum. Visio in speculo secundum quid est quando ille qui videt ymagines, habet cognitionem quoad primum intellectum tantum et non quoad secundum, ut Ionas in visione de subversione Ninive et Ysaias in prophetia de morte Ezechie. Et quia medium solet denominari ab extremis,
15 ideo visio prophetie quandoque dicitur visio in speculo, quandoque visio a speculo.

Quid autem appelletur primus et secundus intellectus patet in libro *De mendacio* [21], ubi dicit AUGUSTINUS quod oratio [22] transsumptiva quandoque falsa est quoad primum intellectum,
20 vera quoad secundum, ut « litus aratur » [23]. Primus intellectus est quod significatur per orationem, secundus intellectus est quod significatur per rem significatam illa oratione. Res enim et res et signa sunt maxime in Sacra Scriptura, ut dicit AUGUSTINUS in libro *De doctrina christiana* [24]. Primus igitur intellectus
25 istius orationis « littus aratur » est opera perditur, quod significat res primo significata illa oratione, et est unus; secundus intellectus quando aliquis inutiliter laborat. Et tamen primus intellectus falsus est.

Similiter est in propheta. Res enim nonciata offertur noncio
30 et sub intentione rei et sub intentione signi ‖ et potest esse ut

---

21. Citation *ad sensum*; cf. *De mendacio*, V, 7 (CSEL, t. 41, p. 421); ou bien *Contra mendacium*, X, 24 (CSEL, t. 41, pp. 499-502); ou mieux *Epist. 180*, 3 (CSEL, t. 44, pp. 698-699).
22. Ms: *omnino*.
23. Proverbe courant au moyen âge pour signifier une peine inutile; cf. H. WALTHER, *Lateinische Sprichwörter und Sentenzen des Mittelalters in alphabetischer Anordnung* (Carmina medii aevi posterioris latina, II, 2), Göttingen, 1964, p. 751, qui donne comme origine: VIRGILE, *Enéide*, IV, 212: « Litus arat quicumque paras convertere talem | Post monitum redit ad vomitum miser exitialem ».
24. AUGUSTIN, *De doctrina christiana, passim*, mais cf. en particulier: lib. I, cap. II, 1 (PL t. 34, cc. 19-20); lib. II, cap. I-II, 1-3 (*ibid.*, cc. 35-37).

nonciatum sit falsum sub intentione rei et verum sub intentione signi. Ita fuit in prophetia Ione. Intentio rei oblate erat de subversione corporali quod primo concepit noncius, et ita primus intellectus fuit falsus. Intencio signi erat de subversione spirituali
5 quod postea concepit noncius, et hoc erat apud eum cuius erat noncius ; et ita secundus intellectus fuit verus. Et ita quoad primum intellectum excusatur Ionas a mendacio sed non a falsitate, quoad secundum excusatur ab utroque.

Item res nonciata ut res potest dupliciter considerari, scilicet
10 secundum modum existendi in causis inferioribus que sunt merita hominum vel phisica res, vel secundum modum existendi in causa superiori que est divina dispositio ordinata ad inferiores ut imperans ad necessario obediens. Ninive quidem subvertenda erat corporaliter secundum causas inferiores, id est secundum
15 meritorum exigenciam. Et hoc vidit Ionas, sed in dicendo non expressit, imo simpliciter dixit « Ninive subvertetur » ut terrerentur Ninivite et territi penterent, et sic divinum consilium impleretur.

Similiter Ezechias moriturus erat secundum causam inferiorem, id est secundum rei phisicam simpliciter consideratam ;
20 sed secundum obedientiam eius ad causam supremam, sive secundum dispositionem cause superioris, non erat moriturus. Unde illud quod dixit Ysaias, scilicet « morieris tu et non vives », absolute consideratum falsum fuit, sed prout fuit in intentione noncii et apud eum cuius erat noncius verum fuit ; simpliciter
25 enim prononciavit Ysaias quod viderat cum determinatione. Et hoc est quod dicit AUGUSTINUS *super Genesim* ubi loquitur de causalibus rationibus : « Multa, inquit, secundum causas inferiores futura sunt, sed si sunt in prescientia Dei tunc vere futura sunt ; si autem ibi aliter sunt, ita potius futura sunt ut
30 ibi sunt quia ille qui prescit falli non potest. Futura est enim senectus in iuvene secundum naturam, sed tamen futura non est si ante moriturus est. Hoc autem erit ita si sic ⟨se⟩ habent cause sive in mundo contexte sive in Dei prescientia reservate ». Et hec sunt rationes seminales et causales. « Nam secundum
35 quasdam causas futurorum moriturus erat Ezechias, secundum quasdam non, cui Deus addidit XV annos ad vitam, id utique faciens quod ante mundi constitutionem se facturum presciebat et in sua voluntate servabat » [25].

---

25. AUGUSTIN, *De Gen. ad litt.*, lib. VI, 17 (CSEL, t. 28, I, p. 191).

⟨III⟩ Item notandum quod speculum creatricis essencie, cum sit simplicissimum, non habet in se diversitatem similitudinum, sed est unum exemplar; et licet in ipso dicantur esse rationes omnium et ydee, non est pluralitas ex parte ipsius sed ex parte rerum. Unde nichil est in eo quod non sit ipsum. Ex quo patet quod exemplar, liber, ydea, speculum, ratio, ars, sapientia, dispositio, divina essencia, Deus, idem sunt secundum esse, sed differunt secundum rationem.

In speculo corporali aliud est ipsum speculum et aliud ydea resultans in eo et secundum rem et secundum rationem, tamen eadem res videtur per speculum et per ymaginem in speculo resultantem et per ydolum quod formatur in oculo ab ydea speculi [26]. Unde quelibet istarum est vera: video te in speculo, video te in ydea que est in speculo, video te in ydolo quod est in oculo meo. Sed in ydolo immediate, in ydea mediate, in speculo magis mediate.

Similiter est in visione prophetica. Ibi est speculum eternum representativum omnium ydearum, pro voluntate sua coaptans intellectui inspectoris, ut quando vult appareat hec ydea tantum, quando vult illa tantum, quando vult plures. Item est ibi ydea que est idem quod speculum. Item est ibi species intelligibilis creata in intellectu inspectoris sub qua videt rem. Sed quia illa species intelligibilis non est ab intellectu intus recipiente, sed a speculo extra illuminante et formante illam speciem, ideo propheta dicitur videre in speculo eterno, sive legere in libro prescientie Dei, quia videt rem sub illa specie intelligibili formata a speculo dante illuminationem et cognitionem, simpliciter vel secundum quid, id est quoad utrumque intellectum vel quoad alterum tantum.

Sicut ergo diximus quod aliquis videt eandem rem in speculo corporali et in ymagine resultante in speculo et in ydolo formato in oculo ex illa ymagine, ita propheta videt idem in speculo eterno et in ydea divina et in specie intelligibili creata in intellectu videntis. Sed in hoc est differentia quod ibi videtur speculum et ydea et ydolum, et res sub quolibet illorum trium, sed speculum videtur ut speculum non ut res, ydea ut ydea non ut res, ydolum ut ydolum non ut res, sed res videtur ut res quia in ea sistit intellectus accipiens et iudicans. Hic autem cum videtur

---

26. Cf. Q. 480, I (B, 130ra).

res in speculo eterno et in ydea divina et in specie intelligibili, non videtur speculum neque ut res neque ut speculum, in via dico ; similiter divina ydea non videtur in via, neque ut res neque ut ydea. Sed quia res videtur sub specie intelligibili
5 creata ab ipsa divina ydea in intellectu videntis, sive a speculo
f. 134va illuminan‖te intellectum et dante cognitionem, dicitur propheta videre in speculo eterno.

Speciem autem illam intelligibilem mediante qua fit visio intellectualis non intelligo aliud quam lumen infusum menti
10 per quod videt rem enonciandam. Unde videre in speculo in via nichil aliud est quam videre rem ostensam sub specie intelligibili vel ymaginabili, speculo illuminante et dante cognitionem rei de qua est prophetia, sine qua cognitione non est prophetia. Unde *Dan.* X : « In visione opus est intelligentia » [27], et *Iob* XIII :
15 « Ecce omnia vidit oculus meus et audivit auris mea et intellexi singula » [28]. Ibi *Glosa* : « ut propheta » ; « cum enim aliquid ostenditur vel auditur si intellectus non tribuitur, prophetia minime est » [29]. Videre autem in patria in speculo est videre ipsum speculum ut speculum et etiam ut rem.
20 Dicunt tamen *quidam* [30] quod prophete in via videndo res in speculo vident ipsum speculum non ut rem sed ut speculum, quia in eo non sistitur intellectus, sed fertur ulterius in rem cuius est exemplar. Sed michi videtur quod non potest videri exemplar illud quin videatur et ut res et ut exemplar. Unde
25 prima expositio magis placet michi.

Hiis notatis, respondemus ad quesita per ordinem.

Ad primum ergo dicimus quod propheta recipit rerum ymagines in spiritu quoad spiritualem visionem, non tamen trahit ex illis cognitionem neque ducitur per illas ad speculum intellec-
30 tuale videndum ; conferunt⟨ur⟩ tamen prophetis, et ad hoc imprimuntur, ut sub illis enoncient quod debent enonciare.

---

27. *Dan.*, 10, 1.
28. *Job*, 13, 1.
29. *Glos. interl. et ord. in hunc locum* (III, c. 165) ; cf. Hugues de Saint-Cher, *in loco*, t. I, 413rb.
30. Cf. Philippe le Chancelier, C, f. 81vb, au début. Nous citons la *Summa de bono* d'après le texte que nous a aimablement communiqué le Professeur Nikolaus Wicki, de Lucerne, qui en prépare l'édition critique. Sous la lettre C, nous renvoyons au manuscrit Padova, *Bibl. Anton. 156*, ff. 77va-83va, mais le texte que nous citons est celui que le Prof. Wicki a déjà pu établir par la collation de treize manuscrits.

Quandoque autem datur cognitio rei enonciande sine impressione imaginum in spiritu, sed non vult Deus ut prophete ita enoncient ut vident, et ideo creantur imagines in spiritu ut sub illis sacramentum Dei enoncietur minoribus. Sicut Iohannes qui
5 vidit Apocalypsim visione intellectuali, tamen enonciavit sub similitudinibus et signaculis et figuris multis volens celare sacramentum Dei, secundum quod dicitur *Tob.* XII : « Sacramentum regis abscondere bonum est, opera autem Dei revelare et confiteri honorificum est » [31]. Unde patet quod non superfluunt
10 similitudines, licet ab illis non trahant prophete cognitionem, sed a speculo immediate vel per modum locutionis ut in David vel per modum illuminationis ut in Ezechiele.

Quandoque autem non datur cognitio plena, et tunc imprimuntur similitudines ut celetur rei misterium, et ut sub ipsis
15 enonciet propheta, ut in Iona qui non accepit nisi primum intellectum, scilicet quod Ninive subvertenda erat secundum merita eorum, et hec legerat Ionas in libro prescientie, sed non legerat quod per penitentiam et ieiunium essent mutanda merita et subversio corporalis in spiritualem, quod pertinet ad secundum
20 intellectum. Sic legerat Ysaias quod rex Ezechias secundum opera que fecerat, meruerat non habere vitam longiorem, quod pertinet ad primum intellectum. Sed non legerat quod per orationem et lacrimas esset impetraturus veniam et moriturus spiritualiter, quod pertinet ad secundum intellectum.

25 *Ad id quod secundo* queritur, scilicet quomodo speculum eternum imprimat illas similitudines corporales cum non sint in eo, dicimus quod per modum creationis. Similiter dat et cognitionem inspectori quia illud speculum non solum intelligibile est, sed etiam intelligens et voluntarium et potestativum,
30 et quando vult ostendit hoc, quando vult illud, quando vult claudit se [32]. Speculum vero corporale non est intelligens neque voluntarium neque potestativum, sed similiter imprimit similitudines resultantes in se, et ideo non potest imprimere nisi similitudines que sunt in eo.

35 *Ad tertium* dicimus quod sicut a speculo materiali imprimuntur similitudines in sensu mediantibus ymaginibus que in ipso

---

31. *Tob.*, 12, 7.
32. Cf. Hugues de Saint-Cher, *II Sent.*, dist. v (H, 29rb ; ci-dessous, p. 105), et *II Sent.*, dist. xv (H, 33va).

resultant, ita a speculo eterno creantur similitudines in spiritu, id est in vi ymaginativa, mediante ydea divina, que est idem quod speculum ; et in hoc differt a speculo materiali, sed in primo convenit. Et propter illam similitudinem transsumptum est nomen speculi ad denominandum divinam sapientiam ut dicatur et speculum et idea : speculum in quantum continet omnes ydeas omnium rerum ; ydea in quantum est exemplar huius vel illius rei. Unde *quidam* [33] concedunt quod prophete vident ipsum in quantum est ydea, sed non vident ipsum ut speculum, quia non ostendit se universaliter, id est secundum quod continet universaliter omnes ydeas, sed particulariter.

Item exemplar illud eternum, sive speculum illud eternum, imprimit cognitionis lumen ipsi exemplari conforme per quod propheta cognoscit et intelligit id quod Deus vult, et quantum et quando et sicut Deus vult, et non aliud vel aliter [34].

Ad quartum dicimus quod ydea non dicitur essencialiter respectu creaturarum, sed tantum quo‖ad rationem dicendi. Unde etsi nulle res essent future, tamen adhuc esset ydea, sed non in intentione idee. Sicut etsi nichil esset punibile vel remunerabile, adhuc esset divina iusticia, sed non in ratione iusticie. Concedo tamen conclusionem illius obiectionis, scilicet quod prophetia non est nisi respectu creaturarum et propheta in speculo non videt nisi creaturas. Et quod obicitur de Ysaia qui dicit : « Vidi Dominum » [35], dicimus quod vidit visione imaginaria ; unde vidit creaturam proprie et primo, secundario Deum.

Ad quintum dicimus quod inter visionem fidei et visionem prophetie hec est differencia quia visio fidei est de creatore principaliter, visio prophetie de creatura. Item prophetia est non propter eum qui recipit nec est ei necessaria ad salutem, sed tantum fit ad enonciandum aliis ; fides autem infunditur non ad enonciandum aliis, sed quia necessaria est ad salutem illius cui inspiratur. Item prophetia fit ut in pluribus per impressionem ymaginis in spiritu, fides autem non.

---

33. GUILLAUME d'AUXERRE (?), cf. *op. cit.*, f. XLVIIra, ad 5.
34. Cf. HUGUES DE SAINT-CHER, *IV Sent.*, dist. XLVI (H, 118ra) ; Q. 480, I, ad 6 (B, 131ra).
35. *Is.*, 6, 1.

Quod autem obicitur de *Glosa* illa *super Lucam* que dicit :
« Iusti et prophete a longe viderunt gloriam Dei per speculum
in enigmate »[36], dicunt *quidam*[37] quod speculum supponit pro
speculo creature quoad iustos, sed quoad prophetas supponit
pro speculo creatricis essencie in quo vident prophete illo modo
quo dictum est supra. Vel potest dici quod supponit simpliciter
pro speculo creature, ut dicatur speculum et ipsum vestigium
Trinitatis quod lucet in qualibet creatura[38] et ipsa impressio
similitudinis in spiritu ; sub prima vident iusti seu fide seu
intellectu, sub secunda vident prophete in quadam prophetia
de qua loquitur ibi Glosa. Visio autem illa qua iusti vident per
speculum in enigmate, non est fides sed preambula ad fidem,
sed assensus qui sequitur illam visionem vel divinam locutionem
fides est ; unde *Rom.* X : « Fides ex auditu »[39], *Glosa* : « interiori
vel exteriori »[40].

Quod ergo obicitur de hoc quod Ysaias vidit visione fidei et
visione prophetica virginem parituram, verum est, id est habuit
habitum fidei ad credendum virginem parituram et actualem
illuminationem propheticam ad videndum et denonciandum
idem. Nec actualis illuminatio prophetica exclusit habitum
fidei in illo. Unde recedente illuminatione prophetica adhuc
remaneret in illo lumen fidei quo crederet idem quod prius videbat
clarius luce prophetica illustratus.

---

36. *Glos. ord. sup. Luc.*, 10, 24 (V, c. 832).
37. PHILIPPE LE CHANCELIER, C, f. 81vb.
38. Cf. HUGUES DE SAINT-CHER, *II Sent.*, dist. v (H, 33va) ; *Commentaire sur Sag.*, 7, 26 (III, 152ra).
39. *Rom.*, 10, 17.
40. *Glos. ord. sup. Rom.*, 10, 17 (VI, c. 137).

⟨III. DE SPECIEBUS PROPHETIE⟩

⟨T⟩ercio quesitum est de speciebus prophetie.

⟨1⟩ Et primo quesitum est de quadam contrarietate. Nam in *Prologo super Psalmos* [1] dividitur prophetia in duo membra, scilicet in prophetiam prescientie et prophetiam comminationis. *Super Mattheum I* dividitur in tres differencias, scilicet in prophetiam predestinationis et prophetiam prescientie et prophetiam comminationis : « Prophetia predestinationis, ut dicitur in illa *Glosa super Mattheum*, est que ex predestinatione est, quam neccesse est modis omnibus evenire ut sine nostro impleatur arbitrio. Prophetia prescientie est que ex prescientia Dei est cui nostrum admiscetur arbitrium. Prophetia autem comminationis dicitur que fit ob signum divine animadversionis ut fugiant a facie arcus electi et iuste pereant incauti » [2]. Et sic videtur cum hec divisio sit trimembris et altera bimembris, quod altera male assignetur.

⟨2⟩ Secundo quesitum est penes quid sumatur hec divisio prophetie : utrum ex parte cause efficientis vel finalis vel materialis.

Ex parte eius a quo est prophetia non fit illa divisio quia illud indivisibile est ; neque ex parte eius in quo est prophetia quia illud simpliciter indivisibile est.

Item ex parte finis non videtur posse fieri, quia non sunt ibi nisi duo termini, scilicet bonum et malum. Predestinationis

---

1. PIERRE LOMBARD, *Prologue au commentaire sur les Psaumes* (PL, t. 191, c. 59) : « Item prophetia alia secundum praescientiam Dei, quam necesse est omnibus modis impleri, etiam secundum tenorem verborum, ut : *Ecce virgo concipiet* (*Is.*, 7, 14), alia secundum comminationem, ut : *Quadraginta dies sunt et Ninive subvertetur* (*Jon.*, 3, 4), quae non secundum verborum superficiem, sed tacitae intelligentiae significatione impletur ».

2. *Glos. ord. sup. Mat.*, 1, 22 (V, c. 46) : « Prophetia alia est ex praedestinatione Dei, quam necesse est omnibus modis evenire, ut sine nostro impleatur arbitrio : ut haec de qua hic agitur. Alia est ex praescientia Dei cui nostrum admiscetur arbitrium. Alia est, quae comminatio dicitur, quae fit ob signum animadversionis divinae, ut fugiant a facie arcus electi, et iuste pereant incauti, et non ex praescientia : quia longe aliter scitur, quam futurum comminetur ».

prophetia respicit bonum, comminationis prophetia respicit malum, et ita supervacuum esset tercium membrum, scilicet prophetia prescientie.

Si sumatur ex parte cause materialis, tunc videtur superfluere
5 prophetia comminationis, quia omnis res aut est talis que sine nostro impletur arbitrio, et sic pertinet ad prophetiam predestinationis, aut talis cui admiscetur nostrum arbitrium, et sic pertinet ad prophetiam prescientie, et ita superflueret prophetia comminationis.

10 ⟨3⟩ Item due sunt species prophetie de malo, scilicet prophetia prescientie que est de malo eterno et prophetia comminationis que est de malo temporali. Queritur quare non sint alie due species prophetie de dupplici bono sicut de duplici malo.

⟨4⟩ Item quesitum est de hoc quod dicit *Glosa super Mattheum* :
15 « Prophetia predestinationis est quam neccesse est modis omnibus evenire ut sine nostro impleatur arbitrio » [3], ut : « Ecce virgo concipiet » [4]. Hoc enim videtur falsum, nam consenssus virginis neccesarius fuit ad hoc ut ipsa conciperet ; si enim contradixisset non concepisset. Unde *Lu.* I : « Beata que credidisti, quia perfi-
f. 135ra 20 cientur ‖ in te que dicta sunt tibi a Domino » [5].

Ad hoc dicunt *quidam* [6] sic esse intelligendum « sine nostro arbitrio », id est : « sine arbitrio alicuius certe persone », nam si Maria non consensisset, nichilominus impleta fuisset prophetia Ysaie in alia virgine. Sed hec solutio nulla est, quia hoc idem
25 convenit prophetie comminationis, que communiter prophetat malum omnibus, ut « Ninive subvertetur », et prophetie prescientie, que similiter prophetat malum communiter, ita quod nec isti nec illi, ut illud *Io.* VIII : « Vos in peccato vestro moriemini » [7], id est : multi ex vobis. Preterea numquam impleretur illa
30 prophetia sine consenssu alicuius certe persone.

---

3. *Ibid.*
4. *Is.*, 7, 14.
5. *Lc*, 1, 45.
6. Cf. GUILLAUME D'AUXERRE, *Summa aurea*, lib. II, tr. VI, cap. II, f. XLIXva, qui renvoie lui-même à ces *quidam*. Il s'agit probablement de GODEFROID DE POITIERS : « Ad impletionem talis prophetie non exigitur liberum (arbitrium) istius vel illius » (E, f. 93ra, vers le milieu). Cf. déjà ÉTIENNE LANGTON, L, f. 47rb, ll. 17-27.
7. *Jn*, 8, 21.

Ad hoc dicit Magister WILLELMUS in *Summa* sua quod sic debet intelligi : « sine nostro arbitrio operante vel cooperante, non tamen sine nostro arbitrio consenciente vel obediente »[8]. Sed hec solutio videtur esse nulla, quia consentire vel obedire est operatio vel cooperatio liberi arbitrii.

⟨5⟩ Item queritur quomodo sumatur prescientia, scilicet aut in communi ambitu suo aut appropriate : si primo modo, tunc continet predestinationem ; si secundo modo, tunc tantum intelligitur de malis, et comminatio similiter. Unde videtur quod idem sit prophetia prescientie et comminationis.

⟨6⟩ Item prophetia predestinationis est de bono tantum. Queritur de quo bono : utrum de bono glorie tantum, aut de bono gratie tantum, aut de bono gratie et glorie.

Et videtur quod de utroque, quia predestinacio utrumque bonum respicit, sicut patet *Ro.* I : « Qui predestinatus est Filius Dei in virtute »[9] ; ibi *Glosa* : « Predestinatio est preparatio gratie »[10]. Et constat quod intelligitur de gratia ordinata ad gloriam. Ergo de utroque bono est prophetia predestinationis.

Contra. Constat quod prophetia que est de vocatione gencium et salute earum, pertinet ad prophetiam prescientie ; hoc autem est opus gratie per quod venitur ad gloriam ; ergo bonum gratie potius pertinet ad prophetiam prescientie quam predestinationis.

⟨7⟩ Item prophetia predestinationis est respectu boni tantum, prophetia comminationis respectu mali tantum, prophetia prescientie respectu utriusque. Sed in prophetia comminationis non accipitur malum pro malo culpe, sed tantum pro malo pene quod comminatur Dominus per prophetas suos. Ergo cum ex opposito fiat hec divisio prophetie, in prophetia predestinationis non accipitur bonum pro bono gratie, sed tantum pro bono glorie.

⟨8⟩ Item queritur ad quam speciem prophetie reducitur prophetia Caiphe qua dixit : « Expedit ut unus homo moriatur pro populo et non tota ge⟨n⟩s pereat » *Io.* XI [11].

---

8. GUILLAUME D'AUXERRE, *Summa aurea*, lib. II, tr. VI, cap. I, f. XLIXva.
9. *Rom.*, 1, 4.
10. *Glos. ord. sup. Rom.*, 1, 4 (VI, c. 16).
11. *Jn*, 11, 50.

Constat quod non est prophetia predestinationis quia non est de bono, nec est adimpleta sine humano arbitrio quia de voluntate et procuratione iudeorum occissus est Christus.

Item constat quod non est prophetia comminationis quia nulli penam comminatur.

Item non est prophetia prescientie quia in omni prophetia prescientie ⟨est duplex intellectus⟩ quorum utrumque neccesse est adimpleri. Unde in *Prologo super Psalmos* dicitur : « Prophetia secundum prescientiam Dei est quam neccesse est omnibus modis impleri » [12]. Ergo non est prophetia prescientie. Ergo predicta divisio est insufficiens.

⟨9⟩ Item queritur ad quam speciem prophetie reducitur illa qua Dominus dixit Petro : « Antequam gallus cantet ter me negabis » [13].

⟨10⟩ Item queritur utrum de malo culpe possit esse prophetia, et videtur quod sic, primo quia quedam est prophetia de bono gratie ordinato ad gloriam ; ergo eadem ratione potest esse de malo culpe ordinato ad penam.

Item prescientia est de malo culpe et predictio et revelatio ; ergo prophetia potest esse de malo culpe.

Item, *Exo.* XII, immolatio agni fuit prophetia immolationis sive cruxifixionis Christi, ut dicunt *Glose* [14]. Ergo sicut immolatio passio fuit prophetia immolationis passionis, ita immolatio actio fuit prophetia immolationis actionis. Et si hoc, ergo prophetia potest esse de malo culpe.

Contra : « Prophetia est divina inspiratio rerum eventus immobili veritate denoncians. » Sed immobilis veritas pertinet ad preordinationem Dei, ut dictum est ; sed malum culpe non est preordinatum a Deo ; ergo de illo non potest esse prophetia.

⟨11⟩ Item quesitum est de quibusdam auctoritatibus que videntur habere difficultatem [15].

---

12. Cf. ci-dessus, note 1, p. 32.
13. *Mat.*, 26, 34.
14. *Glos. ord. sup. Ex.*, 12 (I, c. 591).
15. Cf. ci-dessus l'énoncé du plan donné par l'auteur au début de sa question. En fait, à partir d'ici, nous avons à faire dans le manuscrit à deux divisions qui ne se recoupent pas exactement. D'une part, les arguments *pro et contra*, se succèdant jusqu'au nombre de quatorze, et qui seront suivis par autant de réponses soigneusement numérotées, tracent les limites du présent article III,

Et primo quesitum est de illa auctoritate GREGORII *super Ysaie* XXXVIII : « Deus sentenciam mutavit et non consilium » [16]. Queritur quid appellet sentencia. *Glosa* dicit : « Sensum verborum » [17]. Sed contra : verba illa « Ninive subvertetur » semper significant idem, nec est mutatus sensus illorum verborum ; ergo sentencia non est mutata.

Preterea, sentencia dicitur aut hoc : « Ninive subvertetur simpliciter », sine determinatione propositum, aut hoc : « Ninive subvertetur secundum meritorum exigenciam ». Primum non, quia illud erat simpliciter falsum ; ergo Deus non revelavit illud Ione. Sed revelavit ei sentenciam, ut dicit *Glosa super Ysaie* XXXVIII [18] ; ergo illud non fuit sentencia. Si secundum, sed illud est verum immobile, quia semper verum fuit quod Ninive erat subvertenda secundum exigenciam meritorum ; ergo Deus non mutavit sentenciam.

⟨12⟩ Item queritur utrum Ionas dixit falsum dicendo : « Nini‖ve subvertetur », et videtur quod sic, quia Ionas intelligebat hoc de subversione corporali. Quod patet per hoc quod dicitur in *Prologo super Ionam*, scilicet quod Ionas fuit « divine dispensationis ignarus » [19] ; que subversio corporalis non fuit facta, et hoc intendebat dicere, et hoc significant verba que protulit. Ergo simpliciter dixit falsum.

Item ad idem, GREGORIUS *super Ysaie* XXXVIII : « Quicumque sic credit ut loquitur, etsi non vera loquitur, tamen

---

intitulé *De speciebus prophetie* (p. 32). D'autre part, en annonçant l'examen de quelques « autorités » qui présentent une difficulté spéciale, l'auteur introduit une autre répartition qui chevauche sur les articles III et IV. On la trouve très nettement en trois endroits différents ; ici même : « (11) Et *primo* quesitum est de illa auctoritate Gregorii... » (p. 36) ; quelques lignes plus loin : « (13) *Secundo* quesitum est de prophetia Cayphe... » (p. 37) ; et enfin beaucoup plus loin, au début de l'art. IV : « *Tercio* quesitum est utrum semper esset credendum prophetis... » (p. 49). Sur les raisons de cette inconséquence, cf. notre introduction, pp. xx-xxi.

16. *Glos. ord. sup. Is.*, 38, 1 (IV, c. 336) : « Deus etiam secundum quod Gregorius dicit, sententiam mutat, sed non consilium. Sententiam debemus intelligere sensum verborum, consilium vero ab aeterna dispositione est ». Cf. GRÉGOIRE LE GRAND, *Moralia in Job*, lib. XVI, cap. 10 : « Deus etsi plerumque mutat sententiam, consilium numquam » ; cap. 37 : « Cum ergo exterius mutari videtur sententia, interius consilium non mutatur » (PL, t. 75, cc. 1127 B, 1144 C).

17. *Ibid.*

18. *Ibid.* : « Sententiam vero servis suis Deus revelaverat, non tamen consilium ».

19. *Glos. ord., Prol. in Iona* (VI, c. 1918).

fideliter loquitur »[20]. Per hoc satis innuit quod Ionas non dixit verum ; ergo dixit falsum.

Item ad idem, *Iona* II : « Adhuc XL dies et Ninive subvertetur »[21]. Ibi *Glosa* : « Hec prophetia non descendit de prescientia Dei »[22]. Sed constat, si esset verum, quod descendisset a prescientia Dei ; ergo fuit falsum ; ergo Ionas dixit falsum. Contra, in illa *Glosa* GREGORII dicitur : « Verum dixit Ionas, scilicet nec est deceptus quia sic legit, nec est mentitus quia sic credidit »[23]. Ergo non dixit falsum.

Item ad idem : nichil dixit nisi quod legit in libro prescientie Dei, ut dicit eadem *Glosa*[24] ; et constat quod non legit falsum in libro prescientie Dei ; ergo non dixit falsum.

Item, dixit hoc prophetice, ergo Spiritu Sancto revelante ; sed Spiritus Sanctus non revelat falsum ; ergo non dixit falsum.

⟨13⟩ Secundo[25] quesitum est de prophetia Cayphe qua dixit : « Expedit ut unus homo moriatur pro populo »[26].

Et primo queritur utrum peccavit hoc dicendo. Et videtur quod non, quia hoc dixit a Spiritu Sancto. Quod patet per hoc quod dicitur ibi : « Hoc autem non dixit a semetipso »[27]. Sed nemo peccat loquendo a Spiritu Sancto, ergo non peccavit hoc dicendo.

Item, dicitur ibidem quod hoc dicendo prophetavit ; prophetare autem est a Spiritu Sancto ; ergo locutus est a Spiritu Sancto ; ergo non peccavit hoc dicendo.

Ad idem facit *Glosa* ibi que dicit : « Nota etiam malos per spiritum prophetie predicere futura, quod tamen euvangelista divino tribuit sacramento, quia fuit pontifex, id est summus sacerdos, et ministerium habens in manibus Spiritu Dei locutus

---

20. *Glos. ord. sup. Is.*, 38, I (IV, c. 336).
21. *Jonas*, 3, 4.
22. *Glos. ord. sup. Ion.*, 3, 4 (IV, cc. 1933-1934) : « Non est prophetia, descendens de praescientia Dei, ubi omnia sicut sunt, ita permanent : sed est comminatio ad correctionem, proponens iustam ultionem secundum praesentia peccata Ninivitarum ».
23. *Glos. ord. sup. Is.*, 38, 1 (IV, c. 336).
24. Cf. *ibid*.
25. Cf. ci-dessus, note 15, p. 35.
26. *Jn*, 11, 50.
27. *Jn*, 11, 51.

est » [28]. Sed a Spiritu Dei non est nisi bonum ; ergo illa locutio fuit bona ; ergo Caiphas non peccavit hoc dicendo.

Item revelatum fuit Caiphe quod expediebat unum hominem mori pro populo, et constat quod ad hoc fuit revelatum ut illud diceret ; ergo illud dixit a Spiritu revelante ; ergo non peccavit ⟨hoc⟩ dicendo.

Contra, *Mt.* VII : « Arbor mala non potest bonos fructus facere » [29]. Ergo si arbor est mala et fructus est malus. Sed arbor, id est intentio Caiphe, mala fuit ; ergo fructus, id est locutio eius, fuit malus. Ergo non fuit a Spiritu Sancto.

Item, malum erat quod ipsi occiderent Christum, et hoc intendebat ipse dicere ; ergo ex mala intentione locutus est ; ergo peccavit hoc dicendo.

Item queritur utrum Caiphas dixerit verum vel falsum hoc dicendo : « Expedit ut unus » etc. Et videtur quod verum, primo per hoc quod textus euvangelii dicit quod a Spiritu Sancto hoc dixit ; Spiritus autem Sanctus non movet ad dicendum falsum.

Item, *Exo.* V : « Fetere fecistis odorem nostrum coram Pharaone » [30] ; ibi *Glosa* : « Verum dicunt nescientes sicut Caiphas » [31]. Ergo Caiphas dixit verum.

Contra, Caiphas intendebat dicere quod expediens erat illum hominem mori ne amitterent locum et gentem ; et hoc erat falsum, ut patuit ex post facto ; ergo non intendebat dicere nisi quod erat falsum, et nichil dixit nisi quod intendebat dicere ; ergo dixit falsum.

Item, *Iob* XIII : « Ecce omnia vidit oculus meus » [32] ; ibi *Glosa* : « Cum aliquid ostenditur vel auditur, si intellectus non tribuitur, prophetia minime est » [33]. Ergo si aliquis loquitur non intelligens, non prophetat ; ergo Caiphas non prophetavit.

Contra, dicit textus euvangelii quod prophetavit « cum esset pontifex anni illius » [34].

---

28. *Glos. ord. sup. Ioan.*, 11, 51 (V, c. 1197); cf. AUGUSTIN, *In Iohan.*, tr. XLIX, 27 (CCL, t. 36, p. 432).
29. *Mat.*, 7, 16-20.
30. *Ex.*, 5, 21.
31. *Glos. ord. sup. Ex.*, 5, 21 (I, c. 538); cf. ORIGÈNE, *Homél. III sur l'Exode* (PG, t. 12, c. 315).
32. *Job*, 13, 1.
33. *Glos. ord. sup. Iob*, 13, 1 (III, c. 165).
34. *Jn*, 11, 51.

Item, cum in aliis prophetiis sit dupplex intellectus, queritur quomodo in prophetia Caiphe fuerit dupplex intellectus et quis dupplex intellectus.

⟨14⟩ Item queritur de illo verbo *Michee* II capitulo : « Utinam non essem vir habens spiritum et mendacium potius loquerer » [35]. Videtur enim quod male optavit se non habere spiritum prophetie, quia in hoc non conformavit voluntatem suam voluntati divine, qui non vult aliquem loqui mendacium.

Preterea, loqui mendacium est peccatum, ergo nullo modo debet optari ; ergo Micheas peccavit illud optando.

SOLUTIO

Ad primum dicimus quod prescientia communius accipitur in *Prologo Psalmorum*, ubi fit divisio prophetie bimembris, et minus communiter in *Glosa super Mattheum*, ubi fit divisio trimembris. Et ideo non est contrarietas, quia unus membrum divisionis bimembris continet duo membra divisionis trimembris. Prescientia enim in divisione bimembri dicitur precognitio boni vel mali communiter ; in divisione trimembri dicitur precognitio cuiusdam boni et cuiusdam mali,‖ id est boni et mali coartati, ut patebit infra in solutione quinte obiectionis.

Ad secundum dicimus quod trimembris divisio prophetie potest sumi secundum differentias cause efficientis eius quod prophetatur. Nam causa efficiens eius quod prophetatur aut est divinum arbitrium tantum, aut humanum tantum, aut humanum cooperans divino : humanum tantum ut in malis in quantum sunt mala, et secundum hec sumitur prophetia comminationis ; divinum tantum ut in bonis, et secundum hec sumitur prophetia predestinationis ; humanum cooperans divino, ut in prophetia prescientie.

Item potest sumi illa divisio ex parte materie, quia aut est boni tantum, et sic prophetia predestinationis, aut mali tantum, et sic prophetia comminationis, aut boni et mali, et sic prophetia prescientie.

---

35. *Mich.*, 2, 11.

Et sic patet quomodo respondendum sit ad obiecta, nam prophetia predestinationis respicit bonum tantum, prophetia comminationis respicit malum tantum, prophetia prescientie respicit utrumque, et ideo nominatur communi nomine, licet coartetur ad quoddam bonum et ad quoddam malum.

Ad id quod tercio queritur, quare non sunt due species prophetie de duplici bono sicut sunt due species prophetie de duplici malo, solvendum est per interemptionem. Non enim due sunt species prophetie de duplici malo, imo prophetia comminationis est de utroque malo, temporali videlicet et de eterno; prophetia predestinationis similiter est de utroque bono, scilicet gratie et glorie; prophetia prescientie est de bono et malo similiter, ut iam dictum est sepe.

Tamen supposito hoc quod due sint species prophetie de malo, una de malo temporali, scilicet prophetia comminationis, et alia de malo eterno, scilicet prophetia prescientie, sicut dicunt quidam [36], non ideo oportet quod sint due species prophetie de bono, quia bonum gratie ordinatur ad bonum glorie, et ideo una species prophetie de utroque bono. Sed malum temporale non ordinatur ad malum eternum, et ideo due sunt species de duplici malo.

Ad id quod quarto obicitur de prophetia predestinationis, dicimus quod sic debet intelligi *Glosa*: « quam neccesse est modis omnibus adimpleri » [37], id est: in utroque sensu, litterali scilicet et spirituali; ut hec prophetia: « Ecce virgo concipiet et pariet » [38] que in beata virgine impleta fuit litteraliter, et in ecclesia impletur cotidie spiritualiter, que manens virgo per integritatem fidei, generat Christum spiritualiter in cordibus fidelium. Et per hoc differt a prophetia comminationis quam non est neccesse impleri utroque sensu, ut patet in prophetia Ione. Per hoc quod dicitur: « Ut sine nostro impleatur arbitrio » [39], differt a prophetia prescientie que per liberum arbitrium hominis adimpletur, ut patet in prophetia de vocatione gencium.

---

36. Cf. GUILLAUME D'AUXERRE (*Summa aurea*, lib. II, tr. VI, cap. II, f. XLIXrb) qui distingue la *prophetia comminationis* de la *prophetia prescientie* au sens large, laquelle comprend à son tour la *prophetia predestinationis que erat de bono eventuro* et la *prophetia prescientie* au sens strict *que erat de malo eventuro*.
37. *Glos. ord. sup. Mat.*, I, 22 (V, c. 46).
38. *Is.*, 7, 14.
39. *Glos. ord. super Mat.*, I, 22 (V, c. 46).

Quod autem obicitur de consensu virginis qui fuit neccessarius ad hoc ut virgo conciperet et pareret, dicimus quod prophetia predestinationis semper impletur sine arbitrio hominis cooperante ad efficiendum id [40] quod principaliter prophetatur, sed
5 non sine arbitrio hominis operante dispositionem preparatoriam. Consensus enim virginis nichil cooperatus est ad conceptum et partum eius, immo conceptus et partus virginis ex toto est ex operatione Spiritus Sancti, sicut probatur per illud *Psalmi* : « Suscepisti me de utero matris mee » [41]. Ibi *Glosa* : « Virginis
10 Marie » [42]. Tua enim operatione factum est totum. Item *Ro.* I : « Qui factus est ei ex semine David secundum carnem » [43] ; ibi *Glosa* : « Non humano semine concreta est caro Domini in utero virginis et corpus effecta, sed virtute Spiritus Sancti » [44]. Operata est caro in virgine preparando se per consenssum, sed
15 non est cooperata ipsi conceptioni vel incarnationi.

Ad quintum dicimus quod prescientia sumitur in trimembri divisione prophetie communiter ad precognitionem bonorum et malorum, sicut est prophetia de conversione gencium et excecatione iudeorum, sicut illa prophetia : « Cognovit bos
20 possessorem suum et asinus presepe domini sui » [45]. Et illud *Ieremie* VIII : « Milvus in celo » [46]. Ex quo patet quod differt prophetia prescientie a prophetia predestinationis, que est tantum respectu boni, et a prophetia comminationis, que est tantum respectu mali.

25 *Ad id quod sexto* queritur, scilicet de quo bono est prophetia predestinationis, dicimus quod est de bono gratie principaliter secundum quod pertinet ad capud nostrum quod est Christus, secundario de bono gratie secundum quod pertinet ad membra ; de utrisque enim est predestinatio, id est de capite et de membris.
30 Unde *Ro.* I : « Qui predestinatus est Filius Dei » [47] ; ibi *Glosa* : « Et illum et nos predestinavit Deus, illum ut esset capud nos-

---

40. Ms : *ad.*
41. *Ps. 138,* 13.
42. *Glos. interl. sup. Ps. 138,* 13 (III, c. 1512).
43. *Rom.*, 1, 3.
44. *Glos. ord. sup. Rom.*, 1, 3 (VI, c. 15) ; cf. PIERRE LOMBARD, *In epist. ad Rom.* (PL, t. 191, c. 1308).
45. *Is.*, 1, 3.
46. *Jér.*, 8, 7.
47. *Rom.*, 1, 4.

trum, nos ut essemus corpus eius » [48]. Istud autem bonum gratie sive predestinationis non cadit sub merito, et ideo dicit AUGUSTINUS quod prophetia predestinationis impletur sine nostro arbitrio [49].

Quod autem obicitur de prophetia prescientie, dicendum est quod est de malo et de bono. Quod non est sine nostro libero arbitrio ‖ quale est bonum meriti quod non est pure a gratia et libero arbitrio. Unde in hoc differunt prophetia predestinationis et prescientie, quia prophetia predestinationis est de bono gratie in quantum est a Deo et supra liberum arbitrium ; prophetia vero prescientie est de bono gratie in quantum cooperatur libero arbitrio ad meritum. Unde proprie prophetia predestinationis est de bono gratie operantis, prophetia prescientie de bono gratie cooperantis ; utrumque autem bonum tam predestinationis quam prescientie ordinatum est ad bonum glorie. Unde utraque prophetia secundario est de bono glorie, principaliter vero de bono gratie.

Ad id vero quod obicitur, scilicet quod prophetia comminationis non est de malo culpe sed pene, et ideo prophetia predestinationis, que ex opposito condividit prophetiam, non erit de bono gratie sed de bono glorie, quod opponitur malo pene, dicimus quod non valet, quia nulla prophetia est de malo culpe proprie, quia culpa non est opus Dei. Omnis autem prophetia est de opere Dei ; opus autem Dei aut est sine nostro arbitrio aut cum. Si sine, aut est bonum aut malum. Si bonum, tunc pertinet ad prophetiam predestinationis, ut est bonum gratie, incarnationis, resurrectionis Christi et huiusmodi, de quo principaliter est prophetia predestinationis, de bono gratie in membris ordinato ad gloriam secundario. Si est malum, non erit ⟨nisi⟩ comminationis. Si est bonum cum libero arbitrio, ut est bonum meriti, tunc pertinet ad prophetiam prescientie. Item, si est malum pene in quantum est ordinatum ad malum culpe ut ad meritum, pertinet ad prophetiam comminationis. Et in hoc quasi ex opposito se habent prophetia predestinationis et prophetia comminationis, quia illa est de bono gratie ordinato ad

---

48. *Glos. ord. sup. Rom.*, 1, 4 (VI, cc. 16-17) ; cf. PIERRE LOMBARD, *In epist. ad Rom.* (PL, t. 191, c. 1309) ; cf. AUGUSTIN, *De praedest. sanct.*, cap. XV, 31 (PL, t. 44, c. 983).
49. Cf. ci-dessus, note 2, p. 32.

gloriam, hec autem est de malo pene ordinato ad culpam ut ad meritum.

Et per hoc solutum est quod queritur *septimo*.

Ad octavum dicimus quod prophetia Cayphe uno modo pertinet ad prophetiam predestinationis, alio modo ad prophetiam prescientie. Mors enim Christi pro populo proprie prophetata est, que non dependet a libero arbitrio, et est bonum preordinatum a Deo de capite Christo. Quicquid autem est de ipso preordinatum a Deo non dependens a libero arbitrio, pertinet ad prophetiam predestinationis. Item, mors Christi pro populo in quantum est effectus voluntatis iudeorum vel voluntatis ipsius Christi — « Oblatus est enim quia voluit », ut dicitur *Ysa.* LIII [50] —, pertinet ad prophetiam prescientie.

Ad id quod nono queritur, scilicet ad quam prophetiam pertinet illud quod Dominus dixit Petro : « Ter me negabis » [51], dicimus quod non fuit prophetia, sed predictio futuri tantum. Predictio enim et prescientia possunt esse de malo culpe, sed non prophetia, quia de malo culpe non est preordinatio Dei, quare nec prophetia ; quia non est prophetia nisi preordinati a Deo. Quod notatur in hoc quod dicitur : « Prophetia est inspiratio divina rerum eventus immobili veritate denoncians. » Immobilis enim veritas pertinet ad preordinationem, sed mala actio numquam preordinatur a Deo, et de illo bene est prophetia ut de morte Christi pro populo.

Ad decimum, iam solutum est, quare scilicet de malo culpe non fit prophetia, quia non est preordinatum a Deo.

Ad id quod undecimo queritur, scilicet quid appellet GREGORIUS sentenciam quam Dominus mutat et quam revelat servis suis [52], dicimus quod sentencia duppliciter accipitur, scilicet pro sensu verborum et pro [53] sentencia pertinente ad rigorem iusticie iudicis secundum quod dicitur iudex sentenciam dare pro vel contra aliquem.

---

50. *Is.*, 53, 7.
51. *Mat.*, 26, 34.
52. Cf. ci-dessus, note 18, p. 36.
53. Ms : *per*.

Item, pro sensu verborum duppliciter, id est vel pro sensu quem verba faciunt vel pro sensu in quo fiunt. Si accipiatur sentencia pro sensu quem verba faciunt, tunc Deus mutavit sentenciam et causam sentencie, quia fecit quod Ninive non fuit subversa, de qua dixerat propheta : « Adhuc XL dies et Ninive subvertetur »[54]. Si accipiatur sentencia pro sensu in quo verba fiunt, id est in quantum intellexit propheta, tunc sentencia fuit mutata secundum quid. Hoc enim intelligit propheta quod Ninive erat subvertenda, id est digna subverti secundum exigenciam meritorum. Et hoc non semper verum fuit, quia causa sentencie fuit mutata, quia mala merita fuerunt mutata in bona per penitenciam. Et ita Ninive que prius erat subvertenda, id est digna subverti secundum exigenciam meritorum, facta est non digna subverti secundum exigenciam meritorum. Utroque igitur modo sentencia mutata fuit. Unde GREGORIUS *in Glosa super Ysaiam* dicit : « Deus sentenciam mutat, non consilium »[55]. Sentenciam autem pro sensu verborum debemus intelligere.

Item, si accipiatur sentencia secundum quod pertinet ad rigorem iusticie iudicis duppliciter potest accipi, id est absolute preter ordinationem ad merita, vel respective secundum ordinationem ad merita. Primo modo non mutavit Deus sentenciam simpliciter quia nec sic data fuit a iudice, licet sic prononciata esset a precone iudicis ‖ id est a propheta qui simpliciter quasi latam sentenciam prononciavit dicens : « Adhuc XL dies et Ninive subvertetur »[56]. Quantum igitur pertinet ad prononciationem preconis mutata fuit sentencia, quia non fuit impleta ; quantum vero pertinet ad iudicem non fuit mutata, quia non fuerat lata illo primo modo ; secundo modo fuit mutata, quia sic tulerat iudex sentenciam ut, si non vellent penitere, Ninive subverteretur, si autem vellent penitere, non subverteretur. Ipsi autem penituerunt et mutaverunt merita, et Deus mutavit sentenciam. Et hoc est quod dicitur *Ione* II : « Vidit Deus opera eorum quia conversi sunt de via sua mala et misertus est super maliciam eorum »[57]. Ibi *Glosa* : « Et tunc Ninivitis et cotidie comminatur malis Deus ut agant penitenciam. Qui si conversi

---

54. *Jonas*, 3, 4.
55. Cf. ci-dessus, note 16, p. 36.
56. *Jonas*, 3, 4.
57. *Jonas*, 3, 10.

fuerint, ipse quoque convertit sentenciam et populi conversione [57bis] commutatur » [58]. Item alia *Glosa* IERONIMI ibidem qui magis determinat quod diximus: « Videns Deus mutata opera libenter mutat sentenciam; potius dicamus quod perseveraverit in
5 proposito, a principio volens misereri. Non enim punire volebat nec puniturus erat, qui comminabatur » [59]. Quasi diceret: primo modo non mutavit sentenciam quantum ad ipsum pertinet, sed secundo modo.

Ad id quod duodecimo queritur, scilicet utrum Ionas dixerit
10 verum aut falsum, dicimus quod Ionas secundum intentionem suam dixit verum. Intendebat enim dicere quod Ninive subverteretur corporaliter secundum merita sua, et hoc verum erat, et hoc legit in libro prescientie Dei sicut dicit *Glosa super Ysaie* XXXVIII [60]. Tamen quia simpliciter prononciavit Ionas quod
15 viderat cum determinatione, nec fuit impletum illud quod dixit sicut dixit, ideo dictum eius quantum ad vocis prolationem pertinet fuit falsum. Breviter igitur dicimus quod Ionas dixit verum, sed illud quod dixit falsum fuit. Sicut si aliquis dicit de ceco alico: « Iste de cetero non videbit », verum dicit quan-
20 tum est in se, licet Deus illuminaret eum postea, quia respicit naturam rei; tamen illud quod dicit falsum est. Et sic patet responsio ad utrasque obiectiones quia utreque vere sunt uno modo [61].

Ad id vero quod dicit *Glosa* quod prophetia Ione non descendit
25 a prescientia Dei [62], intelligendum est secundum sensum quem verba prolata faciunt; nam secundum sensum in quo fiunt et quem propheta intellexit, descendit a prescientia Dei, sicut dicitur in *Prologo super Ionam* [63].

57bis. Ms: *conversioni*.
58. *Glos. ord. sup. Ion.*, 3, 10 (IV, c. 1936); cf. JÉRÔME, *in loco*: « Secundum utramque intellegentiam sive tunc urbi Assyriae, sive cotidie mundi Deus populis comminatur ut agant paenitentiam, qui si conversi fuerint, ipse quoque vertet sententiam suam, et populi conversione mutatur » (CCL, t. 76, p. 410).
59. *Ibid.*; cf. JÉRÔME, *ibid.*: « ... quia mavult (Deus) paenitentiam peccatoris, quam mortem, libenter mutavit sententiam quia vidit opera commutata. Quin potius Deus perseveravit in proposito suo misereri volens ab initio, nemo enim punire desiderans, quod facturus est comminatur » (*ibid.*).
60. *Glos. ord. sup. Is.*, 38, 1 (IV, c. 336).
61. *Ibid.*; cf. ci-dessus, I, ad XIV, p. 19.
62. Cf. ci-dessus, note 22, p. 37.
63. *Glos. ord., Prol. in Ion.* (IV, c. 1918).

Ad id quod terciodecimo queritur, scilicet utrum Caiphas peccavit prophetando, dicimus quod revera Caiphas peccavit dicendo hoc : « Expedit ut unus » [64] etc., et illa actio, id est actualis dictio sua, non fuit a Spiritu Sancto sed a spiritu suo. Sed inspiratio rei in communi de qua hoc dixit nesciens, fuit a Spiritu Sancto. Unde sensus est : hoc non dixit a semetipso, id est non habuit a semetipso inspirationem eius quod dixit, et hoc verum est.

Solent autem quatuor distingui que fuerunt in prophetia Caiphe : primum est intentio sive voluntas ipsius, secundum est actualis prolatio vocis sue, tercium est sermo prolatus, quartum est inspiratio Spiritus qua inspiratus fuit quod expediebat unum mori pro populo. Duo prima fuerunt peccata nec fuerunt a Spiritu Sancto, scilicet intentio et actualis dictio ; duo alia fuerunt a Spiritu Sancto : quod enim tali sermone usus est exprimendo malam intentionem suam, fuit a Spiritu Sancto, similiter et inspiratio eius quod dixit [65].

Ad id quod obicitur contra, scilicet quod prophetavit et prophetare est a Spiritu Sancto, duppliciter respondetur. Primo sic : prophetavit, id est verba prophetica protulit, non enim proprie prophetavit nec propheta fuit. Secundo ut dicamus quod ipsum prophetabile a Spiritu Sancto fuit, sed actio prophetandi non. Unde prophetando peccavit, id est proferendo verba prophetica, et tamen ipsum prophetabile fuit a Spiritu Sancto ; sicut quandoque peccat quis faciendo miracula, et tamen ipsa miracula a Deo sunt, ut illi de quibus dicitur *Mt.* VII : « Domine, Domine, nonne in nomine tuo demonia eicimus ? » [66] etc.

Ad id quod obicitur de *Glosa super Ioannem* [67], dicimus quod Dominus seu Spiritus Sanctus dicitur predicere futura per malos quia inspirat eis unde ipsi predicant. Inspiravit ergo Spiritus Sanctus Cayphe mortem Christi pro populo esse expedientem, et ad hoc ut diceret ; sed quia dictioni sue immiscuit liberum arbitrium et mala intentio non conformans se inspiranti, non dixit a Spiritu Sancto, sed a semetipso. Et quod dicit *Glosa* quod Spiritu Dei locutus est [68], intelligendum est : id est habuit a

---

64. *Jn*, 11, 50.
65. Cf. Hugues de Saint-Cher, *IV Sent.*, dist. xix (H, 97vb) ; Guillaume d'Auxerre, *Summa aurea*, lib. II, tr. VI, f. XLIXva ; ci-après, pp. 107-109.
66. *Mat.*, 7, 22.
67. *Glos. ord. sup. Ioan.*, 11, 49-50 (V, c. 1197) ; cf. ci-dessus, note 28, p. 38.
68. Cf. *ibid*.

Spiritu Sancto unde locutus est et sermonem quo locutus est, sed non intentionem qua locutus est.

Ad id quod postea queritur, utrum dixerit verum vel falsum, dicimus quod quantum in ipso fuit, dixit falsum, quia intendebat quod expediebat Christum mori ne amitterent locum et gentem ; quod falsum erat quoad eius intelligentiam, sicut patuit ex post facto. Tamen secundum intentionem inspirantis verum fuit, et dictio prolata communis erat ad significandum comodum || temporale, de quo intellexit Cayphas, et comodum spirituale de quo intellexit Spiritus Sanctus. Et ita quod dixit verum fuit, tamen ipse falsum dixit ; contrario modo quo diximus de Iona.

Ad id quod queritur quomodo in hac prophetia fuerit duplex intellectus sicut in aliis prophetiis, dicimus quod non fuit dupplex intellectus sed dupplex acceptio. Aliter enim ex parte passionis, aliter ex parte actionis intelligitur prophetia de morte Christi. Non enim prophetatum fuit quod ipsi acciperent Christum vel quod interfectio actio esset bonum, sed quod mors Christi esset expediens. Unde prophetia Caiphe simpliciter fuit de passione Christi et non de actione iudeorum nisi ratione consequentis.

Ad id quod quartodecimo quesitum est de illo verbo Michee : « Utinam non essem vir habens spiritum » [69] etc., dicimus quod ibi ponitur antecedens pro consequenti. Optabat enim Micheas id quod predixerat, id est captivitatem iudeorum non esse futuram. Quod si esset, non esset locutus a Spiritu Dei sed a spiritu suo. Unde ibi dicit *Glosa* : « Utinam de spiritu meo qui falli potest, et non de Spiritu Dei qui non mentitur, hoc totum prolatum esset, ut multitudo credens in Filium Dei non [70] traderetur captivitati. Sed quia a Spiritu Dei missus sum predico veritatem » [71]. In hoc igitur verbo ostendit Micheas affectum suum ad iudeos, quorum bonum tantum diligebat, ut vellet carere spiritu prophetie ut ipsi liberarentur. Simile *Ro.* IX : « Optabam anathema esse pro fratribus meis » [72]. Hoc dicebat

---

69. *Mich.*, 2, 11.
70. Ms : *in.*
71. *Glos. ord. sup. Mich.*, 2, 11 (IV, c. 1952) ; cf. Jérôme, *in loco* : « Utinam de meo sensu loquerer, et sanctum Spiritum non haberem ; et inter pseudoprophetas potius computatus, solus perirem, et non essent vera quae dico ; et tanta multitudo crederet in Filium Dei, et non traderetur perpetuae captivitati. Verum quia propheta sum, et Dei Spiritu loquor, et a divinitate missus, praedico veritatem » (CCL, t. 76, p. 451).
72. *Rom.*, 9, 3.

propter maximum zelum ad gentem suam significans se optare antecedens pro consequenti. Vel hoc dixit tam Apostolus quam Micheas ex zelo naturali, non ex ratione deliberante. Vel uterque locutus est sub pia conditione subintellecta, ut sit sensus :
5 optarem, si esset optabile, quod loquerer mendacium, id est mendax invenirer, vel quod non esset verum illud quod dicitur a me.

⟨IV. DE OFFICIO PROPHETARUM⟩

⟨1⟩ Tercio [1] quesitum est utrum semper esset credendum prophetis, et videtur quod sic, quia Sedechias et Ioachim et multi alii reprehenduntur de hoc quod noluerunt credere Ieremie prophetanti captivitatem ; et qua ratione reprehenduntur in hac, eadem ratione reprehenduntur alii in aliis prophetiis ; ergo semper credendum erat eis.

Item, semper credendum est ori Domini, sed prophete sunt os Domini, ut dicitur *Ier.* XV et *Ysa.* XXX [2] ; ergo semper est credendum prophetis.

Contra, Gregorius dicit quod prophete Domini quandoque loquebantur ex Spiritu Sancto, quandoque ex spiritu suo [3] ; sed populus nesciebat quando a spiritu suo loquebantur ; ergo non tenebantur credere eis.

Item, multi erant pseudo prophete qui prophetabant sicut et boni, et apparebant boni exterius sicut alii, et dicebant se missos a Deo sicut alii, et populus non poterat videre qui essent boni et qui mali ; ergo non tenebatur credere vel illis vel aliis.

⟨2⟩ Item, queritur utrum obediendum esset prophetis si preciperent aliquid contra legem. Et videtur quod sic, quia Micheas dixit cuidam : « Percute me », III *Reg.* XX, et cum noluisset obedire dixit ei : « Quia noluisti obedire voci Domini, veniet leo de silva et devorabit te » [4], et ita factum est. Ergo ille peccavit quia non obedivit ei ; ergo tenebatur obedire illi, et tamen precipiebat contra legem.

Preterea, prophete sunt os Domini, ergo obediendum erat eis sicut Domino. Sed si Dominus preciperet alicui ut filium suum immolaret, teneretur obedire, sicut patet in Abraham [5] ;

---

1. Cf. note 15 à Q. 481, III, ci-dessus, p. 35.
2. Cf. *Jér.*, 15, 19 ; *Is.*, 30, 2.
3. Grégoire le Grand, *In Ezechiel.*, lib. I, homil. I, 16 (CCL, t. 142, p. 13).
4. *I Rois* (= *III Reg.*), 20, 35.
5. Cf. *Gen.*, 22.

ergo si propheta preciperet [6] alicui ut filium suum immolaret, teneretur obedire.

Contra, *Gal.* I : « Licet nos aut angelus de celo euvangelizet vobis preter id quod euvangelizavimus vobis, anathema sit » [7]. Ergo angelo precipienti contra legem non est obediendum, ergo multo forcius nec prophete.

⟨3⟩ Item, Dominus dicit, *Mt.* XIX. : « Quod Deus coniunxit, homo non separet » [8]. Ergo cum Alexander dixit vinculum matrimonii solvi per ingressum claustri [9], videtur quod non est ei credendum vel obediendum in hoc.

⟨4⟩ Item, Ionas dixit : « Adhuc XL dies et Ninive subvertetur » ; ita habetur in *Ione* II [10]. Augustinus dicit in libro *De civitate Dei* [11] et *Glosa super Ionam* similiter dicit quod LXX dicunt : « Adhuc tres dies et Ninive subvertetur » [12]. Videtur quod non possunt simul esse vere hec due sentencie.

⟨5⟩ Item, *Amos* VII dixit : « Non sum propheta » ; ibi *Glosa* : « Hoc humilitatis » ; ergo non veritatis, quia postea dicit : « Neque filius prophete » [13] ; ibi *Glosa* : « Hoc veritatis » [14]. Ergo Amos mentitus est.

⟨6⟩ Item, Pharao qui vidit septem spicas et septem boves non dicitur propheta, sed Ioseph qui exposuit eius visionem [15]. Similiter Baltasar non fuit propheta qui vidit figuram manus, sed ‖ Daniel qui vidit rem figure et exposuit [16]. Ergo eadem ratione Ezechiel qui vidit electrum non fuit propheta quoad hoc [17], sed Gregorius, qui vidit veritatem figure et exposuit, debet dici. Similiter et alii expositores.

---

6. Ms : *preciperat.*
7. *Gal.*, 1, 8.
8. *Mat.*, 19, 6.
9. Alexandre III, pape, *A l'archevêque de Salerne* (Mansi, *Ampliss. concil. coll.*, t. 22, c. 283, cap. I ; Friedberg, *Corpus iur. can.*, t. II, c. 579, cap. II).
10. *Jonas*, 3, 4.
11. Augustin, *De civ. Dei*, lib. XVIII, cap. XLIV (CCL, t. 48, p. 640).
12. Cf. *Glos. ord. sup. Ion.*, 3, 4 (IV, c. 1933).
13. *Amos*, 7, 14.
14. *Glos. intervl. sup. Amos*, 7, 14 (IV, c. 1890).
15. Cf. *Gen.*, 41.
16. Cf. *Dan.*, 5.
17. Cf. *Ez.*, 1, 4.

Preterea, expositoribus inspirata est scientia occultorum sicut et prophetis ; ergo vere sunt prophete dicendi ; similiter apostolis *Mt.* IX, 3 [18].

⟨7⟩ Item queritur utrum neccessarium sit evenire quicquid est prophetatum. Si dicatur quod sic, contra *Mt.* I : « Ecce virgo in utero habebit » [19] ; *Glosa* : « Prophetia non habet neccessitatem in eo quod dicit, sed signum est prescientie Dei » [20]. Et constat quod nec ex prescientia Dei est neccessitas in prophetato ; ergo contingens potest esse prophetatum. Demonstretur ergo aliquod contingens prophetatum. Inde sic : cum esse prophetatum est dictum de preterito non dependens a futuro affirmatum verum, ergo est neccessarium, ergo neccesse est hoc fuisse prophetatum et est contingens, ergo potens esse falsum, contingat ergo ; inde sic : hoc est prophetatum et est falsum ; ergo prophetatum est falsum.

Item Ysaias dixit prophetice : « Ecce virgo concipiet » [21] etc. Hoc dico : aut neccesse est sic evenire, aut possibile est aliter evenire. Sumus in tempore post illud dictum, si neccesse est sic evenire, quero unde sit illa neccessitas. Constat enim quod ante illud dictum non erat neccesse sic evenire ; neque illud dictum sive res illius dicti habet neccessitatem ex eloquio prophete, ut dicit *Glosa super Mt.* I, neque ex prescientia Dei neque ex se [22]. Quod patet per hoc quod dicit AUGUSTINUS super illud *Ro.* V : « Commendat autem Deus suam caritatem in nobis » [23] etc. : « Fuit, inquit, alius modus possibilis Deo, qui omnia potest, sed nullus alius nostre miserie sanande fuit conveniencior » [24]. Ergo simpliciter res illius dicti non habet neccessitatem, ergo possibile est aliter evenire, contingat ergo ; inde sic : Ysaias dixit hoc prophetice, nec hoc est, nec fuit, nec erit, ergo dixit falsum ; ergo prophetie subest falsum ; quod est impossibile.

---

18. Cf. plutôt *Mat.*, 13, 11 : « Vobis datum est nosse mysteria regni caelorum ».
19. *Mat.*, 1, 23.
20. *Glos. ord. sup. Mat.*, 1, 23 (V, c. 46).
21. *Is.*, 7, 14.
22. Cf. *Glos. ord. sup. Mat.*, 1, 23 (*ibid.*).
23. *Rom.*, 5, 8.
24. *Glos. ord. sup. Rom.*, 5, 8 (VI, c. 66) ; cf. PIERRE LOMBARD, (PL, t. 191, c. 1384) ; cf. AUGUSTIN, *De Trinitate*, lib. XIII, x, 13 (CCL, t. 50A, p. 399).

Ad hoc dicunt *quidam* [25] quod visio prophetie qua videntur futura in hoc assimilatur prime luci a qua est immediate, quod sicut prima lux eadem visione numero qua videt aliquid futurum potest videre eius contrarium si contingat illud esse, ita propheta eadem visione qua vidit aliquid futurum potest videre eius contrarium. Unde facta prima positione dicunt quod Ysaias eadem visione qua viderat virginem parituram, vidit eius contrarium.

Sed hec solutio nulla est, quia contingente hoc quod virgo non fuerit paritura, quomodo vidit illud Ysaias ? Preterea, visio eius cum sit discreta attenditur penes ydemptitatem temporis et obiecti. Unde cum non sit idem tempus nec idem obiectum non potest esse eadem visio. Preterea, posito quod sit eadem visio, quid movit eum ad dicendum : « Virgo concipiet », cum contrarium videret ?

SOLUTIO

Ad primum dicimus quod veri prophete per tria discernebantur ab aliis : primum est bona vita ; secundum quia prophetata ab eis frequencius eveniebant ; tercium est quia veri prophete, quando loquebantur a spiritu suo quod non erat loquendum, statim corrigebantur, sicut patet in Nathan qui dixit David volenti edificare domum Domino : « Fac sicut cogitasti, quia Dominus tecum est », II *Reg*. VII : « Et ecce sermo factus est ad Nathan dicens : Vade et loquere ad servum meum David : hec dicit Dominus, numquid edificabis michi domum ad habitandum » [26]. Et sic statim correcptus fuit.

Quando hec tria signa concurrebant in alico propheta, et propheta perseverabat, credendum erat ei. Et ideo quia Ieremias persistebat prophetando captivitatem, et prophetie eius multociens evenerant, et sancte conversationis erat, tenebantur credere ei, et quia non crediderunt, reprehenduntur.

Ad secundum dicimus quod prophete precipienti aliquid contra legem Dei non est obediendum, nisi revelatio vel signum aliquod

---

25. Malgré nos recherches nous n'avons pu identifier ces *quidam*; cf. déjà HUGUES DE SAINT-CHER, *III Sent.*, dist. XXV (H, 62vb), et ci-après, p. 109.
26. *II Sam.* (= II *Reg.*) 7, 3-5.

evidens precesserit. Et quod obicitur de illo qui noluit percutere Micheam [27], dicimus quod forte aliquod signum evidens habuerat quod Micheas hoc dixerat a Spiritu Sancto. Vel forte non fuit punitus propter hoc quia non obedivit tunc, sed propter aliam causam.

Si obiciatur de Habraam, quod non debuit secundum hoc obedire Domino precipienti contra legem Dei, dicimus quod Abraam vel signum certissimum habuit quod Deus erat qui precipiebat ei hoc, vel discretionem spirituum, et ideo debuit obedire.

Item si obiciatur de Acaz, quod non peccavit non obediendo Ysaie dicenti sibi : « Pete tibi signum a Domino » [28], dicimus quod peccavit, quia non ex humilitate noluit petere signum, sed ex contemptu et odio Dei et amore ydolorum ; nolebat enim quod Deus glorificaretur in Dei datione [29].

Ad tercium dicimus quod ALEXANDER, quando constituit ut ante carnalem ‖ copulam vinculum solveretur per ingressum claustri, non fecit contra preceptum vel legem Domini, quia illud vinculum tantum spirituale est, et ideo potest solvi per mortem spiritualem. Unde quando aliquis talis intrat claustrum, non ipse solvit quod Deus coniunxit, sed Deus, qui ipsum facit mori spiritualiter. Et hoc ipsum quod fecit Alexander habuit a Domino, qui Iohannem a nuptiis ad officium apostolatus vocavit.

Ad quartum dicimus quod utraque littera, scilicet : « Adhuc tres dies et Ninive subvertetur » et : « Adhuc quadraginta dies et Ninive subvertetur », continet misterium [30], sicut dicit *Glosa* [31]. Nam per tres dies subversionis Ninive significatur triduum dominice resurrectionis, et per quadraginta dies significantur quadraginta dies, quibus Dominus cum discipulis suis post resurrectionem usque ad ascensionem permansit.

Quam autem litteram dixerit propheta, vel tres dies vel quadraginta dies, non est certum. Forte hebreum equivocum

---

27. *I Rois* (= *III Reg.*) 20, 35.
28. *Is.*, 7, 11.
29. Cf. HUGUES DE SAINT-CHER, *Commentaire sur Isaïe*, 7, 10-12 (IV, 19vb) ; ci-dessous, p. 95.
30. Ms : *contra misterio*.
31. *Glos. ord. sup. Ion.*, 3, 4 (IV, c. 1933).

erat ad tres et quadraginta, et Septuaginta acceperunt illud pro tribus et Ieronimus pro quadraginta [32].

Ad quintum dicimus quod verbum Amos sic intelligitur : non sum propheta, id est : non soleo esse propheta. Unde Septuaginta sic habent : « Non eram propheta neque filius prophete » [33]. Vel sic : non sum propheta genere, et postea exponit sic : neque, id est non sum filius prophete, id est : de prophetali stirpe descendens. Vel mistice : non sum propheta, id est : nescio scripturarum adita reserare. Vel : non sum propheta actu vel merito.

Ad sextum dicimus quod expositores proprie non sunt prophete. Prophete enim dicuntur qui solo Spiritu revelante prevident et predicunt futura ; expositores vero dicta ab aliis, Spiritu Sancto docente et suo ingenio cooperante, intelligunt. Unde non est simile de Ioseph et de Augustino : Ioseph enim, solo Spiritu Sancto revelante sine cooperatione sui ingenii, previdit et predixit futura, unde propheta fuit, licet non plene, ut dictum est supra ; Augustinus vero dicta prophetarum, ingenio suo cooperante et Spiritu Sancto docente, intellexit.

De Ezechiele dicimus quia non fuit propheta propter hoc solum quod vidit electrum et ignem et rotas et huiusmodi, sed quia hec vidit et Spiritu revelante eorum significationem intellexit ad predicendum, quod non Gregorius.

De apostolis autem dicimus quod in aliquibus prophete fuerunt, sed simpliciter non.

Ad id quod septimo queritur dicimus, sine preiudicio tamen, quod sicut fides in credito et scientia in scito veritatem supponit et predestinatio salvationem, ita visio prophetica et predictio prophetica veritatem in prophetico supponit. Nam sicut fides et scientia non est nisi de vero, et predestinatio nonnisi de salvando, ita visio et predictio prophetica non est nisi de vero. Unde sicut iste consequentie sunt neccessarie : si est scitum vel creditum et est verum, si est predestinatus salvabitur, ita hec est neccessaria : si est visum vel predictum prophetice fiet

---

32. JÉRÔME, *In Ion.*, III, 4 : « Trinus numerus qui ponitur a Septuaginta, non convenit paenitentiae, et satis miror cur ita translatum sit, cum in Hebraeo nec litterarum, nec syllabarum, nec accentuum, nec verbi sit ulla communitas » (CCL, t. 76, p. 405) ; cf. ci-dessous, pp. 98-100.

33. Cf. *Amos*, 7, 14.

aut fiat locutio pro tempore prophetie. Sicut ergo ad veritatem huius : Habraam credidit Christum esse incarnandum, exigitur quod Christum esse incarnandum fuerit verum ; ita ad veritatem huius : Ysaias vidit vel predixit prophetice virginem esse parituram, exigitur quod virginem esse parituram fuerit verum.

Qui ergo ponit quod virginem esse parituram non fuerit verum, ponit per consequens quod Ysaias non viderit vel dixerit illud prophetice. Sicut ergo ista duo sunt incompossibilia : Abraham credidit hoc et hoc non fuit verum, licet utrumque sit possibile per se ; ita ista duo sunt incompossibilia : Ysaias vidit vel dixit prophetice virginem parituram et virginem esse parituram non fuit verum, licet utrumque per se sit possibile. Secundus [34] est in actu [35] informi, ut est cogitare vel dicere simpliciter qui non ponit veritatem in cogitato vel dicto. Sed actus credendi determinatam habet materiam, scilicet verum, similiter actus videndi et dicendi prophetice.

Quod ergo dicitur Ysaias vidisse vel dixisse prophetice hoc : « Virgo concipiet », est dictum de preterito affirmatum verum non dependens a futuro, ergo est neccessarium ; dicimus quod argumentatio est bona, sed una premissarum est falsa, hec scilicet : non dependens a futuro ; imo dependet a futuro, quia videre vel dicere prophetice ponit veritatem in prophetato. Et ita veritas huius dicti : Ysaiam vidisse vel dixisse prophetice hoc : « Virgo concipiet », dependet a veritate huius : « Virgo concipiet », et veritas huius : « Virgo concipiet » dependet a futuro ; et ita per consequens veritas tocius dependet a futuro.

Quod ergo primo queritur, utrum neccessarium sit evenire quicquid est prophetatum, dicimus si intelligatur coniunctim quod sic, si divisim quod non, ut notetur neccessitas consequencie, non consequentis, id est : si est prophetatum neccessario eveniet, non tamen : id quod prophetatum est, neccessarium est ; sicut omne scitum neccessarium est esse verum, et tamen non omne scitum est neccessarium. Sic respondendum est ad primum.

Ad id quod secundo querit, utrum postquam Ysaias dixit prophetice : « Ecce virgo concipiet », neccesse fuerit sic evenire aut possibile aliter evenire, dicimus quod, manente distinctione « prophetica », neccesse est sic evenire, id est : si dixit prophetice ‖

---
34. Ms : *Secus*.
35. Ms : *actum*.

f. 137ra neccessario eveniet. In se tamen consideratum non est neccessarium evenire hoc quod prophetice dixit Ysaias. Et ideo quod dicit AUGUSTINUS quod : « Alius modus nostre liberationis fuit possibilis Deo »[36], non est contrarium, quia in se consideratum est contingens. Sed in quantum prophetatum est, est neccessarium ; sicut illum hominem non salvari est possibile, tamen illum hominem predestinatum salvari est neccessarium.

Et cum dicit : id quod dixit Ysaias possibile est aliter evenire, contingat in nomine Domini ; sed tunc contingente hoc, cum repetit dicens : Ysaias dixit hoc prophetice ; debet dici : falsum est, quia prophetatio dependet a veritate prophetati. Unde quando posuisti quod prophetatum non fuerit verum, posuisti quod non fuit prophetatum.

Sed adhuc restat questio. In veritate Ysaias vidit et dixit hoc prophetice. Ponatur ita. Statim post quero : manente posito, aut neccesse est hoc evenire aut non. Si sic, unde illa neccessitas, cum ante non esset neccessarium sic evenire. Si non est neccessarium sic evenire, ergo possibile est aliter evenire. Manente posito, contingat ergo, et inde ut prius.

Ad hoc dicunt *quidam* : non contingat, quia licet sit possibile, tamen est posito incompossibile, sicut predictum est. *Alii* dicunt quod sicut possibile est Deum non predestinasse quem predestinavit, ita possibile Isaiam non vidisse vel dixisse prophetice quod vidit vel dixit prophetice, quia dictio vel visio prophetica dependenciam habet a veritate visi vel dicti prophetice. Unde si visum vel dictum non sit futurum verum, et visio vel dictio eius non fuit prophetica. Sicut ego opinor vehementer me lecturum cras : si sum lecturus cras, mea opinio fuit scientia, quia scire est vehementer opinari et non falli ; si non lecturus cras, non fuit scientia, quia scientia tantummodo est veri. Inde est quod, licet Ysaias viderit et dixerit prophetice : « Ecce virgo concipiet », non tamen neccessarium est Ysaiam dixisse hoc prophetice. Ad hoc enim quod esset neccessarium requiritur duplex neccessitas : una in compositione visi vel dicti prophetici, quod est « Virgo concipiet » ; altera in coniunctione actus prophetandi ad prophetiam. Et si altera istarum neccessitatum desit, iam non est neccessarium Ysaiam vidisse vel dixisse prophetice hoc : « Virgo concipiet ».

---

36. Cf. ci-dessus, note 24, p. 51.

Alii aliter solvunt huiusmodi questionem. Dicunt enim quod licet virgo numquam pepererit, tamen Ysaias dicendo vel videndo virginem parituram non vidit vel dixit falsum. Quod enim dixit et vidit : « Virgo concipiet et pariet », intelligitur, id est : virgo est conceptura et paritura. Hoc enim vidit et dicere intendit. Et non sequitur : non pariet, ergo non fuit paritura ; neque e contra : est paritura, ergo pariet ; neque sequitur de quolibet : hoc est futurum, ergo erit. Cum enim dicitur : hoc est futurum, non est sensus : hoc erit, sed est sensus : ordinatum est in rerum natura quod hoc erit. Unde cum dicitur : hoc est futurum, fit enonciatio de ordinatione exitus et non de exitu ordinationis ; sed cum dicitur : hoc erit, fit enonciatio de exitu ordinationis, non de ordinatione exitus.

Est autem dupplex ordinatio : una nature, sive neccessitatis, altera conveniencie, sive congruitatis. Verbi gratia, quando Ysaias dixit Ezechie quod esset moriturus, non dixit nec enonciavit de exitu ordinationis, sed de ordinatione exitus. Et sic verum dixit, quia in rerum natura ordinatum erat ita quod non poterat ultra vivere. Quod autem non fuit tunc mortuus, non fuit a natura sed a summa causa que est supra ⟨omnem⟩ causam, que non mutavit ordinationem exitus, sed potius exitum ordinationis. Eodem modo, cum dixit : « Ecce virgo concipiet et pariet » secundum quod fuit prophetatum intelligitur, id est : virgo est conceptura et paritura, et fit ibi enonciatio de ordinatione exitus, non de exitu ordinationis. Unde si contigisset quod virgo numquam pareret, nichilominus verum dixit Ysaias, quia ita ordinatum erat apud Deum ordinatione conveniencie. Talis enim infirmitas talem requirebat medicinam, et talis causa perditionis talem causam reparationis ; ut sicut homo superbe voluit fieri ut Deus, ita Deus humiliter fieret homo, et sicut per feminam virginem mors venit et vita periit, ita per feminam virginem mors periret et vita rediret. Et multa huiusmodi que ponit ANSELMUS in libro *Cur Deus homo* [37]. Et hec est conveniencia de qua loquitur AUGUSTINUS in predicta auctoritate : « Alius modus nostre liberationis fuit possibilis Deo, sed nullus alius nostre sanande miserie fuit conveniencior » [38]. Cum ergo dixit Ysaias virginem parituram, nichil aliud dixit nisi ordinationem

---

37. ANSELME DE CANTORBÉRY, *Cur Deus homo*, I, 3 ; II, 8, éd. F. S. SCHMITT, Stuttgart, 1968, t. II, pp. 51, 104.
38. Cf. ci-dessus, note 24, p. 51.

conveniencie ad hoc quod virgo pareret. Et hoc semper verum est, etiam si virgo numquam pareret. Et hoc est quod vidit Ysaias prophetice.

Similiter dicimus : quando Dominus dixit Petro : « Ter me negabis » [39], fit enonciatio de ordinatione exitus, non de exitu ordinationis. Unde *Marcus* dicit : « Prius quam gallus bis vocem dederit, ter me es negaturus » [40], id est : ita ordinatum est f. 137rb secundum statum tantum et ordinem nature ‖ quod ter me es negaturus. Unde si contigisset quod Petrus non negasset, mutatus esset exitus ordinationis, sed non ordinem exitus. Et ideo, licet Petrus non negasset, tamen Dominus non dixisset falsum, quia non enonciavit de exitu ordinationis, sed de ordinatione ⟨exitus⟩.

Sed adhuc obiciet : ponatur quod Dominus enonciaverit de exitu ordinationis et queratur utrum postea fuerit neccessarium Petrum negare Deum aut non, et cadit eadem questio que supra. Et dicimus ad hoc quod hoc posito, scilicet quod Dominus dixerit hoc : « Ter me negabis », sub hoc intellectu et de exitu ordinationis, quod neccesse erat Petrum negare. Et si inferat : ergo Petrus non peccaret, non, videlicet quia dictio Domini non compelleret Petrum ad dicendum, immo voluntarie diceret hoc. Sicut patet in diabolo quem neccesse est male facere, tamen quia voluntarie facit, ideo peccat. Similiter bonus angelus neccessario bene facit, et tamen quia voluntarie facit, meretur.

---

39. Cf. *Mat.*, 26, 34.
40. *Marc*, 14, 30.

II

ÉTUDE LITTÉRAIRE,
HISTORIQUE ET DOCTRINALE

Notre étude de la Q. 481 se déroulera en deux grandes parties. Dans une première étape, nous nous proposons de la situer dans le temps, c'est-à-dire de préciser le contexte littéraire et doctrinal dans lequel elle s'insère. Nous nous attacherons donc à détecter les influences qu'elle a subies : immédiates (Guillaume d'Auxerre, Philippe le Chancelier), ou plus lointaines (Étienne Langton, Godefroid de Poitiers, Alexandre de Halès...) ; et, chemin faisant, nous dirons pourquoi nous pouvons considérer Hugues de Saint-Cher comme son auteur. Ce sera l'objet de la première partie.

Après avoir ainsi replacé la Q. 481 au carrefour des influences qui se sont exercées sur elle (ce qu'on pourra visualiser grâce au tableau de la p. 147), nous serons en mesure de passer au second temps de notre recherche et de mettre en valeur son contenu doctrinal. Bien qu'elle ne révèle pas le génie spéculatif des grands textes de la période suivante, la Q. 481 marque pourtant un moment important dans l'élaboration du traité de la prophétie ; il sera intéressant d'en dégager les apports tout autant que d'en noter les points faibles. Ce sera le propos de notre deuxième partie.

PREMIÈRE PARTIE

La Question 481 dans son contexte littéraire et doctrinal

CHAPITRE I

LES SOURCES PRINCIPALES

Guillaume d'Auxerre et Philippe le Chancelier

La première question qui devrait normalement nous retenir, est celle de l'identification de l'auteur de notre texte. Toutefois, ce texte est de telle sorte, qu'il pose en réalité une question beaucoup plus radicale : a-t-il réellement un auteur ? A première lecture, en effet, certains passages de la question 481 ressemblent tellement à certains autres de Guillaume d'Auxerre ou de Philippe le Chancelier, qu'on peut légitimement se demander s'il est nécessaire de faire appel à un troisième personnage pour lui en attribuer la paternité. En fait, il est indispensable, et nous pensons l'avoir démontré ; mais pour y parvenir, il a fallu dégager l'originalité du texte avant même de rechercher plus précisément son auteur. Si donc nous parlons ici des sources avant de parler de l'auteur, ce n'est pas par méconnaissance de l'ordre logique de la démarche, c'est pour mieux respecter son déroulement réel. Accessoirement, mais ce n'est pas négligeable, la communication des résultats obtenus devrait en être facilitée, et le lecteur sera d'autant mieux en mesure d'apprécier la portée de la démonstration proposée, qu'il aura plus étroitement participé à son cheminement.

§ I. GUILLAUME D'AUXERRE

1. Une citation de Guillaume d'Auxerre

En raison même de la date du recueil auquel elle appartient (entre 1230 et 1240, rappelons-le), nous pouvons supposer *a priori* que la question 481 connaît la *Summa aurea* de Guillaume d'Auxerre [1]. Mais nous n'aurons pas grand effort à faire pour le prouver. S'il est déjà facile de reconnaître Guillaume parmi les divers *quidam* évoqués ici ou là, l'auteur se charge lui-même de le nommer explicitement au cours de son exposé. Et la façon même dont il le fait, nous montre à la fois comment il s'y réfère et comment il s'en distingue.

Il s'agit d'expliquer la définition augustinienne, reçue de la Glose, de la prophétie de prédestination : « Prophetia predestinationis est quam necesse est omnibus modis evenire ut sine

---

1. La *Summa aurea* est à situer aux environs de 1220. Le plus récent essai de datation est dû aux éditeurs d'Alexandre de Halès, qui pensent pouvoir avancer avec assez de certitude l'année 1221 comme *terminus ad quem*. Guillaume connaît en effet le IVe Concile du Latran et il le cite en termes qui laissent supposer qu'Innocent III est déjà mort : « Merito damnatus fuit propter hoc dictum Ioachim in concilio sub Innocentio tertio » (*Summa aurea*, Paris, 1500, f. VIIra). D'autre part, il mentionne comme étant encore vivant Pierre de Corbeil, alors archevêque de Sens († 3 juin 1222 ; cf. *Summa aurea*, lib. III, tr. I, q. 8, f. CXIIIrb). Les éditeurs de Quaracchi font valoir un certain nombre d'autres indices pour appuyer leur point de vue ; cf. ALEXANDRE DE HALÈS, *Glossa in quatuor libros Sententiarum Petri Lombardi*, t. IV, Quaracchi, 1957, *Prolegomena*, p. 26*, note 4 ; ID., *Quaestiones disputatae « Antequam esset frater »*, t. I, Quaracchi, 1960, p. 36*, note 1.
Cependant un juge aussi averti que Dom O. Lottin parle plus volontiers d'une date légèrement plus tardive (vers 1220-1225 ; cf. la discussion de l'hypothèse ci-dessus dans BTAM, VI (1950-53), n° 1158, p. 341 ; *ibid.*, VII (1954-1957), n° 2618, p. 689), rejoignant ainsi D. et O. VAN DEN EYNDE, *Guidonis de Orchellis Tractatus de Sacramentis...*, p. XLI. Pour sa part, Walter H. PRINCIPE (*William of Auxerre's Theology of the Hypostatic Union*, Toronto, 1963, p. 158, note 28) fait remarquer que le dernier argument avancé par les éditeurs d'Alexandre de Halès n'a pas la valeur probative qu'on veut lui attribuer, puisque le passage qui fait allusion à Pierre de Corbeil est recopié littéralement par Guillaume sur un texte antérieur de Godefroid de Poitiers. Encore vivant à l'époque de ce dernier, il pouvait ne plus l'être au moment où Guillaume écrivait. Principe reconnaît pourtant que ce point, secondaire à lui seul, n'invalide pas la conclusion des éditeurs de Quaracchi, qui lui semble avoir les meilleurs fondements. Pour notre propos ces variations n'ont aucune importance, puisque le texte de la Q. 481 serait en toute hypothèse postérieur de plusieurs années.

nostro impleatur arbitrio » [2]. Suivant un procédé dont nous verrons qu'il lui est familier, l'auteur démembre le texte de Guillaume. Il utilise pour sa propre solution la partie qui lui convient [3], ne craignant pas de produire l'autre partie comme élément de sa problématique. C'est ce fragment du texte que nous mettons en tableau comparatif ci-dessous.

Pour en faciliter la compréhension, nous reproduisons aussi l'introduction de Guillaume. Elle fait état d'une objection contre la définition que nous venons de rappeler. La manière dont la Q. 481 introduit son propre texte est différente, mais nous pouvons ici négliger cette nuance :

Guillaume d'Auxerre	**Q. 481**
Sed obicitur : si beata Virgo non consensisset angelo, non natus esset de ea Christus : ergo illa prophetia « Ecce Virgo concipiet » non fuit impleta sine libero arbitrio hominis. Non ergo contingit omni prophetiae predestinationis quod impleatur [a] sine nostro libero arbitrio.	
Ad hoc dicunt quidam quod hoc ita intelligendum est « sine nostro arbitrio », id est sine libero arbitrio alicuius certe persone. Si enim Maria non consensisset, nichilominus impleta esset illa prophetia in alia virgine.	Ad hoc dicunt quidam sic esse intelligendum « sine nostro arbitrio », id est : « sine libero arbitrio alicuius certe persone », nam si Maria non consensisset, nichilominus impleta fuisset prophetia Ysaie in alia virgine.
Sed hec solutio nulla est, quia hoc convenit	Sed hec solutio nulla est, quia hoc idem convenit prophetie comminationis que communiter prophetat malum omnibus, ut « Ninive subvertetur », et
prophetie prescientie, que communiter prophetat [b] malum suum aliquibus sine comminatione	prophetie prescientie, que similiter prophetat malum communiter, ita quod nec isti nec illi,
ut illa qua dixit Dominus iudeis : « Vos in peccatis vestris moriemini », id est multi de vobis.	ut illud Io. VIII : « Vos in peccato vestro moriemini », id est : multi ex vobis. Preterea numquam impleretur illa prophetia sine consenssu alicuius certe persone.

---

2. Cf. *Summa aurea, ed. cit.*, f. XLIXrb ; Q. 481, III, arg. 4, pp. 33-34.
3. Cf. art. III, ad 4, pp. 40-41.

Propter hoc dicimus quod hoc ita est intelligendum ut sine nostro impleatur arbitrio, id est sine operatione vel cooperatione liberi arbitrii. Non enim dico sine libero arbitrio operante vel cooperante adimpletionem prophetie (f. XLIVva, *in principio* [4]).	*Ad hoc dicit Magister Willelmus in Summa sua quod sic debet intelligi :* « *sine nostro arbitrio operante vel cooperante, non tamen sine nostro arbitrio consenciente vel obediente* ». Sed hec solutio videtur esse nulla, quia consentire vel obedire est operatio vel cooperatio liberi arbitrii (III, obj. 4, p. 33-34).

Peu importe pour l'instant que la solution donnée par l'auteur de la question 481 soit en définitive assez proche de celle de Guillaume [5]. De cette première comparaison de textes nous retiendrons simplement la donnée indiscutable de la référence à la *Summa aurea*, la dépendance manifestée à son égard jusque dans la répétition d'une objection que l'auteur reproduit dans les mêmes termes, sans s'être vraisemblablement donné la peine d'aller la vérifier lui-même à la source de Guillaume, et enfin nous noterons que cette dépendance ne l'empêche pas de garder ses distances quand il l'estime nécessaire.

2. Les différents sens du mot « prophétie »

Cette attitude est en fait une constante de la Q. 481 et nous la rencontrons dès les premières lignes que l'auteur doit à son prédécesseur. Cette fois, le terrain de comparaison nous est offert par l'énumération des différents sens du mot « prophétie », à

---

4. Nos références à la *Summa aurea* renvoient à l'édition Pigouchet, mais nous avons collationné le texte sur l'édition Regnault et sur les manuscrits *Paris, B. N. lat. 15739*, f. 52ra s. et *16386*, f. 40rb s. C'est ainsi que nous retenons ici la leçon *a* : *impleatur*, avec les manuscrits contre les éditions : *impletur*, et la leçon *b* : *que ... prophetat*, qui est celle de la Q. 481, contre les éditions : *qua ... prophetatur*. Les autres passages allégués ne présentent pas de variantes significatives.

5. Cf. p. 12 : « Dicimus quod prophetia predestinationis semper impletur sine arbitrio hominis cooperante ad efficiendum id quod principaliter prophetatur, sed non sine arbitrio hominis operante dispositionem preparatoriam. (...) Operata est caro in virgine preparando se per consensum, sed non est cooperata ipsi conceptioni vel incarnationi ». Pour une bonne part, la Q. 481 emprunte sa solution à Philippe le Chancelier, notamment la *dispositio preparatoria*. Cf. C, f. 82rb, vers la fin.

laquelle chaque auteur se livre pour son compte, avant de préciser lui-même l'acception qu'il donne au terme. Lisons d'abord les textes, nous dégagerons ensuite leurs rapports :

Guillaume d'Auxerre	Q. 481
Notandum autem quod hoc nomen prophetia quattuor modis accipitur: quia dicitur prophetia sermo propheticus, secundo actus prophetandi, tertio ipsum prophetatum,	Prophetia multis modis dicitur : aliquando prophetia dicitur sermo propheticus ; aliquando actus ipse prophetandi ; aliquando ipsum prophetatum ;
Et secundum hoc dicunt quidam quod nullum enunciabile potest esse prophetatum sicut nec prescitum. Si enim esset prescitum sciretur antequam esset verum : et ita sciretur dum est falsum. Sed nos qui dicimus quod enunciabile nihil aliud est quam ipsa res, unde dicimus quod enunciabile bene prophetatur et bene prescitur : ut hoc enunciabile antichristum esse. Sed non prescitur antequam sit verum : sed prescitur et prophetatur antequam sit.	
	aliquando visio prophetalis ;
Quarto modo dicitur prophetia donum prophetie : scilicet habitus mentis qua cognoscit anima res que aperte sibi ostenduntur a Deo.	aliquando habitus mentis quo anima prophete habilis est ad cognoscendum res sibi ostenssas, ut dicunt quidam,
Quinto etiam modo potest dici prophetia ipse actus procedens ex tali habitu, scilicet actualis cognitio talium rerum.	
Utroque istorum modorum potest accipi in predicta diffinitione (Cassiodori).	et hoc ultimo modo diffinitur prophetia a Cassiodoro, ut dicunt.
Est enim prophetia : divina inspiratio, id est inspirata scientia a Deo (f. XLVIIIva, *in fine*).	
	Mihi autem videtur sine preiudicio quod prophetia secundum quod diffinitur a Cassiodoro dicitur ipsa visio prophetica que tria importat :

> primum est apparitio ymaginum que fit in parte anime spirituali, id est in vi ymaginativa ; secundum est revelatio eius quod latet sub ymagine ostenssa, sive illuminatio mentis ad cognoscendum veritatem sub ymagine ostenssa latentem ; tertium est denonciatio rei revelate propter quam fit revelatio prophetis
> (I, *Solutio*, p. 10-11).

On le constate d'emblée, l'auteur de la Q. 481 a le texte de Guillaume d'Auxerre sous les yeux ; on peut identifier aussitôt les *quidam* pour qui la prophétie désigne un *habitus mentis* qui rend le prophète capable de connaître les réalités que Dieu lui montre, et qui prétendent que c'est en ce sens qu'il faut entendre la définition de Cassiodore. Si l'auteur de la Q. 481 éprouve le besoin de signaler ici ces *quidam*, alors qu'il ne l'a pas fait pour les trois premiers sens qu'il a mentionnés, c'est qu'il est lui-même, nous le verrons, un adversaire résolu de cette opinion. Ainsi, il manifeste en même temps sa connaissance de la *Summa aurea* et sa ferme intention de s'en distancer.

En fait, davantage que les ressemblances, ce qui frappe dans ce tableau comparatif ce sont les dissemblances. Si quatre des cinq acceptions en cause sont rédigées de part et d'autre dans les mêmes termes, la cinquième est exprimée de manière sensiblement différente. Mais il ne s'agit ici que d'un point mineur ; il ne semble pas, en effet, que la *visio prophetalis* de la Q. 481 désigne une réalité autre que l'*actualis cognitio* procédant de l'habitus prophétique de Guillaume [6]. La différence réside bien plus dans la tonalité générale des deux textes.

Celui de Guillaume, qui sert d'introduction en quelque sorte à l'ensemble de son *De prophetia*, est empreint d'un certain embarras, dont le signe le plus clair est, qu'après avoir annoncé quatre sens du mot prophétie, il finit par en détailler cinq. Par ailleurs la discussion qu'il amorce à propos du troisième sens, est assez mal placée à cet endroit où elle interrompt l'exposé. Enfin, il

---

6. L'expression *visio prophetalis* n'est pas inconnue de Guillaume d'Auxerre. Dans son traité *De angelis*, qui précède immédiatement le *De prophetia*, il n'énumère pas moins de cinq visions différentes, dont la troisième est la « visio prophetalis qua prophete illuminati a Deo videbant ea que volebat eis ostendere secundum quod sciebat humano generi expedire » (f. XLVIIvb).

omet de nous dire lequel de ces cinq sens il retient comme étant le plus convenable à son propos. S'il opte finalement pour le quatrième, c'est d'une manière implicite, comme nous pouvons le conclure par la façon dont il enchaîne sur sa première question : « Queritur igitur *de illo habitu qui est prophetia*, utrum sit virtus aut non » (*ibid.*).

Au contraire, la Q. 481 tranche nettement sur cette indécision par la manière décidée dont elle énumère les différents sens. Si elle signale discrètement qu'elle est en désaccord avec certains, elle ne s'attarde pas à discuter ici de cette divergence [7]. Et quand il s'agit de préciser ce qu'il faut mettre sous le mot prophétie, elle se prononce avec autant de vigueur que de clarté, en un texte dont nous chercherions vainement l'équivalent dans le traité de Guillaume d'Auxerre. Si donc à l'issue de cette première confrontation, nous pouvons conclure que la Q. 481 utilise son devancier, nous ne pouvons encore dire si ce dernier a exercé sur elle une influence notable.

3. La prophétie n'est pas un *habitus*

La comparaison de deux nouveaux textes parallèles devrait nous permettre de progresser quelque peu. Celui de la *Summa aurea* fait immédiatement suite au passage que nous venons de citer. Celui de la Q. 481 est extrait d'un contexte plus vaste où l'auteur examine, avec une profusion d'arguments pour et contre, la possibilité de parler de la prophétie en termes d'*habitus*, de *scientia* ou de *virtus*. On y discerne en filigrane une problématique voisine de celle de Guillaume d'Auxerre, mais par instants la parenté devient évidente, comme on peut le voir par les textes que nous citons :

Guillaume d'Auxerre	Q. 481
Queritur... de illo habitu qui est prophetia, utrum sit virtus aut non. Hoc probatur quia est « habitus mentis bene constitute »,	(arg. 3) ... prophetia est « habitus mentis bene constitute », ergo est virtus.
ex tali enim habitu procedunt motus meritorii,	(...)

---

7. Ce sera fait en détail dans la réponse aux trois premières objections de la première question. Retenons pour l'instant une seule déclaration claire à souhait : « non est habitus sed actus » (I, ad 3, p. 12).

merebantur enim prophete prophetando populis :
comminando penam et promittendo bona eterna,

ergo per motus illius habitus merebantur ipsi vitam eternam, ergo ille *habitus* est virtus.

Forte dicet quod ille habitus non est virtus quia motus illius non secundum se et per se sunt meritorii ; sed quod sunt meritorii tantum habent ex caritate.
Sed probatur quod hec ratio nulla sit, quia secundum hoc probatur quod iusticia, largitas non sunt virtutes, quia eorum motus non sunt meritorii nisi a caritate.
Et ex hoc sequitur quod nichil sit virtus nisi caritas.
Solutio. Revera illud donum non est virtus propter duas causas. Prima est quia motus virtutum secundum quod sunt a suis virtutibus meritorii sunt.
Motus enim largitatis est dare danda cui debet et ubi debet et gratia cuius debet.

Et secundum hoc motus talis vestitus omnibus suis circumstantiis procedit a sua virtute.
Unde omnis motus virtutis secundum quod est motus virtutis est meritorius,
quoniam difficile et laudabile est in tali medio consistere.
Motus igitur iusticie secundum quod est motus iusticie per se et secundum se meritorius est : licet hoc habeat ex caritate : quoniam et ipsa iusticia et ipse motus,

(arg. 5) Item, prophete merebantur prophetando,

ergo prophetare est actus meritorius, ergo est opus virtutis,

ergo *prophetia* est virtus.
(...)
Ad quintum dicimus quod non valet hec argumentatio « prophete prophetando merebantur, ergo prophetare est actus meritorius... ».
Quod enim merebantur non erat a prophetia vel ab actu prophetandi vestito omnibus circumstanciis suis, sed a caritate vel fide vel obedientia ex qua fiebat ille actus.

Omnis enim motus virtutis secundum quod motus virtutis est, est meritorius. Verbi gratia :
motus largitatis est dare danda cum debet et cui debet et gratia cuius debet,
et sic de aliis circumstantiis.
      Talis motus vestitus omnibus circumstantiis suis procedit a sua virtute,
unde
                      est meritorius secundum se,
quia est laudabile et difficile
in medio tali consistere.

quicquid habet, hoc habet a caritate. Motus autem prophetie non secundum se medium aliquod laudabile tenet ; quia eius motus non est nisi videre res que aperte ei ostenduntur.	Motus autem prophetie secundum se non tenet aliquod medium laudabile et difficile ; quia eius motus est videre et prononciare,
Nec habet aliquam difficultatem sicut nec habet difficultatem quod oculis corporalibus video aliquam rem.	ubi nulla difficultas. Unde sicut videre corporale et loqui non est opus virtutis secundum se, ita nec prophetare ;
Secunda ratio est quia scientia que est prophetia ut in pluribus non est de his que pertinent ad cultum Dei : sola enim cognitio illa que de Deo est vel de similitudine eius in nobis virtus est, ideo quod credimus eas cum non videamus. Et hec est una causa quare logica et alie artes liberales non sunt virtutes. Alia ratio est quia utuntur naturalibus rationibus et principiis que per se cognoscit humanus intellectus. Et ideo non habent meritum apud Deum (f. XLVIIIvb).	tamen potest aliquis loqui meritorie, ita et prophetare (I, obj. 3 et 5, p. 4 ; ad 5, p. 13).

A considérer l'aspect quantitatif, l'emprunt de la Q. 481 est considérable. Sans doute, elle abrège un peu le texte de la *Summa aurea*, mais les mêmes termes se retrouvent de part et d'autre, ainsi que l'essentiel de la thèse : la prophétie n'appartient pas à l'ordre de la vertu, mais à celui de la science ; car il n'y a pas de vertu sans milieu difficile à tenir, or voir et parler prophétiquement ne présente pas davantage de difficultés que voir et parler naturellement. Mais alors que Guillaume poursuit par un rapprochement inattendu de cette science qu'est la prophétie avec la logique et les autres arts libéraux pour en conclure qu'il n'y a pas là matière à mérite, la Q. 481 solutionne le problème d'une manière beaucoup plus nuancée : parler n'est pas de soi un acte de vertu, mais cela peut être un acte accompli vertueusement, et donc de manière méritoire — de même pour la prophétie. Il y a dans le texte de Guillaume de quoi justifier cette conclusion, mais il ne l'a pas lui-même dégagée.

Il faut enregistrer un autre détail précieux pour caractériser la manière dont l'auteur de la Q. 481 corrige le texte de Guillaume selon ses options. Pour ce dernier la prophétie est un habitus, et la définition magistrale qu'il reproduit (*habitus mentis bene constitute*) constitue pour lui un donné qu'il ne discute pas. L'ensemble de son raisonnement est donc marqué par l'emploi de ce terme d'habitus. Au contraire l'auteur de la Q. 481 l'évite. Alors même qu'il est assez proche de Guillaume dans l'énoncé de son cinquième argument *pro et contra*, il parle en terme d'*actus*, et quand le mot *habitus* se présente, il le remplace par *prophetia*. Cette manière de parler est la conséquence d'un choix raisonné, qui s'exprime dans la façon dont il glose la définition magistrale qu'on lui avait soumise en objection :

> Ad id quod tercio dicitur quod prophetia est « habitus mentis bene constitute », dicendum quod non est habitus, sed actus. Dato etiam quod sit habitus, dicimus quod non est « habitus mentis bene constitute », sicut accipitur ab Augustino. Non enim bene constituit mentem, id est non bonam facit. Verumtamen ex illo actu triplici quem dicimus esse prophetiam (cf. *Resp. ad 1*) relinquitur in mente quidam habitus, id est quedam noticia qua propheta recedente visione scit se vidisse aliquid et quid est illud ; sed habitus ille non est prophetia, sed effectus (p. 12).

Ainsi, à propos d'un détail en apparence insignifiant — l'emploi d'un mot plutôt qu'un autre dans un texte qui vient presque intégralement d'un de ses prédécesseurs —, nous voyons comment notre auteur reste bien conscient de ses choix. Il faut donc le lire attentivement pour ne pas conclure trop rapidement à son manque d'originalité.

4. Une problématique nouvelle

Cette conclusion trop hâtive est en effet celle à laquelle on risque d'aboutir à constater les emprunts massifs que l'auteur de la Q. 481 pratique à l'égard de son devancier. Il y a d'abord un nombre considérable de mots et de tournures caractéristiques ; ce qui s'explique sans peine par le fait que ses emprunts sont souvent littéraux. Mais il y a aussi le traitement des mêmes thèmes : outre la problématique de la définition de la prophétie *virtus* ou *scientia*, *actus* ou *habitus*, il faut encore évoquer les questions classiques de la véracité des prophètes (Jonas a-t-il menti en prédisant la destruction de Ninive qui ne s'est finalement pas vérifiée ?), de l'obéissance qu'on leur doit s'ils prescrivent quelque chose contre la loi de Dieu, du caractère de prophète qu'on peut reconnaître à Caïphe, etc...

Dans toutes ces questions qu'une tradition scolaire déjà longue imposait à quiconque prétendait traiter de la prophétie, l'auteur de la Q. 481 doit beaucoup à Guillaume, — même s'il ne craint pas d'ajouter d'autres développements grappillés ici ou là (notamment chez Philippe le Chancelier), ou même de son propre cru. Il semble ne vouloir rien sacrifier, en sorte que sa prolixité se déploie en d'interminables colonnes qui ne brillent en général pas par leur originalité. Il serait fastidieux de faire ici un relevé complet de ces emprunts ; nous aurons d'ailleurs à y revenir. Compte tenu des mœurs littéraires du temps et du cadre obligé dans lequel l'auteur devait couler sa propre réflexion (aux questions déjà mentionnées, il faut en effet ajouter celles suscitées par la définition de Cassiodore), ils étaient inévitables. Et c'est pourquoi, en un sens, ils sont peu significatifs. Si minimes soient-elles, les modifications et les additions faites par un auteur à un texte antérieur ont en définitive beaucoup plus d'importance que la reproduction à pleine page d'une doctrine estimée commune.

Or, de ce nouveau point de vue, l'auteur de la Q. 481 mérite de retenir l'attention. Il suffit de comparer le plan de sa question à celui de Guillaume pour constater d'emblée ce qui le caractérise.

Guillaume d'Auxerre	**Q. 481**
Quoniam prophete ea que vident, vident in speculo eternitatis sicut angeli : post angelorum cognitionem agendum est de prophetia. Et primo videndum est quid sit prophetia.	Quesitum est de prophetia. Primo quid sit realiter et diffinitive.
	Secundo quid sit prophetas videre in speculo ; et utrum omnis propheta videat in speculo ; et quid sit differencia inter videre fidei per speculum et videre prophetie in speculo.
Secundo dicendum erit de speciebus prophetie.	Tercio de differenciis prophetie.
	et de quibusdam actoritatibus que videntur habere specialem difficultatem.

Tertio quomodo prophetia evacuabitur.
Quarto utrum expositores sacre scripture dicendi sunt prophete.
Quinto de officio prophetarum (f. XLVIIIva).

Quarto de officio prophetarum (p. 3).

Le plan réellement suivi par chacun des deux auteurs est en fait sensiblement différent de celui qu'il annonce [8], mais ce premier énoncé suffit pourtant à notre propos. Il permet des rapprochements faciles : le *primo* de Guillaume correspond bien au *primo* de la Q. 481 ; de même le *quinto* a son parallèle dans le *quarto* ; quant aux points 2, 3 et 4, ils sont traités dans le *tertio* de la Q. 481. Reste donc ce que cette dernière annonce sous le titre *Quid sit videre in speculo...*, thème auquel elle consacre plus de quatre colonnes [9]. Or c'est un sujet que Guillaume ne traite pas explicitement. Cela est d'autant plus étonnant qu'il prend prétexte de la *visio in speculo* que, selon lui, les prophètes ont en commun avec les anges, pour introduire son traité. Il a pourtant développé longuement ce qu'il pense de la *visio in speculo* dans son exposé sur la connaissance des anges et il faut sans doute reporter sur son *De prophetia* le bénéfice des explications qu'il donne là [10], mais il n'a pas fait pour son compte cette transposition.

Or, nous aurons à le redire, c'est ce point précis de la connaissance prophétique qui constitue à cette époque le nœud du traité de la prophétie. En sorte que nous pouvons considérer

---

8. Pour la Q. 481, voir l'exposé que nous en donnons ailleurs ; pour Guillaume on peut se reporter à B. DECKER (*Die Entwicklung*, pp. 47-52), qui fait un résumé précis et détaillé de son *De prophetia* accompagné de nombreux textes.

9. Notons au passage que l'énoncé de ce deuxième point est dû à peu près littéralement à Philippe le Chancelier. Cependant le contenu correspondant est traité de manière beaucoup plus ample par la Q. 481 et sur certains points décisifs ses options sont radicalement différentes.

10. On peut détecter d'ailleurs ici ou là tel ou tel passage dont a pu s'inspirer l'auteur de la Q. 481, mais si c'est bien le cas, l'emprunt n'est plus ici littéral. Cf. par exemple la manière dont il est parlé de part et d'autre de la liberté du *speculum* divin qui se donne à voir de son propre mouvement. GUILLAUME : « Ex mera liberalitate erit quod ipse dabit se ad videndum et immediate vel etiam pro parte est secundum dispositionem intuentis » (f. XLVIIrb, 2ᵉ solution). Q. 481 : « Illud speculum non solum intelligibile est, sed etiam intelligens et voluntarium et potestativum ; et quando vult ostendit hoc, quando vult illud, quando vult claudit se » (p. 29). Pour le début de cette citation, c'est plutôt l'influence de Philippe le Chancelier qui se manifeste.

qu'un auteur relève d'une problématique dépassée ou appartient au contraire à une nouvelle génération suivant la manière dont il pose et résoud la question du *videre in speculo*, puisque c'est autour de cette expression que se formulent les premiers essais de solution. Il est incontestable que, de ce point de vue, la Q. 481 apporte du nouveau et inaugure une nouvelle période, ou tout au moins marque un de ses premiers temps forts. C'est ainsi que, malgré tout ce qu'il doit à Guillaume d'Auxerre, il représente par rapport à lui un véritable changement qualitatif.

Cette ultime constatation pourrait servir de résumé concernant l'apport de ce premier paragraphe. En partant d'une citation de Guillaume d'Auxerre faite par notre auteur, nous avons pu établir qu'il connaît et utilise la *Summa aurea*. D'autres passages, que nous avons rapprochés, confirment une dépendance littéraire parfois massive de la Q. 481 à l'égard de cet ouvrage, mais ils permettent aussi de déceler un effort constant pour s'en démarquer au point de vue doctrinal. La manière dont l'auteur refuse de considérer la prophétie comme un habitus, est typique à cet égard. Finalement, en traitant avec ampleur le thème de la vision *in speculo*, il souligne, s'il ne provoque pas, un déplacement du centre d'intérêt du *De prophetia*. Si ses emprunts considérables pouvaient faire douter au premier abord de sa qualité d'auteur, ses prises de position personnelles prouvent qu'il était en réalité bien conscient de ses choix.

§ II. PHILIPPE LE CHANCELIER

1. Similitudes et différences

Nous avons déjà signalé la dépendance de la Q. 481 à l'égard de Philippe le Chancelier. V. Doucet l'avait aussi notée : « La q. 481 sur la prophétie se retrouve en substance, et souvent littéralement, dans la *Summa de bono* de Philippe le Chancelier »[11]. Cependant, il avait lu le texte de trop près pour s'y méprendre. Comparant ailleurs la Q. 481 et la Q. 540, il sou-

---

11. *A travers*, p. 565.

lignait avec justesse : « L'apparentement souvent littéral qui existe entre les nn. 540 et 481, et qui a conduit sans doute à les identifier, provient du fait que Hugues utilise ici largement la Somme du Chancelier, tout en s'écartant sur plusieurs points de sa doctrine »[12].

Deux points ressortaient donc avec netteté de l'analyse rapide de V. Doucet : similitudes de la Q. 481 avec la *Summa de bono*, mais aussi différences. Il ne sera pas nécessaire d'insister sur le premier point, il ressort avec évidence dès la première lecture, mais il importe de préciser les différences, car si les textes de Philippe se retrouvent dans la Q. 481 dans une proportion considérable, ce n'est pas sans modifications parfois sensibles. En sorte que, pour paradoxal que cela paraisse, l'auteur réussit un véritable tour de force : il coule sa pensée dans un moule étranger sans perdre pour autant son identité propre. L'analyse qui suit devrait apporter la preuve de cette assertion.

Une première différence saute aux yeux dès l'abord : la problématique de départ est autre dans la Q. 481 et dans la *Summa de bono*[13]. Nous l'avons vu, la mise en discussion de

---

12. *Ibid.*, p. 538 ; nous soulignons.

13. Nous reproduisons en note le plan que les deux auteurs donnent aux premières lignes de leur *De prophetia*. Leur rapprochement ne suffit pas à notre propos, car ils ne correspondent que d'assez loin au contenu réel de chaque question. On pourra s'en apercevoir pour Philippe à la lecture de B. DECKER (*Die Entwicklung*, pp. 60-73), qui reproduit ici encore de nombreux textes et analyse critiquement l'apport du Chancelier. Du même auteur, cf. également *Die Analyse des Offenbarungsvorganges beim hl. Thomas im Lichte vorthomistischer Prophetietraktate*, dans *Angelicum*, XVI (1939), pp. 195-244 ; cf. en particulier pp. 206-210.

Philippe	Q. 481
Circa (prophetiam) potest esse questio quid sit	Quesitum est de prophetia. Primo quid sit realiter et diffinitive.
et in quo sit, et in qua vi, et utrum universaliter donum ; et si donum, utrum aliqua prophetia sit virtus, et deinde utrum prophetia sit causa rei prophetate,	
et deinde quid sit videre in speculo et utrum omnis propheta videat in speculo vel non omnis,	Secundo quid sit prophetas videre in speculo et utrum omnis propheta videat in speculo,
et quid sit differentia inter videre in speculo prout habens fidem dicitur videre in speculo	et quid sit differencia inter videre fidei per speculum

la Q. 481 la situe d'emblée en dépendance de Guillaume d'Auxerre. Même si l'auteur affirme dès ce moment-là ses convictions personnelles, il n'en reste pas moins que sa recherche sur la prophétie « vertu » ou « science » met en relief l'influence de la *Summa aurea*. Philippe n'ignore pas cette question, mais il en traite ailleurs, après avoir exposé en détail la définition de Cassiodore. Très visiblement, il n'accorde pas à ce thème la même importance que Guillaume d'Auxerre ou la Q. 481.

Nous passerons aussi rapidement sur une deuxième différence d'ordre très général : par rapport au traité de Philippe, la Q. 481 développe toute une partie que celui-ci ne touche pas. C'est le dernier chapitre *De officio prophetarum* qui vient ici encore, au moins pour l'inspiration de l'ensemble, de Guillaume d'Auxerre [14]. Contrairement à ce que nous pourrons constater à propos d'autres sujets, il ne s'agit même pas d'éléments que nous retrouverions dispersés ailleurs chez Philippe et que l'auteur de la Q. 481 aurait réunis — suivant un goût du regroupement bien ordonné qui le caractérise —, ce sont des questions que Philippe ignore.

Ces deux points écartés, il en reste cependant suffisamment qui permettent d'éclairer la manière complexe dont la Q. 481 utilise le *De prophetia* de Philippe. D'une manière générale, le remaniement est la loi de cette utilisation. Certes l'auteur recopie souvent textuellement nombre de passages, mais non moins souvent il prend des libertés à l'égard de sa source. Point décisif sur lequel il se distingue radicalement de la Q. 540. A part quelques passages, l'auteur de cette dernière ne connaît pratiquement qu'une manière de se démarquer : il abrège le texte de Philippe, le plus souvent en omettant tout simplement les *auctoritates* citées par ce dernier. L'auteur de la Q. 481, au contraire, procède d'une manière beaucoup plus subtile : les mots sont parfois changés, leur ordre modifié, certains ajoutés, les

---

| aut per speculum et prophetas ; deinde de differentiis prophetie et post de auctoritatibus quibusdam que difficultatem habere videntur (f. 77va). | et videre prophetie in speculo. Tercio de differenciis prophetie et de quibusdam actoritatibus que videntur habere specialem difficultatem. Quarto de officio prophetarum (*Prol.*, p. 3). |

14. Cette affirmation est à compléter par ce que nous disons plus loin, chap. III, p. 138-139.

paragraphes sont parfois intervertis, les *auctoritates* alléguées par Philippe sont parfois omises et remplacées par d'autres, tels arguments cités dans un contexte précis sont utilisés ailleurs... Quelques exemples permettront de montrer sans peine le curieux travail de reconstruction auquel s'est livré l'auteur. Quand on pense que ce labeur s'étend aux dimensions de sa question presque entière et qu'il met en jeu des éléments parfois très éloignés de leur environnement premier, on échappe difficilement à l'impression que la Q. 481 est un immense « puzzle » qu'il faut démembrer pour retrouver ce qu'elle a en propre.

2. La prophétie est-elle une vertu ?

Nous examinerons d'abord un passage relativement bref. On pourra ainsi saisir d'un seul coup d'œil la technique de composition de l'auteur. Il s'agit d'un sujet auquel Philippe n'a pas attaché la même importance, mais il est d'autant plus intéressant de se rendre compte que notre auteur — même à propos d'une question sur laquelle il a des idées bien arrêtées — n'hésite pas à utiliser sa source habituelle, quitte à s'en écarter quant au sens de sa propre réponse. La prophétie est-elle une vertu ?

Philippe	**Q. 481**
Ad quod potest dici quod non oportet dici quod sit virtus, et tamen non est nisi in sanctis, ut II *Pet*. II : « Non enim voluntate humana allata est aliquando prophetia, sed Spiritu Sancto inspirati locuti sunt sancti Dei homines ».	
	Ad quartum dicimus quod revera prophetia est donum Dei, sed non sequitur « ergo est virtus » neque scientia sicut operatio virtutum. Donum Dei est, ut dicit Apostolus ibidem, nec tamen est virtus vel scientia ; et licet sit donum Dei, tamen potest esse in malis et in bonis ;
Sicut enim est quoddam donum quod tantum est in malis, ut timor servilis,	nam donorum Dei quoddam est in malis tantum, sed non facit malos, ut timor servilis,

ita quoddam quod est in bonis et in malis, ut operatio virtutum et huiusmodi;	Item quoddam est tantum in bonis, et bonos facit, ut caritas. Item quoddam est in bonis et malis, nec bonos nec malos facit, ut operatio virtutum *et prophetia sumpta communiter*.
eodem modo est quoddam quod est tantum in bonis, scilicet huiusmodi prophetia.	Item quoddam est quod est in bonis tantum et bonos non facit, *ut prophetia quedam* que scilicet pertinet ad veritatem pietatis. Unde II *Pe.* II : « Non enim voluntate humana allata est aliquando prophetia, sed Spiritu Sancto inspirati locuti sunt sancti Dei homines » (I, ad 4, p. 12).
Est enim quoddam quod est bonum et tantum in malis et bonos non facit, ut timor servilis, et est quoddam quod est tantum in bonis, ita quod bonos facit, ut caritas. Quare erit quoddam quod est tantum in bonis, et tamen bonos non facit, et tale est hoc genus prophetie. Et est quoddam quod est in bonis et in malis, et tamen non facit bonos vel malos, ut operatio virtutum (C, 81ra).	

Si nous exceptons le début de nos deux textes où se manifeste une divergence doctrinale assez nette, mais qui n'a pas ici pour nous d'importance, il est aisé de constater que tous les éléments de la Q. 481 se trouvent déjà *ad litteram* dans le texte de Philippe (nous avons souligné les variantes notables, mais elles n'affectent pas le contenu ; quant à la citation de la *II Pet.* 1, 21, elle est simplement déplacée). Mais alors que ce dernier procède en deux temps (il énumère d'abord les différents types de dons, et ensuite précise leur effet respectif), l'auteur de la Q. 481 fait suivre l'énoncé de chaque don de son effet particulier. Du strict point de vue littéraire, l'amélioration est notable. Habituellement plus prolixe que Philippe, notre auteur est ici plus concis. D'autres exemples nous permettront d'illustrer ce trait qui lui est propre : si c'est un plagiaire, il est doué pour la synthèse.

3. Deux sens du mot *inspiratio*

Voici maintenant un texte sensiblement plus long. Nous pourrons ainsi observer de nouveau l'absence de scrupules avec laquelle notre auteur reprend les termes mêmes de son prédécesseur, sans pour autant se croire tenu de respecter intégralement leur teneur ni leur ordre, mais nous pourrons voir aussi comment, moyennant cela, il poursuit sa démarche personnelle.

Philippe	**Q. 481**
1. Inspiratio dupliciter accipitur, large sive communiter et proprie.	1. Inspiratio duobus modis accipitur : communiter et proprie, secundum ambitum huius nominis spiritus...
2. Si enim spiritus contineat in se omnem vim anime sive comprehendentem formas intellectuales seu spirituales seu corporales, dicitur omnis prophetia inspiratio, id est similitudinum in spiritu impressio, ut in diffinitione.	
3. Quandoque spiritus dicitur vis ymaginaria sive substantia deferens vim ymaginativam inquantum huiusmodi, ut II *ad Cor.* XII, *Glosa* : « Primum corporale ; secundum spirituale, quia quicquid corpus non est et tamen substantia est, iam recte spiritus dicitur ; tertium intellectuale ».	3. Spiritus enim quandoque dicitur vis ymaginativa sive substantia *habens* vim ymaginariam, inquantum huiusmodi ;
4. (ut spiritus dividat contra mentem, prout tria ponuntur : mens, spiritus et anima. Dicitur enim I *ad Cor.* XIIII spiritus dividitur contra mentem, ibi : « Spiritus loquitur misteria », *Glosa* : « Que non intelliguntur in spiritu dicuntur et non in mente »).	4. sic spiritus dividit contra mentem. Unde I *Cor.* XIIII : « Spiritus loquitur misteria » ; *Glosa* : « Que non intelliguntur, in spiritu dicuntur et non in mente ».

2. Item spiritus dicitur omnis vis anime interior, sive anima habens vim quamlibet comprehendentem formas sive intellectuales, sive spirituales, sive corporales. Hoc modo dicitur omnis prophetia inspiratio, id est similitudinum *vel lucis* in spiritu impressio ; sic accipitur in diffinitione Cassiodori.

5. Secundum hoc non omnis prophetia est inspiratio ; quedam enim visio est in intellectu, quedam in ymaginatione,

quedam in sensibili,
secundum quod triplex distinguitur visio ab Augustino II *ad Cor.* XII ibi : « Hec tria genera visionum » etc.

5. Primo autem modo non omnis prophetia est inspiratio. Quedam enim visio est intellectualis, quedam ymaginaria,
quedam dicitur spiritualis, hoc modo accipiendi spiritum,
quedam corporalis sive senssibilis.

6. Cum ergo dividitur prophetia secundum differentias visionum intelligitur quantum ad apparitiones factas, non quantum ad id quod intelligitur sub apparitionibus.
(Philippe s'interrompt ici pour l'exposé d'un nouveau pro et contra *sur l'adjectif* divina *de la définition de Cassiodore. La Q. 481 qui a rassemblé l'ensemble de la problématique au début peut au contraire poursuivre sa réponse sans désemparer).*

6. Unde cum prophetia dividitur secundum differentias visionum, intelligitur divisio quantum ad apparitiones factas, non quantum ad ea que sub apparitionibus videntur vel intelliguntur.

7. (in prologo psalmorum... accipitur
... inspiratio comparatione eius a quo...)

7. Habet autem inspiratio duplicem
comparationem : unam ad spiritum a quo, alteram ad spiritum in quo. Et quod obicitur quod hec differentia « divina » superfluit, dicimus quod non est verum, sed specificat inspirationem et determinat a quo est.

8. Inspiratio est duobus modis vel apparitionis ymaginarie vel cognitionis eius quod significatur.

Quantum ad primum modum etiam fit a demonibus ; habent enim ex permissione Dei posse super vim ymaginariam,

sicut probatur per illud *Num.* XXII super illud : « Venit Deus ad Balaam nocte » etc.

Glosa : « Balaam divinus erat demonum ministerio et arte magica nonnumquam futura prenoscens », et interlinearis : « Molestus est Deo Balaam et prope extorquet permitti sibi ut eat maledicere filiis Israel et invocat demones, ad quem iam venerat Deus ».

9. Licet igitur sic inspiratio sit a demonibus, non tamen creant cognitionem in anima. Et ideo quantum ad inspirationem cognitionis non credo quod inspiratio sit a demonibus

(C,f. 77vb).

(*Philippe poursuit plus longuement sa réponse, alors que la Q. 481 conclut assez rapidement et d'une manière différente*).

8. Dicitur enim inspiratio ipsa similitudinum impressio et rei latentis sub similitudine revelatio. Utrumque est a Spiritu Sancto, sed primum potest esse ab angelo et a diabolo ; habet enim potestatem super vim imaginativam ut in ea formet ymagines quasdam rerum. Quod potest probari per illud quod dicitur *Num.* XXII : « Venit Deus ad Balaam nocte » etc. ; Ibi *Glosa* : « Balaam divinus erat demonum ministerio et arte magica nonnumquam futura prenoscens ».

9. Inspiratio ergo inquantum est ab angelo vel diabolo non est prophetia vel pars prophetie, sed inquantum est a Spiritu Sancto a quo est significationis occulte cognitio. Et ad hoc significandum apponitur « divina » in diffinitione prophetie

(I, ad 8, p. 14-15).

Il est facile de s'en apercevoir grâce à la numérotation des divers éléments du tableau comparatif ci-dessus, l'utilisation du texte de Philippe par l'auteur de la Q. 481 n'est pas celle d'un copiste servile. Il a tout d'abord interverti l'ordre des deux sens du mot *spiritus* (2-3 chez Philippe ; 3-2 chez lui). Puis, dans le deuxième sens qu'il a placé en tête (nº 3 ici), il s'est livré à une substitution d'*auctoritates* : supprimant d'abord celle que Philippe allègue ici, il la remplace par une autre que

Philippe lui-même utilise dans un autre contexte (n° 4 ; nous avons cité ce texte entre parenthèses pour indiquer qu'il n'est pas à sa place originelle). Par la suite, il reproduit presque littéralement la première explication de Philippe (n° 2), procédant toutefois à une addition discrète mais significative : en ajoutant les mots *vel lucis*, il indique clairement que l'*inspiratio* ne se réalise pas seulement par le don de *similitudines* dans l'esprit, mais aussi par celui du *lumen* qui permet d'en juger.

Le paragraphe suivant (n° 5) est plus surprenant. Alors que Philippe, fidèle à son inspiration augustinienne, distingue trois genres de visions : intellectuelle, imaginative, sensible, notre auteur en énumère quatre : intellectuelle, imaginative, spirituelle, corporelle ou sensible. Il ne semble pas s'être rendu compte que dans ce contexte (*hoc modo accipiendi spiritum*) « spirituelle » équivaut à « imaginative ». Inconséquence ou propos délibéré ? Nous examinons cette question ailleurs. Mais ici, fort logiquement, l'auteur omet la citation de saint Augustin : *hec tria genera visionum*, car elle lui est trop manifestement contraire.

Le mode d'exposition propre à nos deux textes provoque alors une rupture momentanée. Philippe, en effet, s'interrompt pour introduire la suite de sa question par un rappel des arguments pour et contre. Mais dès qu'il reprend l'énoncé de ses solutions nous retrouvons un certain parallélisme. Toutefois la Q. 481 développe davantage le rapport de l'*inspiratio* au *spiritus a quo vel in quo* (n° 7). La similitude verbale avec le fragment de texte de Philippe (entre parenthèses car il n'est pas en son lieu propre) est ici provoquée par l'identité du sujet discuté, plus que par une influence directe sur la Q. 481. Cette dernière omet un assez long développement de Philippe sur le sens du mot prophète (elle s'en explique ailleurs). Mais la parenté entre nos deux textes redevient plus étroite quand il s'agit de décrire les deux façons dont se réalise l'inspiration (n° 8). Les deux auteurs s'accordent pour admettre qu'une certaine inspiration peut être le fait du démon, mais la Q. 481 se distingue en ajoutant : *ab angelo*. Suit alors la même référence à Balaam, explicitée par la *Glose ordinaire* et la *Glose interlinéaire* chez Philippe, par la seule *Glose ordinaire* dans la Q. 481.

Nos auteurs se quittent après cela. La question 481 conclut très brièvement (n° 9), alors que Philippe donne plus d'ampleur à sa réponse. Il montre ainsi l'intérêt qu'il porte à cette question de la divination moyennant une intervention diabolique, intérêt que nous ne retrouvons pas dans la Q. 481.

4. Divergences autour de la *visio in speculo*

Ces exemples n'ont pas à être multipliés. Tous ceux qu'on pourrait produire montreraient simultanément la même dépendance, mais aussi la même liberté de la part de l'auteur de la Q. 481. Il sera plus intéressant de poursuivre cette démonstration sur un point où ce dernier s'affranchit davantage de sa source. Nous saurons alors ce qu'il faut penser de son attitude exacte à l'égard de Philippe.

Nous prendrons pour cela la question : *Quid sit videre in speculo*. A cette époque, c'est incontestablement le nœud spéculatif du traité de la prophétie, puisque c'est à son propos que les auteurs essaient de préciser le mode de la connaissance prophétique, s'interrogeant notamment sur le rôle joué par les « représentations » (*similitudines* ou *imagines*) des réalités créées dans la vision prophétique, sur la manière dont on peut appliquer le terme *speculum* à la sagesse éternelle, sur ce que veut dire exactement l'expression « voir dans le *speculum* » ; etc. En de pareils sujets, les auteurs pouvaient déployer l'éventail de leurs ressources. Ils pouvaient aussi plus facilement s'affirmer dans l'originalité de leurs positions.

Cette originalité ne perce guère à première lecture dans la problématique de nos deux auteurs. Au point de départ, la Q. 481 se tient très proche de la *Summa de bono*. A son habitude, l'auteur explicite davantage le sens des arguments avancés, mais les cite à peu près dans les mêmes termes, et, sauf une exception, dans le même ordre. Une anomalie vaut pourtant la peine d'être relevée : Philippe produit en *sed contra* une citation de saint Augustin que la Q. 481 omet. Sa prolixité coutumière nous interdit de n'y voir qu'un simple souci de brièveté. En fait, il s'agit du passage déjà signalé [15], cité par Philippe, pareillement omis par la Q. 481. L'omission est donc volontaire, et elle s'explique sans peine, car Philippe en tire une conclusion tout à l'opposé de celle que soutiendra notre auteur. C'est sans

---

15. Cf. ci-dessus, p. 81.

doute le point de divergence le plus net que l'on peut constater entre eux. Il vaut la peine de cerner exactement cette différence.

Il s'agit de savoir si et de quelle façon le *speculum eternum* (c'est l'expression de la Q. 481) ou *speculum eterne sapientie* (terme que préfère Philippe) imprime des *similitudines* dans l'esprit du prophète à la manière du *speculum corporale*. Et, si l'on constate qu'il en est autrement, comment peut-on alors parler de *speculum* ?

Philippe

Item queritur utrum speculum eterne sapientie
quando dat cognitionem inspectori imprimat similitudines in intellectu cum ita sit in speculo corporali per quod imprimuntur similitudines in sensu.

Item quomodo daretur cognitio

nisi aliquid veniret de speculo ad intellectum ?
Ergo necesse est aliquid venire et hoc non videtur nisi similitudo.
(...)
(Item non est de natura speculi quod det cognitionem inspectori sed tantum offert similitudines.

Speculum autem eterne sapientie dat cognitionem inspectori. Ergo cum non teneat proprietates speculi non debet dici speculum.)
(C, 81rb ; *nous avons interverti l'ordre des arguments de Philippe*).

Q. 481

Item speculum corporale

quando dat cognitionem inspectori

imprimit in sensu eius similitudines rerum.
Queritur si eodem modo fiat in speculo eternitatis. Si non, queritur ergo quomodo dat inspectori cognitionem ; si dicatur quod sic, contra : ille similitudines non sunt in speculo eternitatis. Ergo speculum non imprimit illas in intellectu inspectoris.
Sed si hoc est, quomodo dat speculum cognitionem prophete
si nichil evenit de speculo ad intellectum prophete ?
(...)
Item speculum corporale
non dat inspectori cognitionem, sed tantum offert similitudines que in ipso sunt.
Sed speculum eternum dat cognitionem inspectori, ergo in hoc non tenet proprietates speculi corporalis neque in aliis que diximus.
Queritur ergo qua similitudine vel qua ratione eterna sapientia dicatur speculum
(II, obj. 2 et 3, p. 20-21).

L'énoncé de la problématique est donc rédigé à peu près dans les mêmes termes par nos deux auteurs. Il en va différemment de la réponse :

	Ad id quod secundo queritur, scilicet quomodo speculum eternum imprimat illas similitudines corporales cum non sint in eo, *dicimus quod per modum creationis*.
Ad aliud respondendum quod non est mirum si speciale est in speculo eterne sapientie,	
quod det cognitionem inspectori, quia ipsa est speculum non solum intelligibile sed et intelligens et voluntarium	Similiter dat et cognitionem inspectori quia illud speculum non solum intelligible est, sed etiam intelligens et voluntarium
(C, 81va).	et potestativum, et quando vult ostendit hoc, quando vult illud, quando vult claudit se. Speculum vero corporale non est intelligens neque voluntarium neque potestativum, sed similiter imprimit similitudines resultantes in se, et ideo non potest imprimere nisi similitudines que sunt in eo
	(II, ad 2, p. 29).

La différence entre nos deux textes ne vient pas tellement de l'ampleur de leur réponse. A y regarder de près, la fin du texte de la Q. 481 ne fait guère que développer, sans rien y ajouter de vraiment personnel, ce que Philippe dit plus brièvement. Mais il faut remarquer que Philippe esquive la difficulté tirée de l'absence de parallélisme entre « miroir » corporel et « miroir » éternel, ce dernier donnant véritablement la connaissance, le premier se contentant d'offrir les images. Rien d'étonnant à cette dissimilitude, répond Philippe, puisqu'il s'agit d'un *speculum* intelligent et libre.

Au contraire, sur le point précis soulevé par l'objection, l'auteur de la Q. 481 répond avec toute la clarté souhaitable : le *speculum eternum* peut imprimer des « similitudes corporelles » bien qu'il n'y en ait pas en lui, et il le fait *per modum creationis*. C'est le début d'une explication où la divergence ira croissant entre nos deux auteurs. En effet, dans la suite de son texte,

Philippe refuse catégoriquement de parler d'une impression possible de similitudes par le *speculum* dans l'intellect du prophète.

> Ad aliud respondendum est quod *nullas imprimit similitudines rerum singularium in intellectu,* sicut nec aput se habet similitudines rerum singularium, sed est exemplar commune (C, 81va).

L'auteur de la Q. 481, quant à lui, ne partage pas cette réticence, et il n'hésite pas à affirmer : « ... res videtur sub specie intelligibili creata ab ipsa divina ydea in intellectu videntis » (II, *Sol.*, p. 28). On ne saurait imaginer position plus éloignée de celle de Philippe ; mais aussi bien cette affirmation n'est pas isolée, elle se situe dans une explication d'ensemble plus vaste où très visiblement notre auteur propose hardiment sa propre théorie. Le vocabulaire suffirait à nous en avertir, on cherche en vain l'expression *species intelligibilis* dans le traité de la prophétie de Philippe. On n'y trouve pas davantage l'utilisation poussée de la notion d'*idea* grâce à laquelle notre auteur justifie autant que faire se peut la comparaison entre *speculum corporale* et *speculum eternum*.

> Ad tertium dicimus quod sicut a speculo materiali imprimuntur similitudines in sensu mediantibus ymaginibus que in ipso resultant, ita a speculo eterno creantur similitudines in spiritu, id est in vi ymaginativa, mediante ydea divina, que est idem quod speculum ; et in hoc differt a speculo materiali, sed in primo convenit. Et propter illam similitudinem transsumptum est nomen speculi ad denominandum divinam sapientiam ut dicatur et speculum et idea : speculum in quantum continet omnes ydeas omnium rerum ; ydea in quantum est exemplar huius vel illius rei (II, ad 3, p. 29-30).

On pourra s'en convaincre à la lecture de l'ensemble du texte, nous avons à faire à un essai d'élaboration spéculative qui normalement aurait dû conduire l'auteur à de meilleurs résultats. Nous en apportons ailleurs la preuve, mais ici il nous faut bien remarquer que notre auteur n'est pas encore très conséquent avec lui-même. Sur un point décisif, il reste encore sous l'emprise de Philippe ; parlant du rôle des images, il n'admet en aucune façon qu'elles puissent être utiles au prophète pour la connaissance de la réalité révélée ; les images ne sont là que pour « habiller » le message, pour en faciliter la transmission ou, au besoin, pour le voiler [16].

Nous touchons ici du doigt une des limites du genre littéraire qu'il a adopté. Il a su recomposer avec talent les éléments grappillés ici ou là ; de même il a fait preuve d'une grande habileté pour faire passer à travers cela ses propres options. Mais il semble qu'à certain moment il n'ait pas été pleinement conscient des exigences de cohérence interne de la théorie nouvelle qu'il mettait en œuvre ; nous aurons l'occasion de reparler de ce flottement ; il est vrai que son essai était, avec celui de Alexandre de Halès, le premier en ce domaine. Il faudra encore quelque vingt-cinq ans pour que Thomas d'Aquin en tire toutes les conséquences.

* * *

S'il faut maintenant résumer en quelques mots l'attitude de notre auteur à l'égard de Philippe, ce dernier est bien une de ses sources. Bien qu'il ne soit guère possible de toujours discerner avec exactitude ce qui dans la Q. 481 vient d'une influence directe de Philippe, et ce qui en fait leur est commun à tous deux en raison du matériel traditionnel qui était à leur disposition, nous pouvons pourtant ajouter que c'est sans aucun doute la source la plus importante quantitativement. Cependant cette influence massive n'est pas subie passivement ; compte tenu des mœurs littéraires de l'époque, elle est bien plutôt choisie et critiquée — d'une manière discrète, mais en général efficace. Aux moments décisifs l'auteur sait même s'en affranchir. Même si la majorité des solutions de la Q. 481 sont empruntées à Philippe, elles appartiennent en fait au bien commun de la théologie de ce temps ; concernant la véracité de Jonas et d'Isaïe ou la qualité de prophète de Caïphe, il était difficile de faire preuve d'originalité. Par contre, s'écarter des sentiers battus et assurer par exemple que « voir dans le *speculum* » ce n'est en aucune façon voir l'essence divine sous quelque aspect que ce soit, c'était sûrement le signe d'un choix personnel qui dénote une réelle indépendance même à l'égard des sources les plus assidûment suivies.

---

16. Cf. Q. 481, II, ad 1, p. 28 ; PHILIPPE, C, 81va.

Ainsi, l'enquête menée chez Philippe le Chancelier conduit au même résultat que celui obtenu à partir de l'investigation chez Guillaume d'Auxerre. Malgré qu'on puisse y déceler une utilisation massive de ces deux sources principales, la Q. 481 est l'œuvre d'un auteur au sens propre du mot. C'est ce personnage qu'il faut maintenant identifier.

CHAPITRE II

HUGUES DE SAINT-CHER
AUTEUR DE LA QUESTION 481

En se basant sur la parenté de structure et de forme littéraire que l'on peut déceler entre la Question 481 et un certain nombre d'autres, P. Glorieux avait délimité un bloc de dix-huit questions qu'il pensait pouvoir attribuer à Arnould de la Pierre [1]. Nous l'avons déjà dit [2], V. Doucet a démontré qu'il ne pouvait s'agir de ce personnage. Mais, utilisant avec la même confiance la méthode des formules qui avait permis à P. Glorieux de rapprocher en un seul ensemble ces dix-huit questions, V. Doucet les attribuait également en bloc à un autre auteur, Hugues de Saint-Cher.

Une évidente parenté doctrinale avec les textes connus d'Hugues de Saint-Cher justifiait certaines de ces attributions [3]. Malheureusement, la Q. 481 n'était pas prise en considération de manière particulière, ni au point de vue doctrinal, ni au point de vue littéraire. Or, la méthode des formules que V. Doucet présentait dans cet article comme « un instrument rationnel et efficace », dont il se plaisait à célébrer le « nouveau succès » [4], a connu par ailleurs trop de déboires [5] pour qu'on ne soit pas

---

1. Cf. *Les 572 Questions*, pp. 253-255.
2. Cf. ci-dessus, p. X.
3. Cf. *A travers*, pp. 560-565, où la mise en parallèle de certains passages des QQ. 470, 480, 427, 27, 36, avec des textes provenant soit des commentaires scripturaires, soit du *Commentaire sur les Sentences* d'Hugues de Saint-Cher, prouve le bien-fondé de cette attribution.
4. *A travers*, p. 565.
5. Le plus éclatant de ces déboires est sans doute survenu à F. Pelster, qui pourtant s'était fait le théoricien de cette méthode (cf. *Forschungen*, pp. 324-328 ; *Les « Quaestiones » de Guiard de Laon*, pp. 370-371). En ramenant de 74 à 3 le nombre des questions attribuées par Pelster à Guiard, Henquinet a démontré la fragilité des attributions qui ne seraient faites que d'après ce procédé (cf. *Les écrits*, pp. 194-195, 395-398).

quelque peu réservé dans l'acquiescement à donner à cette attribution globale.

Cette réticence est encore accrue par le fait que l'une au moins des questions de ce groupe, le n° 390, est formellement désignée par le manuscrit comme étant de Maître A. (= Arnould de la Pierre, pensait P. Glorieux). V. Doucet y voit « une méprise » du compilateur ; car celui-ci « n'était pas toujours très sûr de ses attributions ou du moins il lui arrivait d'être distrait », et il en donne un exemple flagrant [6]. La chose n'est évidemment pas impossible, mais la preuve semble trop ténue pour que nous puissions l'étendre sans vérification à la Q. 481.

On s'en apercevra, en effet, le simple rapprochement littéraire de quelques passages ne suffit pas pour le texte auquel nous avons affaire ; cette méthode conduirait plus facilement à Guillaume d'Auxerre ou à Philippe le Chancelier qu'à n'importe quel autre. C'est pourquoi, sans négliger la méthode des formules ni celle des autres parentés littéraires, nous nous sommes aussi attaché à détecter les positions doctrinales communes à Hugues de Saint-Cher et à la Q. 481. Si finalement cette nouvelle approche a conduit à un résultat décisif, c'est dans la mesure où ce nouveau rapprochement positif ajouté aux précédents, a pu être renforcé par une preuve par exclusion : aucun autre auteur ne semble avoir pu simultanément tenir ces positions et écrire la Q. 481 ; Hugues de Saint-Cher est donc le seul personnage à qui conviennent l'ensemble des indices recueillis. Cependant, il faut le dire, si nous avons été conduit à reprendre à notre compte cette attribution avec une certitude raisonnablement fondée, ce n'est qu'au terme d'un long cheminement et non sans que subsiste l'un ou l'autre point d'interrogation.

En effet, la tâche s'est révélée assez malaisée, car Hugues de Saint-Cher n'a traité *ex professo* de la prophétie ni dans son *Commentaire sur les Sentences* ni dans son œuvre scripturaire. Il a donc fallu se contenter de bribes éparses recueillies ici ou là à l'occasion de développements sur tel ou tel sujet effleuré dans la Q. 481 (foi, vision de Dieu, connaissance angélique, grâce et libre arbitre, etc.). Nous avons toutefois exploré systématiquement les

---

6. « Au début du n° 266, il avait d'abord écrit : *m. R.* ; puis il a exponctué le *R.* et lui a substitué : *od.* (...). C'est sans doute une distraction semblable qui lui a fait écrire au début du n° 390 : *Secundum A.*, mais cette fois il n'a pas remarqué son erreur... » (*A travers*, p. 568).

Sentences et les *Postilles*, y ajoutant de manière occasionnelle les autres questions du *Douai 434* attribuées à Hugues de Saint-Cher. En prenant ainsi en considération l'ensemble de l'œuvre connu de cet auteur, nous croyons n'avoir laissé échapper rien d'essentiel pour notre propos [7].

---

7. Hugues, né à Saint-Cher, près de Vienne, aux environs de 1190, était déjà docteur en droit et bachelier en théologie, quand il prit l'habit de l'Ordre des Prêcheurs le 22 février 1225. Il commenta les *Sentences* du Lombard durant la régence de Roland de Crémone, en 1229 ou 1230. Quand ce dernier partit pour Toulouse (où il était déjà en 1230), il lui succéda comme Maître et son enseignement se prolongea jusqu'en 1236, date à laquelle il fut élu provincial de son Ordre pour la deuxième fois (il l'avait été une première fois, peu après sa prise d'habit, jusqu'au moment où il commença son enseignement). Dans cette charge il continua à s'intéresser à la vie intellectuelle et suscita chez ses religieux des travaux de grande envergure en vue d'améliorer le texte latin de la Bible alors en usage et d'en faire une Concordance. Créé cardinal en 1244, il continua à déployer une intense activité; il mourut à Orvieto le 19 ou le 24 mars 1263. Cf. J. Quétif et J. Échard, *Scriptores Ordinis Praedicatorum*, t. I, Paris, 1719, pp. 194-209 ; P. Glorieux, *Répertoire des maîtres en théologie de Paris au XIIIe siècle*, t. I, Paris, 1933, pp. 43-51 ; parmi les articles de dictionnaires, mentionnons les plus récents : A. Duval, *Hugues de Saint-Cher*, dans *Catholicisme*, t. V, 1962, cc. 1039-1041 ; E. Filthaut, *Hugo v. St-Cher*, LTK, t. V, 1960, cc. 517-518 ; A. Smith, *Hugues of Saint-Cher*, dans *New Catholic Encyclopedia*, t. VII, 1967, pp. 193-194 ; l'article plus ancien de E. Mangenot, *Hugues de Saint-Cher*, DTC, t. VII, 1927, cc. 221-239, présente avec beaucoup d'ampleur l'œuvre scripturaire d'Hugues ; mais pour ce qui concerne spécialement la Concordance, il faut se reporter au travail fondamental de R. H. Rouse et M. A. Rouse, *The Verbal Concordance to the Scriptures*, dans AFP, XLIV (1974), pp. 5-30. Pour la date de la régence de Roland de Crémone, cf. notamment E. Filthaut, *Roland von Cremona O.P. und die Anfänge der Scholastik im Predigerorden*, Vechta i. O., 1936 ; M.-H. Vicaire, *Roland de Crémone ou la position de la théologie à l'Université de Toulouse*, dans *Les Universités du Languedoc au XIIIe siècle* (Cahiers de Fanjeaux, V), Toulouse, 1970, pp. 145-178. L'ensemble des renseignements disponibles concernant Hugues de Saint-Cher est maintenant commodément rassemblé dans Th. Kӓppeli, *Scriptores Ordinis Praedicatorum Medii Aevi*, vol. II (G-I), Romae, 1975, pp. 269-281 ; cet ouvrage est cependant paru après que nous ayons achevé notre travail.

§ I. LES COMMENTAIRES SCRIPTURAIRES
D'HUGUES DE SAINT-CHER ET LA Q. 481

L'œuvre scripturaire d'Hugues a connu très tôt une diffusion extraordinaire [8]. Si l'ampleur de ces commentaires (sept volumes in-folio qui couvrent l'ensemble des livres bibliques) ne va pas sans poser la question de ce qui lui est réellement attribuable (la part de la compilation y est, en effet, assez considérable [9]), ils n'en offraient pas moins une matière indispensable à examiner. Nous les avons abordés à partir des citations scripturaires de la Q. 481 [10] ; nous avons vérifié systématiquement toutes les explications données par Hugues sur ces versets et nous avons relevé celles qui se rapportent à notre propos. A cela, nous avons joint l'examen des lieux indiqués par les *Indices* des œuvres d'Hugues

---

8. L'inventaire des manuscrits de ses commentaires scripturaires ne compte pas moins de 60 pages (cf. F. STEGMÜLLER, *Repertorium biblicum Medii Aevi*, t. III, Madrid, 1951, pp. 114-173 ; Th. KÄPPELI, *op. cit.* à la note précédente, y ajoute encore quelque 55 nouveaux manuscrits) et leur reproduction est attestée dès 1239 à Fleury (F. STEGMÜLLER, *ibid.*, p. 114). Nous utilisons ici l'édition publiée à Lyon en 1645, dont la pagination concorde avec celle de Bâle 1502 et Venise 1703 (cf. *ibid.*, p. 114).

9. B. SMALLEY (*Some Thirteenth-Century Commentaries on the Sapiential Books*, dans *Dominican Studies*, II (1949), pp. 318-355 ; III (1950), pp. 41-77, 236-274) a mis en évidence les emprunts d'Hugues de Saint-Cher à André et à Hugues de Saint-Victor, ainsi qu'à Guillaume d'Auvergne (cf. pp. 341-343) ; à l'égard d'Étienne Langton, elle ne peut en fournir la preuve, mais la chose lui paraît certaine (cf. p. 343) ; comparant le *Commentaire de l'Ecclésiaste* à ceux d'Hugues de Saint-Victor, de Guillaume d'Auvergne et de Bonaventure, elle remarque que par rapport à ces auteurs Hugues de Saint-Cher fut « a mere compiler », dont le succès vint précisément de la qualité de ses emprunts (cf. p. 226). Dans *The Study of the Bible in the Middle Ages* (2ᵉ éd., Oxford, 1952), B. SMALLEY revient encore sur cette question (cf. p. 272 notamment). La dépendance d'Hugues à l'égard d'Étienne Langton, particulièrement en ce qui concerne son *Commentaire sur saint Paul*, a été soulignée par A.-M. LANDGRAF (*Introduction à l'histoire de la littérature théologique de la scolastique naissante*, Montréal-Paris, 1973, pp. 170 et 176) ; M.-B. DE VAUX SAINT-CYR (*Les deux commentaires d'Étienne Langton sur Isaïe*, dans RSPT, XXXIX (1955), pp. 228-236) a confirmé la même dépendance pour la *Postille sur Isaïe* : « Une bonne partie de la *Glose de la Glose* et de la *Moralité* langtoniennes sur Isaïe passent dans le texte de la *Postille* d'Hugues » (p. 236). D'une manière plus précise, le *Commentaire de l'épître aux Romains* se rattache lui-même à Pierre de Corbeil (cf. t. III, 3ra, 32vb) et H. DENIFLE a souligné ces références (*Die abendländischen Schriftausleger bis Luther über Justitia Dei (Rom. 1, 17) und Justificatio*, Mainz, 1905, pp. 90-111).

10. Cela représente un total de soixante-huit citations *différentes* prises en vingt-huit livres bibliques, qui s'échelonnent de la *Genèse* à la *Deuxième épître de Pierre*.

aux mots *visio, videre, speculum, propheta*, etc. Très complets, ces renseignements nous ont permis d'ajouter quelques données complémentaires à celles déjà recueillies, mais au total les résultats obtenus sont assez minces. Non seulement, les commentaires se situent le plus souvent au ras des textes, faisant davantage appel à la *Glose* qu'à l'élaboration personnelle, mais surtout les développements que nous avons pu retenir sont à la fois moins nombreux et moins riches qu'on pouvait l'espérer [11]. Il serait fastidieux de les passer tous en revue ici ; nous n'avons donc retenu que ceux qui présentaient un intérêt réel pour un rapprochement avec la Q. 481.

1. Le plus intéressant de ces textes est un agglomérat de citations. La chose est inattendue et elle peut ne pas sembler probante, car deux auteurs différents peuvent fort bien avoir puisé aux mêmes sources ; de sorte que l'utilisation des mêmes citations dans la Q. 481 et les commentaires bibliques d'Hugues de Saint-Cher ne prouve encore rien en faveur de l'unité d'auteur. Cela est vrai, mais il faut observer que l'auteur de la Q. 481, habituellement si proche de Guillaume d'Auxerre et de Philippe le Chancelier, fait montre sur ce point d'une relative originalité, puisqu'il est le seul des trois à faire ces citations [12]. Quand par ailleurs Hugues de Saint-Cher se réfère à son tour aux mêmes autorités, on doit reconnaître là pour le moins une coïncidence significative. Le contexte de pensée est le même de part et d'autre, chaque texte met en évidence la nécessité pour le prophète de comprendre ce qu'il voit ; mais d'un côté, il s'agit d'un développement sur le *speculum eternitatis* qui donne cette connaissance au prophète, de l'autre il s'agit d'un commentaire direct du verset de *Job*, 13,1 :

---

11. Voici les lieux à propos desquels on trouve des développements de quelque intérêt : *Job*, 13, 1 ; *Sag.*, 7, 26 ; *Is.*, 6, 1 et 5 ; *Is.*, 7, 10-12 ; *Is.*, 38, 1 ; *Jér.*, 28, 6 ; *Dan.*, 10, 1 ; *Amos*, 7, 14 ; *Jonas*, 3, 4 ; *Michée*, 2, 11 ; *Jn*, 1, 18 (sur les avatars subis par le commentaire d'Hugues sur ce verset, voir H.-F. DONDAINE, *Hugues de S. Cher et la condamnation de 1241*, dans RSPT, XXXIII (1949), pp. 170-174 ; les conclusions de cet article, quant à la doctrine d'Hugues, sont toutefois à compléter à la lumière des textes cités par N. WICKI [*Die Lehre von der himmlischen Seligkeit*, pp. 125-128], qui pense que ce texte est plutôt dû à un collaborateur d'Hugues qu'à Hugues lui-même) ; *Jn*, 11, 50 ; *Rom.*, 1, 20-21 ; *I Cor.*, 13, 12 ; *I Cor.*, 14, 2 et 6 ; *II Cor.*, 12, 1-4 ; *II Pierre*, 1, 21.

12. Nous ne les avons pas davantage trouvées dans les autres *De prophetia* analysés.

Q. 481	HSC
... sine qua cognitione non est prophetia. Unde *Dan*. X : « In visione opus est intelligentia », et *Iob* XIII : « Ecce omnia vidit oculus meus et audivit auris mea et intellexi singula ». Ibi *Glosa* : « ut propheta » [a] ; « cum *enim* aliquid ostenditur vel auditur si intellectus non tribuitur prophetia minime est » [b]	« (Ecce omnia vidit oculus meus et audivit auris mea) et intellexi singula ». « Ut propheta » [a], *Glosa* : « Cum aliquid ostenditur vel auditur si intellectus non tribuitur prophetia minime est » [b]. Unde *Dan*., X : « Intelligentia opus est in visione »
(art. II, *Sol. III*, p. 28).	(sur *Job*, 13,1 ; t. I, 413 rb).

A l'exception du mot *enim* et de la situation différente de la citation de *Daniel* (dont l'ordre interne n'est pas le même), les deux textes sont exactement semblables : ils font le même emprunt aux *Gloses interlinéaire* (a) et *ordinaire* (b) *sur Job*, 13,1. Cette source unique pouvant à elle seule rendre compte du voisinage de nos deux textes, il n'y a donc pas lieu de surestimer ce rapprochement.

2. Nous avons trouvé un parallèle très précis entre la *Postille sur Amos*, 7,14 et la Q. 481. Les deux textes expliquent la parole d'Amos : « Je ne suis pas prophète ». Avec la *Glose interlinéaire*, ils paraphrasent : c'est par humilité que le prophète parle ainsi ; mais ils ajoutent tous deux ceci qu'ils ont en propre :

Q. 481	HSC
vel mistice : non sum propheta, id est : nescio Scripturarum adita reserare	vel mystice : non sum propheta, id est nescio Scripturarum abdita reserare
(art. IV, ad 5, p. 54).	(sur *Am*., 7, 14 ; t. V, 188 vb).

Le rapprochement est bref, mais irrécusable. Si les deux textes n'ont pas le même auteur, l'un a vraisemblablement copié sur l'autre, car nous n'avons pas trouvé de commentaire semblable dans aucun des textes sur la prophétie antérieurs ou contemporains à la Q. 481.

3. D'autres textes littérairement moins proches, mais de contenu semblable, peuvent encore être rapprochés. En voici quelques-uns :

Q. 481	HSC
Ionas secundum intentionem suam dixit verum.	Non enim mendax fuit quia putavit dicere verum
Intendebat enim dicere quod Ninive subverteretur corporaliter secundum merita sua	(...)
	quia sic merita illorum exigebant
(art. III, ad 12, p. 45).	(sur *Jér.* 28, 6 ; t. IV, 241 vb).

Un second texte, plus étendu, permet de constater d'autres points de contact quant à la pensée. Il s'agit d'une question longuement débattue dans les *De prophetia* de l'époque : Caïphe a-t-il prophétisé la mort du Christ (cf. *Jn*, 11,50-51) et a-t-il agi sous l'inspiration divine, ou bien a-t-il posé un acte mauvais ?

Q 481	HSC
Revera Caiphas peccavit dicendo hoc : « Expedit ut unus » etc.,	Hoc autem perniciosa mente dixerat (Caiphas) quantum ad ea quae intellexit in verbis ;
et illa actio, id est actualis dictio sua, non fuit a Spiritu Sancto sed a spiritu suo.	
Sed inspiratio rei in communi de qua hoc dixit nesciens fuit a Spiritu Sancto. (...)	sed verba in ore eius Spiritus sic ordinavit, ut ad alium intellectum essent congrua.
Prophetavit, id est verba prophetica protulit, non enim proprie prophetavit nec propheta fuit	Unde sequitur : « Hoc autem », id est quod dixit, prophetia fuit, licet non ipse propheta in hoc, quia non intellexit
(art. III, ad 13, p. 46).	(sur *Jn*, 11, 50 ; t. VI, 358 rb).

Contrairement à ce qui s'est produit pour le texte précédent, nous ne pouvons faire ici grand cas du rapprochement doctrinal des deux textes ci-dessus. Leur réponse, qui consiste à distinguer la matérialité des paroles prononcées de l'intention dans laquelle elles le furent, est certes très proche, mais elle n'a rien d'assez original pour être vraiment significative. Avec des nuances, c'était la doctrine commune.

4. Il en va un peu de même pour les deux passages suivants, mais ils soulèvent une autre question intéressante :

Q. 481	HSC
Item si obiciatur de Acaz, quod non peccavit non obediendo Ysaie dicenti sibi : « Pete tibi signum a	Et non tentabo Dominum, quasi dicat : nolo petere signum ne videar Dominum tentare.

Domino », dicimus quod peccavit quia non ex humilitate noluit petere signum, sed *ex contemptu* et odio Dei et amore ydolorum ; *nolebat enim quod* Deus glorificaretur in Dei datione

(art. IV, ad 2, p. 53).

Sed non ex humilitate dixit hoc sed potius ex superbia et infidelitate. « Timuit enim ne Dominus in signo dato clarificaretur et idola sua vilificarentur »

(sur *Is.*, 7, 10-12 ; t. IV, 19 vb, avec citation de la *Glose ordinaire*).

Le commentaire d'Hugues est ici plus développé et aussi plus proche du texte de la *Glose* qu'il cite plus amplement. La Q. 481 n'ignore pas cette source, mais elle l'abrège ; et surtout elle subit l'influence d'une autre source, Guillaume d'Auxerre, à qui elle emprunte un mot et une tournure caractéristiques : « Si illud ex humilitate dixisset non peccasset, sed quia *ex contemptu* peccavit. *Nolebat enim quod* gloria attribueretur Deo, sed idolis quod preponebat Deo » [13].

Peut-on déduire quelque chose de ce voisinage et de cette différence ? Si l'auteur de la Q. 481 est Hugues de Saint-Cher, on peut admettre que ce qu'il emprunte à Guillaume d'Auxerre oblitère quelque peu l'influence de la *Glose* ; par contre, celle-ci reprend toute sa force dans le commentaire cursif de l'Écriture. Hugues s'est vraisemblablement fait aider pour ce dernier travail [14] et il est possible que ses disciples ne se soient pas souvenus qu'il avait traité ailleurs cette question. Mais nous sommes ici en pleine hypothèse. D'autres textes, où nous pourrions détecter l'influence de Philippe le Chancelier, nous poseraient des problèmes pareillement insolubles [15]. Plutôt que de poursuivre dans

---

13. *Summa aurea*, lib. II, tr. 6, f. LIra.

14. Cette hypothèse de Miss SMALLEY (*Dominican Studies*, II (1949), p. 345) peut s'appuyer sur le fait que Hugues, devenu provincial de son Ordre, puis cardinal, prit l'initiative de semblables travaux d'équipe : « Il organis(a) chez ses religieux d'importants travaux collectifs qui aboutirent à un correctoire du texte de la Bible ainsi qu'à une concordance » (A. DUVAL, dans *Catholicisme*, t. V, 1962, c. 1040 ; cf. également E. MANGENOT, dans DTC, t. VII, 1927, cc. 234-235). Cependant, d'après R. H. ROUSE et M. A. ROUSE, les documents ne permettent pas de préciser quelle fut la part exacte d'Hugues dans la réalisation de la concordance (cf. AFP, XLIV (1974), p. 7).

15. C'est le cas du commentaire donné par la Q. 481 au souhait de Michée : « Puissé-je n'être pas prophète ! » (art. III, ad 14, p. 81). La *Postille* d'Hugues *sur Michée*, 2, 11 (V, 196ra) et *sur Jér.*, 28, 6 (IV, 241vb) en est littérairement assez proche. Mais si ces différents textes sont également dépendants de la *Glose ordinaire* sur ce passage de *Michée*, la Q. 481 introduit de nombreux

cette voie, il nous a semblé plus fructueux de soulever un autre point de contact, non plus directement littéraire ou doctrinal, mais qui dénote une certaine préoccupation commune.

5. L'un et l'autre texte examinent une difficulté tirée du non-accomplissement de la prophétie d'Isaïe au roi Ézéchias (*Is.*, 38, 1 ss.) ; ils y répondent de la même façon jusque dans l'exemple qu'ils allèguent pour illustrer leur position. Mais au-delà de ce rapprochement, ce qu'il faut remarquer dans le texte du Commentaire d'Hugues, c'est la manière dont il se termine : « Quid autem sit prophetas videre in speculo eternitatis, *disputationi relinquimus* »[16].

Le renvoi à la *disputatio* était un procédé courant depuis le début du siècle[17], la réponse était donc ici très normale ; son intérêt vient du fait que c'est à cet endroit précis que la Q. 481 introduit son article II : *Quid sit videre in speculo*. Cette manière n'est celle ni de Guillaume d'Auxerre qui introduit son traité en le rattachant à la connaissance angélique[18], ni de Philippe le Chancelier qui rattache la question du *speculum* à une considération sur la causalité de la prophétie sur la réalité prophétisée[19].

Bien qu'il ne faille pas le surestimer, le fait que les deux textes aient ici une problématique exactement semblable, nous paraît être un argument à considérer en faveur de l'unicité de leur auteur. Peut-on aller plus loin et voir dans ce rapprochement une invitation à situer le *Commentaire d'Isaïe* à la même époque que la Q. 481 ? — celle-ci venant peu après le passage précis cité ci-dessus. Ce serait beaucoup s'avancer, mais si l'identité de

---

éléments empruntés à Philippe (cf. C, 83va), faussant ainsi la comparaison avec les textes d'Hugues. S'il est possible que la *Postille* soit antérieure à la Q. 481 et qu'entre elles s'intercale la connaissance du texte de Philippe, il est tout aussi vraisemblable que la *Postille* ait été rédigée après, mais indépendamment ; en sorte que les points de contact entre les deux textes n'auraient d'autres raisons que leur inspiration commune par la *Glose* et l'identité du sujet traité.

16. *Commentaire sur Is.*, 38 (IV, 83va).
17. Cf. B. SMALLEY, *The Study of the Bible*, pp. 210-211.
18. Cf. v.g. GUILLAUME D'AUXERRE, *Summa aurea*, lib. II, tr. 6, f. XLVIIIva : « Quoniam prophete ea que vident, vident in speculo eternitatis sicut angeli : post angelorum cognitionem agendum est de prophetia ». On trouve le même type d'introduction dans la *Summa Basilensis* (cf. I, 28rb).
19. Cf. C, 81rb.

l'auteur peut être établie plus solidement, la chose n'aurait rien d'invraisemblable [20].

6. Nous avons dû renoncer à trouver des parallèles de même sens dans l'ensemble des autres passages du commentaire scripturaire que nous avions retenus après une première sélection. Au contraire, si les textes cités jusqu'à présent orientent plutôt vers Hugues de Saint-Cher, bien d'autres ne présentent aucun point de rapprochement verbal ou doctrinal précis, et ils relèvent même parfois soit d'une élaboration autre [21], soit même d'une doctrine différente. En sorte que si l'on devait les prendre au pied de la lettre, on en conclurait plutôt à l'existence de deux auteurs différents qu'à leur identité numérique. C'est le cas, par exemple, pour tout ce qui concerne les développements de la Q. 481 sur le *speculum*. On rencontre certes dans Hugues de Saint-Cher des phrases qui se rapprochent de façon frappante de certaines expressions de la Q. 481 :

Q. 481	HSC
(Dicitur) speculum et ipsum vestigium Trinitatis quod lucet in qualibet creatura...	Aliud (speculum) est quaelibet creatura, in qua relucet vestigium Trinitatis totius...
(art. II, ad 5, p. 31).	(sur *Sag.*, 7, 26 ; t. III, 152 ra).

Par contre, d'autres textes expriment des points de vue différents, sinon opposés : « Tria sunt specula Dei », affirme Hugues dans son commentaire [22], tandis que la Q. 481 assure : « Triplex est visio et *duplex speculum* in quo et per quod fit hec triplex visio » [23]. Il s'agit dans notre texte d'une doctrine constante : le *speculum eternitatis* c'est l'essence divine vue sous un certain aspect, le *speculum creature* c'est la création tout entière. Hugues, au contraire, varie dans l'identification de ses trois

---

20. B. SMALLEY (*Some Thirteenth-Century Commentaries*, p. 340) date précisément les commentaires sur les Prophètes comme sur les Livres Sapientiaux, des années de la régence d'Hugues, c'est-à-dire 1230-1235/36.
21. Cf. v.g. la façon dont les deux textes expliquent l'*auctoritas* de Grégoire le Grand : « Dominus sententiam mutat, non consilium » (*Postille sur Is.*, 38, t. IV, 83va ; Q. 481, III, ad 11, pp. 43-45) : les deux textes sont d'accord sur un point, le *consilium* ne change pas ; mais sous l'influence de Philippe le Chancelier, la Q. 481 introduit des subdivisions dans la manière de comprendre la *sententia*, en sorte que les deux textes ne se recoupent pas.
22. *Postille sur Sag.*, 7, 26 (III, 152ra).
23. Art. II, début de la sol., p. 24.

specula : parfois il s'agit de l'âme humaine, de toute créature, du Christ [24] ; parfois l'âme humaine est remplacée par le miroir de l'Écriture Sainte (*speculum scripturae* [25]).

Il est difficile de dire si ces textes sont l'écho d'une doctrine fondée chaque fois sur des choix réfléchis, ou bien s'ils reflètent simplement la diversité des sources dont Hugues est tributaire ici ou là ; mais il est certain que la Q. 481 témoigne d'une élaboration différente, à la fois plus achevée et plus ferme. En toute hypothèse, cette divergence ne va pas sans troubler l'harmonie que nous avions cru pouvoir constater entre les commentaires d'Hugues et la Q. 481. Or, il en est une autre qui menace de tout remettre en question.

7. Parmi les divers problèmes qui se posent autour du non-accomplissement de la prophétie de Jonas, une objection fait remarquer que les versions diffèrent quant à la longueur du délai que le prophète accorde aux Ninivites avant la destruction de leur ville : les Septante disent trois jours, la Vulgate quarante. La réponse à cette difficulté montre l'intérêt que porte l'auteur aux questions d'exégèse (ce qui oriente bien sûr l'attention vers Hugues). Il reprend d'abord la réponse de la *Glose ordinaire* et souligne que, quoi qu'il en soit de cette différence, les deux chiffres ont un sens mystique (trois renvoie aux trois jours de l'ensevelissement du Christ ; quarante signifie le temps qu'il a passé avec ses disciples de la résurrection à l'ascension), mais il ajoute sa note personnelle :

> Quam autem litteram dixerit propheta, vel tres dies vel quadraginta dies, non est certum. Forte hebreum equivocum erat ad tres et quadraginta, et Septuaginta acceperunt illud pro tribus et Ieronimus pro quadraginta [26].

Ce texte appelle deux remarques : d'une part, son auteur ne connaît pas l'hébreu puisqu'il ne peut trancher une question aussi simple ; d'autre part, il ne sait pas que Jérôme, dans son commentaire sur Jonas, s'étonne très explicitement de la manière dont les Septante ont traduit ce passage, car selon lui l'hébreu n'offre aucune place à l'équivocité.

---

24. *Postille sur Sag.*, 7, 26 (*ibid.*).
25. *Postille sur I Cor.*, 13, 12 (VII, 111rb-va).
26. Art. IV, ad 4, p. 53-54.

Or, sur ces deux points, Hugues peut être évoqué en sens exactement inverse. D'une part, il connaît et cite ce passage de Jérôme :

> Miror quare Septuaginta ita transtulerunt, cum in hebreo, nec litterarum, nec syllabarum, nec verbi, nec accentuum ulla sit communitas [27].

D'autre part, on a toutes les raisons de penser que Hugues eût été capable de trancher cette question soit par lui-même, soit en recourant à l'un de ses collaborateurs immédiats [28].

---

27. *Commentaire sur Jonas*, 3, 4 (V, 193v) ; cf. le texte de Jérôme ci-dessus ; p. 54, note 32.
28. Hugues de Saint-Cher savait-il l'hébreu ? Il est difficile de répondre avec précision à cette question. S. BERGER (*Des essais qui ont été faits à Paris au XIIIe siècle pour corriger le texte de la Vulgate*, dans *Revue de théol. et de phil.*, XVI (1883), pp. 41-66) avait d'abord hésité : « Je n'oserai m'exprimer sur la question : le correcteur (Hugues) connaissait-il l'hébreu, ou a-t-il emprunté ses citations à des auteurs de seconde main ? R. Simon paraît être de ce dernier avis, et il serait imprudent de ne pas se ranger à son autorité » (*ibid.*, p. 49). Quelques années plus tard, le même auteur ne craignait pas de déclarer : « (Hugues) cite l'hébreu comme un homme qui connaît cette langue par lui-même et toute son œuvre n'est qu'un retour consciencieux aux originaux » (*De l'histoire de la Vulgate en France*, Paris, 1887, p. 13). Cette affirmation s'appuie sur le célèbre *Correctoire* de la Bible dont Hugues de Saint-Cher est l'auteur, et dont le propos était précisément de purifier le *Textus Parisinus* de la Bible, surchargé de gloses et de lectures fautives, en recourant aux langues originales. S. BERGER donne ailleurs quelques exemples de cette connaissance de l'hébreu par Hugues (*Quam notitiam linguae hebraicae habuerunt christiani medii aevi temporibus in Gallia*, Nancy, 1893, pp. 28-29) ; ce qui semble n'avoir pas été exceptionnel à cette époque (*ibid.*, p. 30 : « In ordine praedicatorum non defuerunt regnante Ludovico IX, qui sufficienter in lingua hebraica edocti essent »). On peut lire le texte plus développé de l'Introduction dans laquelle Hugues précise ses intentions, ainsi que ses corrections au *Livre des Proverbes*, chez H. DENIFLE, *Die Handschriften der Bibelcorrectorien des 13. Jahrhunderts*, dans *Archiv für Literatur- und Kirchengeschichte des Mittelalters*, IV (1888), pp. 293-294 et 546-552 ; cf. pp. 243-311 ; 471-601. Même si, au témoignage de Roger Bacon, le remède fut pire que le mal (*ibid.*, p. 295), il n'en demeure pas moins que ce *Correctoire* devint une source pour ceux qui vinrent après lui, et qui rendent ainsi témoignage à son érudition, même s'ils le combattent (*ibid.*, p. 544). L'ouvrage plus récent de C. SPICQ (*Esquisse d'une histoire de l'exégèse latine au moyen âge* [Bibl. thom., XXVI], Paris 1944, pp. 165-172), étroitement dépendant des travaux cités dans cette note, ainsi que de l'article de E. MANGENOT (DTC, t. VII), n'apporte aucun élément nouveau à notre question. Il faut en dire autant de l'étude pourtant si documentée de M. THIEL (*Grundlagen und Gestalt der Hebräischkenntnisse des frühen Mittelalters*, dans *A Giuseppe Ermini*, t. II^r [Studi Medievali, X/3, 1969], pp. 3-212), mais qui s'arrête trop tôt pour notre période. Quant à l'excellent article de B. ALTANER (*Zur Kenntnis des Hebräischen im Mittelalter*, dans BZ, XXI (1933), pp. 288-308), qui, de

Dans ces conditions, on s'explique difficilement la remarque de la Q. 481 ; elle ne peut être d'un homme qui connaît le texte de Jérôme et qui est capable de recourir au texte hébreu pour le travail de correction de la Bible latine. Il est vrai que ce travail est postérieur à la Q. 481 : celle-ci date de 1235/36 au plus tard (si elle est d'Hugues, elle ne peut être postérieure à sa régence), alors que le *Correctorium* est à situer du temps du cardinalat d'Hugues de Saint-Cher, c'est-à-dire de 1244 à 1263 [29]. Peut-on supposer que l'auteur aurait acquis entre-temps la connaissance de la langue dont il fait preuve alors ? A moins que — la chose reste possible — il ne faille attribuer ce savoir à l'un des collaborateurs qu'il avait mis à contribution pour cette œuvre [30].

L'énoncé de ces dernières divergences illustre bien la difficulté qu'il y a à vérifier l'identité de l'auteur de la Q. 481 à partir des commentaires scripturaires d'Hugues. Nous avons certes relevé quelques ressemblances qui paraissent confirmer l'attribution faite par V. Doucet, mais leur petit nombre demeure étrange, eu égard d'une part à la masse que représentent ces commentaires de l'Écriture, et d'autre part à la fermeté de doctrine dont fait preuve la Q. 481, ce qui aurait dû laisser quelques traces dans les *Postilles*. Par ailleurs, nous avons pu constater des divergences troublantes. Si elles ne suffisent pas à infirmer cette attribution, elles nous contraignent au moins à laisser la question ouverte. Cette première confrontation de textes ne permet aucune conclusion irrécusable.

§ II. LES TRACES DU COMMENTAIRE DES SENTENCES D'HUGUES DE SAINT-CHER DANS LA Q. 481

Si le *Commentaire* d'Hugues de Saint-Cher *sur les Sentences* de Pierre Lombard a connu une diffusion moindre que ses *Postilles*

Paschase Radbert à la fin du XIVe siècle, recense tous les personnages dont on a la certitude, ou tout au moins un indice, qu'ils savaient l'hébreu, inexplicablement il ne mentionne même pas Hugues de Saint-Cher.

29. Cf. S. BERGER, *Des essais*, p. 47.

30. La réserve première de S. Berger est à nouveau formulée par E. MANGENOT (DTC, t. VII, c. 232) indépendamment de notre problème particulier.

sur l'Écriture [31], il n'en est pas moins une œuvre significative à bien des titres. En raison de son ancienneté d'abord : avec celui d'Alexandre de Halès, il est le seul commentaire suivi qui soit antérieur à 1240 [32] ; en raison de sa méthode ensuite, puisque le

---

31. Le texte du *Commentaire* d'Hugues *sur les Sentences* est transmis par quelque vingt-cinq manuscrits. L'inventaire jadis dressé par P. GLORIEUX (*Répertoire*, t. I, pp. 40-41) est désormais surclassé par celui de F. STEGMÜLLER (*Repertorium Commentariorum in Sententias Petri Lombardi*, t. I, Würzburg, 1947, pp. 174-175, numéros 372 et 372,1). On ajoutera toutefois à cette liste les compléments proposés par V. DOUCET (*Commentaires sur les Sentences. Supplément au Répertoire de M. Frédéric Stegmüller*, Quaracchi, 1954, p. 45 ; cf. aussi p. 6), ainsi que les découvertes postérieures de F. STEGMÜLLER lui-même : *Die älteste Redaktion des Sentenzenkommentars Hugos von St. Cher in einer Handschrift der königlichen Bibliothek zu Stockholm*, dans *Nordisk Tidskrift för Bok- och Biblioteksväsen*, XXXV (1948), pp. 69-79 ; *Die endgültige Redaktion des Sentenzenkommentars Hugos von St. Cher*, dans *Classica et mediaevalia*, IX (1948), pp. 246-265 ; *Analecta Upsaliensia theologiam medii aevi illustrantia*, t. I : *Opera systematica*, Uppsala-Wiesbaden, 1953, pp. 33-146; cf. *Quodlibeta Holmensia*, dans *Divus Thomas* (Fribourg), XXVII (1949), pp. 201-222.

Avec le Codex *Stockholm, Königliche Bibliothek A. 150*, qui se présente sous forme de gloses marginales encadrant le texte du Lombard, F. STEGMÜLLER pensait avoir trouvé la toute première rédaction du *Commentaire* d'Hugues de Saint-Cher, composée au jour le jour selon les nécessités de l'enseignement (cf. *Die älteste...*) ; une comparaison avec le *ms Uppsala, Univ. C. 165* contenant la rédaction définitive du même *Commentaire* (cf. *Die endgültige...*), lui permettait, pensait-il, d'appuyer cette façon de voir. L'intérêt de cette découverte aurait été notamment de vérifier l'hypothèse jadis émise par A. Landgraf, selon laquelle le *Commentaire* d'Hugues n'aurait été que le développement postérieur de gloses primitivement marginales (cf. *Mitteilungen zum Sentenzenkommentar Hugos a S. Caro*, dans ZKT, LVIII (1934), pp. 391-400 ; cf. également du même auteur *Drei Zweige der Pseudo-Poitiers-Glosse zu den Sentenzen des Lombarden*, dans RTAM, IX (1937), pp. 167-204 ; ID., *Sentenzenglossen des beginnenden 13. Jahrhunderts*, dans RTAM, X (1938), pp. 36-55). La validité de cette dernière hypothèse n'est pas mise en cause, mais les affirmations de F. Stegmüller ont été sérieusement contestées par deux auteurs différents. D'une part, W. H. PRINCIPE (MS, XXV (1963), pp. 372-376) a montré que le *ms Stockholm A. 150* est bien plutôt un abrégé qu'une forme primitive du *Commentaire* d'Hugues, ce qui se perçoit entre autres par le fait que l'auteur y répond amplement à des objections qu'il avait auparavant si abrégées qu'elles sont presque inintelligibles. D'autre part, J. GRÜNDEL (*Hugo von St. Cher und die älteste Fassung seines Sentenzenkommentars*, dans *Scholastik*, XXXIX (1964), pp. 391-401) a montré également qu'il s'agit d'extraits non seulement d'Hugues de Saint-Cher, mais aussi d'Alexandre de Halès, ainsi que de divers autres auteurs. L'auteur de ce *compendium* pourrait donc être un disciple aussi bien d'Alexandre que d'Hugues.

32. Hugues a commenté les *Sentences* alors qu'il était bachelier de Roland de Crémone durant l'année scolaire 1229-1230 ; son activité d'enseignement se prolongea comme Régent de l'école de Saint-Jacques jusqu'en 1235/36. La rédaction de son *Commentaire* se place probablement de 1230 à 1232, avant

genre du commentaire continu lui permettait d'ordonner plus clairement une matière que les simples gloses marginales ne dominaient pas aisément [33]. Par ailleurs, sans être un penseur de grande envergure, Hugues a été à l'origine de quelques progrès décisifs [34]; si l'on ne peut le compter pour autant parmi les

---

que Roland de Crémone ne rédige sa propre *Somme de théologie* en se servant pour cela du *Commentaire* d'Hugues (cf. O. LOTTIN, *Roland de Crémone et Hugues de Saint-Cher*, dans PM, VI, pp. 171-180), mais aussi avant que Philippe le Chancelier n'écrive sa *Summa de bono* dont Hugues ignore les thèses (cf. O. LOTTIN, *Quelques « quaestiones » de la collection de Douai 434*, dans PM, VI, p. 147). Le *Commentaire* d'Hugues est le seul qu'on puisse repérer entre 1228 et 1240, mais il faut placer avant lui celui d'Alexandre de Halès, qui se situe entre 1223 et 1227 (cf. *Glossa Alexandri, Prolegomena*, dans BFSMAe, XII, pp. 110*-116*; cf. ibid., XV, p. 44*, où la marge est un peu plus large : 1222-1229). Les éditeurs d'Alexandre de Halès se sont particulièrement attachés à définir les relations qui existent entre lui et Hugues : incertaines et peu nombreuses en ce qui concerne les Livres I et III (cf. *ibid.*, XII, pp. 110*-116*; XIV, pp. 15*-16*), elles sont plus fréquentes et plus claires pour les Livres II et IV et permettent d'assurer que Hugues a connu et utilisé l'œuvre d'Alexandre (cf. *ibid.*, XIII, pp. 18*-20*; XV, pp. 36*-44*; en ce dernier endroit, les éditeurs d'Alexandre mettent au point certains travaux précédents, notamment : K. F. LYNCH, *Some Fontes of the Commentary of Hugh de Saint Cher : William of Auxerre, Guy d'Orchelles, Alexander of Hales*, dans FS, XIII (1953), pp. 119-146, et D. VAN DEN EYNDE, *Les définitions des sacrements pendant la première période de la théologie scolastique (1050-1240)*, Rome-Louvain, 1950, p. 99).

33. Les auteurs s'accordent à reconnaître ce mérite au *Commentaire* d'Hugues. Évoquant les tentatives antérieures, O. LOTTIN (BTAM, III (1937-1940), n° 765, p. 340) pouvait écrire : « A voir ces tâtonnements... l'historien de la technique théologique appréciera d'autant mieux l'originalité du *Commentaire des Sentences* d'Hugues de Saint-Cher ». Plus récemment, J. FISHER a publié une étude détaillée sur ce sujet (*Hugh of St Cher and the Development of Mediaeval Theology*, dans *Speculum*, XXXI (1956), pp. 57-69) ; il y souligne notamment que du point de vue de la forme, le travail d'Hugues est à mi-chemin entre les gloses purement littérales qui le précédèrent et les commentaires postérieurs plus abondants, mais aussi plus éloignés de la lettre même du Lombard.

34. Il suffit ici de renvoyer à l'excellent état de la question dressé par W. H. PRINCIPE (*Hugh of Saint-Cher's Theology...*, p. 18-19), qui rappelle les différents sujets sur lesquels Hugues a été parmi les premiers, et souvent même le premier, à proposer les solutions qui deviendront communes par la suite : la simplicité de l'âme humaine ; le caractère non peccamineux des premiers mouvements de sensualité si la raison n'y consent pas ; l'importance donnée à la connaissance expérimentale dans la théologie des missions trinitaires ; la composition hylémorphique de tous les sacrements, etc. Principe fait un inventaire très complet de la littérature sur ces questions ; on y ajoutera toutefois un ouvrage publié depuis la parution de son livre : J. Th. ERNST, *Die Lehre der hochmittelalterlichen Theologen von der vollkommenen Erkenntnis Christi*, Freiburg i. B., 1971 ; cf. pp. 105-111 : Hugues de Saint-Cher et Roland de Crémone ; Hugues aurait fait faire un pas important à la question de la science du Christ en éclairant le rapport entre la science expérimentale du Christ et son savoir

tenants de l'avant-garde intellectuelle, on est encore beaucoup moins autorisé à le considérer comme le conservateur rigide jadis dépeint par F. Ehrle [35].

Il est d'autant plus regrettable que l'on doive chercher en vain dans ce *Commentaire* l'équivalent littéraire d'un traité *De prophetia*. Pierre Lombard, chez qui tous les auteurs puisent la description donnée par Cassiodore de la prophétie [36], ne l'a malheureusement pas reproduite dans son célèbre ouvrage, mais seulement dans l'introduction à son *Commentaire sur les Psaumes* [37]. D'où l'absence dans le Commentaire d'Hugues non seulement de tout développement systématique sur ce sujet, mais encore de tout parallèle de quelque étendue [38]. Nous avons donc été réduit à

---

infus, d'après le modèle de la *scientia matutina* et de la *scientia vespertina* appliqué jusqu'à lui à la seule connaissance angélique.

35. « Nel commento di Ugone gioverà rilevare il suo tipo ultraconservatore e, se non anti-, almeno afilosofico... » (F. EHRLE, *S. Domenico, le origini del primo Studio Generale del suo Ordine a Parigi e la Somma Teologica del primo maestro, Rolando da Cremona*, dans *Miscellanea Dominicana*, Romae, 1923, p. 111, note 6 ; cf. du même auteur : *L'agostinismo e l'aristotelismo nella scolastica del secolo XIII. Ulteriori discussioni e materiali*, dans *Xenia Thomistica*, t. III, Romae, 1925, p. 545 ; cette dernière étude est désormais accessible dans un recueil plus récent du même auteur : *Gesammelte Aufsätze zur englischen Scholastik*, herausgegeben von F. PELSTER, Roma, 1970, p. 126). Ce jugement de F. Ehrle a été repris par B. GEYER (*Die patristische und scholastische Philosophie*, Berlin, 1928, 11e éd., p. 399), mais il a été efficacement contesté par E. FILTHAUT (*Roland von Cremona*, pp. 61-62), qui n'a pas relevé moins de 96 citations d'Aristote dans le *Commentaire des Sentences* par Hugues, et une connaissance qui n'est pas mince du nouvel Aristote. Sur la base de cette documentation, Filthaut pense qu'il est inexact de ranger Hugues de Saint-Cher parmi « les scrupuleux observateurs des prescriptions contre l'aristotélisme » comme le faisait Ehrle (cf. p. 62, note 47). W. BREUNING (*Die hypostatische Union in der Theologie Wilhelms von Auxerre, Hugos von St. Cher und Rolands von Cremona*, Trier, 1962), qui semble ignorer les travaux de Filthaut, se contente de répéter Ehrle (p. 164), bien qu'il reconnaisse qu'il lui est difficile de se permettre de juger ainsi du point de vue de la christologie (cf. pp. 192, 213-214). W. H. PRINCIPE (*Hugh of Saint-Cher's Theology*, pp. 17 et 20), en des formules nuancées, fait bonne justice de ces appréciations sommaires.

36. Cf. ci-dessus, p. 5, note 11.

37. Cf. *ibid*.

38. Dans son premier livre (dist. xxxvi), Hugues a pourtant formellement promis de traiter ce sujet : « Qualiter autem prophete legunt in libro vite ... *dicetur in secundo libro ubi agitur specialiter de prophetia* » (H, 20ra-rb ; la lettre H renvoie au *ms Bruxelles, Bibl. royale 11422-23*, mais nous avons collationné les textes que nous citons sur le *ms Assisi, Bibl. Com. 131*, ainsi que sur le *ms Vat. lat. 1098* ; nous avons toutefois renoncé à citer les variantes qui n'avaient pas de portée significative pour notre étude). Après avoir parcouru le *Commentaire des Sentences* dans son intégralité, nous avons dû nous rendre à l'évidence :

suivre la même démarche qu'à propos des commentaires scripturaires et à glaner çà et là quelques phrases parlant du *speculum* divin ou de la connaissance angélique ou encore du concours de la grâce à l'action de l'homme, afin de les rapprocher des passages semblables de la Q. 481. Le butin n'est guère plus abondant que celui que nous avons recueilli dans les commentaires scripturaires; mais comme les rapprochements sont plus précis, ils sont aussi plus décisifs.

1. Nous avons rapproché d'abord deux textes qui parlent de ce qu'on pourrait appeler la liberté du *speculum* divin : que ce soient les anges, les saints dans la patrie, ou les prophètes par grâce, qui le voient, cela n'équivaut pas pour eux à bénéficier de l'omniscience divine; le *speculum* ne révèle que ce qu'il veut et comme il veut, selon le dessein de sa volonté. Voici les termes d'Hugues :

> Sancti vident in speculo orationes nostras per voluntatem speculi, et bene sciunt que oratio sit et qualis sit et an implenda sit; hoc enim totum revelat eis speculum prout vult [39].

Ce thème se retrouve également dans la Q. 481 en deux passages différents dont voici le premier :

Hugues n'a pas fourni le développement annoncé, ni dans le second livre ni dans les suivants. C'est d'ailleurs ce qu'a fort bien remarqué un anonyme en marge d'*Assise 131*, f. 30rb : « Promisit et non solvit, quia de ea non egit ». Outre les quelques passages qui vont être utilisés dans la suite de ce chapitre, nous ne pouvons signaler que quelques lignes par ci par là : il est trois fois question de la prophétie de Caïphe (II, xx, H, 35vb ; II, xxxvii, 46ra ; IV, xix, 97vb) ; l'ânesse de Balaam est elle aussi mentionnée à deux reprises (II, vii, H, 30ra-rb) ; Hugues parle aussi des faux prophètes à propos de la croyance à accorder aux prédictions prophétiques (I, xlvii, H, 26va) ; il s'interroge aussi, mais brièvement, sur le mot de saint Paul : *prophetia evacuabitur* (III, xxxi, H, 66vb), sur celui d'Origène selon qui l'Esprit-Saint quitte le prophète au moment de l'acte conjugal (IV, xxvi, H, 103vb). En dehors de cela, nous n'avons guère trouvé que des mentions insignifiantes pour notre propos, comme les expressions stéréotypées telles que : *testimonium prophetarum*, ou : *sicut dixit propheta*, ou encore : *lex et prophete*. — Hugues n'est d'ailleurs pas le seul auteur à n'avoir pas traité de la prophétie dans son *Commentaire des Sentences*. B. Decker (*Die Entwicklung*, p. 40) a pu assurer : « In den Sentenzenkommentaren fanden wir keine Prophetietraktate ». C'est la raison pour laquelle il a lui-même délibérément exclu de son enquête tous les auteurs qui n'ont laissé rien d'autre qu'un commentaire de l'œuvre du Lombard.

39. *IV Sent.*, dist. xlvi (H, 118ra).

Speculum illud eternum imprimit cognitionis lumen ... per quod propheta cognoscit et intelligit id quod Deus vult, et quantum et quando et sicut Deus vult, et non aliud vel aliter (art. II, ad 3, p. 30).

Ce texte ne reflète pas en tout point la même doctrine que le précédent, mais en ce qui concerne la liberté du *speculum*, il s'agit bien de la même position, et de légères différences littéraires ne suffisent pas à voiler cette ressemblance fondamentale. Pouvons-nous pour autant considérer Hugues de Saint-Cher comme l'unique auteur de ces deux textes ? Nous serions plus à l'aise pour l'assurer si cette doctrine lui était propre. Malheureusement, elle est aussi celle de Guillaume d'Auxerre [40] et de Philippe le Chancelier [41], pour ne citer que ces deux auteurs auxquels notre texte doit tant. Il est donc opportun de poursuivre la démonstration afin de vérifier si cette ressemblance est fortuite ou bien véritablement fondée dans l'identité numérique de l'auteur.

2. Par chance, Hugues reparle ailleurs de ce sujet, et en des termes assez voisins de la Q. 481. Au moment où, à la suite du Lombard [42], il étudie le péché de l'ange, il se demande si l'ange a pu prévoir sa chute dans le *speculum eternitatis*, puisque selon une doctrine courante les anges tirent leur connaissance de leur vision directe du *speculum*. Voici sa réponse que nous mettons en parallèle avec un passage de la Q. 481 :

HSC	Q. 481
Nec Balaam nec angeli videbant in speculo eternitatis. Tamen posito quod viderent non sequitur quod ibi viderent casum suum, quia speculum	
	Speculum non solum intelligibile est, sed etiam intelligens et voluntarium et potestativum, et quando vult ostendit hoc, quando vult illud,
quando vult claudit se et quando vult aperit se	*quando vult claudit se*
(*II Sent.*, dist. v ; H, 29 rb).	(art. II, ad 2, p. 29).

---

40. GUILLAUME D'AUXERRE, *Summa aurea*, lib. II, tr. V (XLVIIrb, 2º *sol.*).
41. PHILIPPE LE CHANCELIER, cf. C, 81va *circa finem*.
42. Cf. PIERRE LOMBARD, *Sent.*, II, dist. III, éd. Quaracchi, Grottaferrata, 1971, p. 347.

La parenté de ces deux textes est limitée, mais réelle ; elle apparaît avec plus de force si l'on fait abstraction des mots soulignés dans le texte de droite : la Q. 481 les a, en effet, empruntés à Philippe le Chancelier [43]. Les deux textes sont alors très proches par leur finale et la paternité littéraire d'Hugues sur les deux textes n'apparaît plus sans vraisemblance [44].

---

43. PHILIPPE LE CHANCELIER, *ibid.* : « (Speculum eterne sapientie) est speculum non solum intelligibile, sed et intelligens et voluntarium ».

44. A propos de ce terme *speculum*, il nous a paru utile de mentionner ici une démarche annexe, entreprise pour vérifier notre propre démonstration. Nous avons pu établir des points de contact précis entre les commentaires scripturaires d'Hugues et la Q. 480 ; cf. d'une part, Hugues sur *Is.*, 6, 5 (IV, 17rb-va), *Rom.*, 1, 20-21 (VII, 13vb), *II Cor.*, 12, 1-4 (VII, 142rb), et d'autre part, Q. 480, I, ad 1 (B, 130vb), ad 7 (B, 131ra), ad 9 (B, 131rb) ; signalons ici que N. WICKI (*Die Lehre von der himmlischen Seligkeit*, pp. 36-37) s'est livré pour sa part à cette comparaison de textes et en a livré un échantillon significatif qui confirme l'attribution de la Q. 480 à Hugues de Saint-Cher. Notre espoir était de pouvoir établir des rapprochements entre la Q. 480 et la Q. 481, en sorte que, à défaut d'une démonstration directe, nous aurions eu une démonstration indirecte — par l'intermédiaire de la Q. 480 — de la paternité littéraire d'Hugues sur ces différents textes. Cet espoir a été largement déçu ; la Q. 481 ne se rapproche de la Q. 480 sur aucun des points où celle-ci est en étroite parenté avec les *Postilles* d'Hugues. On trouve cependant dans les deux questions la même doctrine sur la liberté du *speculum* divin (cf. ci-dessus, p. 104 s. et Q. 480, I, ad 6 ; B, 131ra), ainsi qu'un bref passage où les deux textes s'essaient à préciser l'analogué naturel du *speculum* avant d'en faire la transposition qui les intéresse :

Q. 480	Q. 481
In speculo materiali videmus tria, scilicet *speculum* et *imaginem* resultantem	In speculo corporali aliud est ipsum *speculum* et aliud *ydea* resultans in eo et secundum rem et secundum rationem,
et *nos* ipsos	tamen eadem *res* videtur per speculum et per *ymaginem* in speculo resultantem et per ydolum quod formatur in oculo ab ydea speculi
(B, 130ra).	(art. II, *Sol. III*, p. 27).

Le texte de la Q. 481 est non seulement plus long, mais surtout plus élaboré que celui de la Q. 480. Ce dernier n'est d'ailleurs que partie d'une problématique plus vaste que l'auteur concède sans la développer personnellement davantage. Mais alors qu'il ne compte que trois termes en présence : le miroir, l'image, la réalité même (*nos ipsos*), la Q. 481 en ajoute un quatrième : l'*ydolum*, qui se trouve dans l'œil où il se forme à partir de l'*ydea* se reflétant dans le miroir. Au premier abord, cette *ydea resultans in speculo* semble différente de l'*imago* de la Q. 480, mais il s'agit en fait de la même réalité, et l'auteur fait lui-même l'équivalence par la suite. De part et d'autre se retrouvent donc les trois mêmes éléments de base : *speculum-speculum* ; *imago-ymago-ydea* ; *nos-res* ; le quatrième terme de la Q. 481 complète cette description, mais ne la contredit pas. Cependant, rien de tout cela n'est assez spécifique pour être concluant.

Cette vraisemblance se confirme à partir du même texte, duquel nous pouvons obtenir une indication supplémentaire. D'après ce passage du *Commentaire sur les Sentences*, Balaam n'est pas un véritable prophète, puisqu'il ne voyait pas *in speculo eternitatis*. L'auteur de la Q. 481 est, lui aussi, très ferme sur ce point : Balaam ne peut être considéré comme un prophète puisque, selon la *Glose*, il a agi par inspiration diabolique, or, assure-t-il : « Inspiratio ... inquantum est ab angelo vel diabolo non est prophetia vel pars prophetie » [45]. Même si l'un des deux textes s'exprime en passant sur ce sujet, leur doctrine concorde et cette harmonie nous maintient sur la voie d'un unique auteur pour les deux textes.

3. Sur cette voie de l'identification de l'auteur, nous avons dû cependant renoncer à des arguments qui, au premier abord, nous avaient paru de poids tant par leur forme littéraire que par leur contenu. Un texte-mosaïque comme celui que nous étudions réserve, en effet, d'étranges surprises. On pourra s'en convaincre à la lecture des extraits suivants :

HSC	Q. 481
In Caypha quatuor fuerunt : mala voluntas sive intentio, ipsa prolatio sive actio exiens de hac voluntate.	Solent autem quatuor distingui que fuerunt in prophetia Caiphe : primum est intentio sive voluntas ipsius, secundum est actualis prolatio vocis sue,
Hec duo peccata fuerunt.	
Item ipsa vox, illa formatio in aere facta sub huiusmodi voce, et ipsa inspiratio ;	tercium est sermo prolatus,
	quartum est inspiratio Spiritus qua inspiratus fuit quod expediebat unum mori pro populo.
(hec duo peccata fuerunt)	Duo prima fuerunt peccata nec fuerunt a Spiritu Santo, scilicet intentio et actualis dictio ;
hec a Spiritu Sancto fuerunt nec fuerunt peccata (*IV Sent.*, dist. XIX ; H, 97vb).	duo alia fuerunt a Spiritu Sancto : quod enim tali sermone usus est exprimendo malam intentionem suam fuit a Spiritu Sancto, similiter et inspiratio eius quod dixit (art. III, ad 13, p. 46).

---

45. Q. 481, I, ad 8 bis, p. 15.

La similitude des deux textes ci-dessus est réelle, mais elle n'a malheureusement aucune valeur probative. Si, dans la colonne de gauche, on remplace le texte d'Hugues de Saint-Cher par un parallèle tiré de Guillaume d'Auxerre, on obtient la démonstration d'une parenté plus grande encore; il est aisé de s'en apercevoir :

Guillaume	Q. 481
Nobis videtur quod quatuor debent considerari : Primum est voluntas sive intentio ipsius, secundum est actio qua protulit vocem propheticam, tertium est ipse sermo prophetalis, quartum est *intelligentia* eius quod intimavit ei Spiritus Sanctus, scilicet quod expediret Christum hominem mori etc. (*Summa aurea*, XLIVva).	Solent autem quatuor distingui... primum est intentio sive voluntas ipsius, secundum est actualis prolatio vocis sue, tercium est sermo prolatus, quartum est *inspiratio* Spiritus qua inspiratus fuit quod expediebat unum mori pro populo (*ibid.*).

Il est impossible de nier que l'auteur de la Q. 481 avait ici Guillaume d'Auxerre sous les yeux; c'est à lui qu'il emprunte, plus encore qu'à Hugues de Saint-Cher, sa nomenclature et ses termes. Un détail permet cependant d'assurer que le commentaire d'Hugues est aussi à l'arrière-plan direct de la Q. 481. L'un et l'autre modifient, en effet, de façon caractéristique le quatrième élément de Guillaume. Alors que ce dernier parle de l'**intelligence** que l'Esprit-Saint donna à Caïphe de ce qu'il lui inspirait, les deux autres n'en soufflent mot et parlent simplement d'**inspiration**.

Serait-ce l'influence de Philippe le Chancelier qui se ferait ici sentir ? Nous l'avons vu, l'auteur de la Q. 481 emprunte à la *Summa de bono* bien des éléments facilement reconnaissables. Or celui-ci s'y trouve en toutes lettres : « *inspiratio* de re, de qua hoc dixit (Cayphas) fuit a Spiritu Sancto » [46].

Il est donc possible que la présence de ce terme chez Philippe ait joué un rôle dans son adoption par l'auteur de la Q. 481, car l'influence des considérations du Chancelier a visiblement été déterminante pour ce qu'il a retenu ou négligé de Guillaume d'Auxerre [47]. Nous pensons pourtant que cela pourrait correspon-

---

46. PHILIPPE LE CHANCELIER, C, 83rb.
47. L'apparente servilité dont témoigne le rapprochement de textes entre Guillaume d'Auxerre et la Q. 481, ne doit pas donner le change. L'auteur de

dre de sa part à un choix personnel. Si Hugues de Saint-Cher est l'auteur de ce texte, on remarque que cette modification, limitée mais précise, du texte de Guillaume, se trouvait déjà dans son *Commentaire des Sentences*. Or ce commentaire est antérieur au texte de Philippe. Si, dans le cas présent, on ne peut dire que l'influence de Guillaume s'est exercée sur la Q. 481 par l'intermédiaire du texte d'Hugues [48], on peut penser que ce dernier s'est souvenu de cette retouche et qu'il l'a reproduite dans sa question *De prophetia* en pleine connaissance de cause.

Ce détail est infime, et le soin que nous apportons à l'établir risque de paraître gratuit. Il faut en convenir ; mais cette recherche est loin d'être inutile, car elle manifeste en toute clarté l'insuffisance des simples rapprochements littéraires pour détecter l'auteur d'un texte de cette nature. Ces contacts matériels ne prouvent rien si l'on ne retrouve dans les textes confrontés les positions personnelles d'un auteur. L'impasse aurait donc été sans issue si, en quelques passages au moins, l'auteur de la Q. 481 n'avait exprimé des vues qui lui sont propres.

4. Les textes que nous allons comparer dans ce paragraphe nous placent sur un terrain où l'auteur de la Q. 481 se meut à l'aise, celui d'une comparaison entre foi et prophétie [49]. Or c'est une argumentation que Hugues de Saint-Cher utilise également, rejoignant ici de façon frappante la manière dont s'exprime la Q. 481.

HSC	Q. 481
Quidam dicunt (...) quod visio fidei et visio prophetie in hoc assimilantur visioni prime lucis quod sicut prima lux eadem visione numero potest videre opposita ita fides et prophetia	Dicunt quidam quod visio prophetie qua videntur futura in hoc assimilatur prime luci a qua est immediate, quod sicut prima lux eadem visione numero qua videt aliquid futurum potest videre eius contrarium si contingat illud esse, ita propheta...
(*III Sent.*, dist. xxv ; H, 62 vb).	(art. IV, obj. 7, p. 52).

la Question omet, à dessein sans doute, une citation de Prévostin de Crémone, faite par Guillaume, selon qui l'Esprit-Saint aurait utilisé Caïphe *tanquam instrumentum* (cf. *Summa aurea*, XLIXva). La doctrine n'est guère différente, mais ce terme ni sa référence ne se retrouvent dans notre texte, qui a suivi plus volontiers Philippe que Guillaume.

48. Comme c'est le cas pour d'autres questions du *Douai 434*, ainsi que l'a montré V. DOUCET, *A travers*, p. 562.

49. Cf. ci-après : deuxième partie, chap. V, pp. 248 ss.

Les deux passages ci-dessus sont extraits de la problématique d'une question qui n'est pas exactement identique de part et d'autre. Dans les *Sentences*, Hugues s'interroge sur la possibilité pour la foi d'avoir pour objet quelque chose de faux; dans la Q. 481, c'est à propos de la prophétie que cette même question est posée. Cela suffit à expliquer les menues différences que l'on peut constater entre les deux textes cités et que l'on retrouve aussi dans leurs solutions. Mais, outre de nombreuses tournures semblables, les deux textes ont en commun une même position fondamentale: il est impossible que la foi ou la prophétie aient pour objet quelque chose de faux. De même, ils ont une manière semblable de mettre foi et prophétie en parallèle, pour éclairer l'une par ce qu'on sait de l'autre et vice-versa. Quiconque parcourt les deux textes ne peut guère en douter: ils n'ont probablement qu'un seul auteur. Cependant la solution d'Hugues dans les *Sentences* n'a pas un caractère personnel assez prononcé pour que nous puissions en tirer un argument définitif. En effet, il admet la possibilité de deux solutions pour cette question (*quidam non improbe dicunt*), et s'il se range à celle de la *littera* du Lombard, c'est qu'elle lui paraît *conveniencior*. Par chance, on trouve dans la Q. 481 deux autres passages où nous allons reconnaître des positions caractéristiques d'Hugues de Saint-Cher: ils seront décisifs pour notre propos.

5. Dans le premier de ces textes, l'auteur exprime sa conception du concours de la grâce à l'action de l'homme. Il énonce dès l'abord la position de Guillaume d'Auxerre, dont il dit clairement qu'il la trouve insuffisante [50]. Or il se trouve qu'en formulant ensuite son point de vue, il rejoint la position même d'Hugues de Saint-Cher. Les deux textes ne se laissent pas aisément mettre en parallèle, mais ils sont assez brefs pour qu'on puisse les comparer en les lisant à la suite l'un de l'autre. Voici d'abord le texte d'Hugues:

> Deus sine nobis operatur virtutem; sine nobis dico cooperantibus sibi in creatione virtutis, non tamen aliquando sine nobis operantibus aliquid; quo facto infundit Deus gratiam. Sicut radius solis quando aperio fenestram, *sine me cooperante* ingressum eius

---

50. Art. III, obj. 4, p. 33 et ad 4, pp. 40-41 ; cf. ci-dessus le parallèle entre Guillaume et la Q. 481, p. 63-64.

intrat, *non tamen sine me operante aliquid*, quo facto intrat radius ex seipso sine (me) iuvante ipsum [51].

Quoi qu'il en soit de ce qu'il met sous ces mots, la position de l'auteur est claire à souhait : si l'homme ne peut c o o p é r e r avec Dieu dans la création en lui de la grâce, il doit cependant au préalable o p é r e r quelque chose d'indispensable. Or c'est exactement la position de la Q. 481 quand elle explique le rôle joué par le consentement de la Vierge Marie dans l'incarnation du Verbe :

> Prophetia predestinationis semper impletur *sine arbitrio hominis cooperante* ad efficiendum id quod principaliter prophetatur, sed *non sine arbitrio hominis operante* dispositionem preparatoriam. Consensus enim virginis *nichil cooperatus est* ad conceptum et partum eius (…). *Operata est* caro in virgine preparando se per consensum, sed *non est cooperata* ipsi conceptioni vel incarnationi [52].

Le point d'application est certes différent dans les deux textes cités, mais il n'est pas douteux que la même position s'y exprime. Le fait que l'auteur y prenne ses distances à l'égard de Guillaume d'Auxerre comme de Philippe le Chancelier [53], nous permet d'être certain que cette coïncidence n'est pas l'effet du hasard ; elle dénote bien un auteur commun.

6. Or cet auteur se signale encore à notre attention d'une manière très explicite par un renvoi qu'il fait lui-même à ses propres positions à propos du siège de la prophétie. Il assure que la prophétie met en jeu les trois puissances de l'âme, et donc qu'elle réside simultanément dans les trois. Mais il se heurte alors à une objection : comment la prophétie peut-elle être une réalité

---

51. HUGUES DE SAINT-CHER, *II Sent.*, dist. XXVII (H, 411ra).
52. Art. III, ad 4, p. 41.
53. La différence entre la doctrine de la Q. 481 et celle de Philippe n'est à vrai dire pas très grande. Comme toujours ou presque, il lui emprunte beaucoup et cite comme lui les mêmes autorités. Malgré cela, il s'en distingue par la préférence donnée au mot *operante* pour signifier l'action du sujet humain, alors que Philippe emploie indifféremment *cooperante* : « (Prophetia predestinationis) impletur sine nostro libero arbitrio *cooperante* quantum ad efficiendum illud quod prophetatur, tamen *cooperante* quantum ad dispositionem preparatoriam » (C, 82rb).

unifiée, si elle se trouve en plusieurs puissances ? Sa réponse fait appel à une doctrine apparemment assez ferme :

> Dicimus quod ymaginativa, intellectiva, interpretativa sunt idem secundum substantiam, differens ratione, *ut alibi dictum est* (art. I, ad 12, p. 17).

On le sait, la doctrine de la simplicité de l'âme — c'est-à-dire l'absence de toute distinction réelle entre l'essence de l'âme et ses facultés, et donc aussi entre les facultés elles-mêmes — est une des positions caractéristiques d'Hugues de Saint-Cher : « Secundum propriam considerationem, anima simplex est proprie loquendo » [54].

S'il consent à parler d'une certaine composition entre *quod est* et *quo est*, par respect pour la *littera* d'Augustin citée dans le texte du Lombard, c'est seulement dans un sens large, entendant par *quod est* la substance de l'âme, par *quo est* les facultés par lesquelles elle est rendue apte à agir [55]. C'est la doctrine du *Commentaire des Sentences* [56], aussi bien que de la Q. 263 du *Douai 434* qui est aussi de lui :

> In quibusdam differunt hoc et hoc et re et ratione, ut in substantiis corporeis : anima quidem potentiam habet receptivam et activam que sunt *idem in essentia sed differunt ratione*...
>
> In spiritualibus substantiis ... quod est et quo est *idem sunt in substantia, differentia ratione* sive comparatione sola... [57].

---

54. Cf. O. LOTTIN, PM, I, pp. 429-431, 438-442, 472-474, 486-487. O. Lottin a repris certaines de ces pages (438-442) en commentant plus amplement le texte cité et en s'attachant à identifier l'auteur de manière plus précise dans PM, VI, pp. 142-148 : *Trois « quaestiones » d'Hugues de Saint-Cher*.

55. « Hoc quod dico quod est et quo est accipitur large, scilicet pro omni eo quod est ipsa res et quo est ipsa res quoquo modo essendi. Unde anima habet quod est, id est ipsam substantiam anime, id est quod ipsa est, habet quo est, id est potentias quibus est ad minus quoad bene esse et quibus operatur opera per que coniungitur vero enti » (*I Sent.*, dist. VIII, texte cité d'après O. LOTTIN [PM, I, pp. 430-431], qui collationne plusieurs manuscrits ; cf. H., 6rb-va).

56. « Memoria quandoque sumitur pro actu memorandi, et ita de aliis duobus (scil. intelligentia et voluntas), et secundum hoc sunt diversa. Quandoque pro obiectis, id est pro memorato et volito et intellecto, et secundum hoc idem esse possunt in essentia, diversa autem erunt in ratione. Quandoque pro potentia et sic eadem in essentia, diversa accidente sive relatione et idem sunt in essentia quod anima. Hec enim est vera : anima est memoria ; sensus est : anima habet potentiam memorandi, et ita de aliis duobus » (*I Sent.*, dist. III ; texte cité d'après O. LOTTIN [PM, I, p. 487], qui collationne ici encore plusieurs manuscrits ; cf. H, 3va).

57. Q. 263, *De anima* (A, 108vb-109ra), cité d'après O. LOTTIN, PM, VI, pp. 144-145.

Ici encore, le point de vue du *Commentaire* n'est pas tout à fait le même que celui de la Question : quand celle-ci parle de *vires*, celui-là parle de *potentias* [58]. La doctrine générale est la même cependant ; en sorte que si ce texte devait ne pas être d'Hugues de Saint-Cher, il nous renverrait en toute hypothèse à un auteur de cette époque ayant partagé cette position sur l'identité de l'âme et de ses facultés. Or il ne peut s'agir de Guillaume d'Auvergne, dont la théorie de la connaissance prophétique ne ressemble aucunement à celle de la Q. 481 [59], ni d'Alexandre de Halès qui en est aussi très éloigné [60], ni davantage du Chancelier Philippe malgré qu'il en soit proche [61]. Si l'on parcourt la liste des auteurs mentionnés par O. Lottin comme ayant défendu la thèse de l'identité substantielle de l'âme et de ses facultés [62], on cherche vainement une meilleure attribution. Hugues de Saint-Cher est donc bien l'unique auteur de nos deux textes [63].

7. Nous pouvons maintenant revenir aux arguments littéraires. De fait, les procédés techniques d'exposition et les tournures employées par ce texte, démontrent une similitude assez impressionnante avec la méthode d'exposition d'Hugues de Saint-Cher. Si nous prenons le deuxième article de la Question, qui est d'une rare clarté d'exposition, nous trouvons tout d'abord groupés au début les arguments *pro et contra* (avec accessoirement des fragments de la *disputatio*). Après quoi, la position de l'auteur est introduite par le simple mot *Solutio*, suivi d'une

---

58. Hugues ne fait pas de différence marquée entre ces deux termes ; on rencontre même dans son *Commentaire des Sentences* l'équivalence : *potentia = vis* ; cf. par exemple : « potentiarum *sive* virium anime alie sunt motive, alie apprehensive... » (II, xxiv, H, 38vb).
59. Cf. B. Decker, *Die Entwicklung*, pp. 52-60.
60. Alexandre de Halès, *Quaestiones disputatae « Antequam esset frater »*, Q. XVIII, dans BFSMAe, XIX, pp. 293-337 ; cf. B. Decker, *Die Entwicklung*, pp. 73-93.
61. Cf. ci-dessus, pp. 73-87.
62. Cf. O. Lottin, *L'identité de l'âme et de ses facultés avant saint Thomas d'Aquin*, dans PM, I, pp. 483-502.
63. On peut noter accessoirement que le *Douai 434* contient au moins une autre question attribuée à Hugues de Saint-Cher, où l'on trouve un renvoi semblable à celui que nous avons relevé. La Q. 430 (B, 81va) conclut un de ses paragraphes par cette mention : « Que *alibi* dicta sunt ». D. Van den Eynde (*Nouvelles questions de Hugues de Saint-Cher*, dans *Mélanges Joseph de Ghellinck*, t. II, pp. 827-828) a montré qu'il s'agissait d'une référence au *Commentaire des Sentences* d'Hugues de Saint-Cher.

formule caractéristique: *Ad evidenciam huius articuli primo notandum est quod...* (p. 24). Cette formule se retrouve dans la Q. 264, formellement identifiée par le manuscrit (cf. A, 109rb), dans la Q. 480, dont nous avons nous-même vérifié l'attribution (cf. B, 130va), dans les QQ. 268 et 428 [64] et dans la Q. 427 [65].

Après des explications plus ou moins développées, l'auteur introduit ses réponses aux objections par une formule elle aussi bien typée: *Hiis notatis respondemus ad quesita per ordinem* (II, p. 28; I, p. 11; de même dans la Q. 428 [66] et dans le *Commentaire des Sentences*, cf. vg. H, 61ra), puis viennent, soigneusement numérotées, les solutions aux diverses questions soulevées au début de l'article, et dont le début est quasi-invariable: *Ad primum ergo dicimus quod...* (I et II, pp. 11, 28), ou bien: *Ad id quod secundo queritur...* (vel *obicitur...*); ce qui est une caractéristique d'Hugues dans les *Sentences* ou dans les questions du *Douai 434* qui lui sont attribuées [67].

Comme autre caractéristique on peut aussi noter la présence dans la Q. 481 de ces larges états de la question, qu'Hugues fait aussi dans les *Sentences* avant de donner sa solution (par exemple: Q. 481, IV, ad 7, pp. 54-58: *Ad hoc dicunt quidam..., Alii dicunt..., Alii aliter solvunt huiusmodi questionem...*; comparer avec le *Commentaire des Sentences*, H, 62vb: *Ad aliud dicunt quidam..., Alii quidem dicunt..., Quidam non improbe adherent alie opinioni..., Magis placet nobis prima opinio...*) [68]. Ces tours d'horizon sont fréquemment conclus par une tournure modeste qui introduit la position de l'auteur: *Michi autem videtur sine preiudicio quod...* [69].

Ces rapprochements pourraient être poursuivis, mais ils seraient moins typiques. Un détail doit pourtant être signalé: l'absence de l'article *li* ou *ly* dans la Q. 481, alors qu'il est fréquent dans le *Commentaire des Sentences* d'Hugues (cf. aussi Q. 264: A, 109ra), à

---

64. Attribuées par D. VAN DEN EYNDE, *Nouvelles questions*, pp. 818, 822.
65. Attribuées par V. DOUCET, *A travers*, p. 563; on pourrait peut-être ajouter à cette liste les QQ. 28 et 129 (cf. A 37vb; 77ra), mais au dire du P. DOUCET, il faut encore contrôler cette attribution; *ibid.*, p. 568.
66. Cf. D. VAN DEN EYNDE, *Nouvelles questions*, p. 818.
67. P. GLORIEUX, *Les 572 Questions*, p. 254; D. VAN DEN EYNDE, *Nouvelles questions*, p. 817, avec des réserves sur Glorieux.
68. Cf. encore Q. 481, *Sol. III*, p. 28; Q. 429, D. VAN DEN EYNDE, *Nouvelles questions*, p. 822; Q. 470, V. DOUCET, *A travers*, pp. 560-561.
69. I, *Sol.*, p. 10; IV, ad 7, p. 54; cf. Q. 480: B 130vb, 132ra; *Sentences*: H, 61rb.

telle enseigne qu'on avait cru voir en lui l'introducteur de cet article dans le latin scolastique [70]. Mais il ne s'agit peut-être là que de l'exception qui confirme la règle.

8. Le faisceau de preuves convergentes rassemblé jusqu'ici ne laisse guère place à la discussion. A titre de *confirmatur*, nous analyserons pourtant un dernier texte, dont l'intérêt est de permettre une meilleure situation dans le temps de la Q. 481. En effet, la doctrine d'Hugues de Saint-Cher dans les *Sentences*, dont on a retrouvé des vestiges dans la Q. 481, a été influencée au passage par la connaissance qu'il a prise entre-temps du *De prophetia* de Philippe le Chancelier. Nous avons déjà étudié deux textes qui témoignent de cette évolution [71]; en voici un troisième qui nous paraît typique de ce développement. Dans le texte de droite, nous avons imprimé en *italiques* les mots qui viennent du texte des *Sentences*, en caractères e s p a c é s les mots propres à la Q. 481; nous avons laissé sans soulignement les termes qui viennent de Philippe :

HSC	Q. 481
Omnia sunt in Deo ut unum, quia Deus est una causa omnium et *exemplar* omnium et una *ydea* omnium et unus *liber* omnium et unum *speculum* omnium ; et tamen sancti et angeli non omnia vident ut unum, sed ea que vident ibi aperte et distincte vident. Tamen vident et sciunt et cognoscunt quod est una *causa* omnium et unum *exemplar* (*IV Sent.*, dist. XLVI ; H, 118 ra).	*Speculum* c r e a t r i c i s e s s e n c i e cum sit s i m p l i c i s s i m u m non habet in se diversitatem similitudinum, sed est unum *exemplar*, et licet in ipso dicantur esse rationes omnium et *ydee*, non est pluralitas ex parte ipsius sed ex parte rerum. U n d e n i c h i l e s t i n e o q u o d n o n s i t i p s u m. E x q u o p a t e t q u o d *exemplar, liber, ydea, speculum*, r a t i o, a r s, s a p i e n t i a, d i s p o s i t i o, d i v i n a e s s e n c i a, D e u s, i d e m s u n t s e c u n d u m e s s e, s e d d i f f e r u n t s e c u n d u m r a t i o n e m (art. II, Sol. III, p. 27) [72].

---

70. Cf. A.-M. LANDGRAF, *Dogmengeschichte der Frühscholastik*, t. I, 1, Regensburg, 1952, pp. 22-23 ; une étude postérieure du même auteur fait remonter l'emploi du *li* jusqu'à Godefroid de Poitiers ; cf. *Die Einführung des Artikels « li » an der Wende der Früh- und Hochscholastik*, dans *Scholastik*, XXXII (1957), pp. 550-564.

71. Cf. ci-dessus p. 104 s. à propos de la liberté du *speculum*, et p. 110 s. à propos du jeu entre *operatio* et *cooperatio*.

72. Voici le texte de Philippe, dans lequel nous avons souligné tout ce qui est passé dans la Q. 481 : « Speculum primum cum simplex sit, *non habet in se*

Ce tableau se passe presque de commentaires. Miss Smalley a parlé jadis de l'allure de mosaïque revêtu par le texte du *Commentaire* d'Hugues de Saint-Cher *sur l'Écriture* [73] ; nous avons eu l'impression pour notre part d'avoir affaire avec la Q. 481 à un gigantesque « puzzle » [74]. Nous retrouvons de part et d'autre la même technique de composition. Ces emprunts massifs n'empêchent pas Hugues de garder sa liberté de jugement, la remarque en a été souvent faite [75]. Nous en tirons quant à nous un nouvel argument : si cette manière de procéder ne suffit pas à elle seule pour identifier un auteur, elle apporte une précieuse confirmation à tous les indices précédemment relevés.

* * *

Au terme de ce chapitre, le lecteur est en droit de poser une question : était-il nécessaire de parcourir ce fastidieux itinéraire pour confirmer une attribution déjà faite par V. Doucet ? La question est légitime ; mais l'analyse qui précède nous paraît contenir assez d'éléments qui permettent d'y répondre et de justifier cette minutie.

Tout d'abord, cette attribution est maintenant aussi certaine qu'il est possible en pareil domaine ; ce n'était pas le cas auparavant, puisqu'aucun auteur n'avait considéré la Q. 481 pour elle-même. Cette assurance n'est-elle pas susceptible d'être remise en question par la troublante ignorance de l'hébreu que manifeste l'auteur de la Q. 481 ? Nous ne le pensons pas. S'il était prouvé que Hugues de Saint-Cher connaissait effectivement cette langue à l'époque où se situe notre texte, il y aurait là un fait qu'il

---

diversitatem similitudinum, sed est unum exemplar omnium *et, licet in ipso dicantur esse rationes et ydee, non est pluralitas ex parte ipsius, sed ex parte rerum, et cum ipsa sapientia sit exemplar, differentia* tamen est *secundum rationem* » (C, 81va).

73. « Hugh's exposition of this text (l'*Ecclésiaste*) is a good example of the mosaiclike character of his work » (*Some Thirteenth-Century Commentaries*, p. 343).

74. Cf. ci-dessus pp. 75-76.

75. « En medio de una exposición, aparentemente transcrita de Guillermo, se enuncia una idea profundamente personal, y tal vez opuesta a la que expone su modelo » (P. ABELLÁN, *La doctrina matrimonial de Hugo de San Caro*, dans *Archivo teológico Granadino*, I (1938), pp. 27-56 ; cf. p. 32). D. VAN DEN EYNDE (*Nouvelles questions*, p. 829) parle pour sa part de l'« indépendance de jugement » comme de « l'attitude... caractéristique de Hugues de Saint-Cher ».

faudrait concilier avec ce que nous venons d'établir, mais qui ne suffirait pas à lui seul à ébranler notre démonstration. Car on ne saurait contester la paternité d'Hugues sur notre texte sans remettre en cause le faisceau des arguments rassemblés ici. Quel est donc l'auteur inconnu à qui s'appliquerait mieux qu'à Hugues l'ensemble de ces traits qui lui conviennent si bien ? Il nous semble donc que nous sommes autorisé à le considérer comme l'auteur de la Q. 481.

En second lieu, les incertitudes de quelques-uns des rapprochements littéraires que nous avons faits, démontrent la fragilité de certains procédés d'attribution. Les ressemblances littéraires peuvent tout au plus conduire à certaines vraisemblances ; elles ne dépassent le plan de l'hypothèse que si, à leur accumulation, on joint encore d'irrécusables similitudes de contenu doctrinal.

Par ailleurs, le détail de notre analyse a permis une vérification supplémentaire : celle de la situation chronologique de la Q. 481. On pouvait supposer *a priori* qu'elle était postérieure au *Commentaire des Sentences* d'Hugues de Saint-Cher, puisque manifestement elle venait après la *Summa de bono*. Nous en sommes maintenant certain et nous pouvons proposer la chronologie relative suivante : *Commentaire des Sentences* d'Hugues, *Summa de bono* de Philippe le Chancelier, Q. 481.

Enfin, dernier élément, dans la méthode de composition identique de la Q. 481, des *Commentaires scripturaires* et du *Commentaire des Sentences*, nous avons retrouvé les traits du tempérament intellectuel d'Hugues de Saint-Cher. Il s'agit, certes, plus d'une confirmation que d'une découverte, mais cette ultime constatation permet de regrouper de manière plus synthétique et, finalement, plus convaincante peut-être, ce qu'il y aurait eu de trop fragmentaire dans les analyses qui précèdent.

CHAPITRE III

LES AUTRES QUESTIONS *DE PROPHETIA* DU DÉBUT DU XIIIe SIÈCLE

Le but de ce chapitre est de compléter autant que faire se peut le panorama historique dans lequel prend place la Question 481. Ainsi que son titre le donne à entendre, l'objet de cette recherche est strictement limité. Évoquer les prédécesseurs de la Q. 481 sans autre précision, ç'eût été de fait annoncer toute une histoire du traité de la prophétie. Or, s'il est bien dans notre intention d'amorcer cette histoire et d'apporter quelques éléments qui permettront peut-être à d'autres de la mener à bien, pareil projet dans toute son ampleur dépasse notre propos. Nous avons donc préféré mettre des bornes précises à cette recherche et la restreindre aux quelques auteurs des années 1200 à 1230, qui nous ont laissé un *De prophetia*.

Certains auteurs, comme Guy d'Orchelles ou Robert de Courson, restaient par le fait même hors du champ de nos investigations, car s'ils rentrent bien dans ces limites temporelles, ils n'ont pas écrit sur la prophétie — ou, du moins, rien ne nous en est parvenu [1]. Pour d'autres, comme Alexandre Neckham ou la

---

1. Nous écartons Robert de Courson (mort en 1219), dont la *Somme* se situe vers 1204-1208 (cf. A. LANDGRAF, *Werke aus der engeren Schule des Petrus Cantor*, dans *Gregorianum*, XXI (1940), pp. 34-74 ; cf. p. 37), car selon la description qu'en donne M. GRABMANN (*Die Geschichte der scholastischen Methode*, t. II, p. 496), elle ne contient rien sur la prophétie (cf. également A. LANDGRAF, *ibid.*, pp. 37-38). L'étude si précise de Chr. et M. DICKSON (*Le Cardinal Robert de Courson. Sa vie*, dans AHDLMA, IX (1934), pp. 53-142) ne donne aucune indication sur le contenu de l'œuvre, sinon qu'elle aurait comporté, en plus de la *Somme*, un *Commentaire sur les Sentences* aujourd'hui perdu (p. 72, n. 8). La partie de cette œuvre, qui traite du sacrement de pénitence, a été éditée par V. L. KENNEDY, *Robert Courson on Penance*, dans MS, VII (1945), pp. 291-336.

Nous écartons également Guy d'Orchelles dont la *Summa de sacramentis et officiis ecclesiae*, composée entre 1215 et 1220, ne contient rien pour notre propos.

Somme anonyme *Ne transgrediaris* contenue dans le manuscrit *Vat. lat. 10754*, il a paru suffisant de mentionner en note leur apport — trop mince pour constituer à lui seul un paragraphe entier de ce chapitre ². Si nous exceptons par ailleurs les textes contenus dans le *Douai 434*, dont nous avons déjà parlé ³, il ne restait donc que six auteurs à considérer : Guillaume d'Auvergne — au bénéfice du doute, nous allons le dire ; Alexandre de Halès, Godefroid de Poitiers, Étienne Langton, vers lesquels quelques indices orientaient notre recherche ; le Pseudo-Langton et Pierre

---

V. L. KENNEDY a publié jadis la deuxième partie de cette œuvre (*The « Summa de Officiis Ecclesiae » of Guy d'Orchelles*, dans MS, I (1939), pp. 23-62) ; le traité des sacrements a été publié plus récemment par D. et O. VAN DEN EYNDE (*Guidonis de Orchellis Tractatus de Sacramentis ex eius Summa de Sacramentis et Officiis Ecclesiae*, St. Bonaventure-Louvain-Paderborn, 1953), qui ont joint à ce texte le résumé qu'on en trouve dans le ms *Douai 434* (QQ. 166-182 ; cf. A, 91a-93c ; cf. *ibid*., pp. 273-315) ; cf. encore U. BETTI, *Animadversiones in opera Guidonis de Orchellis*, dans *Antonianum*, XXIV (1949), pp. 43-64.

2. Nous parlerons du *De prophetia* de la Somme ' *Ne transgrediaris* ' en relation à Pierre de Capoue qui est une de ses sources. — Alexandre Neckam (mort en 1217), à qui Alfred de Sareshel dédia son *De motu cordis*, enseigna à Paris de 1180 à 1186 (cf. F. STEGMÜLLER, LTK, t. I, 1957, cc. 308-309). Vers 1210, il composa un *Speculum speculationum*, dans lequel il étudie successivement : Dieu, la création, les anges, l'homme et ses facultés, le libre arbitre et la grâce. Dans cette œuvre, que nous avons lue dans le ms *London, Brit. Mus., Royal 7 F. I* (= P), se trouvent quelques mentions de la prophétie : un développement sur la prédiction de la mort d'Ézéchias par Isaïe, qui se termine par la citation, obligée dans ce contexte, de saint Augustin (*De Gen. ad litt.*, lib. VI, 17, 28, cf. ci-dessus, p. 26) sur les raisons séminales (P, 41rb) ; en un autre passage, Alexandre parle brièvement de la prophétie de prédestination et promet de revenir plus amplement sur les prophéties dans les chapitres suivants (P, 41vb-42ra) ; c'est une promesse qu'il n'a pas tenue, et nous n'avons trouvé que deux autres brèves mentions : trois lignes sur la distinction entre prophétie et grâce (P, 48vb), quelques lignes (les dernières du manuscrit) sur la prophétie de Caïphe (P, 94ra). — O. Lottin a étudié certains points de la doctrine d'Alexandre : la syndérèse (PM, II, pp. 119-122), la nature du libre arbitre (PM, III, pp. 606-610), et signale Étienne Langton comme étant une des sources d'Alexandre, Jean Blund comme ayant subi son influence (PM, IV, p. 845). — Nous n'avons pu avoir accès à « l'excellente monographie » (d'après D. A. Callus), non publiée, de R. W. HUNT, *Alexander Neckam* (D. Ph. Thesis), Oxford.

3. Cf. ci-dessus pp. XI-XV et nos articles signalés aux notes 20 et 45 à l'Introduction. Il est peut-être opportun de résumer ici les résultats auxquels nous sommes parvenu : 1) les QQ. 107-113 (*Summa Duacensis*) : la Q. 481 n'a connu ce texte que par Philippe ; 2) la Q. 540 : sa parenté avec la Q. 481 ne s'explique que par leur commune dépendance de Philippe ; 3) la Q. 130 refuse tout médium créé pour la vision prophétique, à l'inverse de la Q. 481 ; 4) la Q. 241 accepte de parler de la prophétie indifféremment comme d'un acte ou comme d'un habitus, à l'encontre de la Q. 481 ; 5) la Q. 490 : son inspiration générale est toute différente de celle de la Q. 481.

de Capoue, au sujet de qui l'enquête devait être faite pour être complète. D'autres auteurs seront mentionnés, comme Maître Martin, Prévostin de Crémone ou Simon de Tournai, mais ce sera uniquement pour suggérer l'origine possible de tel ou tel thème, sans qu'ils soient traités pour eux-mêmes, car ils débordent la limite temporelle que nous nous sommes fixée.

§ I. GUILLAUME D'AUVERGNE

Nous n'aurons pas à nous attarder sur la personnalité controversée de Guillaume d'Auvergne [4]. Deux raisons *a priori* nous auraient même permis de l'exclure de notre enquête ; tout d'abord la date de son *De anima* (où se trouvent la plupart de ses développements sur la prophétie), qui est sans doute strictement contemporaine de celle de la Q. 48 I et peut-être même postérieure [5] ; ensuite, le caractère si particulier de son œuvre à la fois polémique et apologétique, écrite en marge du courant scolaire de l'époque, et qui semble n'avoir pas exercé d'influence immédiate dans ce milieu-là, à de rares exceptions près [6]. B. Decker a

---

4. Traditionaliste impénitent selon les uns, critique avisé d'Aristote selon les autres, qui voient en lui un précurseur de l'aristotélisme chrétien de saint Thomas d'Aquin (cf. plus loin, note 6). L'ouvrage déjà ancien de N. VALOIS, *Guillaume d'Auvergne, évêque de Paris (1228-1249). Sa vie et ses ouvrages* (Paris, 1880), demeure encore aujourd'hui un point de référence, puisqu'il fut la première biographie scientifique de Guillaume (parle occasionnellement de la prophétie : t. II, chap. VIII, *Théorie de la vision divine*). On trouve un bon état de la question dans R. HEINZMANN, *Wilhelm v. Auvergne*, dans LTK, t. X, 1965, cc. 1127-1128 ; le même auteur donne une bibliographie plus abondante dans *Zur Anthropologie des Wilhelm von Auvergne (gest. 1249)*, dans MTZ, XVI (1965), pp. 27-36, et rappelle notamment le travail de J. KRAMP, *Des Wilhelm von Auvergne « Magisterium divinale »*, dans Gregorianum, I (1920), pp. 538-584 ; II (1921), pp. 42-78, 174-187, qui demeure encore décisif pour la chronologie de l'œuvre. Nous avons eu accès également à la thèse dactylographiée de Baudoin ALLARD, *La nature et le rôle du signe dans la théorie de la connaissance intellectuelle de Guillaume d'Auvergne (1180-1248). Étude doctrinale s'appuyant en particulier sur l'édition critique (jointe) du chapitre V^e du De anima* (Thèse présentée à l'Institut supérieur de Philosophie de l'Université de Louvain pour l'obtention du grade de Docteur en Philosophie, Septembre 1971), à qui nous sommes redevable d'utiles précisions.

5. J. KRAMP (*Gregorianum*, II (1921), pp. 71-78) propose les dates de 1231 à 1236, que G. CORTI (*Il « Tractatus de gratia » di Guglielmo d'Auvergne*, Roma, 1966, pp. 22-23) précise davantage : 1236. B. ALLARD (thèse citée, pp. XX-XXI, note 36) se rallie à cette deuxième date et propose : 1235-1236.

6. Dans sa précieuse *Table chronologique des écrits et de leur influence littéraire* (PM, IV, p. 847), O. LOTTIN mentionne une seule œuvre de Guillaume d'Au-

déjà prouvé qu'il en est ainsi, en particulier pour ses idées sur la prophétie : malgré leur intérêt — et leurs limites aussi — elles n'ont laissé aucune postérité et ne peuvent être considérées comme partie intégrante du développement de la réflexion à ce sujet [7].

Nous avons toutefois entrepris notre vérification en raison même de ces deux arguments. D'une part, en effet, la proximité des dates des deux œuvres en question était une invitation à tenter de les situer l'une par rapport à l'autre ; à défaut d'un progrès dans la chronologie absolue, leur chronologie relative y aurait peut-être gagné. D'autre part, B. Decker avait ignoré la Q. 481 ; or nous savons que les *Commentaires scripturaires* d'Hugues de Saint-Cher — en particulier sur l'*Ecclésiaste* — ont subi l'influence de Guillaume d'Auvergne [8]. Il nous revenait donc d'examiner si les assertions de B. Decker valaient aussi pour notre texte.

C'est chose faite maintenant ; nous avons pu constater que les vues de Guillaume d'Auvergne sur la prophétie, qu'il développe à

---

vergne, le *De virtutibus* (vers 1227), comme ayant exercé une influence possible sur Thomas d'Aquin (cf. PM, III, p. 431, note 2) et problématique sur Pierre Auriol (PM, IV, p. 731, note 1). Il faut ajouter à ces deux mentions ce qu'il dit ailleurs sur Philippe le Chancelier, qui se serait peut-être inspiré de Guillaume (PM, I, p. 74, note 3), et sur le *De potentiis animae* du Ps. Albert le Grand, qui ferait allusion aux idées de Guillaume (PM, VI, pp. 303-304). Plus récemment, R. HEINZMANN (MTZ, XVI (1965), pp. 27-36) soulignait que Guillaume ne prend place dans le développement de la théologie que selon ses traits les plus généraux (cf. *ibid.*, p. 35) ; cependant ce même auteur voit en Guillaume le défenseur d'une anthropologie qui trouvera sa forme définitive chez Thomas d'Aquin (*ibid.*, p. 36). A. FOREST, en une étude nuancée (*Guillaume d'Auvergne critique d'Aristote*, dans *Études médiévales offertes à M. le Doyen Augustin Fliche*, Montpellier, 1952, pp. 67-79), fait de lui « un des précurseurs de l'aristotélisme chrétien ». Ce dernier jugement trouve écho et justification plus ample chez B. ALLARD (thèse citée, p. XIII ; cf. aussi p. 12).

7. B. DECKER, *Die Entwicklung*, p. 60 : « Alle seine Ausführungen über die Prophetie haben aber auf die nachfolgenden Scholastiker nicht den geringsten Einfluss ausgeübt. Insofern ist Wilhelm kein organisches Glied innerhalb der Entwicklung der scholastischen Prophetielehre ». Pour un exposé d'ensemble de la pensée de Guillaume sur la prophétie, voir le même auteur, *ibid.*, pp. 52-60.

8. B. SMALLEY (*Dom. Studies*, II (1949), p. 343 ; III (1950), p. 266), qui a détecté cette influence, souligne que les utilisateurs d'Hugues lui doivent entre autres « the preservation of the more philosophical passages in William of Auvergne's exegesis ».

l'occasion d'un excursus sur l'extase [9], n'ont rien à voir avec l'élaboration de la Q. 481. Nous pouvons en dire autant à propos des nombreuses notations qui, dans son *De universo*, parsèment son traité de l'intelligence [10] (à propos notamment de la médiation possible des substances spirituelles dans le processus de la révélation).

Certes, on trouve chez Guillaume le terme *speculum* et son application à Dieu, mais on ne rencontre aucun des composés fréquents que la Q. 481 emploie à la suite de Philippe (*speculum eternitatis, speculum eterne sapientie, speculum creatricis essencie*; si Guillaume emploie l'expression *speculum intelligibile*, c'est pour l'appliquer à l'âme humaine [11]). De même, si Guillaume connaît le thème de la libéralité du *speculum*, il en parle en des termes qui lui sont propres [12]. Par contre, il ignore la problématique de notre texte sur le caractère de vertu ou de science de la prophétie. Il ne connaît pas non plus les longues considérations sur la définition de Cassiodore ; sa définition à lui est beaucoup plus proche du donné biblique [13]. Sur certains points, les positions de Guillaume sont même à l'inverse de celles d'Hugues : il en est ainsi, par exemple, pour la possibilité d'une vision directe du

---

9. GUILIELMI ALVERNI *Opera omnia*, Paris, 1674 (réimpression : Frankfurt a. M., 1963) ; nous citerons en abrégé : GA. On trouve le *De anima* au t. II, *Supplementum*, pp. 65-228 ; cf. en particulier *cap.* 6, *partes* 31-34, pp. 190-194. B. ALLARD (thèse citée, p. LXXIII) a signalé le caractère défectueux de cette édition, qui présente « en de nombreux endroits » un texte « assez éloigné de la pensée originale de Guillaume d'Auvergne, parfois même en contradiction avec celle-ci ». Malheureusement, l'auteur n'édite lui-même que le chapitre V du *De anima*, et la plupart de nos citations sont prises du chapitre VI. Ce que nous en disons ne vaut donc que provisoirement, dans l'attente d'une édition critique complète, qui permettrait peut-être certaines corrections.

10. GA, I, pp. 807-1074 ; pour cette œuvre, nous nous référons à B. Decker, qui a recueilli et ordonné ces notations éparses ; nous avons toutefois vérifié sur le texte le bien-fondé de ses dires.

11. Cf. B. ALLARD (thèse citée, p. 163, n. 46), qui remarque que Guillaume attribue explicitement l'usage de ce terme en ce sens aux disciples d'Aristote.

12. « Debes autem scire quia irradiationes istae secundum datum efficiuntur et beneplacitum creatoris : et intendo ut juxta beneplacitum suum et quantum voluerit, et qualem voluerit illuminationem irradiet in quam animam voluerit » (GA, II, *Suppl.*, p. 193b ; cf. p. 212a, où il est parlé de ce livre aux innombrables volumes et folios, dont Dieu ne laisse lire parfois qu'un seul nom ou quelques mots : *Mane, Techel, Pharès*).

13. Pour Guillaume, le prophète est avant tout un « voyant », ce qu'il fonde par un recours explicite à la Bible (*I Sam.*, 9, 9), et qu'il développe longuement (GA, II, *Suppl.*, p. 191a) ; c'est une idée qu'il reprend également dans son *De universo* (cf. GA, I, p. 857, 1 C et D).

speculum divin [14]. De même, il a une tendance à « banaliser » la prophétie en la comparant fréquemment à des phénomènes qui n'ont rien de surnaturel [15] — bien que par ailleurs il s'élève contre l'abus de langage qui consiste à dire que l'astrologue « prophétise » quand il annonce le temps qu'il fera, ou le médecin quand il prédit la mort ou la guérison prochaine de son malade [16]. Son vocabulaire, en ce qu'il a de spécifique [17], est totalement inconnu de la Q. 481 ; et, plus encore, ainsi que le laissent pressentir ces constatations, c'est le style général de ses réflexions sur la prophétie ainsi que leur contenu, qui diffèrent du climat de la Q. 481.

---

14. Guillaume compare la connaissance prophétique à la lecture d'un livre (cf. ci-dessus, note 12), tout comme la connaissance des premiers principes, qui est reçue directement par illumination divine : les intelligences humaines *legunt absque ullo alio medio antedicta principia* (GA, II, *Suppl.*, p. 211b). On peut donc en conclure que le processus de la révélation exclut la médiation de tout facteur créé, à l'exclusion de la médiation des anges qui peuvent d'après Guillaume concourir à l'illumination prophétique (cf. B. DECKER, *Die Entwicklung*, pp. 55-56). B. ALLARD (thèse citée, pp. 147-150) apporte de subtiles nuances à l'exégèse de ce texte célèbre : le *absque medio*, selon lui, n'est pas l'équivalent exact de *non per signa aut alia media*, en sorte qu'il faut faire une différence entre la connaissance de l'âme par elle-même, à la fois immédiate et directe, « c'est-à-dire n'ayant même plus besoin de passer par un signe intelligible », et la connaissance de Dieu par l'âme, immédiate, certes, mais indirecte, qui ne peut « se passer de signe intelligible puisqu'elle provient à l'âme de l'extérieur d'elle-même », mais qui n'a pas besoin d'« autre intermédiaire (faculté ou substance séparée) » (p. 150, n. 21). Nous ne pouvons guère que signaler ici cette délicate question.

15. C'est ainsi que Guillaume met la divination sur le même plan que la révélation : « Accidit ... revelatio et divinatio tanquam a casu, quoniam praeter intentionem prorsus » (GA, II, *Suppl.*, p. 192b *in fine*). Il continue par des remarques intéressantes sur les dispositions physiques de certains malades, mélancoliques ou mourants, que leur état éloigne de la pesanteur terrestre et rapproche des régions lunaires, les rendant plus aptes aux divinations et révélations (*indeque sunt eis revelationes et divinationes*). Ceux-là ne tardent pas à divaguer, mais *a tanta sublimitate sermonum loqui incipiunt ut sermones eorum prophetici videantur* (*ibid.*, p. 193a début ; cf. encore *De universo*, GA, I, p. 857a, D).

16. GA, II, *Suppl.*, p. 122a, nº 2.

17. Cf. le mot *videns* que nous avons déjà signalé (ci-dessus, note 13), l'expression *splendor propheticus* par laquelle Guillaume désigne l'illumination prophétique et qui lui vient de Maïmonide (cf. B. DECKER, *Die Entwicklung*, p. 54), l'utilisation du mot *speculum* pour désigner tout esprit, y compris l'âme humaine (*ibid.*, p. 55 ; cf. une trace de cet usage dans la Q. 540 : *Antonianum*, XLIX (1974), p. 524), le style emphatique et chargé de superlatifs qui n'appartient qu'à lui.

§ II. ALEXANDRE DE HALÈS

Notre tentative pour mieux situer la Q. 481 dans le contexte intellectuel des années 1230, ne pouvait ignorer un des plus grands noms de cette époque : était-il possible de préciser ses rapports avec Alexandre de Halès ?

La *Glossa Alexandri*, on le sait, a exercé une influence certaine sur le *Commentaire des Sentences* d'Hugues de Saint-Cher [18]; il n'était donc pas impossible *a priori* que la Q. 481 ait, elle aussi, subi cette influence et, plus précisément, que son auteur se soit inspiré de la question *De prophetia* d'Alexandre [19].

Par ailleurs, puisque bien des idées d'Alexandre — et parfois même ses propres mots — se retrouvent dans la *Summa de bono* du Chancelier Philippe [20], qu'Hugues de Saint-Cher a lui-même recopié *ad litteram*, nous pouvons espérer retrouver chez lui au moins les traces de l'influence indirecte qu'Alexandre aurait pu exercer par l'intermédiaire de Philippe — un peu à la manière dont nous constaterons au paragraphe suivant la présence de certaines idées de Godefroid de Poitiers venues jusqu'à Hugues par le canal de Guillaume d'Auxerre.

Une raison supplémentaire nous provoquait à vérifier les relations éventuelles de ces trois textes. Les questions *Antequam esset frater* d'Alexandre ne sont datées que d'une manière globale entre 1220 et 1236 [21]. Situer sa question sur la prophétie par rapport à Philippe et à la Q. 481 permettrait donc d'en assigner la date de manière plus précise. B. Decker avait jadis proposé de la placer avant 1231, mais dans sa perspective Philippe prenait rang avant

---

[18]. Cf. ci-dessus, p. 101, note 32 au chap. II ; cf. également O. LOTTIN, PM, IV, pp. 847-848.

[19]. ALEXANDRE DE HALÈS, *Quaestiones disputatae « Antequam esset frater »*, Q. XVIII : *De prophetia* (BFSMAe, XIX, pp. 293-337) ; nous citerons en abrégé : AH.

[20]. Les éditeurs d'Alexandre se sont attachés particulièrement à préciser les liens de Philippe le Chancelier à l'œuvre du maître franciscain. Après avoir noté que Philippe est à ranger parmi ceux qui connaissent le mieux et qui utilisent le plus la *Glossa Alexandri*, bien que ce soit rarement *ad verbum* (cf. *Prolegomena* au t. II de la *Glossa Alexandri* : BFSMAe, XIII, pp. 12*-18*), ils montrèrent que cette dépendance se manifeste de manière éclatante à l'égard du livre III dont Philippe emprunte parfois certains passages *ad litteram* (cf. BFSMAe, XIV, pp. 8*-15*) ; finalement, ils en vinrent à se demander si Philippe n'aurait pas été un élève d'Alexandre (cf. BFSMAe, XV, p. 34*).

[21]. Cf. AH, pp. 34*-36*.

cette date [22]. Étant donné que les travaux récents ont rétabli la priorité d'Alexandre, il devenait tout à fait plausible de considérer la question d'Alexandre sur la prophétie comme antérieure aux deux autres textes. Était-il possible de mieux établir cette hypothèse ?

Pour procéder à cette vérification, nous avons retenu deux thèmes précis, choisis à dessein au cœur du sujet, comme devant permettre aux auteurs de s'affirmer à leur propos : d'une part, une définition de l'inspiration qui se retrouve dans les trois textes ; d'autre part, le problème de la vision *in speculo*. Accessoirement, nous avons sélectionné quelques termes caractéristiques dont la présence — ou l'absence — suffit parfois à révéler l'influence d'un auteur sur un autre, ou tout au moins la connaissance, par le second, de l'œuvre du premier.

1. « Inspiratio est in spiritu designatio »

En premier lieu, il faut examiner une intéressante définition de l'inspiration. « Inspiratio est *in spiritu designatio* », dit Alexandre. Il a pour cette formule une préférence marquée, car il ne l'emploie pas seulement plusieurs fois (6 fois en 3 pages), mais il lui accorde un sens précis et une place dans sa construction. La connaissance prophétique, puisqu'elle a lieu *in spiritu*, se distingue du mode habituel de connaissance qui se déroule *in anima*. Cette dernière, procédant par abstraction, « monte » des sens à l'intellect en passant par l'imagination ; la première s'effectue en sens inverse et, de la puissance supérieure (l'*intellectus*) préalablement illuminée, « descend » à l'imagination (*in spiritu*) [23].

Alexandre n'est pas seul à connaître cette formule ; nous la trouvons également chez Philippe, qui l'emploie deux fois à deux lignes d'intervalle [24], ainsi que dans la Q. 481 en un passage où elle

---

22. Cf. B. DECKER, *Die Entwicklung*, p. 47.
23. « Illa enim cognitio proprie est in anima, quae fit mediante sensu vel mediante ratione, quando scilicet per vires inferiores ascendit cognitio ad superiores, ut a sensu ad imaginationem, ab imaginatione ad intellectum. Secundum vero quod dicitur 'designatio in spiritu', descendit cognitio a superiori vi, quae prius illuminatur, ad vires inferiores » (AH, pp. 297-298 ; cf. 295-298 pour les différents emplois de la formule *designatio in spiritu*).
24. C, 77va in fine : « (Inspiratio dicitur) comparatione spiritus in quo quasi *in spiritu designatio*. Contra..., ergo non omnis prophetia est inspiratio, *hoc est in spiritu designatio* ».

reproduit Philippe presque littéralement [25]. Malheureusement, si cette phrase se trouve citée en problématique par les deux auteurs, elle ne trouve aucune place dans leur élaboration systématique. Au contraire, dans la solution qu'il propose, Philippe substitue sa propre conception de l'inspiration à celle qu'il avait évoquée dans la position du problème : « Inspiratio, id est *similitudinum in spiritu impressio* » [26]. La Q. 481 fait de même, en apportant toutefois une modification sensible à la tournure de Philippe : « Inspiratio, id est similitudinum *vel lucis* in spiritu impressio » [27]. La formule qu'Alexandre de Halès met si bien en valeur, n'a donc pas meilleur sort chez Philippe que dans la Q. 481 ; dans les deux cas, elle sombre dans l'oubli.

Peut-on conclure quelque chose de cette présence simultanée d'une même formule dans nos trois textes, dont un seul cependant tire parti ? Un point demeure à éclaircir avant de répondre à cette question : d'où vient la formule *in spiritu designatio* ? Les éditeurs d'Alexandre de Halès, excellents connaisseurs de cette époque, ne craignent pas d'avouer leur ignorance : ils n'ont pas trouvé la source de cette « commune définition magistrale » [28]. Nous n'avons pas été plus heureux dans nos recherches : aucune des questions *De prophetia* utilisées pour le présent travail et antérieures à Alexandre, ne contient cette formule, à l'exception des trois emplois que nous venons de mentionner [29]. Dans ces conditions, l'inventeur de la formule est à chercher parmi ces trois auteurs et, selon toute vraisemblance, il s'agit d'Alexandre lui-même qui, seul, lui donne une place réelle dans sa systématisation [30].

Si cette constatation s'avérait fondée, ce serait la preuve certaine que le *De prophetia* d'Alexandre est bien à situer avant celui de Philippe et aussi, bien sûr, avant la Q. 481 qui en dépend.

---

25. Q. 481, I, obj. 8, p. 5.
26. C, 77vb au début.
27. Q. 481, I, ad 8 bis, p. 15 ; cf. ci-dessus la comparaison entre Philippe et la Q. 481, pp. 78-79.
28. « Communis definitio magistralis, cuius originem non invenimus » (AH, p. 296, n. 3).
29. On peut en ajouter un quatrième, mais sans importance réelle, puisqu'il s'agit de la Q. 540, qui l'emprunte à Philippe. B. Decker n'apporte lui non plus aucune indication sur ce sujet quand il parle d'Alexandre (cf. *Die Entwicklung*, pp. 75-76).
30. H. Urs von Balthasar ne craint pas d'en parler comme d'un « Denkmotiv » de la pensée d'Alexandre ; il assure par ailleurs que ce thème existait déjà auparavant, mais sans le prouver autrement (cf. *Besondere Gnadengaben*, p. 340).

Elle nous permettrait également de placer le *De prophetia* d'Alexandre entre la *Summa Duacensis* et la *Summa de bono*, car la *Summa Duacensis* ignore la formule *in spiritu designatio*. Cette ignorance trouverait son explication naturelle dans le fait que la *Summa Duacensis* — que Philippe en soit l'auteur ou non — se situerait avant le *De prophetia* d'Alexandre. La date de rédaction de ce dernier texte serait donc assez proche de la *Glossa Alexandri*, sans qu'il nous soit possible pour l'instant de déterminer cette date avec plus de précision [31].

Il ne faut pourtant pas se le dissimuler, cette « preuve » — il vaudrait mieux dire sans doute : cet « indice » — demeure ténue. La découverte d'un seul emploi certainement antérieur à Alexandre de la formule *in spiritu designatio* suffirait à la renverser. Elle se heurte aussi à un fait troublant : si Philippe a connu cette question d'Alexandre, comment se fait-il qu'il l'ait si peu utilisée, alors qu'il s'est référé si volontiers à la *Glossa Alexandri*? La même question vaut pour la Q. 481, dont les emprunts, en général massifs, sont si facilement reconnaissables. Nous restons donc sur une relative incertitude, et l'exploration de notre second terrain de recherche ne nous a guère permis de la dépasser.

---

31. Pour la date de la *Glossa Alexandri*, cf. ci-dessus p. 101, note 32 au chap. II. Les *Commentaires* d'Alexandre *sur les Sentences* contiennent quelques éléments qui relèvent du *De prophetia* : plusieurs allusions à la prophétie de Caïphe (cf. *Glossa*, I, XVIII, 18, p. 189 ; I, XLVI, 28 d, p. 475 ; III, XXXVIII, p. 494) ; une précision sur la connaissance prophétique située par rapport à la connaissance en état de « rapt » de l'apôtre Paul d'une part, et à celle du premier homme d'autre part (II, XXIII, 12, p. 205) ; une définition de la *gratia prophetiae quae consistit in expositione et occultorum revelatione* (IV, XXIV, 3 p, p. 412) ; une explication sur la différence entre prédiction et prophétie (I, XXXVIII, 8, pp. 391-392). Aucun de ces passages ne semble avoir exercé une influence sur la Q. 481 ; toutefois on peut signaler un développement sur la *prophetia praedestinationis* (III, XXV (L), 17, p. 308), qui n'est pas sans faire penser à l'élaboration de la Q. 481 (IV, ad 7, pp. 57-58) sur l'*ordinatio convenientiae* distinguée de l'*ordinatio naturae sive necessitatis*. Une commune référence augustinienne suffit d'ailleurs à expliquer cette ressemblance. Nous avons pu relever certains thèmes qui se retrouvent dans la *Glossa* d'Alexandre et dans sa question *De prophetia* ; leur doctrine exactement semblable ne nous permet de constater aucune évolution, et donc de situer l'un de ces textes avant ou après l'autre. Il en va ainsi par exemple du thème de la *distantia in spiritualibus* (cf. ci-dessous, note 44 ; *Glossa*, I, XLVIII, p. 482), pour celui de la *delectatio* définie dans les deux textes par la même formule avicennienne (AH, p. 308 ; *Glossa*, I, III, p. 47), pour la répugnance qui existerait entre l'acte de prophétie et l'acte conjugal (AH, pp. 333-334 ; *Glossa*, IV, XXXII, 13, p. 513).

2. Le *lumen divinum* dans la *visio in speculo*

L'examen de la théorie de nos trois auteurs sur la vision *in speculo* ne nous a pas apporté d'arguments décisifs, mais seulement quelques éléments qui suggèrent la possibilité d'une connaissance de l'œuvre d'Alexandre par l'auteur de la Q. 481, sans toutefois permettre de l'affirmer.

La première constatation est plutôt négative. Si l'on compare le vocabulaire de la vision *in speculo* chez nos trois auteurs, on relève surtout des divergences entre Alexandre d'une part et Philippe et la Q. 481 d'autre part. Le terme simple *speculum* est, il est vrai, commun aux trois auteurs, et très fréquemment employé par chacun d'eux; il en va de même pour le composé *speculum eternitatis*. Mais, à côté de ces similitudes, des dissimilitudes s'imposent, beaucoup plus nombreuses. Alexandre ne connaît, en effet, que deux autres expressions de ce genre: *speculum spirituale* (1 emploi), ignoré par Philippe et Hugues de Saint-Cher; *speculum materiale* (6 emplois), inconnu de Philippe, et que Hugues n'emploie qu'assez peu (3 fois), car il lui préfère *speculum corporale* (10 emplois). Par contre, Alexandre ignore *speculum creatricis essentie* et son corrélatif *speculum creature*, dont la Q. 481 fait grand usage après Philippe. De même, le terme *speculum eterne sapientie*, ainsi que divers synonymes (*speculum primum* ou *speculum intelligibile*) propres à Philippe, sont inconnus d'Alexandre. Celui-ci ignore également le *speculum eternum*, cher à l'auteur de la Q. 481, ainsi que les synonymes employés par ce dernier (*speculum divinum* ou *speculum intellectuale*).

Ce simple inventaire verbal est déjà éloquent par lui-même. S'il ne permet pas d'écarter *a priori* une connaissance de l'œuvre d'Alexandre par les deux autres auteurs — puisqu'une certaine partie de ce vocabulaire leur est commune —, il laisse soupçonner une élaboration fort différente du thème évoqué par ces mots.

De fait, le *speculum eternitatis* désigne une réalité tout autre chez Alexandre et chez Philippe: pour ce dernier, il n'y a qu'une différence de raison entre le *speculum* et l'essence divine [32]; pour le premier, à l'inverse, le *speculum* est une réalité créée, car, il le

---

32. « Dicendum quod Deus ipse sive eterna sapientia, licet sit speculum eternitatis, tamen est ibi differentia secundum rationem, et ideo videre ipsum non est videre speculum eternitatis vel e converso » (C, 81vb au début).

répète fortement après la Bible, l'essence divine habite une lumière inaccessible à l'homme [33].

Hugues de Saint-Cher, dans la Q. 481, tient pour sa part une position assez différente: avec Philippe, il considère comme allant de soi l'identité du *speculum* et de la sagesse divine [34], mais il n'admet pas — et en cela il rejoint Alexandre — que le prophète en ait la vision directe, et il avoue ne pas comprendre la position de Philippe [35]. Selon lui, la vision prophétique nécessite la médiation d'une idée intelligible créée (*species intelligibilis creata*), grâce à laquelle le prophète voit la réalité, objet de son annonce future. Si l'on dit que le prophète « voit » dans le *speculum* ou qu'il « lit » dans le livre (les deux expressions sont en fait synonymes), c'est tout simplement parce que cette *species* ne lui vient pas par le canal habituel de la connaissance naturelle, mais qu'il la reçoit directement du *speculum* [36].

Cette position est d'un intérêt particulier et nous la commenterons à loisir plus loin, car elle est unique dans la littérature de ce genre à l'époque. Mais, il faut déjà le remarquer ici, la position d'Hugues trahit une certaine incertitude, qui le conduit à nuancer sa pensée — et peut-être à se contredire. C'est ainsi qu'il ajoute au raisonnement que nous venons de rappeler, la précision suivante, dont nous ne tarderons pas à voir l'intérêt:

> Speciem autem illam intelligibilem mediante qua fit visio intellectualis *non intelligo aliud quam lumen infusum menti* per quod videt rem enonciandam [37].

---

33. « *Deum nemo vidit unquam* ; ergo speculum in quo vident prophetae non est essentia divina (...). Intelligendum ergo quod speculum aeternitatis est illuminatio procedens a lumine aeterno... » (AH, p. 299) ; « (Lumen divinum) non dicitur speculum secundum quod in se consideratur, quia sic est lumen inaccessibile..., sed tantum secundum quod lumen illud irradiat super illud in quo est » (AH, p. 301).

34. « Exemplar, liber, ydea, speculum, ratio, ars, sapientia, dispositio, divina essencia, Deus, idem sunt secundum esse, sed differunt secundum rationem » (Q. 481, II, *Sol. III*, p. 27).

35. Q. 481, II, *Sol. III*, pp. 27-28.

36. « Est ibi species intelligibilis creata in intellectu inspectoris sub qua videt rem. Sed quia illa species intelligibilis non est ab intellectu intus recipiente, sed a speculo extra illuminante et formante illam speciem, ideo propheta dicitur videre in speculo eterno, sive legere in libro prescientie Dei » (Q. 481, II, *Sol. III*, p. 27).

37. *Ibid.*, p. 28.

Peu importe pour l'instant que les lignes suivantes du texte — comme les précédentes — énoncent une position difficilement conciliable avec celles-ci; l'intérêt de cette conception, c'est qu'elle n'est pas sans rappeler celle d'Alexandre de Halès:

> *Lumen aeternum abstrahit formas rerum et unit eas in anima mediante illuminatione.* Intelligendum ergo quod *speculum aeternitatis est illuminatio procedens a lumine aeterno*, et ab illo resultant formae rerum in mente et spiritu [38].

On perçoit, certes, les différences qui existent entre les deux positions. Alexandre exprime notamment sa conviction que le *speculum* ne doit pas être identifié à la lumière éternelle elle-même. Mais on peut remarquer également que la lumière divine, moyennant l'*illuminatio*, joue chez lui le même rôle que le *speculum* chez Hugues. Selon ce dernier, le *speculum* « crée », « forme », « imprime » les *species* dans l'intellect du prophète, tout comme selon Alexandre le *lumen aeternum* « abstrait » les formes sensibles et les « unit » dans l'âme du prophète.

On retrouve également chez Hugues une idée assez voisine de celle qu'Alexandre expose dans sa théorie du *lumen proportionale*. Le *lumen divinum*, explique ce dernier, ne peut être appelé *speculum*, si on le considère en lui-même, mais seulement dans la mesure où sa lumière « irradie » sur tel ou tel intelligible. Loi absolument générale, poursuit Alexandre, puisqu'elle se vérifie également dans la vision bienheureuse: même là, l'âme ne verra Dieu que dans une lumière qui lui sera proportionnée. Et pour bien faire comprendre sa pensée, il achève son exposé par un exemple tiré des réalités naturelles:

> Sicut enim lumen solis in rota non est proportionale visui nostro secundum se, sed secundum quod est in aëre, sic lumen illud divinum in se non est proportionale, sed secundum quod cadit super hoc intelligibile vel illud [39].

---

38. AH, p. 299.
39. On reconnaît la théorie du *medium* créé présent jusque dans la vision béatifique, qui vaudra à Alexandre les rigueurs de la condamnation de 1241 (cf. AH, p. 301, note 3). Pour cette question, on peut se reporter à l'éclairant commentaire de H.-F. DONDAINE, *L'objet et le ' medium ' de la vision béatifique au XIIIe siècle*, dans RTAM, XIX (1952), pp. 79-82 et 96 ; cf. le texte publié, pp. 122-123.

Hugues de Saint-Cher est moins abondant dans son explication, mais il est assez proche de ces vues d'Alexandre quand il explique que, si toutes les « idées » de toutes choses se reflètent dans le *speculum*, celui-ci n'en fait connaître que ce qu'il lui paraît bon de communiquer, « s'adaptant selon sa volonté à l'intellect du voyant » (*pro voluntate sua coaptans intellectui inspectoris*) [40].

Ainsi, bien que, prise dans son ensemble, la théorie d'Alexandre soit vraiment différente de celle d'Hugues [41], on n'en trouve pas moins chez ce dernier l'une ou l'autre phrase qui ne sont pas sans rappeler les vues du premier. Faut-il voir là — en particulier dans l'incertitude qui affecte l'expression d'Hugues — la trace d'une certaine connaissance des conceptions d'Alexandre ? Il serait aventureux de l'affirmer. Hugues est habituellement moins discret quand il s'inspire d'un auteur. S'il sait à l'occasion nuancer, modifier, contredire même, la pensée d'un autre, il ne recule pas pour autant devant les emprunts littéraux. Il sait aussi mentionner les *quidam* dont il s'écarte. Or nous n'avons rien de semblable pour le sujet dont nous venons de parler. Les quelques phrases que nous avons évoquées, n'auraient peut-être pas été écrites par Hugues si, à sa connaissance de Philippe, il n'avait ajouté celle d'Alexandre, mais — il faut l'avouer — cette conjecture ne dépasse pas le stade de la vraisemblance, sans même atteindre à la probabilité.

3. Recherches complémentaires

Les autres sondages auxquels nous avons procédé ne se sont pas révélés plus concluants. Que ce soit à propos du terme *velamen*, caractéristique d'Alexandre, et que Philippe connaît aussi (bien qu'il l'utilise de manière différente) [42] ; ou à propos de la diffé-

---

40. Q. 481, II, *Sol. III*, p. 27.
41. On peut voir cette théorie d'Alexandre exposée plus en détail dans B. DECKER, *Die Entwicklung*, pp. 73-93.
42. A l'aide d'un mot de Grégoire le Grand, mais en référence également à Augustin, Alexandre parle du *velamen corpulentiae* qui empêche une pleine connaissance de Dieu ; ce voile se trouve en tout *viator*, et ne disparaîtra que dans le face-à-face de la vision (AH, pp. 294-295 ; le terme *velamen* se retrouve, mais non exactement la même idée dans la Q. 241 ; cf. A, 104va) ; Philippe emploie lui aussi ce terme *velamen*, mais l'idée est tout à fait différente quand, à propos du double sens de certaines prophéties, il écrit : « Erat primus intel-

rence entre *denunciare* et *enunciare* à laquelle Philippe consacre un long développement dont il aurait pu emprunter le motif à Alexandre [43] ; ou encore à propos de la *distantia situalis* qui doit exister entre l'œil et le miroir pour que ce dernier ne bouche pas la vue du premier [44] ; nulle part nous n'avons trouvé la preuve d'une utilisation certaine d'Alexandre dans la Q. 481.

Le thème de la *distantia situalis* est révélateur à cet égard. Philippe pose la question d'une manière différente de celle d'Alexandre, mais il y apporte une réponse semblable, quoiqu'en termes autres [45]. Hugues connaît aussi la question, et la pose de la même façon que Philippe, bien qu'avec des mots différents [46], mais... il oublie d'y répondre ! La chose serait étonnante s'il avait connu l'ingénieuse élaboration d'Alexandre, mais elle l'est moins si Hugues n'a connu la question que par Philippe. La mention qu'il en fait trahit une nouvelle fois sa dépendance à l'égard du Chancelier ; mais l'oubli de la réponse pourrait n'être pas luimême sans signification. Il est trop semblable à celui que nous

---

lectus *pro velamine* et signo, secundus pro veritate et sub sensu falsi verum obumbratum » (C, 79rb *in fine*) ; quelques lignes plus loin, Philippe parle encore de la sentence menaçante du prophète comme du *velamen et sacramentum consilii*, c'est-à-dire du dessein divin. Le terme est absent de la Q. 481.

43. On ne trouve chez Alexandre que cette brève mention : « Inspiratio est ad *enuntiandum*, revelatio autem ad *denuntiandum* » (AH, p. 316). Philippe est plus prolixe, et fonde son développement sur la manière différente dont s'exprime la *Glose* ici ou là : une fois *pronuntiare*, ailleurs *denuntiare* ; de là, il glisse sans raison apparente vers un troisième terme : *enuntiare*, et il enchaîne : si toute prophétie est objet de dénonciation (car *denuntiari = de alto nuntiari*), il arrive que le second sens de la prophétie (caché, et parfois seulement signifié) ne soit pas énoncé, mais seulement dénoncé (cf. C, 78ra-va). Ces considérations ne se retrouvent pas dans la Q. 481.

44. L'argument chez Alexandre dans le cadre d'une démonstration assez alambiquée dans laquelle il s'efforce, à propos de la *visio in speculo*, de retrouver les quatre éléments nécessaires selon lui à la perception d'une image dans un quelconque miroir (AH, pp. 300-302, numéros 16 et 18). Le quatrième élément, la distance locale (*distantia situalis*), ne se retrouve ici que moyennant transposition : ce qui est distance dans le monde des corps, est tout simplement différence d'ordre (*ordinis distinctio*) dans le domaine des esprits (AH, p. 302). — La difficulté de Philippe est autre : puisque la sagesse éternelle est en tout lieu, comment y aurait-il ici la distance que la vision postule entre l'œil et le miroir (C, 81rb) ?

45. « Non est distantia inter intellectum et speculum intelligibile et non exigitur huiusmodi distantia in spiritualibus ; sed est tamen ibi distantia secundum naturam et hec sufficit » (C, 81va).

46. Cf. ci-dessus : Q. 481, II, 3ᵉ obj., p. 21 ; la Q. 540 pose et résoud la question de la même façon que Philippe. Cf. dans notre édition, *Antonianum*, XLIX (1974), p. 524.

avons constaté à propos de la *designatio in spiritu*, pour n'être pas remarqué. Nous y verrions volontiers le signe que ces thèmes étaient dans l'air et c'est pourquoi l'auteur les a soulevés, mais sans se croire obligé d'en tenir compte dans son élaboration. A moins que ces questions n'émanent des « opposants » qui prirent part à la dispute, et que l'auteur n'ait préféré garder le silence à leur sujet. Ainsi, tout autant que de l'antériorité de la Question d'Alexandre, la Q. 481 témoignerait du fait que son auteur a préféré une autre systématisation. Si Philippe a connu et utilisé le *De prophetia* d'Alexandre (ce qui reste problématique malgré les possibles points de contact que nous avons signalés), Hugues de Saint-Cher ne l'a pas suivi sur ce terrain.

Les résultats de notre recherche sont donc aussi modestes que problématiques; on peut les résumer comme suit. Si Alexandre est vraiment l'inventeur de la formule *inspiratio est in spiritu designatio*, alors son *De prophetia* est certainement antérieur aux deux autres, qui témoignent ainsi en avoir pris connaissance: Philippe, directement; la Q. 481 par l'intermédiaire de Philippe. On trouve chez Philippe plus de points suggérant un rapprochement avec Alexandre, mais la différence de leur vocabulaire n'incite pas à lui attribuer une utilisation délibérée de l'œuvre de ce dernier. Quant à Hugues de Saint-Cher, s'il est possible de détecter chez lui certains passages qui rappellent telle ou telle idée d'Alexandre, nous ne pouvons assurer qu'il s'agit d'autre chose que d'une ressemblance fortuite.

§ III. GODEFROID DE POITIERS

Nous avons déjà eu l'occasion de signaler l'influence qu'ont pu exercer les idées de Godefroid de Poitiers sur nos textes [47]. On

---

47. Cf. ci-dessus, p. 33, n. 6 à la Q. 481, III ; on sait que la *Somme* de Godefroid de Poitiers date des années 1213-1215 (cf. P. ANCIAUX, *La date de composition de la Somme de Godefroid de Poitiers*, dans RTAM, XVI (1949), pp. 165-166), et O. Lottin a précisé à plusieurs reprises sa position dans le cheminement des idées au début du XIIIe siècle (cf. PM, IV, pp. 372-398 ; PM, VI, pp. 137-142). Le sigle E que nous utilisons ici, renvoie au manuscrit de cette *Somme* tel qu'il est conservé à *Bologna, Bibl. Com. dell' Archiginnasio, Cod. A 1036*, f. 92ra-93va.

sait par ailleurs qu'il est, selon toute vraisemblance, le premier à employer l'expression *speculum eternitatis*, dont on fera après lui si grand usage [48]. Étant donné le fait bien connu qu'il est aussi une des sources habituelles de Guillaume d'Auxerre [49], on pouvait se demander si la Q. 481 en avait à son tour subi l'influence. Nous avons donc procédé à quelques comparaisons de textes pour vérifier ce qu'il en est. Nous ne reproduirons pas ici ces tableaux ; il suffira d'en communiquer les résultats.

A part une exception sur laquelle nous allons revenir, on ne décèle pas d'influence directe de Godefroid de Poitiers sur la Q. 481. Par contre, il est aisé de percevoir entre ces deux textes certains points de contact qui s'établissent par l'intermédiaire de Guillaume d'Auxerre. Ainsi lorsque Hugues de Saint-Cher se demande si les interprètes de l'Écriture (les *expositores*, les *sancti*) ont droit au titre de prophète [50], il pose une question qui trouve son origine lointaine dans l'Écriture elle-même (cf. *I Cor.*, 14, 3), mais dont la source prochaine est plus simplement Guillaume d'Auxerre [51]. Or ce dernier, à son tour, doit beaucoup à Godefroid de Poitiers [52], dont il amplifie cependant la problématique aussi bien que la solution. C'est cette amplification qui se retrouve dans la Q. 481, presque littéralement dans l'exposé des arguments *pro et contra*, de façon plus indépendante dans la solution [53].

On constate pourtant, dans le texte de la Q. 481, l'absence d'une « autorité » significative : « Eodem Spiritu quo sunt editae

---

48. B. DECKER (*Die Entwicklung*, p. 51, n. 9) a lui aussi signalé l'existence de ce terme chez Godefroid, mais il n'a pu détecter sa présence dans les sources patristiques, néoplatoniciennes, arabes ou juives, appartenant à la littérature du sujet. Nos propres recherches dans les documents scolastiques que B. Decker n'avait pu consulter, n'ont pas donné de meilleurs résultats, et nous pensons comme lui que le terme s'origine probablement dans la Bible (cf. *Sag.*, 7, 26 ; voir ci-dessus, p. 24, la citation qu'en fait la Q. 481). H. URS VON BALTHASAR (*Besondere Gnadengaben*, p. 334) cite à ce sujet la remarque d'Albert le Grand : « Je ne me souviens pas d'avoir lu ce mot chez les *sancti* (= les Pères), mais c'est un terme d'école (*verbum magistrale*) » (cf. R, 11ra *in fine*), ce qui se comprendrait fort bien si Godefroid en est le promoteur.

49. Cf. O. LOTTIN, PM, IV, pp. 399-400 ; cf. également W. H. PRINCIPE, *William of Auxerre's Theology...*, p. 158, n. 28 ; pp. 242-245.

50. Cf. ci-dessus, pp. 50 et 54, ad 6.

51. Cf. *Summa aurea*, lib. II, tr. 6, f. Lva.

52. Cf. E, 92rb-va.

53. La Q. 481 apporte sa propre contribution en précisant notamment de quelle façon le titre de prophète peut s'appliquer aux apôtres.

sacrae scripturae sunt expositae » [54]. Nerf de l'objection chez Godefroid, ce texte eût sans doute été retenu par Hugues s'il l'avait reconnu comme tel ; mais il n'occupe qu'une place secondaire chez Guillaume, et c'est sans doute la raison de son omission dans notre texte. Si donc l'on peut dire que le texte de Godefroid se retrouve en substance dans la Q. 481 grâce à Guillaume, rien ne nous permet de penser que Hugues l'a utilisé directement sur ce point.

Il en va peut-être autrement sur un autre sujet. La Q. 481 semble reprendre à son compte un argument de Godefroid, qui ne lui est pas venu par l'intermédiaire de Guillaume. On trouve, en effet, dans notre Question plusieurs passages où l'auteur s'interroge sur la différence entre foi et prophétie [55]. Il s'agit visiblement d'un thème qui l'a préoccupé et pour lequel il a regroupé systématiquement et amplifié quelques éléments déjà mentionnés par Guillaume d'Auxerre [56]. Mais il met en œuvre un argument ignoré de ce dernier, et dont la source pourrait bien être Godefroid.

A propos de ce qui distingue foi et prophétie, ce dernier déclarait déjà : « Si forte aliquid (fidei) sit ex tali revelatione, non est (ad) denunciandum sed ad credendum » [57]. La même remarque se retrouve en termes voisins dans la Q. 481 : « Fides inspi-

---

54. Il est intéressant de relever ce nouveau témoin d'une formule dont on connaît la longue histoire. Le plus récent emploi en a sans doute été fait par le Concile Vatican II (cf. *Dei Verbum*, III, 12) ; mais à travers les grands scolastiques (cf. v.g. Thomas d'Aquin, *Ad Rom.*, XII, lect. 2), c'est chez Jérôme (*In Gal.*, V, 19-21, PL, t. 26, c. 417 A) ou Origène (*In Num.*, XVI, 9, ed. Baehrens, dans GCS, t. VII, p. 153), qu'il faut en chercher l'origine. En arrière-plan, c'est en définitive à l'Écriture (*I Cor.*, 2, 13) que l'on est renvoyé (cf. J.-P. Torrell, dans RT, LXVI (1966), p. 81, n. 2).
55. Q. 481, I, ad 7, ci-dessus, pp. 5 et 14 ; II, ad 5, pp. 22 et 30-31.
56. On peut comparer par exemple Q. 481, II, fin de l'*ad 5* (ci-dessus, p. 35), avec le passage suivant de Guillaume d'Auxerre : « Isaias duplicem cognitionem habuit de hoc articulo : ' Ecce Virgo concipiet ', scilicet cognitionem fidei et cognitionem prophetalem, sed in actu non potuit istis duobus uti simul » (*Summa aurea*, f. XLIXra ; cf. des remarques un peu semblables à propos de la connaissance du mystère de l'Incarnation dont aurait été gratifié Abraham : f. Lva *in fine*). On peut encore mentionner le passage où Guillaume donne comme motif de la certitude du prophète, l'évidence de sa vision plutôt que celle de la réalité vue : « In huius visione videns magis acquiescit visioni quam viso » (*ibid.*, XLIXra, ad 2 ; cf. ad 3) ; la Q. 481 utilise le même argument : I, ad 7, p. 14.
57. E, 92va.

ratur ad credendum, prophetia autem inspiratur ad denonciandum aliis quod videtur » ⁵⁸. Mais alors que Godefroid se contente de cette simple évocation, la Q. 481 poursuit par une comparaison très poussée qui n'a pas son parallèle chez ce dernier. Ici encore, notre Question est plus dépendante de Guillaume que de Godefroid, mais il est possible que la réflexion d'Hugues de Saint-Cher l'ait amené à consulter Godefroid, et à compléter par cet élément ce qu'il empruntait déjà à Guillaume.

Il est également possible que cette ressemblance soit purement fortuite et due simplement à l'identité du sujet traité. Si Hugues avait utilisé Godefroid sur ce point, on s'expliquerait mal de ne retrouver chez lui aucune trace de l'élaboration pourtant si originale de celui-ci. Godefroid est, en effet, l'auteur de développements dont nous n'avons trouvé nulle part ailleurs l'équivalent sur la signification du mot *revelatio*, et qui confèrent à son exposé une séduisante allure de nouveauté ⁵⁹. La Q. 481 les ignore malheureusement, ainsi qu'elle ignore — et même contredit de fait — nombre d'autres positions de la *Somme* de Godefroid ⁶⁰. Si

---

58. Q. 481, I, ad 7, p. 14.
59. Cf. le résumé que nous donnons ci-dessous, p. 166, n. 18 ; outre cette référence à l'étymologie, Godefroid s'appuie fort opportunément sur l'épisode des disciples d'Emmaüs auxquels le Christ « ouvre les yeux » à l'intelligence des Écritures (cf. *Lc*, 24, 31 et 45). En décrivant les différentes façons dont se réalise cette *ablatio velaminis* (cf. E, 92rb-va), Godefroid met davantage l'accent sur ce qui se passe du côté de l'homme que sur le dévoilement supposé de la réalité divine aux yeux du prophète, préfigurant ainsi telle explication de Thomas d'Aquin : « per ipsam (revelationem) removetur obscuritatis et ignorantiae velamen » (*Summa theol.*, II-II., 171, 1, ad 4). De même, plus que sur la *visio in speculo* dont il ne parle pas, Godefroid insiste sur l'idée de *locutio interior* (*proprie inspiratio dicitur interna Spiritus allocutio*, E, 92va). Ici encore, Godefroid fait penser à saint Thomas, à qui il reviendra de développer explicitement cet aspect (cf. E. Ménard, *La Tradition. Révélation, Écriture, Église, selon saint Thomas d'Aquin* [Studia, 18], Bruges-Paris, 1964, pp. 61-63 notamment).
60. Un exemple typique nous en est fourni à propos de la question classique de la véracité de Jonas : puisque sa prophétie sur la destruction de Ninive ne s'est pas réalisée, faut-il penser qu'il a menti, ou bien qu'il a dit vrai en assortissant sa prophétie d'une ' restriction mentale ' ? Les positions de nos auteurs sont on ne peut plus différentes. Alors que Godefroid assure : « non prophetavit nisi verum » (E, 93rb), et encore : « nec falsus fuit nec falsum prophetavit » (E, 93rb), l'auteur de la Q. 481 emploie beaucoup plus de nuances, mais c'est finalement pour conclure : « quia verba que protulit (Jonas) figurant falsum, dixit falsum » (I, ad 14, p. 19), ou encore : « illud quod dixit falsum fuit » (III, ad 12, p. 45). Au même problème posé par la prédiction d'Isaïe sur la mort prochaine du roi Ézéchias, les deux auteurs apportent des réponses aussi tran-

donc il reste vrai que les idées de Godefroid ont trouvé un certain écho dans la Q. 481 par le canal de Guillaume d'Auxerre [61], nous pouvons conclure que Hugues de Saint-Cher, dans sa question *De prophetia*, n'a pas connu ces idées en ce qu'elles ont de spécifique, ou du moins qu'il ne les a pas utilisées.

§ IV. ÉTIENNE LANGTON

Les constatations que nous venons de faire à propos de Godefroid de Poitiers, peuvent être renouvelées avec Étienne Langton. On le sait, les *Quaestiones* de ce dernier ont été souvent mises à contribution par le premier [62] ; ce phénomène se remarque également à propos des développements de l'un et de l'autre sur la prophétie [63]. En vérifiant ce que la Q. 481 avait pu

---

chées, mais de sens inverse : « dixit verum simpliciter » (Q. 481, I, ad 14, p. 19) ; « bene concedo quod falsum dixit » (GODEFROID, E, 92vb).

61. Au passage sur les *expositores* rappelé ci-dessus, il faut joindre celui consacré au consentement de la Vierge Marie (cf. ci-dessus, p. 33). Hugues, suivant en cela Guillaume, mais pour des raisons différentes, s'y écarte d'ailleurs de la position de Godefroid. De même, il faut faire remonter à Godefroid certains sujets traités par la Q. 481 dans son art. III : comment juger l'attitude du roi Achaz refusant de demander un signe (cf. *Is.*, 7, 12) ? l'obéissance due aux prophètes quand ils prescrivent *contra legem* ; les signes auxquels on reconnaît les vrais prophètes, etc. ; en ces différents endroits on peut constater le processus déjà signalé : ce n'est qu'à travers la systématisation de Guillaume que ces idées trouvent place dans la Q. 481.

62. Cf. O. LOTTIN, PM, IV, pp. 372-384 ; V, pp. 845-846 ; VI, pp. 135-142 ; cf. aussi l'article de L. Antl cité à la note suivante (pp. 162-166 notamment).

63. Étienne Langton traite de la prophétie dans les QQ. 50, 51, 52, du ms *Vat. lat. 4297* (f. 47ra-48vb) que nous citons ici sous l'abréviation L. — A. LANDGRAF (*Echtheitsfragen bei Stephan von Langton*, dans *Phil. Jahrbuch*, 47 (1927), pp. 306-318) a signalé la difficulté peu commune qu'offre ce manuscrit à la lecture (" ungemein schwer zu lesen ", *ibid.*, p. 313 ; cf. p. 315). — Les *Questions* d'Étienne Langton sont datées de 1200-1206 par L. ANTL (*An Introduction to the « Quaestiones theologicae » of Stephen Langton*, dans FS, XII (1952), pp. 151-175). Il faut signaler le caractère composite de ce recueil, d'où les contradictions que l'on peut relever en passant de l'une à l'autre des pièces qui le composent. A. Landgraf explique cela comme un trait général de bien des collections de cette époque (cf. RTAM, VII (1935), pp. 115-116), ce qui invite à se montrer attentif aux questions d'authenticité. Nos questions sur la prophétie, dont la deuxième (Q. 51) reprend avec un accent différent les questions posées dans la première (Q. 50), ne sont pas sans poser semblables points d'interrogation (cf. note suivante). Nous ne pouvons guère que signaler cette difficulté, car cette recherche nous entraînerait hors du cadre du présent travail. On notera cependant que les différents manuscrits des *Quaestiones* ne contiennent pas tous le même nombre de textes sur la prophétie. Le ms *Cambridge, St John's*

emprunter à Godefroid, nous avons donc été conduit jusqu'à Étienne. Les résultats obtenus nous permettent de remonter d'un cran dans la filière historique qui aboutit à la Q. 481, mais nous n'avons pu établir pour autant l'existence d'un contact direct entre le texte d'Hugues et celui d'Étienne [64].

Étienne Langton se trouve certes évoqué parmi les *quidam* qui pensent que le libre arbitre de la Vierge Marie était indifférent à l'accomplissement en elle de la prophétie d'Isaïe [65], mais cette allusion n'est faite qu'à travers Guillaume d'Auxerre [66], et nous ne pouvons en inférer une connaissance personnelle des *Questions* d'Étienne par Hugues. Il en va de même pour les autres affinités que nous avons pu déceler. La chose est particulièrement claire pour le chapitre IV de la Q. 481 ; comme la Question 52 de Langton, il s'intitule : *De officio prophetarum* [67], et il est intéres-

---

College 57 en contient quatre (nn. 104, 165, 166, 167 ; le n° 104 semble être un doublet du n° 165 ; cf. V. M. POWICKE, *Stephen Langton*, Oxford, 1928, pp. 189 et 192). On en trouve trois dans le ms *Paris, B.N. lat. 16385* (à la famille duquel appartient *Vat. lat. 4297* que nous utilisons ici) : les QQ. 51, 52, 53, qui correspondent aux nn. 165, 166, 167 du ms de Cambridge. On n'en rencontre qu'une seule dans *Paris, B.N. lat. 14556* (le n° 51 de la série précédente, c'est-à-dire le 165 de Cambridge), et aucune dans le ms *Chartres 340* (cf. F. M. POWICKE, *ibid.*, pp. 192-202 ; G. LACOMBE-A. LANDGRAF, *The ' Questiones ' of Cardinal Stephen Langton (II)*, dans *The New Schol.*, III (1929), p. 134 ; A. L. GREGORY, *The Cambridge Manuscript of the « Questiones » of Stephen Langton, ibid.*, IV (1930), p. 220 ; on notera que la numérotation de Miss Gregory est en décalage d'un point par rapport à celle de Lacombe-Landgraf : 52, 53, 54 au lieu de 51, 52, 53).

64. Il est d'autres points à propos desquels on a pu faire la preuve de ce contact direct. C'est ainsi qu'au sujet des développements d'Hugues sur le péché originel dans son *Commentaire des Sentences* (cf. *II Sent.*, dist. XXIX-XXX ; H, 41vb), O. Lottin a pu écrire : « Maintes expressions d'Étienne Langton, omises par Guillaume d'Auxerre, mais présentes dans le texte d'Hugues, prouvent que celui-ci a eu sous les yeux le texte d'Étienne » (PM, IV, p. 120, note 1).

65. Cf. ci-dessus, p. 33 ; voici le texte d'Étienne qui semble visé par ce passage : « Nullum arbitrium necessarium est ad hoc ut prophetia predestinationis adimpleatur. Si enim Maria non concessisset, consensisset alia » (Q. 50 : L, 47rb). La Q. 51 contient un autre texte sur le même sujet : « In potestate beate Virginis fuit ut si vellet, prophetia impleretur, si non vellet, non fieret. Hoc quidam. Verum, ut : si vellet in ea fieret, fieret et sine ea ; non vellet, non fieret ; sed non : ideo fieret in alia » (L, 47va). Notre ponctuation représente une interprétation de ce texte difficile ; l'auteur semble rapporter et gloser une opinion contradictoire à la sienne.

66. Cf. ci-dessus, p. 63, le tableau où nous comparons ce passage de la Q. 481 avec le lieu parallèle de Guillaume.

67. Q. 52 : L, 48rb-48vb.

sant de relever chez Hugues nombre d'éléments qui se trouvent déjà chez son prédécesseur [68]. Mais il est plus instructif encore de relever les étapes par lesquelles ces idées sont passées avant de trouver place dans le texte de la Q. 481.

Son auteur les a directement empruntées, encore une fois, à Guillaume d'Auxerre qui, lui-même, les tient d'Étienne Langton. Guillaume avait toutefois accompli un notable effort de mise en ordre par rapport à sa source. Il avait distingué en deux rubriques bien distinctes (faut-il obéir aux prophètes : 1º en matière indifférente ; 2º quand ils prescrivent *contra legem Dei* ?) les matériaux assez inorganisés qu'il avait trouvés chez Langton [69]. A ce matériel, il avait ajouté deux éléments empruntés au passage à Godefroid de Poitiers [70], ainsi que des éléments de son propre cru [71].

Le texte de Guillaume porte donc les traces de trois auteurs différents (Étienne, Godefroid, Guillaume lui-même), quand Hugues de Saint-Cher en prend connaissance pour l'utiliser ; à son tour, il va le modifier, négligeant ici certain excursus de Guillaume [72], omettant là tel cas évoqué pourtant par ses trois prédécesseurs [73], apportant enfin lui-même sa propre contribution [74].

Aucun des sujets évoqués dans le texte qui offre ces remaniements n'est assez important pour mériter plus grande attention dans le cadre de notre considération présente. Mais, on le voit, le processus historique, à la fois littéraire et doctrinal, qui, à partir du matériau brut d'Étienne ou des fragments épars de Godefroid,

---

68. Il en est ainsi de certains signes du vrai prophète : de l'obéissance due à Jérémie qui annonce la captivité ; du refus d'obéir opposé au prophète Michée par un de ses collègues à qui il ordonne de le frapper ; de l'obéissance due au pape quand il prétend statuer contre l'indissolubilité du mariage.

69. Cf. Guillaume d'Auxerre, *Summa aurea*, lib. II, tr. VI, cap. IV, f. Lva-LIrb.

70. Il s'agit de l'explication de l'attitude du roi Achaz refusant de demander un signe du ciel pour ne pas tenter Dieu (cf. E, 93va ; Guillaume, Lvb-LIra), ainsi que du verset de *Gal.*, 1, 9 (cf. E, 93va ; Guillaume, Lvb).

71. Guillaume place ici une polémique contre les Juifs qui prétendent que l'*Ecce virgo concipiet* d'Isaïe s'applique au fils du prophète (f. LIra).

72. Cf. la polémique signalée à la note précédente.

73. Puisque la prophétie de Jonas ne s'est pas réalisée, les ninivites n'auraient-ils pas dû le lapider comme faux prophète ? (Q. 52 : L, 48va ; E, 93va ; Guillaume, LIrb).

74. Cf. ci-dessus, p. 50, arg. 4 ; p. 50, arg. 5.

aboutit à la synthèse de la Q. 481, en passant par la première mise en forme de Guillaume, ne manque pas d'un certain intérêt. Nous assistons ainsi à la genèse d'un traité. Malheureusement, les deux auteurs que nous devons encore étudier ne prennent pas organiquement place dans cette évolution.

§ V. LE PSEUDO-LANGTON

Parmi les sources *a priori* possibles de la Q. 481, il y avait encore le Pseudo-Langton dont la *Somme 'Breves dies hominis'* semble strictement contemporaine des *Quaestiones* d'Étienne Langton lui-même, en qui longtemps on a voulu en voir l'auteur [75].

De fait, la lecture de la *Summa* pseudo-langtonienne ne permet de déceler aucune parenté, même lointaine, entre ces deux textes. On peut sans doute constater ici ou là l'un ou l'autre point de contact, comme l'allusion à la position de ceux qui nient la nécessité du libre arbitre d'une personne déterminée pour l'accomplissement de la prophétie d'Isaïe : *Ecce virgo concipiet* [76] ; mais il ne s'agit là que d'un élément parmi d'autres d'un *status quaestionis* qui comporte obligatoirement l'évocation des diverses solutions en présence [77].

---

75. Cf. O. LOTTIN, *La « Summa » attribuée à Étienne Langton*, dans PM, VI, pp. 125-136 ; dans cette étude, qui reprend et complète un article plus ancien (cf. *L'authenticité de la « Summa » d'Étienne Langton*, dans RTAM, I (1929), pp. 497-504), O. Lottin rattache cet auteur, dont « la finesse philosophique (est) supérieure à celle d'Étienne Langton, au cercle des théologiens qui, avec Simon de Tournai, Alain de Lille, ont subi fortement l'empreinte de Gilbert de la Porrée pour constituer le groupe des *Porretani* » (p. 130). Quant à la date, à la suite de D. VAN DEN EYNDE (*Antonianum*, XXVI (1951), p. 243), O. Lottin situe cet ouvrage de 1202 à 1206, c'est-à-dire à la même époque que les *Quaestiones* d'Étienne Langton ; cela n'en fait que mieux ressortir la diversité d'auteurs, puisque les deux ouvrages sont si différents. — Nous utilisons ici le ms *Bamberg, Cod. Patr. 136 (A VI 50)* désigné sous le sigle K.

76. « Alii dicunt quod necessarium est aliquam virginem parere, sed non istam nec illam determinate » (K, 20va). Il faut noter ici que si Étienne Langton est bien la source première de cette position, cette allusion suppose que le Ps.-Langton a utilisé le texte des *Quaestiones* (Q. 50 : L, 47rb ; Q. 51 : L, 47va ; cf. aussi GODEFROID DE POITIERS : E, 93ra).

77. Dans ces colonnes sur la prophétie, le Ps.-Langton multiplie les tours d'horizon sur les divers sujets en présence, sans toujours les conclure de manière bien précise. C'est ainsi qu'après avoir proposé lui-même deux solutions, auxquelles s'ajoute une troisième, il termine prudemment : « Prima solucio tucior est, secunda probabilior, tercia minus probabilior (!) » (K, 21rb).

La position générale de la question de la prophétie est sensiblement différente chez les deux auteurs : on ne trouve rien chez le Ps.-Langton au sujet du débat sur le caractère de *virtus* ou de *scientia*, d'*habitus* ou de don passager, attribuable à la prophétie ; rien non plus sur la *visio in speculo* (le terme *speculum* est lui-même absent de son texte). Il ne consacre pas plus de quelques lignes à la définition de Cassiodore, qui fournit la trame même de tout un article dans la Q. 481 ; le Ps.-Langton connaît d'ailleurs cette définition selon une formulation différente [78].

Tout dans ce texte trahit non seulement une époque antérieure à la Q. 481, mais plus encore un climat entièrement différent : la problématique du non-accomplissement de certaines prophéties donne la dominante de ce texte, ainsi que celle du type de nécessité que la prédiction prophétique confère, ou non, à la réalité prophétisée.

Plus qu'à la Q. 481, c'est à la Q. 490, dont l'*incipit* est très voisin de celui du Ps.-Langton, que ce texte fait penser [79]. C'est aussi à Maître Martin, dont il évoque la position en termes littéraux [80]. A moins que ces deux auteurs, très proches dans le temps, n'aient eux-mêmes une source commune, qu'une recherche plus poussée au-delà de la période qui nous limite permet-

---

78. « Prophetia est divina inspiratio futuros eventus *incommutabili* veritate denuncians » (K, 21va ; comparez ci-dessus p. 21, obj. 7, qui présente en plus l'ajout : « inspiratio *vel revelatio* »). La seule question que se pose le Ps.-Langton à propos de cette définition, c'est de savoir si elle convient « omni et soli » (*ibid.*).

79. L'un et l'autre texte commence par une interrogation sur le type de nécessité que la prophétie confère à la réalité prophétisée. Leur *incipit* n'est pas littéralement semblable, ce qui exclut une dépendance immédiate de l'un par rapport à l'autre, mais tous deux ont pour élément essentiel de leur problématique la *Glose sur Mat.*, 1, 22 (pour la Q. 490, cf. B, 144rb ; pour K : 20rb).

80. Les deux auteurs se retrouvent dans leur manière de gloser le *sine nostro arbitrio* qui entre dans la définition de la prophétie de prédestination. Le Ps.-Langton évoque la position de ceux qui prétendent : « Non potest impleri sine libero arbitrio oculto vel manifesto. Quod autem dicitur eam posse impleri sine libero arbitrio, supple : manifesto ; sicut de parvulo qui statim decedit post baptismum dicitur quod salvatur de misericordia, non de iusticia, sed suppletur : manifesta ; salvatur enim de iusticia, sed oculta » (K, 20va). Voici maintenant le texte de Maître Martin : « Alii dicunt quod prophetia predestinationis non ideo dicitur impleri sine humano arbitrio quin quandoque per liberi arbitrii consensum non adimpleatur, sed quia occultus est ibi assensus liberi arbitrii ; sicut dicitur de parvulo qui decedit post baptismum incontinenter, quod salvatur de misericordia non de iusticia ; non quod non ibi sit iusticia, sed quia occulta est ibi » (*Paris, B. N. lat. 14556*, f. 276rb ; nous citons : M).

trait peut-être de retrouver [81], un pareil rapprochement nous force de conclure que le Ps.-Langton a utilisé l'exposé sur la prophétie de Maître Martin. Toutefois nous avons dû renoncer à voir en lui un précurseur de la Q. 481.

§ VI. PIERRE DE CAPOUE

Avec Pierre de Capoue, qui enseigna à Paris entre 1200 et 1218, et dont la *Summa* aurait été rédigée vers 1200 [82], nous atteignons la limite temporelle en deçà de laquelle nous avons fixé le champ de notre recherche. Cet auteur peu connu a cependant laissé des traces que A. Landgraf s'est employé jadis à repérer [83], et sa *Summa* contient, entre une question sur la

---

81. Nous avons cherché dans Simon de Tournai, dont on sait tout ce que lui emprunte Maître Martin (cf. J. WARICHEZ, *Les « Disputationes » de Simon de Tournai*, pp. XXXV-XXXVI) et de qui dépend aussi le Ps.-Langton sur certains points (cf. P. ANCIAUX, *La théologie du sacrement de pénitence au XIIe siècle*, Louvain-Gembloux, 1949, p. 402), mais nous n'avons rien trouvé qui ferait de Simon la source de cette opinion rapportée par nos deux auteurs.

82. Cf. H. RIEDLINGER, *Petrus v. Capua d. J.*, dans LTK, t. VIII, 1963, c. 354 ; O. LOTTIN (PM, III, pp. 205-206), qui signale sa dépendance à l'égard de Simon de Tournai et de Pierre de Poitiers ; cf. ID. (PM, IV, p. 844), qui ajoute Pierre Lombard, Pierre le Mangeur, Prévostin à ces deux premiers noms et suggère une influence possible de Pierre de Capoue sur le Ps.-Langton. Pour une vue générale sur cet auteur, on peut encore se référer à M. GRABMANN, *Die Geschichte der scholastischen Methode*, t. II, Freiburg i. B., 1911, pp. 532-534.

83. A. LANDGRAF, *A Study of the Academic Latitude of Peter of Capua*, dans *The New Schol.*, XIV (1940), pp. 57-74. Aux noms signalés dans la note précédente, cet auteur permet d'ajouter, avec parfois un point d'interrogation : au chapitre des sources, Gilbert de la Porrée et Odon d'Ourscamp (ou de Soissons) ; à celui de l'influence exercée, l'auteur anonyme dont la *Summa* est conservée dans le codex *Vat. lat. 10754* (ici : Q ; cf. ID., *Die Quellen der anonymen « Summe » des Cod. Vat. lat. 10754*, dans MS, IX (1947), p. 297). Ce texte, découvert jadis par ce même LANDGRAF (cf. *Eine neuentdeckte Summe aus der Schule des Praepositinus*, dans CF, I (1931), pp. 289-318), contient un développement notable sur la prophétie (2 col. 1/2 ; Q. 31rb-31vb). L'auteur rattache son excursus aux mots du *Credo : Qui locutus est per prophetas*. Il évoque d'emblée la définition de Cassiodore, mais c'est pour s'interroger aussitôt sur la nécessité du prophétisé, sur laquelle il s'étend durant plus d'une colonne (31rb-31va) ; il passe ensuite à la prophétie de Caïphe, plus brièvement traitée (fin de la col. 31va), dit quelques mots de Jonas, de Balaam, de l'altercation entre Jérémie et le faux prophète Ananie (première moitié de la col. 31vb), après quoi, il enchaîne sur la communion des saints, *id est sancta catholica ecclesia*. — Quand à l'*Ecce virgo concipiet*, l'auteur propose la même solution qu'Étienne Langton (cf. ci-dessus, note 65, p. 138 : « Si beata Virgo non consensisset, alia consensisset » (Q. 31rb). La manière dont il évoque la place du libre arbitre,

prédestination (Q. XIX) et une autre sur la possibilité pour Dieu de commencer à être dans un lieu (Q. XXI), un développement intitulé : *De prophetiis et eventibus earum* (Q. XX) [84].

Nous avons donc interrogé ce texte pour y déceler ce qui éventuellement aurait pu aboutir dans celui d'Hugues de Saint-Cher. Notre recherche n'a donné ici aucun résultat. Comme celui du Ps.-Langton, sur qui il aurait peut-être exercé une certaine influence [85], le texte de Pierre de Capoue reflète une problématique qui n'a que très peu de points communs avec celle de la Q. 481. Si nous exceptons les questions qui, depuis le début du XIIe siècle, figurent obligatoirement dans toute réflexion sur la prophétie [86] : la véracité de Jonas et d'Isaïe, la prophétie de Caïphe, la nécessité du prophétisé (thème développé par Pierre de Capoue davantage en relation au *Ter me negabis* qu'à l'*Ecce virgo concipiet*), rien de ce qui caractérise la Q. 481 ne se retrouve dans Pierre de Capoue.

* * *

---

caché ou manifeste, dans la réalisation de la prophétie de prédestination (Q, 31rb), fait penser à Maître Martin et au Ps.-Langton (cf. ci-dessus, note 80, p. 141). Seule une étude attentive — qui n'entre pas dans notre propos ici — permettrait de préciser les relations de ces différents textes si proches dans le temps. Signalons pourtant encore un détail qui souligne le voisinage avec Maître Martin : l'emploi de l'expression *necessitas circa rem generis, non circa genus rei* (Q, 31rb ; cf. M, 276rb) ; au-delà, c'est sans doute à Simon de Tournai, à qui cette expression était familière, qu'on serait renvoyé (cf. O. LOTTIN, PM, II, p. 519, note 1).

84. Nous utilisons le texte du ms *Vat. lat. 4296* ; le texte sur la prophétie se trouve aux folios 9rb-10ra ; nous citerons désormais : G.

85. Cf. O. LOTTIN, PM, III, p. 206, note 1 ; si elle existe, cette influence n'est pas massive dans le *De prophetia* ; nous avons pu relever quelques ressemblances entre le texte de Pierre de Capoue et celui du Ps.-Langton, mais elles sont beaucoup moins nettes que celles que nous avons pu noter entre ce dernier et Maître Martin (cf. ci-dessus, note 80, p. 141) ; la raison de cette similitude nous paraît devoir être cherchée plutôt dans une source commune aux deux auteurs.

86. Cf. par exemple les textes de l'école d'Anselme de Laon qui ont été édités par O. LOTTIN, dans PM, V, numéros 82-84, pp. 70-73 ; numéro 164, p. 121 ; numéro 226, p. 142 ; numéro 233, pp. 186-187. Dans ce volume de *Psychologie et morale*, entièrement consacré à *L'école d'Anselme de Laon et de Guillaume de Champeaux*, Dom Lottin reprend et met au point les résultats d'un certain nombre d'articles parus antérieurement dans RTAM, dont nous devons signaler l'un d'eux, qui compare précisément certains textes sur la prophétie : *Aux origines de l'école théologique d'Anselme de Laon*, dans RTAM, X (1938), pp. 100-122 ; cf. pp. 117-119 ; cf. déjà F. BLIEMETZRIEDER, *Autour de l'œuvre théologique d'Anselme de Laon*, dans RTAM I (1929), pp. 435-483 ; textes sur la prophétie repris plus tard par O. LOTTIN, *ibid*, pp. 462-466.

Entreprise indispensable à l'histoire des idées, la recherche des sources d'une œuvre donnée est une tâche laborieuse, dont l'issue reste toujours problématique. Celle que nous venons d'effectuer ne fait pas exception à la règle ; nous avons dû remuer une assez vaste documentation pour aboutir à des conclusions relativement modestes. Nous avons tenu pourtant à communiquer ce détail de nos démarches, même infructueuses, moins pour souligner le travail accompli, que pour faire savoir qu'il n'est plus à faire. Le champ de la recherche est encore assez vaste pour qu'on puisse se permettre d'y dépenser en vain trop de forces.

Mais, pour décevants qu'ils soient, ces derniers résultats ne sont pourtant pas entièrement négatifs. S'ils font certes ressortir en premier lieu l'étroitesse de la base documentaire de la Q. 481, puisque — si nous exceptons le bien commun de la *Glose* et de tout ce qu'elle véhicule —, elle se limite en fait à Guillaume d'Auxerre et à Philippe le Chancelier, ils font aussi ressortir un fait constaté bien des fois, l'existence de courants de pensée qui ne sont pas toujours très perméables les uns aux autres.

Dans ces conditions, malgré le peu d'étendue de sa documentation, l'originalité de la Q. 481 est précisément d'utiliser deux auteurs et non pas un seul. Indépendamment de son apport propre sur lequel nous aurons à revenir, elle réalise déjà comme une œuvre de synthèse qui élargit sensiblement la problématique par trop étroite des auteurs du début du siècle. Son entreprise doit évidemment beaucoup à ses deux devanciers, et sans doute n'aurait-elle pas été possible sans eux, mais, bénéficiant de cet apport, elle a, à son tour, décidément fait progresser le traitement du sujet vers les solutions de la grande scolastique.

En arrêtant là nos investigations sur les antécédents immédiats de la Q. 481, nous ne préjugeons évidemment pas d'éventuelles sources plus lointaines. Nous y reviendrons d'ailleurs dans la deuxième partie de ce commentaire. Mais une histoire complète du traité de la prophétie pourra déjà disposer de ces nouveaux éléments. B. Decker a jadis posé les jalons de cette évolution [87] ; O. Lottin a fourni plus récemment quelques données complémentaires [88] ; nous continuons nous-même nos recherches dans ce

---

87. B. DECKER, *Die Entwicklung*, pp. 2-3.
88. Cf. ci-dessus, note 86.

sens [89]. Mais, dans le présent ouvrage, nous nous étions fixé — un peu arbitrairement peut-être — la limite de l'an 1200. Même si nous l'avons franchie une fois ou l'autre (avec Maître Martin, par exemple, dont l'œuvre aurait été écrite vers 1195; ou avec Simon de Tournai encore antérieur), nous n'avons guère pu la dépasser pour ne pas trop dévier de notre propos initial. Ce dernier comportait l'analyse de l'apport de notre texte à la théorie de la connaissance prophétique; c'est ce qu'il nous reste à faire maintenant.

---

89. J.-P. Torrell, *La notion de prophétie et la méthode apologétique dans le « Contra Saracenos » de Pierre le Vénérable*, dans *Studia monastica*, XVIII (1975), pp. 257-282.

LÉGENDE

Le tableau, qui situe l'un par rapport à l'autre les différents textes que nous avons étudiés, met aussi en relief les influences subies par la Q. 481 ; il faut le lire de bas en haut pour les retrouver. Sa chronologie est *relative*, et les dates ne sont là qu'à titre d'aide-mémoire.

Les traits *pleins* soulignent une influence *directe* ; les traits b r i s é s une influence *médiate* ; les points d'interrogation une influence *possible*, mais non suffisamment démontrée.

Les *majuscules* désignent les auteurs qui entrent à titre organique dans le développement qui passe par la Q. 481 ; les *minuscules* ceux qui ne relèvent pas directement de cette lignée ; les *parenthèses* ceux qui sont antérieurs à 1200.

Proposé à titre provisoire, ce graphique est à poursuivre dans les deux sens : à la recherche d'origines plus lointaines ; à la découverte de l'influence exercée à son tour par la Q. 481 (cf. plus loin, conclusion à la troisième partie).

GÉNÉALOGIE SCOLASTIQUE DE LA QUESTION 481

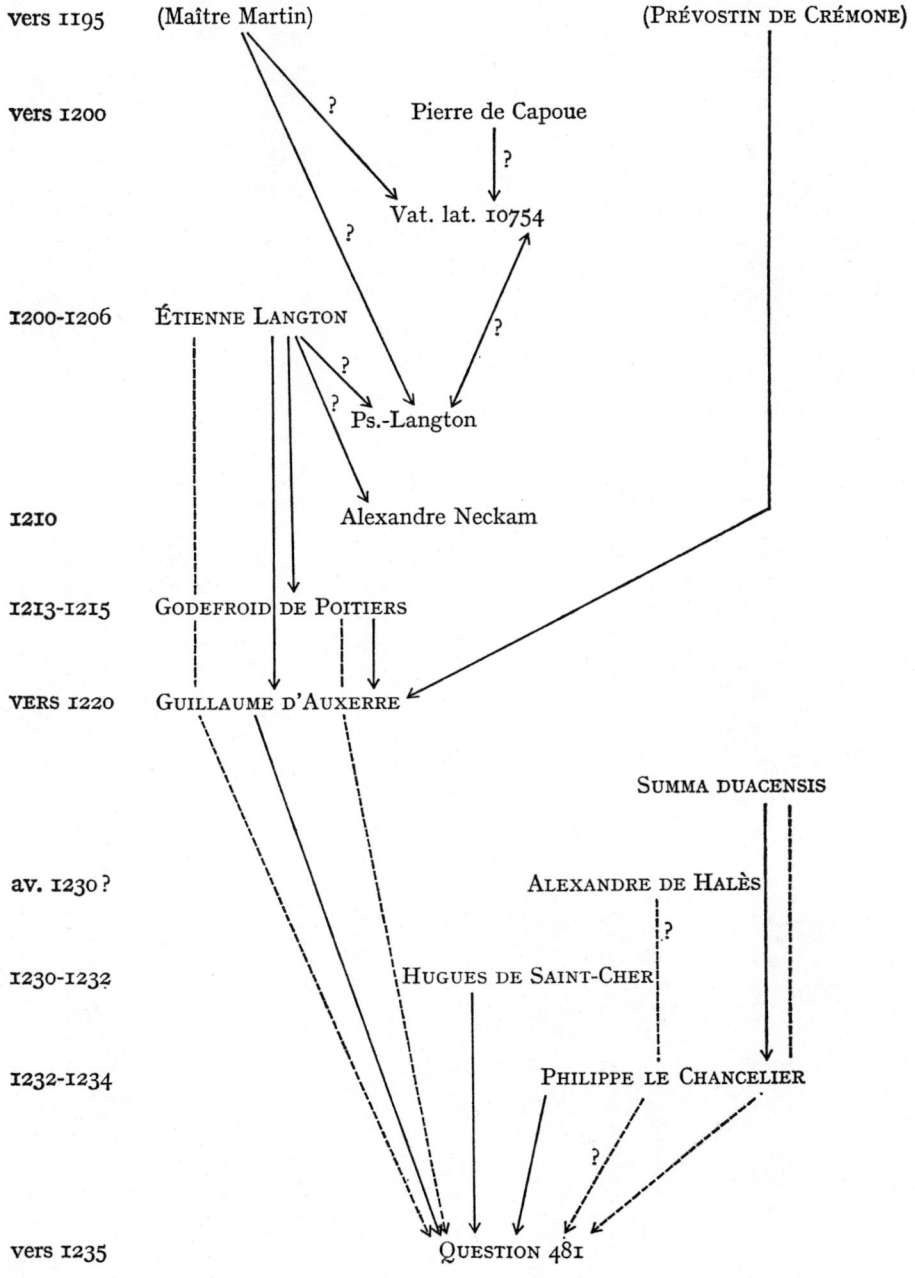

DEUXIÈME PARTIE

Une théorie de la connaissance prophétique à la veille de la grande scolastique

Pour introduire à la pensée d'Hugues de Saint-Cher sur la prophétie, nous avions le choix entre deux démarches également justifiables *a priori* : soit un exposé surtout synthétique où nous aurions dégagé d'emblée les grands éléments qui entrent dans sa construction sans trop nous préoccuper de la manière concrète dont ils y sont imbriqués, soit une étude à prédominance analytique plus attentive aux détails en eux-mêmes et à leur origine qu'à leur place dans l'ensemble.

Ces deux manières ont leurs avantages et leurs risques : la clarté et la brièveté de la première aurait pu avoir pour rançon une certaine infidélité — la tentation y eût été plus grande de reconstruire la pensée de l'auteur ; mais la seconde, qui se présente avec le préjugé favorable d'une investigation patiente et respectueuse, pouvait fort bien n'être qu'un décalque mal traduit du texte original, sans apport vrai quant à sa compréhension.

Nous avons tenté de combiner ces deux approches, non dans le vain espoir de ne retenir que leurs bénéfices en éliminant leurs inconvénients, mais parce que la nature du texte nous paraît l'exiger. Par ses procédés mêmes, la Question disputée postule une étude analytique : difficultés et réponses, qui s'appellent mutuellement de part et d'autre d'une solution d'ensemble, progressent beaucoup plus par touches successives que selon un déroulement linéaire. Nous ne pouvions toutefois respecter cet ordre dans son intégralité sans renoncer d'avance à en dégager l'intelligibilité ; quand il ne s'agit plus de discussion mais d'exposition, la synthèse reprend ses droits. Il fallait donc retrouver dans le texte même ses lignes de force et ses notions-clés tout autant que ses nuances, et mettre en valeur les unes et les autres.

Cette option explique la démarche des deux premiers chapitres de cette nouvelle partie. Consacrés à l'article I, ils se complètent mutuellement : nous y alternons les paragraphes où sont reprises les grandes lignes de l'exposé de l'auteur et ceux où, serrant de plus près les concepts qu'il utilise, nous essayons d'analyser le contenu réel de sa pensée ; le premier de ces deux chapitres ne s'éclaire donc tout à fait qu'à la lecture du second. Il en va de même pour les deux chapitres suivants ; mais la matière de l'article II s'étant révélée plus aisée à traiter, le chapitre III est directement axé sur la pensée de l'auteur, le chapitre IV sur l'investigation de ses présupposés. Quant au cinquième chapitre, qui recueille les principaux éléments des deux derniers articles, il reprend également certains points effleurés dans les développements précédents, et que l'objet propre de chaque chapitre n'avait pas permis de traiter.

Pour prévenir une interrogation, il faut sans doute ajouter ici que la réflexion critique fait partie intégrante de notre démarche. Nous avons cru, en effet, devoir respecter l'invitation implicite à la discussion qui est lancée en toute Question disputée. Ainsi, nous essayant à retrouver le mouvement même de la pensée des participants à ce débat, nous avons été conduit à formuler à notre tour nos propres questions. Il ne s'agissait pas tellement de juger l'auteur à la lumière d'une réflexion postérieure, ni de substituer anachroniquement nos solutions aux siennes, mais bien d'introduire à une meilleure intelligence de sa pensée. Souligner ses limites ou, au contraire, montrer la nouveauté de ses solutions et les prolongements qu'elles appellent, était donc aussi nécessaire et fructueux que détecter ses sources. Sans nier que ce texte reflète pour une large part les préoccupations et les solutions, non seulement de Guillaume d'Auxerre et de Philippe le Chancelier, mais de toute une génération théologique, il ne contient pas moins des apports personnels irrécusables ; c'est cela en particulier que nous nous sommes efforcé de découvrir et de mettre en valeur.

CHAPITRE I

QU'EST-CE QUE LA PROPHÉTIE ?

Le premier problème que l'auteur tente de résoudre, c'est la signification qu'il faut accorder au terme « prophétie ». Ainsi qu'il le remarque d'emblée (I, *Sol.*, p. 10), ce terme peut s'entendre en divers sens : soit l'oracle prophétique lui-même en sa matérialité verbale (*sermo propheticus*) ; soit l'acte de dire cet oracle (*actus ipse prophetandi*) ; soit le contenu de l'annonce prophétique : la réalité prophétisée (*ipsum prophetatum*) ; soit encore la vision prophétique elle-même (*visio prophetalis*) ; soit enfin — mais ici l'auteur rapporte une opinion avec laquelle il est en désaccord — la qualification interne (*habitus mentis*) par laquelle le prophète est rendu capable de connaître les réalités qui lui sont manifestées ; certains prétendent, ajoute-t-il, que c'est en ce sens qu'il faut entendre la définition de la prophétie telle qu'elle est donnée par Cassiodore [1].

L'apparente clarté de ce prologue ne doit pas faire illusion. Il ne s'agit guère que d'une déclaration liminaire, dont l'auteur ne tardera pas à troubler la simplicité au fur et à mesure qu'il proposera des équivalents pour ce terme *prophetia*. Faut-il l'identifier à *inspiratio* ou à *revelatio* ? et quels rapports précis entretiennent ces trois termes ?... Son texte tente de résoudre ces

---

1. Cf. ci-dessus, p. 5, arg. 7 et note 11. L'énumération de ces divers sens du mot prophétie est assez proche de celle donnée par Guillaume d'Auxerre (cf. ci-dessus tableau comparatif, pp. 65-66), mais Hugues s'écarte de Guillaume sur le point décisif de la prophétie conçue comme un *habitus*. On retrouve une énumération semblable, quoiqu'avec une allusion à l'astronomie et à la médecine qui trahit son auteur, chez ROLAND DE CRÉMONE (F, 35vb), et aussi dans la *Summa Basilensis* (I, 28rb-va), chez JEAN DE TRÉVISE (J, 11vb), chez HERBERT D'AUXERRE (O, 22rb). Chez ces différents auteurs, dont les trois premiers dépendent souvent d'Hugues de Saint-Cher comme de Guillaume d'Auxerre, c'est l'influence de ce dernier qui l'emporte sur ce point précis : aucun ne refuse de considérer la prophétie comme un *habitus*.

questions, non pas tellement selon leur enchaînement logique, mais plutôt en suivant l'ordre selon lequel elles lui ont été posées. En sorte que, si nous acceptons de le suivre en sa démarche réelle, avant d'en venir à l'exposé linéaire où il essaie d'ordonner les différentes acceptions de la prophétie telle qu'il la conçoit, il faut d'abord recueillir les éléments divers qu'il élabore ici ou là, afin de mieux saisir de quelle façon ils prennent place dans sa synthèse.

Dès les premières lignes cependant, nous trouvons une sorte de plan dont il importe de retenir les indications afin de mieux se diriger par la suite. En relation directe à l'énumération qu'il vient de faire, Hugues enchaîne en disant qu'à son avis la définition de Cassiodore invite plutôt à considérer la vision prophétique comme étant elle-même la prophétie : « Prophetia... dicitur *ipsa visio prophetica* »[2]. Il lui donne toutefois une extension inattendue, car la vision prophétique, telle qu'il la comprend, comporte trois éléments : « 1) l'apparition d'images, qui se produit dans la partie 'spirituelle' de l'âme, c'est-à-dire la faculté imaginative ; 2) la révélation de ce qui se cache sous l'image manifestée, c'est-à-dire (*sive*) une illumination de l'intelligence, (accordée au prophète) pour connaître la vérité cachée sous l'image manifestée ; 3) l'annonce de la réalité révélée ». Sa position en dernier lieu ne fait pas de ce troisième élément quelque chose d'accessoire ; il est essentiel au contraire, car c'est « en vue de cette annonce que la révélation est faite aux prophètes » (I, *Sol.*, pp. 10-11).

C'est à dessein que nous avons traduit ce texte de la manière la plus littérale possible. S'il pose au commentateur de difficiles problèmes d'interprétation — sur lesquels nous reviendrons au chapitre II —, il lui propose aussi une voie d'accès pour les résoudre. En distinguant, comme elle le fait, les divers éléments qui entrent en jeu dans la prophétie, cette première phrase nous donne le cadre réel dans lequel se meut la pensée de l'auteur. La division de sa Question en quatre articles ne doit pas induire en

---

2. Nous ne trouverons plus dans la suite du texte cette acception singulière du mot *visio*, qui s'étend jusqu'à englober la *denonciatio prophetica* ; mais nous rencontrerons d'autres emplois qui témoignent de l'ambiguïté de ce terme, par exemple : la *visio in speculo creature* s'accomplit *per modum ratiocinationis* (II, *Sol. I*, p. 24). Cette pluralité de sens n'est pas propre à la Q. 481. H.-F. DONDAINE (RTAM, XIX (1952), p. 77) parle de « l'extension indéfinie — et spécifiquement augustinienne — du terme *videre*, en équivoque perpétuelle avec ses voisins *cognoscere*, *intelligere* ou même *cogitare*, et à l'autre extrême *comprehendere* ».

erreur : quant à l'essence de la prophétie, les deux derniers n'ont pratiquement pas d'importance — ou du moins cette importance ne se mesure pas à leur extension. A de rares exceptions près, tout est dit sur ce sujet dans les deux premiers articles, et le principe d'intelligibilité qui y préside nous est donné dans les trois éléments énoncés : don par Dieu au prophète de similitudes (imaginatives ou intellectuelles), don par Dieu également d'une lumière spéciale qui permet d'en saisir la portée, annonce de ce qui a été ainsi communiqué. Malgré son importance, ce troisième élément est moins fréquemment mentionné, mais les deux autres le sont à satiété, et cela confirme leur rôle capital.

Ce sont ces indications que nous suivons dans notre propre exposé. Nous verrons d'abord les hésitations de l'auteur dans son explication de la définition reçue et comment il surmonte cette difficulté. Puis, étant donné qu'il associe régulièrement les mots d'*inspiratio*, de *revelatio*, d'*illuminatio*, de *denonciatio* à celui de *prophetia*, nous essaierons de préciser ce qu'il met sous ces mots. Nous rappellerons ensuite avec lui l'extension analogique de son concept de prophétie. Nous formulerons enfin quelques remarques critiques sur cette conception en guise de conclusion provisoire.

§ I. UNE APPROCHE EMBARRASSÉE : « PROPHETIA EST INSPIRATIO VEL REVELATIO »

1. Nous reviendrons plus amplement sur le terme *inspiratio* et son lien au *spiritus* dans le chapitre suivant. Cette notion, qui est au cœur de toute réflexion sur la prophétie, ne se laisse pas épuiser en quelques lignes. Mais déjà il faut dire un mot d'un problème soulevé par notre texte, qui semble identifier à plusieurs reprises *inspiratio* et *prophetia*.

Suivant une définition que l'on trouve dans la problématique, mais que Hugues ne récuse pas explicitement, la prophétie comporte deux éléments : « Ad esse prophetie duo requiruntur : apparitio imaginum que fit in spiritu et intelligentia significans » (II, obj. 5, p. 23). A peu de choses près, c'est la définition même que notre auteur se donne de l'inspiration : « Dicitur enim inspiratio ipsa similitudinum impressio et rei latentis sub similitudine revelatio » (I, ad 8 bis, p. 15). Ainsi s'établit une équivalence pratique entre prophétie et inspiration, résultat obligé de l'exposition révérentielle de la formule de Cassiodore, revue par le Lombard : « Prophetia *est* inspiratio vel revelatio... ».

Il s'agit là de toute autre chose que de la vraie pensée d'Hugues. Nous pouvons l'assurer pour deux raisons : d'une part, cette identification n'est pas constante, et Hugues ne la reprend jamais quand il est libre d'exposer les choses à sa guise ; d'autre part, cette équivalence elle-même ne porte pas toujours exactement sur les mêmes termes [3].

De fait, ces équivalences apparentes recouvrent trois cas différents : 1º On peut faire l'équation *inspiratio* = *prophetia* si l'on prend le mot *spiritus* au sens large, c'est-à-dire comme désignant l'âme en général, et *inspiratio* au sens fort, à la fois don de similitudes et de la lumière qui permet d'en juger. En réalité, nous ne tarderons pas à nous en apercevoir, cette identité ne se réalise ici qu'au prix d'une certaine équivocité du terme *prophetia*. 2º L'équivalence ne joue plus si l'*inspiratio* est prise au sens faible, c'est-à-dire si on ne désigne par là que l'apparition des images dans le *spiritus*, car elle peut alors être le fait d'un ange ou même du démon. Dans ce cas, l'inspiration n'est pas identique à la prophétie, et elle ne peut même pas être considérée comme étant un simple élément de la prophétie. On le voit, ici, c'est le concept d'*inspiratio* qui est équivoque. 3º L'équivalence se vérifie de nouveau, même si le *spiritus* est pris au sens propre, pourvu que l'*inspiratio* reprenne son sens fort et qu'elle ait l'Esprit-Saint pour auteur. Mais alors, c'est la *prophetia* qui n'a pas son plein sens, car — et la remarque vaut aussi pour le premier cas — pour que la prophétie se vérifie en son intégralité, il faut qu'un troisième élément, l'annonce, s'ajoute aux deux premiers ci-dessus rappelés.

Ainsi, en aucun des trois cas où semblait se vérifier au premier abord l'équivalence pratique entre *prophetia* et *inspiratio*, ni l'un ni l'autre des deux termes en présence n'avait la même compréhension logique. L'auteur a donc éprouvé le besoin de lever ces ambiguïtés, car, ainsi qu'il le dira plus loin : « termino semel posito non est utendum equivoce » (II, obj. 5, p. 22).

2. Si nous essayons maintenant de voir de quelle manière Hugues définit la prophétie quand il est libre de le faire à sa guise, nous constatons non seulement qu'il énumère trois éléments comme composantes du concept intégral de prophétie, mais surtout qu'il distingue régulièrement deux phases à l'intérieur

---

3. Nous donnons ici les résultats de notre analyse des réponses *ad 8* et *ad 8 bis* (art. I), sur lesquelles nous reviendrons plus amplement au chapitre suivant.

d'un même processus, suivant qu'on le prend du côté de Dieu ou du côté du prophète. L'ambiguïté dont souffrait la définition magistrale qu'il avait à commenter, est ici dénoncée de la manière la plus effective qui soit — sans être pourtant dévoilée comme telle.

La prophétie, assure notre auteur (I, ad 1, p. 11), loin d'être une qualité stable dans le prophète (un *habitus* ; nous reviendrons sur cette prise de position), est en réalité un acte complexe auquel concourent trois actes différents (*actus compositus ex triplici actu*) : la vision de l'apparition imaginative, la saisie (*intelligentia*) de sa signification, l'annonce (*denonciatio*) de la révélation ainsi faite. Ceci est l'une des deux phases dont nous parlions. On serait tenté de dire qu'elle décrit la prophétie vue du côté du prophète, dont elle met en valeur le rôle « actif » : il voit, il comprend, il annonce. Mais nous sommes obligés de mettre « actif » ici entre guillemets, car s'il est nécessaire pour désigner l'*actus compositus* dont parle Hugues, il ne prétend pas qualifier l'activité réelle du prophète qui, pour une bonne part, demeure incertaine ; Hugues ne se préoccupe pas de la définir autrement.

Cependant cette activité à triple face n'est que le second moment d'un processus total qui en comporte un premier durant lequel le prophète est essentiellement réceptif : « Hunc autem triplicem actum *precedit duplex passio* ». Cette double « passion », c'est celle que le prophète subit quand Dieu « imprime » en lui les images (*ymaginum impressio*) et lui en dévoile le sens (*significationis revelatio*). Décrite par son résultat, cette première étape ne met pas moins en relief la passivité du prophète que l'intervention divine, seule efficace de signification.

Partout présupposée, cette distinction entre les deux phases de la prophétie est parfois clairement formulée. C'est ainsi qu'ayant à se prononcer sur la manière dont la prophétie se réalise à l'égard des énoncés complexes (I, ad 10, p. 16), Hugues met les choses parfaitement au point. Quand il s'agit de « voir » dans le *speculum* les réalités qui seront l'objet de son annonce, le prophète les saisit selon leur mode d'existence dans ce miroir divin, qui a pour loi la simplicité suprême : les choses temporelles y existent d'une manière intemporelle, les muables dans l'immuabilité, les complexes dans la simplicité. Donc, conclut-il, *quantum ad inspirationem* (*inspiratio* est ici l'équivalent de voir *in speculo*), la prophétie consiste en un acte simple : la vision intelligible, durant laquelle le prophète est « passif » à l'égard de ce qui lui est montré ;

c'est la première phase qui est ici suggérée. Mais *quantum ad denonciationem* (c'est ici toute la deuxième phase qui est évoquée par l'acte qui la finalise), la prophétie consiste en un acte complexe. A partir du moment où il ne s'agit plus de saisie intuitive pure et simple, mais de transmission à d'autres de la réalité intelligée, l'annonce prophétique ne peut que se soumettre au mécanisme du discours.

La distinction ici mise en œuvre est incontestablement commode et féconde; c'est à ce titre que nous allons l'utiliser. Il faut pourtant remarquer qu'il n'y a pas identité entre la *duplex passio* que nous venons de décrire et la *visio in speculo* (que l'auteur prend ici comme synonyme d'*inspiratio*). Cette vision comporte en fait la double « passion » (images et lumière) *et* les deux premiers temps de l'*actus compositus* (voir et comprendre). L'analyse distingue ici deux phases, mais dans la réalité elles sont inséparables. Quant à la *denonciatio*, nous l'avons dit, elle ne peut se réaliser que moyennant cette *visio* préalable. Elle ne suppose donc pas seulement l'« activité » du prophète (voir et comprendre), mais aussi sa « passivité » (réception des images et de la lumière). Si, par souci de clarté, nous reprenons à notre compte la distinction de l'auteur *quantum ad inspirationem* et *quantum ad denonciationem*, il ne faut pas omettre de suppléer à son indigence simplificatrice pour ne pas en être dupe.

Nous reviendrons plus loin sur l'annonce prophétique, dont nous verrons alors le rôle déterminant. Mais nous mettrons d'abord l'accent sur le premier moment du processus, celui que Hugues caractérise comme une double « passion ». Nous aurons à reparler de la première, l'*impressio ymaginum*; nous nous attacherons maintenant à préciser la seconde, la *significationis revelatio*, ou, selon une autre expression d'Hugues, l'*illuminatio ad cognoscendum*.

§ II. *REVELATIO SIVE ILLUMINATIO*

Si l'on excepte quelques emplois sans signification particulière [4], on retrouve le mot *revelatio* en trois contextes précis. En un

---

4. Citations de la formule de Cassiodore, par exemple (I, obj. 7, p. 5 ; I, ad 9, p. 16 ; etc.), ou bien citation de l'Écriture (*Tob.*, 12, 7 : II, ad 1, p. 29). Sauf inadvertance de notre part, le mot *revelatio* n'est utilisé qu'une seule fois pour désigner la révélation objectivement prise, bien que sans intention technique cependant (« verba quibus exprimatur *revelatio* facta » : I, ad 12, p. 17).

premier cas, ce terme est parfois — rarement — employé en un sens faible. Il peut alors avoir l'ange pour sujet: illuminer l'intelligence, seul Dieu peut le faire, mais l'ange peut l'enseigner en lui révélant la volonté de Dieu (« angelus docet *revelando* ei voluntatem Dei » : I, ad 11, p. 16). Mais pour qu'on ne prenne pas le change, Hugues précise aussitôt qu'on ne peut parler de prophétie dans ce cas : « Revelatio facta ab angelo (non) debet dici prophetia » (I, ad 12, p. 17). Il n'y a pas à s'attarder sur un emploi aussi peu fréquent et aussi peu signifiant.

Le deuxième contexte dans lequel nous retrouvons le mot *revelatio* est plus intéressant, car l'auteur s'y efforce de distinguer un sens propre du mot prophétie par opposition à un sens commun (I, ad 9, p. 16). Il arrive, dit-il, que le terme soit pris *communiter* pour la révélation faite par Dieu de n'importe quelle réalité cachée (*pro revelatione qualibet occultorum facta a Deo*), mais à proprement parler (*proprie*) la révélation porte sur le futur; si l'on s'en rapporte à l'étymologie, la prophétie porte sur les choses qui sont « loin », c'est-à-dire les futures seulement : « Prophetia est revelatio eorum que procul sunt, id est futurorum tantum ».

Ce recours à l'étymologie est remarquable à plus d'un titre. Cette utilisation d'Isidore de Séville semble avoir été en effet relativement rare, puisque B. Decker assure ne l'avoir pas rencontrée ailleurs que chez saint Thomas [5]. De fait, on la trouve déjà chez Philippe, à qui la Q. 481 a emprunté ces lignes [6], mais celle-ci y tient assez pour y revenir un peu plus loin : « Secundum nominis rationem prophetari enim dicitur quasi procul fari et propheta quasi procul fans » (I, ad 12, p. 17). La chose est d'autant plus singulière que, dans la suite du texte, cette définition ne jouera aucun rôle. En dehors de ces deux brèves mentions, nous ne trouvons chez Hugues aucune tentative pour

---

5. B. DECKER, *Die Entwicklung*, p. 11 : « Von diesem Prophetiekapitel Isidors hat von den zur Behandlung stehenden Scholastikern nur Thomas, und zwar erst in der S. theol., Gebrauch gemacht ». Cf. *ibid.*, p. 193 ; THOMAS D'AQUIN, *Summa theol.*, II-II, 171, 1.

6. Cf. C, 78rb ; à la suite de Philippe, et concurremment à la Q. 481, la Q. 540 mentionne aussi cette étymologie d'Isidore (cf. B, 181va ; dans notre édition, n° 4 : *Antonianum*, XLIX (1974), p. 518) ; on la trouve également chez ALBERT LE GRAND (cf. R, 10ra *in fine*-rb) ; B. DECKER n'ignore pourtant pas ces références (cf. *Die Entwicklung*, p. 97, note 9 ; p. 171, note 6), et on s'explique mal la remarque citée à la note précédente.

exploiter la portée du terme d'après son étymologie réelle, semblable à celle que nous avons rencontrée chez Godefroid de Poitiers [7].

Nous trouvons, par contre, un emploi relativement fréquent du mot *revelatio* en un sens que nous pouvons qualifier de fort. Ce n'est plus l'ange, mais Dieu qui en prend l'initiative, et elle est laissée à son entière discrétion : « Quando vult *revelat*, quando vult occultat » (I, ad 6, p. 13). Si — pour achever de citer un texte évoqué ci-dessus — l'inspiration angélique ou diabolique ne peut mériter le nom de prophétie, c'est que seul l'Esprit-Saint peut dévoiler la signification cachée de ce qui est manifesté : (*Spiritus Sanctus*) *a quo est significationis occulte cognitio* (I, ad 8 bis, p. 15). Sans aucun doute, nous tenons ici le sens technique du mot *revelatio* dans la Q. 481 ; c'est en ce sens qu'il est régulièrement employé pour désigner le deuxième élément (l'élément « formel ») de la prophétie : *revelatio rei occulte* (I, Sol., p. 11) ; *revelatio significationis ymaginum* (*ibid.*,) ; etc.

Il serait lassant de relever tous les emplois du terme *revelatio* en ce dernier sens ; mais il faut à son sujet faire deux remarques qui se complètent l'une l'autre. D'une part, ce sens technique est aussi un sens étroit, en cette acception, la *revelatio* n'est qu'une partie de l'*inspiratio*, qui comprend aussi le don des images ou des similitudes : « Dicitur inspiratio ipsa similitudinum impressio *et rei latentis sub similitudine revelatio* » (I, ad 8 bis, p. 15). D'autre part, prise en ce sens précis, *revelatio* a un synonyme constant qui nous renseigne sans équivoque sur sa portée : le second élément qui constitue la prophétie, c'est la « *revelatio* eius quod latet sub imagine ostenssa, *sive illuminatio mentis* ad cognoscendum veritatem sub ymagine ostenssa latentem » (I, Sol., p. 11).

Par cette identification — nous pouvons maintenant employer le mot — entre *revelatio* et *illuminatio*, Hugues achève de livrer la raison de l'affirmation déjà rapportée : donner la connaissance prophétique d'une réalité quelconque est le fait de Dieu seul, car seul il peut illuminer l'intelligence. Si l'on objecte que l'ange peut aussi « illuminer », c'est en un sens tout particulier qu'il faut comprendre cette « illumination », c'est-à-dire, qu'il ôte par son enseignement les obstacles qui s'opposent à l'action de

---

7. Cf. ci-dessus, p. 136 et note 59.

Dieu dans l'âme, la préparant ainsi *ad recipiendum divine lucis infusionem*; mais en rigueur de termes, *Deus (solus) illuminat mentem* (I, ad 11, p. 16).

Si la nécessité de distinguer l'inspiration angélique ou diabolique de l'inspiration prophétique proprement divine, a conduit Hugues à s'étendre dans cette réponse sur ce qui est réservé à Dieu, il ne s'agit pourtant pas là d'un enseignement occasionnel, mais d'une doctrine ferme proposée sans l'ombre d'une variation. Alors que nous avons noté les chevauchements des termes *prophetia* et *inspiratio*, ici nous ne pouvons constater rien de tel. Sans reprendre explicitement dans sa solution l'axiome d'inspiration augustinienne du *De spiritu et anima*, il y est pourtant scrupuleusement fidèle; dans la *mens* seul Dieu peut intervenir: « Mentem dicimus quod ita facta est ad similitudinem Dei ut nulla interposita natura creata formetur a prima veritate » [8].

§ III. *PROPHETIA QUANTUM AD DENONCIATIONEM*

Alors que du point de vue de l'*inspiratio*, la prophétie se réalise par un acte de saisie intuitive qui, justement à cause de sa simplicité, ne peut être décrit que moyennant une démarche complexe (au don des images et de la lumière de la part de Dieu correspond la vision et la compréhension du côté du prophète), les choses apparaissent plus simples du côté de la *denonciatio*. Cependant l'annonce prophétique a comme préalable indispensable cette complexité, et si la part de l'homme se laisse ici plus aisément discerner, celle de Dieu n'en demeure pas moins prépondérante.

Nous l'avons déjà dit (cf. ci-dessus, p. 152), sa position en troisième lieu ne fait pas de l'annonce prophétique un élément accessoire dans la définition de la prophétie. Tout au contraire, c'est une affirmation qui ne se dément jamais chez l'auteur, elle en est partie intégrante. En relation directe à ce qui vient d'être dit, il peut donc assurer: la prophétie n'est pas réalisée par le seul fait de recevoir la révélation (*in revelatione suscipientis*), elle consiste aussi dans l'annonce qui en est faite aux autres (*sed ad denonciandum aliis*: I, obj. 9, p. 7). Hugues est loin de récuser cet énoncé qu'on trouve dans sa problématique; sa propre posi-

---

8. I, obj. 8 bis, p. 6 ; cf. *De spiritu et anima*, XI (PL, t. 40, c. 786).

tion est encore plus affirmée : la prophétie n'est pas « pour » celui qui la reçoit et elle ne lui est pas nécessaire pour son salut, elle lui est faite **seulement** pour qu'il la transmette (*sed tantum fit ad enonciandum aliis* : II, ad 5, p. 30). Mieux encore, ce n'est pas seulement au plan subjectif du prophète que ce troisième élément joue un rôle finalisateur, c'est au plan objectif des éléments eux-mêmes qu'apparaît sa primauté : « Illa tria que sunt in prophetia *ordinantur ad unum finem*, scilicet ad notificandum aliis voluntatem Dei » (I, ad 12, p. 17).

L'auteur souligne encore ce rôle essentiel de l'annonce en remarquant que c'est à cause d'elle que les anges ne peuvent être prophètes à proprement parler ; de même c'est elle qui empêche de considérer comme d'authentiques prophéties les « révélations » qu'ils peuvent éventuellement faire (I, ad 12, p. 17). Cette annonce, en effet, se réalise par le moyen de la *vis interpretativa*, motrice de l'instrument corporel nécessaire à l'expression verbale de la révélation. Or c'est là le propre de l'homme, parce qu'il est un être composé ; l'ange, pur esprit, n'a pas de *vis interpretativa* qui lui soit propre — Philippe, quant à lui, précise que l'ange peut avoir une *vis interpretativa assumpta* —, et donc il ne peut être prophète, car parler fait partie de la définition même de la prophétie : « Fari... est de ratione prophetie ».

On aurait tort de croire cependant que n'importe quel « dire » suffit à la réalisation de la prophétie. Hugues nous détrompe par la manière dont il dénie à Caïphe le titre de prophète : « Verba prophetica protulit, non enim proprie prophetavit, nec propheta fuit » (III, ad 13, p. 46). Nous aurons à revenir sur ce cas extrême ; l'intérêt que lui témoignent les scolastiques s'origine ailleurs que dans un goût douteux pour les situations périphériques. Ici nous devons en retenir que la prophétie suppose tout autre chose que le simple *sermo propheticus*.

Hugues s'en est expliqué à propos d'une autre situation-limite, la prédiction par le Christ du triple reniement de Pierre : « Non fuit prophetia, sed predictio futuri tantum ». Il ne s'agit pas d'une échappatoire ; si le péché peut être objet de prescience et de prédiction, il ne peut l'être de la prophétie, explique l'auteur ; car le péché n'est jamais préordonné par Dieu, et la prophétie comporte précisément cette préordination : « Non est prophetia nisi preordinati a Deo ». La distinction n'est pas inventée pour les besoins de la cause ; Hugues la trouve déjà dans la définition de Cassiodore, dont l'*immobilis veritas* signifie précisément cette préalable disposition divine. C'est pourquoi, il ne peut y avoir prophétie au sens propre à propos du péché, car *mala actio numquam preordinatur a Deo* (III, ad 9, p. 43).

Ce recours au dessein divin pour une définition complète de la prophétie passe un peu inaperçu au premier abord, mais l'auteur lui fait jouer un rôle important — parfois de manière assez subtile et peu convaincante pour nous (cf. ses explications sur la véracité de Jonas ou d'Isaïe); mais de son point de vue ce recours est toujours dirimant, car c'est à cette lumière que tout en définitive prend son sens. Hugues le dit lui-même à propos de Jonas, dont les paroles menaçantes (quoique à double sens) ont eu pour effet bénéfique de provoquer la conversion des Ninivites : « Modus prononciandi... iuvat ad *consilii divini impletionem*, quod est *ultimus finis prophetie* » (I, ad 13, p. 18).

§ IV. UN CONCEPT ANALOGIQUE :
CINQ RÉALISATIONS DIFFÉRENTES DE LA PROPHÉTIE

On le voit mieux maintenant, si Hugues pose en premier lieu la question : qu'est-ce donc que la prophétie ? nous ne pouvions y répondre à sa suite que par une série d'approches successives, afin de mieux saisir la portée de sa mise au point centrale. Visiblement gêné par la formule de Cassiodore, il a cependant une idée très claire de ce qu'il veut dire et, finalement, il propose de la prophétie un concept assez large qui ne regroupe pas moins de cinq réalisations différentes. Sa démarche est simple : après avoir énoncé les trois éléments de l'*actus compositus* qu'est la prophétie, il entreprend d'énumérer les cas dans lesquels on retrouve l'un ou l'autre de ces éléments, soit seul, soit en combinaison avec l'un ou les deux autres.

1. La première réalisation de la prophétie se vérifie quand il y a apparition d'images dans l'« esprit » (*spiritus*) ; on appelle alors prophète celui qui bénéficie de cette apparition, même s'il ne comprend pas quelle réalité se cache sous ces images, même s'il n'est pas chargé d'annoncer quelque message que ce soit. Ce fut le cas de Pharaon dont la *Genèse* (chap. 41) rapporte les songes, mais qui ne put en donner l'interprétation. Étant donné cette limite évidente, le titre de prophète ne lui convient que de façon

impropre et matériellement (*minus proprie et materialiter tantum*). Le mot *materialiter* s'oppose d'abord au *formaliter* qui permettra de caractériser le vrai prophète, mais il évoque aussi la matière dont est faite, si l'on peut ainsi parler, la prophétie ; les images en sont l'étoffe habituelle. Le rôle des images, nous aurons à le redire, n'est pas tout à fait ici celui qu'exigerait une noétique aristotélicienne cohérente, mais il est pourtant constamment souligné comme étant la condition commune de la prophétie : « Prophetia fit *ut in pluribus* per impressionem ymaginis in spiritu » [9].

2. La deuxième réalisation de la prophétie semble à l'opposé de la première ; en réalité elle en est inséparable. Le prophète ici ne bénéficie d'aucune apparition d'images, mais seulement de la révélation de leur signification (*revelatio significationis ymaginum*) ; c'est le deuxième des trois éléments du concept intégral de la prophétie. L'auteur le voit réalisé dans le cas de Joseph qui, selon ce même chapitre de la *Genèse*, interpréta les images reçues en rêve par Pharaon. Il va de soi que ces deux « prophètes » ne sont pas sur le même plan : Pharaon ne l'était que de façon matérielle, Joseph de façon formelle (*formaliter*). Cependant, l'opposition des deux termes qui caractérisent les deux personnages, ne doit pas donner le change sur la supériorité et l'autonomie du second : la lumière (*illuminatio mentis*) reçue par Joseph est en étroite corrélation aux images reçues par Pharaon. Pour bien respecter ce que met en valeur l'exposé de la Q. 481, il faudrait donc dire que le récit de la *Genèse* illustre davantage un unique cas de prophétie réalisé en deux sujets distincts, plutôt que deux réalisations différentes du don de prophétie. Car, en l'absence de la « matière » fournie par les images, l'interprète « formel », privé de l'objet de son interprétation, perdrait à la fois son sens et sa supériorité. Or c'est cela qu'il faut retenir du cas de Joseph : c'est au niveau de la compréhension (*intelligentia significationis*) que se joue la spécificité de la prophétie. Alors qu'au niveau des images, les esprits, bons ou mauvais, peuvent intervenir et, sinon toujours tromper, du moins donner un succédané de la vrai prophétie, cette intelligence ne peut être l'effet que du

---

[9]. II, ad 5, p. 30 ; cf. encore I, ad 7, p. 14 : « Prophetia sepius fit per apparitionem ymaginariam » ; cf. encore I, ad 12, p. 17.

don divin : « Solius Dei est cognitionem rei prophetice facere... proprie ergo Deus illuminat mentem » (I, ad 11, p. 16).

3. C'est encore une figure biblique qui est évoquée pour illustrer le troisième cas où l'on trouve une certaine réalisation du don de prophétie. Le cas de Caïphe, qui prophétisa sans le savoir que la mort du Christ serait bénéfique pour le peuple (cf. *Jean*, 11, 50-51), ne pouvait être omis dans cet exposé synthétique. Il n'est pas un traité de la prophétie qui ne le mentionne — moins d'ailleurs pour se demander en quoi le concept de prophétie se vérifie en son cas, que pour s'interroger sur sa responsabilité morale. Hugues ne fait pas exception à cette règle, mais il s'intéresse ici à la manière selon laquelle la notion de prophétie s'applique dans cette situation particulière.

Il y voit une combinaison du premier et du troisième élément de la description donnée précédemment, à savoir l'apparition d'images et l'annonce d'un certain message (*apparitio ymaginum facta ad denonciandum*). On peut se demander de quelles images a été gratifié Caïphe, car le récit évangélique est muet sur ce point ; mais Hugues insiste sur autre chose : la présence de la prophétie par l'acte de l'annonce. Nous avons eu à le dire, mais la chose apparaît ici plus clairement : ce don n'est pas accordé au prophète pour son profit personnel ou pour sa sainteté, qu'il ne suppose d'ailleurs pas, mais pour le service de la communauté. Dans le cas de Caïphe, la présence de ce don se signale par la matière du message et par la fin à laquelle il est ordonné (*materialiter et finaliter*).

L'auteur ne s'étend pas autrement ici sur la qualité de prophète qui serait attribuable à Caïphe, mais il y revient ailleurs de façon très claire : « Verba prophetica protulit (Cayphas), non *enim proprie prophetavit nec propheta fuit* » (III, ad 13, p. 46). Cette affirmation relativise singulièrement la belle ordonnance de la *Solutio* que nous analysons, mais elle souligne en même temps le caractère indispensable de l'illumination divine. De même que dans le cas de Pharaon, c'est l'absence de ce deuxième élément qui empêche de considérer Caïphe comme un vrai prophète. Faute de comprendre ce qu'il dit, Caïphe ne mérite pas davantage le titre de prophète que l'ânesse de Balaam et Dieu s'en est servi comme d'un simple instrument. Hugues ne cite pas dans son texte Prévostin de Crémone, qui semble avoir été le premier à proposer cette solution, mais ce qu'il en dit, à la suite de Philippe, va tout à fait en ce sens [10].

4. Avec la quatrième façon dont se vérifie le concept de prophétie, nous atteignons un niveau *ceteris dignior* — pour reprendre l'expression du Lombard, inspirée par Cassiodore [11]. C'est celui de David qui fut gratifié d'une révélation sans aucune image, mais toute ordonnée pourtant à la délivrance du message : « David... cui facta fuit revelatio *sine omni ymagine* ad denonciandum ». Le premier élément fait donc ici défaut, mais cela ne porte en rien atteinte à la qualité prophétique éminente du sujet : puisqu'il y a *revelatio* et *denonciatio*, la notion de prophétie se trouve réalisée à la fois *formaliter* et *finaliter*. Si l'on se souvient du rôle des images qui sont « le plus souvent » (*ut in pluribus*) la matière de la prophétie, on se demande peut-être comment leur absence dans ce cas n'entrave pas la réalisation de la prophétie. L'auteur s'en expliquera plus loin — ou du moins il nous donnera assez d'indices pour que nous puissions saisir sa pensée, — mais il pose ici un premier jalon qui nous oriente vers un certain type de prophétie : celle qui a lieu par vision intellectuelle. Loin de contredire ce qui précède, l'affirmation d'une révélation sans images ne fait donc qu'accentuer une de ses positions constantes. Il le dira ailleurs clairement: les images ne sont pas inutiles, mais seule est décisive l'intervention divine au niveau de l'intellect ; qu'elle se manifeste *per modum locutionis*, comme dans le cas de David, ou *per modum illuminationis*, comme dans celui d'Ézéchiel, c'est grâce à elle que les prophètes ont connaissance de ce qu'ils doivent annoncer, non grâce aux images (cf. II, ad 1, pp. 28-29).

5. Malgré qu'il ait ainsi magnifié le stade précédent, Hugues connaît cependant une cinquième réalisation de la prophétie, et

---

10. Comme tous les auteurs de l'époque, Hugues semble avoir été intrigué par le personnage de Caïphe. Outre le passage cité ci-dessus (p. 107), il y est revenu à deux reprises dans les *Sentences* (cf. *II Sent.*, dist. xx ; H, 35vb, vers le milieu de la colonne ; *II Sent.*, dist. xxxvii ; 46ra, ad 13, fin de la col.). C'est Guillaume d'Auxerre qui attribue à Prévostin l'analogie entre Caïphe et l'ânesse de Balaam (cf. *Summa aurea*, lib. II, tr. VI, XLIXva), et Roland de Crémone reprend le rapprochement après lui (F, 36ra *in fine*). Hugues s'est aussi intéressé à cet animal : « Dicitur de asina Balaam : non enim ipsa locuta est, sed angelus in ea qui potest formare aera in vocem » (*II Sent.*, dist. vii ; H, 30ra).

11. Cf. ci-dessus, I, obj. 8, p. 6.

c'est à elle qu'il réserve le titre au sens propre et intégral (*proprie et integre*). Elle comporte les trois éléments si souvent mentionnés : l'apparition imaginative ou « spirituelle » (*spiritualem apparitionem*), la révélation de la réalité cachée sous ces images, l'annonce de la réalité ainsi révélée. Le sujet en qui ces trois éléments se trouvent réunis, sera dit prophète au sens propre ; c'est le cas d'Isaïe, de Daniel, de Jérémie, et des « autres », c'est-à-dire sans doute des autres prophètes bibliques. Ceux-là méritent le titre *materialiter*, *formaliter* et *finaliter*.

Bien qu'il ne le cite pas ici [12], Hugues ne récuserait certainement pas le résumé anticipé de son exposé tel qu'on le trouve chez s. Augustin (Hugues s'est inspiré plus directement de la *Glose* [13]) : « Moins prophète est celui qui voit seulement en esprit, au moyen des images corporelles, les signes des choses signifiées ; plus prophète est celui qui a le don de les comprendre ; mais souverainement prophète est celui qui a le privilège de ce double don : et celui de voir en esprit les similitudes signes de choses corporelles, et celui de les comprendre par la pénétration de l'intelligence » [14].

§ V. REMARQUES CRITIQUES

Ainsi qu'on a pu le constater, la réputation de clarté qui s'attache au nom d'Hugues de Saint-Cher, n'est pas usurpée. Son goût du classement bien ordonné ne se manifeste pas sans quelque lourdeur, mais ne laisse rien hors de son propos. Même si le résultat n'a rien de nouveau (l'essentiel s'en trouve déjà chez Augustin [15]), il vaut la peine de souligner le procédé suivi, il est typique : c'est le recours à la Bible qui permet de vérifier la validité de la définition retenue. Dans le domaine de la connaissance naturelle, c'est le recours à l'expérience ou à l'intuition des premiers principes qui fonde en dernière analyse la légitimité des conclusions obtenues par voie de raisonnement ; ici, c'est le recours au donné révélé qui permet de justifier la manière dont est comprise une notion que l'auteur considère comme sur-

---

12. Cf. cependant p. 17, notes 64, 65, avec les citations de la *Glose*.
13. Cf. *Glos. ord. in I Cor.*, 14 (VI, c. 319).
14. *De Gen. ad litt.*, XII, ix, 20 (trad. *Bibl. Aug.*, 49, p. 359).
15. Cf. *ibid.*

naturelle de plein droit. La chose vaut d'autant plus d'être remarquée que les procédés scolastiques de la Question disputée mettent beaucoup plus en évidence l'armature rationnelle de la démarche que son inspiration par la foi.

Cependant, si l'on y regarde de plus près, ce recours à la Bible est plus apparent que réel. Il y a, certes, dans la Q. 481 un nombre honorable de citations bibliques ; elles y sont plus fréquentes même que chez d'autres auteurs [16], mais elles sont loin d'y jouer le rôle organique auquel on s'attendrait de la part d'un bibliste comme Hugues de Saint-Cher. L'absence dans son texte de toute réflexion systématique sur l'idée de révélation-dévoilement est un des signes patents de cette carence. La chose est d'autant plus étonnante que la *Glose* offrait l'amorce d'une réflexion en ce sens et que Hugues lui-même en a partiellement tiré parti dans ses commentaires scripturaires [17].

Comparativement à Godefroid de Poitiers qui honore largement cet aspect [18], ou à Guillaume d'Auvergne qui, avec beau-

---

16. Rappelons que nous avons relevé 68 citations différentes qui font appel à 28 livres bibliques différents ; pour le même *De prophetia* que Philippe le Chancelier traite avec autant d'ampleur que notre Question, on ne compte que 45 citations réparties en 18 livres seulement.

17. Cf. la *Glose ord. sur I Cor.*, 14, 6 : « Revelatio est subita aliquarum rerum ostensio per spiritum facta... » (VI, c. 320) ; le commentaire d'Hugues (*in loco*, t. VII, 112ra) développe notamment les deux sens du mot *ostensio*. Alexandre de Halès est beaucoup plus proche de ce donné traditionnel (cf. AH, p. 304).

18. Voici le texte de Godefroid de Poitiers ; malgré son ampleur, il nous a paru utile de le citer : « Il faut noter que l'âme est naturellement capable de percevoir la vérité, mais à cause du péché et de sa demeure terrestre, elle porte un voile sur les yeux du cœur qui l'empêche de voir ce qui est signifié dans les Écritures. David souhaite que ce voile lui soit ôté quand il demande : « Ouvre mes yeux et je regarderai » etc. (*Ps. 118*, 18). C'est ce voile que le Seigneur éloigna des apôtres lorsqu'il leur ouvrit l'esprit à l'intelligence des Écritures (cf. *Lc*, 24, 45). Ce voile était placé sur le cœur des hommes jusqu'à la passion du Christ, et il y demeure encore, principalement sur le cœur des juifs. C'est pourquoi l'Apôtre dit : « Jusqu'à ce jour un voile est posé sur leur cœur » (*II Cor.*, 3, 15). C'est ce voile qui tenait (fermés) les yeux des apôtres quand le Seigneur les leur ouvrit ; d'où l'Évangéliste : « Leurs yeux étaient empêchés de le reconnaître » (*Lc*, 24, 16). Nos propres cœurs sont empêchés par ce voile de comprendre les Écritures quand nous les lisons (...).

Ce voile est enlevé soit par la *sacra doctrina*, soit par un bienfait de la grâce, jamais pourtant totalement en cette vie présente. L'enlèvement de ce voile avec l'aide de la grâce est appelé communément inspiration ou révélation divine. C'est pourquoi l'Apôtre dit aux Romains (presque au début) : « Ce qu'on peut connaître de Dieu leur a été manifesté ; Dieu en effet le leur a révélé » (*Rom.*, 1, 19) ; (il dit cela) parlant des philosophes. Une telle révélation a été

coup de justesse, caractérise le prophète comme un « voyant »[19], ou encore à Alexandre de Halès qui procède à un large tour d'horizon des différentes acceptions du mot prophète dans la Bible[20], Hugues se signale plutôt par sa pauvreté en ce domaine. Paradoxalement d'ailleurs, c'est à propos de la perte du don de prophétie qu'il se montre le plus proche du donné biblique (I, ad 6, pp. 13-14), mais alors qu'il aurait pu appuyer sur ces indications sa théorie de la prophétie comme charisme passager, il adopte là, au contraire, la problématique de Philippe et raisonne comme si la prophétie se trouvait dans le prophète de façon permanente.

Quant à la manière dont il illustre les différentes réalisations de la prophétie, on ne peut manquer d'être frappé par l'absence d'un personnage de taille : Moïse, le prophète par excellence, ne figure pas parmi les exemples cités. Serait-ce parce qu'il est, comme saint Paul, hors de cause en raison de l'excellence de sa vision ? D'autres pourtant, parmi lesquels Guillaume d'Auxerre et Philippe le Chancelier, ses deux inspirateurs, ont su l'évoquer[21] ; le fait que la Q. 481 le passe sous silence ne peut donc être ressenti que comme une absence significative.

Outre ces premières remarques d'ordre tout à fait général, il en est une autre plus précise et sans doute plus grave. Nous avons

---

faite aux saints interprètes (*sacris expositoribus*) quand leur fut ôté le voile susdit (...). Un tel don s'appelle prophétie, et c'est en ce sens que l'Apôtre les appelle prophètes bien que de manière impropre.

De même on appelle encore inspiration divine la révélation intime (*intima revelatio*) faite par le Saint-Esprit en vue de l'annonce des choses futures. J'appelle ' aspiration intime ' (*intima aspiratio*) la manière secrète d'énoncer (*secretum modum enunciandi*) par laquelle un esprit inspire (*inspirat*) à un autre esprit son affection. De même, en effet, qu'un homme, par la parole, exprime à un autre homme l'affection de son esprit, ainsi un esprit l'insinue à un autre d'une certaine manière secrète qui nous est inconnue. Une semblable révélation fut faite aux prophètes en vue de l'annonce des choses futures ; celle-ci s'appelle proprement prophétie. *Ps.* 84, 9 : « J'écouterai ce que dit en moi le Seigneur » ; *Zac.* 1, 9 : « L'ange qui me parlait me dit ». Une telle révélation est dite prophétie car elle est donnée pour l'annonce des choses futures » (E, 92rb-va).

19. Cf. note 13, p. 122.
20. Cf. AH, nn. 61-62, pp. 322-324.
21. Ces mentions de Moïse sont à vrai dire assez occasionnelles chez Philippe (C, 78va) et chez Guillaume d'Auxerre (*Summa aurea, ibid.*, XLIXra, § 2 ; LIra) ; de même chez Godefroid de Poitiers (E, 93ra, ll. 46-47). Alexandre de Halès est sans doute celui qui mentionne Moïse le plus longuement, mais c'est effectivement en raison du cas spécial de sa vision face-à-face (AH, p. 303 ; 305 ; cf. aussi p. 322). Hugues s'est intéressé à Moïse dans sa Q. 480.

souligné, comme il se devait, la primauté de l'initiative divine dans la conception de la prophétie selon Hugues. Rien n'est plus normal dans sa perspective, car la prophétie a pour objet des futurs contingents dont Dieu est seul à pouvoir donner la connaissance. Mais si nous l'interrogeons maintenant sur le prophète et sur son rôle exact, nous constatons que cette exaltation de la suprématie divine s'accompagne d'une méconnaissance quasi-complète de l'activité humaine du prophète. On hésite tout d'abord à faire cette observation, étant donné, par exemple, les déclarations de l'auteur sur l'*actus triplex* en quoi consiste la prophétie, mais on trouve des déclarations explicites qui montrent bien que sa conception de la révélation exclut la coopération de l'homme.

A propos des *expositores* à qui, en raison de l'interprétation des Écritures, certains voudraient décerner le titre de prophète, Hugues explique que ce titre s'applique seulement à ceux qui prévoient et prédisent le futur *solo Spiritu revelante*. Les *expositores* quant à eux, grâce à l'enseignement du Saint-Esprit mais avec la coopération de leur intelligence (*Spiritu Sancto docente et suo ingenio cooperante*), comprennent et interprètent les dires des prophètes. Les prophètes, au contraire, n'ont besoin que de la révélation du Saint-Esprit, non de leur intelligence ; c'est ce qui s'est vérifié dans le cas de Joseph qui « solo Spiritu Sancto revelante et *sine cooperatione sui ingenii* previdit et predixit futura » [22].

Cette déclaration a quelque chose d'étonnant ; il faut donc en vérifier l'exacte portée et s'interroger plus en détail sur cette conception : quel est l'état de l'homme en qui se réalise le processus révélateur ? De quelle manière le prophète prend-il connaissance de ce qu'il doit annoncer ?

---

22. IV, ad 6, p. 54 ; le texte est fort clair quant à l'opposition qu'il établit entre *revelare* et *docere*, il l'est moins quand il parle de Joseph comme d'un prophète *licet non plene* : cette restriction ne signifie pas que Joseph n'aurait bénéficié que d'une révélation de seconde zone, ni que son *ingenium* aurait coopéré à l'action de l'Esprit-Saint, elle s'applique simplement au fait que ce n'est pas Joseph mais Pharaon qui a reçu l'*impressio ymaginum*. — Quant à l'*ingenium*, si l'on en croit Jean de la Rochelle, répétant le *De spiritu et anima*, XI (PL, t. 40, c. 787), c'est l'*extensio intellectus ad incognitorum cognitionem* (*Tractatus de divisione multiplici potentiarum animae*, II, XXIII, éd. P. MICHAUD-QUANTIN, p. 96).

Notre recherche va donc maintenant s'orienter dans une double direction. Elle prendra d'abord une **orientation anthropologique**; le mot est sans doute un peu ambitieux, mais c'est bien de cela qu'il s'agit : l'*inspiratio* en appelle en effet au *spiritus* et à son rôle dans le prophète ; c'est véritablement la charnière autour de laquelle se meut la pensée de l'auteur en son article premier. Nous y consacrerons notre prochain chapitre.

De là, nous serons conduit à prendre une **orientation noétique**, c'est-à-dire à nous interroger sur la théorie de la connaissance qui sous-tend cette conception de la prophétie. En effet, à partir d'un certain moment [23], Hugues ne s'interroge plus sur l'équivalence *prophetia-inspiratio*, mais sur le fait que la prophétie se réalise par la vision *in speculo*. Cette métaphore ne le satisfait qu'à moitié et il esquisse une explication de type plus rationnel. Ce sera l'objet de nos chapitres III et IV.

---

23. Cf. II, obj. 4, p. 21 : « Prophetia in quantum prophetia (est) visio in speculo in quantum huiusmodi ».

CHAPITRE II

UNE ANTHROPOLOGIE IMPLICITEMENT AUGUSTINIENNE

Les ambiguïtés du terme *spiritus*

En tête de ce chapitre il faut revenir un instant en arrière et rappeler la phrase d'Hugues de Saint-Cher qui a été au point de départ de notre exposé (cf. ci-dessus, p. 152). On s'en souvient, il y oppose la *mens* qui a besoin de recevoir l'illumination divine pour que se produise l'étincelle de la connaissance prophétique, au *spiritus* dans lequel sont « imprimées » les images qui accompagnent cette connaissance.

Le *spiritus* — désigné encore de manière plus développée comme la *pars spiritualis anime, id est vis ymaginativa* — pose au commentateur un difficile problème de traduction. Ni « esprit » ni « imagination » n'ont, dans notre langue, le sens que Hugues accorde à *spiritus*. Comme saint Augustin, dans le *De Genesi ad litteram*, il donne à ce mot une signification technique, qui ne se laisse circonscrire exactement par aucun équivalent. Nous avons dû opter pour une transcription littérale et nous parlerons d'« esprit » — entre guillemets pour signifier cette acception particulière. Quant à *mens*, nous le traduirons habituellement par *intelligence* et, pour éviter autant que possible les inconvénients de ces approximations, nous les ferons suivre de leur correspondant latin entre parenthèses [1].

Aussi délicat soit-il, ce petit problème de traduction n'a par lui-même qu'une importance secondaire. Si sa portée pratique immédiate avait été seule en question, il aurait suffi de le signaler

---

[1]. Les traducteurs du *De Gen. ad litt.* se sont heurtés eux aussi à cette difficulté : cf. l'ouvrage cité ci-après (note 4), p. 342, note 10. Ils optent eux aussi pour la simple transcription : *spiritus*-esprit, reconnaissant pourtant avec Bossuet que « nous n'avons pas de mot plus propre pour expliquer celui de νοῦς et de *mens* que celui d'esprit ».

sans s'y attarder. En réalité, beaucoup plus que d'une simple question d'élégance littéraire, voire même de propriété du langage que nous utiliserons par la suite, avec le sens exact de *spiritus*, c'est l'anthropologie même de l'auteur qui est en jeu. C'est pourquoi nous avons essayé d'établir de la manière la plus complète possible la véritable portée de ce terme. Et puisqu'il s'agit là d'un héritage augustinien, il nous a paru important de rappeler au préalable les grands traits de la doctrine d'Augustin sur ce sujet, afin de voir dans quelle mesure l'exégèse de la Q. 48 I a partie liée avec celle du docteur d'Hippone.

§ I. *SPIRITUS* CHEZ SAINT AUGUSTIN

L'inspiration augustinienne des traités médiévaux de la prophétie est une réalité qui n'est plus à démontrer [2]. Notre propos est simplement de vérifier comment elle s'applique à la Q. 48 I, et si, en particulier, la teneur du terme *spiritus* est la même chez Augustin et chez Hugues. Cette enquête préliminaire s'imposait afin de ne pas ajouter à l'équivoque d'une traduction approximative, celle d'une confusion portant sur les réalités mêmes.

La distinction entre *spiritus* et *mens*, que saint Augustin emprunte à la Bible [3], a fait l'objet de nombreuses études [4] ; il suffira ici d'en retenir l'essentiel. En relation au mot de l'apôtre Paul : « Je prierai avec l'esprit (*spiritus*), mais je prierai aussi

---

2. S. ZARB (*Le fonti agostiniane del trattato sulla profezia di S. Tommaso d'Aquino*, dans *Angelicum*, XV (1938), pp. 169-200) l'a jadis montré pour saint Thomas en particulier, tandis que B. DECKER (*Die Entwicklung*, pp. 6-9) pouvait affirmer que les considérations d'Augustin sur les deux éléments essentiels de la prophétie (l'apparition des images dans le *spiritus* et la compréhension de leur signification par la *mens*, selon le *De Genesi ad litteram*, XII) demeurèrent fondamentales pour les scolastiques du XIIIe siècle et qu'on peut les remarquer chez tous.

3. Cf. *I Cor.*, 14, 14-15 : « Nam si orem lingua, *spiritus* meus orat, *mens* autem mea sine fructu est... Orabo *spiritu*, orabo et *mente* ; psallam *spiritu*, psallam et *mente* ». Cf. *De Gen. ad litt.*, XII, VIII, 19-IX, 20 (*op. cit.* note suivante, pp. 355-359).

4. Nous utiliserons ici l'excellente mise au point de P. AGAËSSE et A. SOLIGNAC : « *Spiritus* » dans le livre XII du De Genesi (Œuvres de saint Augustin, t. 49 : *La Genèse au sens littéral en douze livres (VIII-XII)*, traduction, introduction et notes par P. AGAËSSE et A. SOLIGNAC, [Paris], 1972), pp. 559-566. Nous citerons en abrégé : *La Genèse*, en renvoyant à la page. Les traductions éventuelles d'Augustin sont de ces auteurs.

avec l'intelligence (*mens*) » (*I Cor*, 14, 15), c'est de préférence simultanément qu'Augustin définit les deux termes : entendu « au sens propre », *spiritus* « désigne une puissance de l'âme (*anima*) inférieure à l'intelligence (*mens*) et où s'impriment les similitudes des choses corporelles » [5]. En accord avec cette distinction, Augustin ajoute quelques lignes plus loin : « Les signes des choses (sont) imprimés dans l'esprit (*spiritus*) et ... leur interprétation (luit) dans l'intelligence (*mens*). C'est selon cette distinction... que maintenant nous appelons spirituelle cette sorte de vision grâce à laquelle nous nous représentons les images des corps, même en l'absence de ceux-ci » [6].

Comme on peut déjà le déduire de ces deux citations, le *spiritus* a un lien évident aux images : il est le « lieu où se forment les images des choses corporelles ». Augustin le définit ainsi [7], « mais ... il ne faut pas (en) conclure ... qu'il se confond avec l'imagination » [8]. De même que l'image est quelque chose d'intermédiaire entre ce qui est corporel et ce qui ne l'est pas, de même que la vision spirituelle est une réalité à mi-chemin entre la vision corporelle et la vision intellectuelle [9], ainsi le *spiritus* tient le milieu entre le monde et l'âme. Milieu qui ne doit pas être conçu de façon statique, mais bien dynamique : « Le rôle du *spiritus* est celui d'une *médiation*. Médiation à l'intérieur de l'âme elle-même, entre la partie intellectuelle et la partie sensitive, puisque c'est par son intermédiaire que l'intelligence atteint et juge le contenu des sensations et fait sienne l'expérience du monde extérieur qui lui est transmise par les sens ; médiation entre l'âme et le monde, puisque c'est dans le *spiritus* que s'unifie et se totalise l'expérience passée et par lui que se fait l'anticipation et la coordination de l'action intelligente et libre sur le monde ; médiation enfin entre le monde et les autres natures

---

5. *La Genèse*, XII, IX, 20 (trad. p. 359).
6. *Ibid.*
7. « ... saint Paul distingue entre le *spiritus* du glossolale qui utilise sans les comprendre dans sa prière les mots de la *lingua*, et sa *mens* qui, faute de comprendre, reste sans fruit ; de cette distinction Augustin conclut que *spiritus* est le lieu *ubi sunt significationes velut imagines rerum ac similitudines* et que la *mens* est ce qui permet de comprendre ces mots *signifiants en soi*, mais non signifiants pour celui qui les prononce et ceux qui les entendent (XII, VIII, 19) » (*ibid.*, note, pp. 561-562).
8. *Ibid.*, p. 563.
9. *La Genèse*, XII, XXIV, 51 (trad., p. 415 s.).

spirituelles, puisque le *spiritus* est le lieu et l'instrument de communication entre elles » [10].

Les fonctions du *spiritus* nous éclairent aussi sur sa nature. Augustin parle d'abord du *spiritus* comme d'une « certaine puissance de l'âme inférieure à l'intelligence » (*vis animae quaedam mente inferior* [11]) ; mais parvenu à la fin de son analyse il déclare : « Il y a certainement en nous une nature spirituelle où se forment les images des réalités corporelles » (*spiritalem quandam naturam* [12]). Au dire de ses commentateurs, il faut prendre cette indication au sérieux : « L'usage du terme *natura* exclut à notre avis que l'on puisse faire du *spiritus* une des facultés de l'âme : l'esprit ne s'identifie ni avec l'imagination, représentative ou créatrice, ni avec la mémoire ni avec la conscience : il n'est même pas l'ensemble de ces facultés, mais plutôt leur *subjectum* ou leur condition de possibilité : c'est parce qu'il y a dans l'âme une telle nature spirituelle, ou plutôt parce que l'âme est, pour une partie d'elle-même, cette nature, qu'il y a une imagination, une mémoire et une conscience de soi » [13].

Sans entrer davantage dans le détail de l'exégèse augustinienne, il semble donc que nous pouvons tenir pour acquises ces deux conclusions majeures : 1) le *spiritus*, sans être « une nature complète et individualisée », est plus et mieux qu'une simple faculté de l'âme : « un centre de propriétés et de fonctions spécifiques ». 2) Le rôle actif et médiateur qu'il exerce entre les parties de l'âme, entre l'âme et le monde, entre l'âme et les autres natures spirituelles, nous empêche de ne voir en lui que l'équivalent de l'imagination. Qu'en est-il de ces deux thèses fondamentales dans la Q. 481 ?

§ II. *INSPIRATIO* ET *SPIRITUS*

C'est en essayant de définir ce qu'il entend par *inspiratio* que l'auteur de la Q. 481 en vient à préciser le sens qu'il accorde à *spiritus* (cf. I, ad 8 et 8 bis, pp. 14-15) ; c'est à juste titre puisque

---

10. *La Genèse* (note, p. 564).
11. *Ibid.*, XII, IX, 20 (trad., p. 359) ; repris par le *De spiritu et anima*, X (PL, t. 40, c. 785).
12. *Ibid.*, XII, XXIII, 49 (trad., p. 411).
13. *Ibid.* (note, p. 563).

les deux termes sont corrélatifs. Hugues apporte à cette recherche un évident souci de clarté, mais les mots eux-mêmes sont chargés de sens si divers que leur signification est loin de s'imposer à première lecture [14].

Le mot *inspiratio* est considéré par Hugues d'un double point de vue : s'il se réfère au *spiritus* « *a quo* », on évoque l'intervention de Dieu ou des esprits angéliques, nous y reviendrons dans un moment ; s'il se rapporte au *spiritus* « *in quo* », il signifie le « lieu » où se produit cette intervention, c'est-à-dire l'âme ou la faculté de l'âme dont nous essayons de définir la nature et la fonction.

1. *Inspiratio* et *spiritus* « *in quo* »

En cette acception, *spiritus* est susceptible d'un double sens qui se retrouvera dans la manière de comprendre l'*inspiratio*. Cette dernière peut se prendre en effet de deux façons selon l'amplitude plus ou moins grande qu'on accorde au terme *spiritus*.

En un premier sens, *spiritus ... dicitur vis ymaginativa, sive substantia habens vim ymaginariam in quantum huiusmodi* ; nous sommes ici très proche d'Augustin, jusque dans l'emploi de l'équivalent embarrassé : *sive substantia habens vim ymaginativam*. En ce premier sens, continue l'auteur, « l'esprit se distingue de l'intelligence » (*spiritus dividit contra mentem*). Une référence à saint Paul (*I Cor.*, 14) et un renvoi à la *Glose* qui, sur ce point, reproduit Augustin [15], suffisent à justifier cette première acception du *spiritus in quo*.

Si l'on prend *spiritus* en ce premier sens, qui est le sens propre, on ne pourra parler d'*inspiratio* à propos de toute prophétie, mais seulement à propos de celle qui se réalise moyennant une *visio spiritualis*. En effet, explique l'auteur, « il y a une vision intellectuelle, une vision imaginative (*ymaginaria*), une

---

14. On notera toutefois que comparativement à la riche polysémie du terme *spiritus* au XIIe siècle, telle que l'a rappelée par exemple M.-D. CHENU (« *Spiritus* ». *Le vocabulaire de l'âme au XIIe siècle*, dans RSPT, XLI (1957), pp. 209-232), la Q. 481 témoigne d'une réelle indigence, à moins qu'il ne faille parler plutôt de la sobriété d'un auteur qui domine assez son vocabulaire pour n'en retenir que ce qui est utile à son propos.

15. Cf. le texte de la *Glose*, ci-dessus, p. 15 ; le texte d'Augustin se trouve dans *La Genèse*, XII, VIII, 19 (texte, p. 356) : « Cum autem non intelleguntur, in spiritu eas dicit (Paulus) esse, non in mente ».

vision dite spirituelle (*spiritualis*), si nous prenons le mot *spiritus* en ce sens, une vision corporelle ou sensible » (I, ad 8, p. 15). En distinguant ainsi « imaginative » et « spirituelle », l'auteur soulève une question sur laquelle il faudra revenir incessamment ; pour l'instant, nous retiendrons de ses éclaircissements la correspondance : *inspiratio* = *visio* « *in spiritu* ».

Le second sens du terme *spiritus* pourrait lui aussi se réclamer d'Augustin [16], mais Hugues ne le fait pas davantage que Philippe, son modèle ; ils se réfèrent simplement à l'usage courant du mot esprit (*commune* distingué de *proprie*) : « *Spiritus* signifie toute puissance intérieure à l'âme, c'est-à-dire l'âme comme ayant la faculté de comprendre toutes formes : intellectuelles, spirituelles, corporelles (*omnis vis anime interior, sive anima habens vim quamlibet comprehendentem formas sive intellectuales, sive spirituales, sive corporales*).

Si l'on prend *spiritus* en ce sens élargi, toute *prophetia* peut être appelée *inspiratio*, c'est-à-dire « l'impression de similitudes ou d'une lumière dans l'esprit » (*similitudinum vel lucis in spiritu impressio*).

Ces deux premières acceptions du mot *inspiratio*, qui se prennent du côté du *spiritus* « *in quo* », c'est-à-dire du point de vue du sujet inspiré, permettent de distinguer les différents types de vision. Quand on parle de visions corporelles, imaginatives, etc., c'est en référence à la manière dont se réalisent ces apparitions, non par rapport à la réalité qu'elles cachent tout autant qu'elles la signifient. Si maintenant nous voulons saisir d'un coup d'œil la manière dont s'articulent ces deux premiers sens, nous obtenons le tableau suivant :

Spiritus « *in quo* » (sujet inspiré)	*proprie* = *vis ymaginativa*	(*inspiratio* n'est employé que pour la prophétie qui se réalise au moyen d'une *visio spiritualis*)
	commune = *anima*	(*inspiratio* s'emploie ici pour toute prophétie quel que soit le mode de vision)

---

16. Cf. *La Genèse*, XII, VII, 18 (texte, p. 354).

2. *Inspiratio* et *spiritus* « *a quo* »

Du point de vue du *spiritus* « *a quo* », c'est-à-dire par rapport à l'agent inspirateur, l'inspiration va revêtir deux autres sens différents. Hugues en donne d'abord une définition générale qui, malgré certaines similitudes verbales, est profondément différente de celle donnée au paragraphe précédent : « On appelle inspiration l'impression des similitudes et la révélation de la réalité cachée sous la similitude » (« Dicitur enim inspiratio ipsa similitudinum impressio et rei latentis sub similitudine revelatio » : I, ad 8 bis, p. 15).

Les différences vont ici se prendre du second membre de cette phrase ; car si l'ange et le démon, suivant la doctrine augustinienne universellement admise alors, ont pouvoir sur le *spiritus* pour former en lui certaines images des choses, seul l'Esprit-Saint peut agir de telle sorte qu'il en dévoile le sens. Quand donc l'Esprit-Saint en est l'auteur, *inspiratio* est pratiquement identique à *prophetia* (compte tenu des distinctions que nous avons faites au chapitre précédent) ; mais quand il s'agit d'une inspiration diabolique ou même angélique, l'inspiration n'est pas identique à la prophétie, elle n'en est même pas une partie : « Inspiratio ergo inquantum est ab angelo vel diabolo non est prophetia vel pars prophetie, sed inquantum est a Spiritu Sancto a quo est significationis occulte cognitio ».

Hugues rejoint ici une doctrine que nous trouvons déjà dans la bouche de l'un des participants au débat : « Inspiratio dicitur quando fit solo Spiritus Sancti instinctu » (I, obj. 8, p. 5). Ainsi se trouve également souligné un point déjà signalé : étant donné qu'elle se réalise par une *inspiratio* au sens fort, la connaissance prophétique ne peut résulter que d'une intervention proprement divine (cf. I, ad 11, p. 16). Ce qui ressort fort clairement du tableau ci-dessous :

Spiritus « *a quo* » (agent inspirateur)	Esprit divin	(la prophétie proprement dite ne se réalise que par *inspiratio* au sens fort (images et lumière), c.-à-d. par le *Spiritus Sanctus*)
	Esprits angéliques	(l'*inspiratio* par les *spiritus* (*boni vel mali*) est équivoque à la première, et inadéquate à la notion vraie de prophétie, car il n'y a pas ici d'*illuminatio mentis*)

3. Deux difficultés et une question

Malgré son incontestable clarté, cette mise en ordre laisse en suspens deux problèmes et soulève une question. Nous avons évoqué le premier de ces problèmes dans notre chapitre précédent : l'ambiguïté plane sur le mot *inspiratio* par suite de son identification à *prophetia*, que Hugues a reçue avec la formule de Cassiodore revue par le Lombard. En définissant l'inspiration, comme il vient de le faire, par deux éléments (images et lumière), Hugues donne à l'inspiration le seul sens qu'elle peut avoir dans cette perspective ; il l'identifie au processus révélateur interne considéré du côté de Dieu qui en est la seule cause efficiente. Mais il lui devient alors impossible d'identifier l'inspiration à la prophétie qui, selon lui, comporte trois éléments et non deux ; c'est pourquoi, sur ce point tout au moins, passées ces premières explications, la formule de Cassiodore n'aura plus dans la synthèse d'Hugues qu'un rôle de référence plutôt lointain.

Le deuxième problème est posé par la manière dont Hugues a distingué quatre types de visions, et par la différence qu'il semble mettre entre *visio ymaginaria* et *visio spiritualis*. Si les explications qu'il a données quant aux sens du mot *spiritus* restent bien dans un climat augustinien (Augustin avait distingué lui-même sept sens différents du mot [17] ; Hugues pouvait difficilement ne pas se rencontrer avec lui en n'en mentionnant que deux), il n'en va pas de même pour cette division quadripartite des genres de visions. Elle ne se retrouve pas ailleurs dans la Q. 481, et on ne peut que se perdre en conjectures sur ce que l'auteur a voulu signifier par là, puisque l'imperceptible nuance qu'il faudrait mettre entre *visio ymaginaria* et *visio spiritualis* ne se trouve en aucune façon justifiée en raison.

On ne peut cependant voir là une simple inconséquence [18], car

---

17. Cf. *La Genèse*, XII, VII, 18 (texte, p. 354).
18. On pourrait aussi penser à une maladresse d'expression due au fait que l'auteur démarque étroitement Philippe, dont il veut pourtant se distancer (cf. ci-dessus, pp. 78-80, où nous avons analysé la manière dont il utilise son devancier). Ayant interverti l'ordre de Philippe, il aurait encore à la pensée le sens large de *spiritus*, et c'est à lui qu'il songerait en disant : « Quedam dicitur spiritualis, *hoc modo accipiendi spiritum* ». Mais cette hypothèse ne peut pas être soutenue : outre qu'elle n'est guère compatible avec l'ordre logique de l'exposé, elle se heurte au fait de la constante identification faite par l'auteur

dans ce texte où il est très proche de Philippe, Hugues omet délibérément une citation d'Augustin faite par Philippe. La raison en est claire : Augustin ne parle que de trois genres de visions, alors qu'il vient lui-même d'en mentionner quatre. Peut-on interpréter cette discordance patente comme l'indice d'une certaine distance voulue par Hugues pour se dissocier d'Augustin ? ... Il serait délicat de l'affirmer. Cependant l'apparition d'un vocabulaire aristotélicien que nous retrouverons plus loin (II, *Sol. III*, p. 27) autorise à poser cette question.

Cette interrogation soulevée par notre texte, reçoit une nouvelle légitimation du fait que sa teneur générale en éléments augustiniens n'y paraît pas spécialement accentuée. A moins d'oubli de notre part, le nom d'Augustin se trouve mentionné quinze fois par Hugues. Au premier abord, la proportion paraît considérable, car la Q. 481 est un texte relativement bref. Mais si l'on y regarde de plus près, on s'aperçoit que son auteur n'a pas recouru directement au texte d'Augustin comme nous venons de le faire. Sur ces quinze mentions, on relève deux citations de l'opuscule apocryphe *De spiritu et anima*; huit autres (dont trois du *De Gen. ad litt.*) sont de seconde main et empruntées soit à la *Glose*, soit à Pierre Lombard, soit à Philippe ; deux fois le nom d'Augustin est simplement cité comme exemple d'*expositor* concurremment à celui de Grégoire. Il ne reste que trois renvois formels propres à la Q. 481 : le premier évoque le livre *De doctrina christiana* en général ; le second est une citation *ad sensum* d'un passage du *De mendacio* ; le troisième en appelle au *De civitate Dei*. Cette dernière allusion est toutefois faite en problématique (ce qui est d'ailleurs le cas de six mentions sur les

---

entre *spiritus* et *vis ymaginativa* et l'emploi de *visio spiritualis* pour qualifier précisément la réception des images : « Propheta recipit rerum ymagines in spiritu quoad spiritualem visionem » (II, ad 1, p. 28). Dans un contexte semblable (même problématique et même emprunt à Philippe), la Q. 540 donne exactement le genre de réponse qu'on se serait attendu à trouver dans la Q. 481 : « Est enim triplex visio : corporalis... ; spiritualis *sive* ymaginativa qua videntur ymagines ; intellectualis... » (cf. B, 181va ; dans notre édition, nº 1 : *Antonianum*, XLIX (1974), p. 516). Le simple fait que la Q. 481 ne fasse pas ici cette identification qu'elle fait partout ailleurs, constitue une véritable énigme que nous ne parvenons pas à résoudre. On trouve dans la *Summa Duacensis* (A, 69rb ; éd. P. GLORIEUX, p. 127) une énumération apparemment semblable : « Quadruplex est prophetia sive visio : una est *spiritualis*, alia corporalis, alia *ymaginaria*, alia est per ea que dici vel fieri videntur quemadmodum in sompnis contingit ». Cependant ce rapprochement n'est que verbal : *spiritualis* est ici l'équivalent d'*intellectualis* dans la Q. 481.

quinze qui ont été relevées). Au total, si l'on peut dire que la Q. 481 témoigne d'un certain climat augustinien, on ne peut assurer au vu de ces citations que cela réponde à une intention formelle de l'auteur. Celui-ci ne se réfère directement (?) à Augustin qu'en un seul cas précis (II, *Sol.*, p. 25).

Ce recours à Augustin par auteur interposé n'a rien d'exceptionnel [19], mais nous retrouvons une semblable parcimonie dans les références à cette source dans l'évocation du triple genre de vision. Certes, l'auteur connaît la division qui est bien commun des scolastiques à cette époque, mais on ne peut dire qu'elle joue un rôle déterminant dans sa construction. Il y fait allusion à trois reprises [20], mais quand il veut développer sa théorie sur une triple vision qui se réalise grâce à un double *speculum* (cf. II, *Sol.*, p. 24), c'est tout autre chose que la systématisation augustinienne qu'il met en œuvre [21].

Il est difficile de dire si et dans quelle mesure ces différences traduisent une attitude délibérée, et encore plus risqué d'assurer qu'elles expriment une réserve critique; mais il semble en tout cas important d'enregistrer cette relative pauvreté en éléments augustiniens pour ne pas hypertrophier ceux que l'on rencontre.

§ III. *SPIRITUS* DANS LA QUESTION 481

Si nous en revenons maintenant à la signification de *spiritus* telle qu'elle se dégage de notre texte, nous constatons une grande

---

19. P. Michaud-Quantin a signalé le même phénomène pour Jean de la Rochelle, dont le *Tractatus* est le contemporain à peu près exact de la Q. 481 : « On y chercherait vainement les traces d'un contact direct de Jean de la Rochelle avec l'œuvre authentique ou même apocryphe, de l'évêque d'Hippone » (JEAN DE LA ROCHELLE, *Tractatus de divisione multiplici potentiarum animae*, Paris, 1964, Introduction, p. 27). H.-F. DONDAINE (*Les scolastiques citent-ils les Pères de première main ?*, dans RSPT, XXXVI (1952), pp. 231-243) a montré l'ampleur de ce phénomène à propos des citations de Denys ; Hugues de Saint-Cher se signale parmi ceux qui ne recourent pas aux sources (cf. pp. 237-238).

20. Une première fois en problématique (obj. 8, pp. 5-6 ; cf. aussi obj. 11, p. 8, mais c'est un renvoi au *De spiritu et anima*) ; une deuxième fois explicitement dans une de ses réponses (I, ad 8, p. 15) ; une troisième fois de manière implicite en disant comment se déroulent les visions intellectuelles et spirituelles (II, *Sol. III*, pp. 27-28).

21. Il en va tout autrement dans la Q. 480, dans laquelle Hugues fait un parallèle systématique entre les trois types de visions et les trois « cieux » qui y correspondent, pour expliquer le « troisième ciel » où fut ravi l'apôtre Paul (cf. B, 130vb, ad 1 ; cf. également ad 7 et ad 9, *ibid.*, 131ra-rb).

constance dans l'emploi du mot, et elle se manifeste sur quatre plans différents.

1. Tout d'abord le lien de l'« esprit » aux images et à l'imagination. En effet, à la seule exception près que nous avons rencontrée, et où l'auteur mentionne pour l'écarter le sens large de *spiritus* (l'âme en général), dans tous les endroits où il emploie ce terme c'est au sens propre qu'il le prend, le faisant suivre avec une régularité quasi mécanique d'une courte paraphrase : *spiritus, id est vis ymaginativa* [22]. Quand ce n'est pas cette brève explication, il en donne une équivalence : *imaginaria sive spiritualis apparitio* (I, *Sol.*, p. 11).

Toute une série d'expressions confirment ce lien du *spiritus* à l'imagination, en mettant en valeur son rôle comme lieu des images : « Propheta recipit *rerum ymagines in spiritu* quoad spiritualem visionem » (II, ad 1, p. 28). Chaque fois qu'il est question d'*apparitio ymaginum*, Hugues précise que cela se produit *in spiritu* [23]. En cette première acception du mot, Hugues est effectivement très proche de saint Augustin, pour qui le *spiritus* est l'endroit *ubi sunt significationes velut imagines rerum ac similitudines* [24].

2. La deuxième constatation qui s'impose à la lecture de ces textes, c'est le rôle essentiellement passif du *spiritus* ; c'est pourquoi on hésite à voir en lui l'équivalent pur et simple de l'imagination. Hugues n'est plus ici aussi proche d'Augustin qu'on aurait pu le croire. Alors que pour ce dernier, le *spiritus* comporte un lien essentiel à l'expérience sensible qu'il permet de réactiver même en l'absence des corps, nulle part la Q. 481 n'esquisse la moindre théorie de la fonction réceptrice et conser-

---

22. Cette tournure se rencontre deux fois en problématique de l'art. II (obj. 1, p. 20), mais il ne fait aucun doute que l'auteur la prend à son compte : « Creantur similitudines *in spiritu, id est in vi ymaginativa* » (II, ad 3, p. 30). Rappelons aussi les passages évoqués dans notre texte ci-dessus : *pars anime spiritualis, id est vis ymaginativa* (I, *Sol.*, p. 11) ; ou bien : *spiritus ... dicitur vis ymaginativa* (I, ad 8, p. 15).

23. Voici les plus typiques de ces expressions : *apparitio ymaginum que fit in spiritu* (II, obj. 5, p. 23) ; *susceptio impressarum ymaginum in spiritu* (II, *Sol.* II, p. 25) ; *creantur ymagines in spiritu* (II, ad 1, p. 29) ; *prophetia fit ut in pluribus per impressionem ymaginis in spiritu* (II, ad 5, p. 30) ; *impressio similitudinis in spiritu* (II, ad 5, p. 31).

24. *La Genèse*, XII, VIII, 19 (texte, p. 356).

vatrice de l'imagination à l'égard du monde extérieur ; pas davantage elle n'évoque son rôle créateur. Dans sa perspective, le *spiritus* apparaît uniquement comme le champ d'action où peuvent intervenir Dieu et les esprits, bons ou mauvais, pour y produire les images qui constituent le matériau brut dont la *mens* dégagera la signification. Cette intervention, l'auteur l'exprime souvent, il la présuppose toujours, avec raison : c'est la base même du processus révélateur. L'emploi du verbe « créer » est ici significatif : « *creantur* imagines in spiritu » [25]. Le prophète n'extrait pas les images nécessaires à l'annonce du message de son expérience, il les reçoit (du *speculum*, de Dieu, de l'Esprit-Saint) : « Propheta *recipit* rerum ymagines in spiritu ».

3. Le *spiritus* se définit donc aussi par sa réceptivité fondamentale à l'égard du monde des esprits. C'est la troisième constatation qu'il faut faire pour expliciter la précédente : Dieu n'est pas seul à pouvoir intervenir dans le *spiritus*, l'ange et le démon le peuvent également (« habet enim [diabolus] potestatem super vim ymaginativam ut in ea formet ymagines quasdam rerum » [26]). Cela ne suffit pas pour qu'on puisse alors parler de prophétie, mais cela illustre bien cette autre fonction du *spiritus* que les commentateurs d'Augustin appellent un « lieu de communications » [27]. Cela nous met aussi sur la voie pour comprendre le rôle privilégié que joue le *spiritus* dans la définition de la prophétie. Puisque celle-ci est causée par l'irruption d'un monde différent à l'intérieur du monde du prophète, le *spiritus* est en quelque sorte le carrefour où se produit la rencontre.

4. Notre quatrième constatation porte sur la nature même du *spiritus*. Nous avons déjà signalé qu'une certaine imprécision dans la manière de s'exprimer de notre Question n'était pas sans rappeler celle d'Augustin. De même que celui-ci parlait du *spiritus* comme d'une *spiritalem quandam naturam*, ainsi Hugues propose : *substantia habens vim ymaginariam* comme équivalent

---

25. II, ad 1, p. 29 ; pour d'autres emplois du verbe « créer » dans ce contexte, cf. ci-dessus, notes 22 et 23.

26. I, ad 8 bis, p. 15 ; cf. aussi I, obj. 11, pp. 7-8 : « Angelus... potest facere apparitionem in parte anime spirituali, sicut patet in visionibus sompniorum quas habent sancti ». Pour Augustin, cf. *La Genèse*, XII, XII, 26-XIII, 28 (pp. 368-374).

27. *La Genèse* (note, pp. 563-564).

du *spiritus-vis ymaginativa* [28]. Mais on ne peut guère presser ce rapprochement ; il ne s'agit pas là d'une option décidée. Hugues parle ailleurs du *spiritus* comme de la *pars spiritualis anime* [29] ; ce qui interdit d'en faire un centre autonome, mais invite au contraire à le rattacher à ce tout dont il est partie.

Ceci se confirme si l'on tient compte du fait que la *vis ymaginativa*, équivalent constant de *spiritus*, est mise régulièrement sur le même plan que les autres facultés de l'âme : la *vis intellectiva* et la *vis interpretativa*. L'auteur nous l'explique lorsqu'il en vient à parler du siège de la prophétie. Selon les trois éléments qui la composent, la prophétie réside en trois facultés : quant à la vision de l'apparition en images, elle se trouve dans la faculté imaginative ; quant à la connaissance de la révélation, elle est dans la faculté intellective ; quant à l'annonce extérieure, elle se produit par la faculté interprétative. Si l'on objecte contre cette théorie de l'*actus compositus* que, dans ce cas, la prophétie n'est pas une réalité parfaitement une, Hugues répond par une de ses plus fermes déclarations sur l'identité de l'âme et de ses facultés : « Ymaginativa, intellectiva, interpretativa sunt idem secundum substantiam, differens ratione » (I, ad 12, p. 17).

Ce serait donc faire violence à sa pensée que de ne pas tenir compte de ces indications formelles. Malgré l'incontestable coloration augustinienne de sa conception du *spiritus*, il n'adopte pas toutes les vues du docteur d'Hippone ; pour lui, le *spiritus* reste une faculté de l'âme. A notre sens, c'est en fonction de cette donnée qu'il faut comprendre la déclaration rappelée au début de ce paragraphe : loin de suggérer une autonomie de la fonction imaginative, l'expression *substantia habens vim ymaginariam* nous paraît devoir être comprise comme signifiant l'âme considérée sous l'aspect où elle exerce sa faculté imaginative.

§ IV. L'APPORT DES AUTRES ŒUVRES D'HUGUES DE SAINT-CHER A LA COMPRÉHENSION DU TERME *SPIRITUS*

Notre dernière constatation, qui aboutissait à des positions bien connues d'Hugues de Saint-Cher, nous invitait à vérifier si

---

28. « Spiritus ... quandoque dicitur vis ymaginativa sive substantia habens vim ymaginativam in quantum huiusmodi » (I, ad 8, p. 15).

29. « Apparitio ymaginum que fit in parte anime spirituali » (I, *Sol.*, p. 10-11).

cette plurivalence du terme *spiritus* se retrouve ailleurs dans son œuvre ; nous aurions eu ainsi une ouverture précise pour insérer dans l'ensemble de cette œuvre cette question *De prophetia* dont jusqu'à présent les attaches ne sont guère visibles.

Trois lieux différents s'offraient à notre recherche : le commentaire du deuxième livre des *Sentences*, à l'endroit où il est question des puissances de l'âme [30] ; la Q. 263 du manuscrit de *Douai 434* [31] — le « petit traité sur l'âme de Hugues de Saint-Cher », dont O. Lottin a publié jadis d'importants fragments [32] ; la Q. 285 de ce même recueil, qui traite du mode de présence de l'âme au corps et du *medium* de leur union [33]. Sans prétendre exploiter cet enseignement dans sa totalité, car cela nous aurait entraîné trop loin de notre propos précis, nous pensions trouver dans ce matériel abondant de quoi compléter les considérations par trop fragmentaires de la Q. 481 [34].

Nous avons dû constater le contraire. La Q. 285, simple *reportatio* d'une Question disputée, ne nous livre que l'écho de la discussion avec ses arguments *pro et contra*, mais ne dit rien des solutions d'Hugues, reportées sans doute à une autre séance. Dans le *Commentaire des Sentences*, si l'on trouve effectivement de nombreuses données de psychologie rationnelle [35], on ne trouve malheureusement pas de développement comparable à

---

30. Cf. *II Sent.*, dist. XXIV ; H, 38r-v.
31. Cf. A, 108ra-109ra : *De anima*, h.
32. Cf. O. LOTTIN, *Un petit traité sur l'âme de Hugues de Saint-Cher*, dans *Revue néoscol. de phil.*, XXXIV (1932), pp. 468-475 ; ce texte a été repris dans PM, VI, pp. 142-148 ; cf. également PM, I, pp. 438-441 qui reproduisait déjà le texte d'Hugues, ainsi que pp. 472-474 où l'on trouve un autre fragment de cette même question.
33. Cf. A, 119vb : *Ad prin. fratris h.* ; comment faut-il rétablir l'abréviation *prin.* ? Faut-il y voir une allusion au *principium* d'Hugues, la leçon inaugurale solennelle du nouveau Maître ? Contre cette hypothèse, il est facile d'objecter que la Q. 285 ne transmet pas l'écho d'une *lectio*, mais d'une *Quaestio disputata*.
34. Nous avons cherché également dans la Q. 480 (cf. B, 130ra-132rb), dont le sujet, le ravissement de saint Paul, fournit à Hugues l'occasion de quelques développements sur la prophétie, mais nous n'y avons rien trouvé pour notre propos. Le commentaire d'Hugues sur *I Cor.*, 14, 15, de tonalité très augustinienne, contient le même enseignement sur *spiritus*, mais n'apporte pas d'éléments nouveaux par rapport à la Q. 481.
35. O. LOTTIN (PM, *passim*) a recueilli nombre de ces éléments concernant la psychologie de l'acte humain, la nature du libre arbitre, la syndérèse, etc. ; le recours à ses *indices* est toujours précieux pour trouver rapidement une première orientation concernant notre auteur.

celui de la Q. 481 sur la nature et le rôle du *spiritus* [36]. Il faut en dire autant de la Q. 263 ; elle évoque certes l'attitude réceptrice de l'âme *respectu superiorum a quibus recipit influentias illuminationum* [37], mais à la vérité cette phrase fait davantage penser à Alfred de Sareshel [38] qu'à saint Augustin et on cherche en vain dans ce texte la présence du terme *spiritus* au sens défini dans ce chapitre.

Tout se passe comme si — c'est une hypothèse que nous n'allons pas tarder à vérifier — la Q. 481 d'une part et ces textes d'autre part, relevaient d'une inspiration foncièrement différente, sans que l'auteur se préoccupe de les harmoniser : ici Aristote domine (on relève de nombreuses mentions de son nom dans les textes évoqués ci-dessus), là saint Augustin (tout au moins dans la réponse *ad 8* que nous avons analysée dans ce chapitre ; il en ira un peu autrement dans l'art. II). Première constatation d'un fait que nous retrouverons sous ses divers aspects dans les pages qui viennent : la spécificité de la prophétie est si accentuée dans la Q. 481, qu'elle semble creuser un véritable fossé entre elle et les autres activités de l'âme ; le mécanisme de la connaissance prophétique ne se laisse réduire à aucun autre processus de connaissance.

* * *

Cette recherche sur le sens du mot *spiritus* ne peut donc que nous mettre sur nos gardes quant à la tentation de le traduire trop rapidement par « imagination ». Une traduction approxima-

---

36. On ne trouve même pas, comme on s'y attendrait, l'opposition *mens-spiritus* ; voici par exemple comment Hugues dans les *Sentences* définit la *mens* : « Mens tripliciter sumitur : aliquando communiter ad tres vires anime ... aliquando pro sola ratione superiori... aliquando pro memoria... » (*II Sent.*, dist. XXVII ; H, 41ra) ; ou bien ailleurs plus brièvement : « Noys quod est mens » (*IV Sent.*, dist. XXIV ; H, 101rb *in fine*). M.-D. CHENU (« *Spiritus* ». *Le vocabulaire de l'âme...*, pp. 217-218) a rappelé l'arrière-fond sur lequel il faut replacer cette brève indication : « Ce νοῦς grec est un organe d'intuition mystique ; et il faut le traduire non par *spiritus* ... mais par *intellectus* ou par *mens* ».

37. Q. 263, *Sol. III*, ad 4 (A, 108vb *in fine*) ; on peut accéder plus facilement à ce texte dans la transcription d'O. LOTTIN (PM, VI, p. 145).

38. ALFRED DE SARESHEL, *De motu cordis*, 1 (éd. C. BAEUMKER, Münster i. W., 1923, p. 2) ; cité par Hugues, qui ne nomme pas l'auteur mais seulement son livre, au début de la Q. 263 (A, 108ra) ; la manière dont est faite la citation (« Philosophus, in libro De motu cordis : anima est substantia incorporea illuminationum que sunt a Primo ultima relatione perceptiva »), nous incline à penser qu'elle est empruntée à Philippe plutôt que directement au *Liber de motu cordis*. Cf. PHILIPPE, *Quaestiones de anima*, éd. L. W. KEELER, p. 20.

tive par « esprit imaginatif » — selon le titre du petit traité légèrement postérieur de Richard Kilwardby [39] — ne serait envisageable que si l'on possédait d'autres éléments sur la manière dont Hugues conçoit le rôle et la nature du *spiritus*. Toutefois l'essentielle passivité qui le définit dans la Q. 481 n'invite guère à cette traduction qui soulignerait par trop le rôle créateur de l'imagination.

Par certains côtés, cette conception du *spiritus* entièrement passif à l'égard de Dieu et du monde des esprits n'est pas sans évoquer la définition de l'*intellectus passivus* que l'on trouve chez Averroès [40] ; cela a déjà été signalé à propos d'Augustin [41]. Théoriquement possible — puisqu'elle est déjà repérable chez Philippe la Chancelier [42] —, l'influence d'Averroès n'a pourtant

---

39. Cf. M.-D. CHENU, *Le « De spiritu imaginativo » de R. Kilwardby, O.P., † 1279*, dans RSPT, XV (1926), pp. 507-517. Kilwardby enseigna à Oxford de 1250 à 1261 environ ; dans ce petit texte, où il tente d'harmoniser Augustin et Aristote, l'auteur prend le mot *spiritus* dans le même sens que dans son *Commentaire des Sentences*, où il propose une équivalence intéressante pour notre propos : « Puto enim secundum Augustinum quod sicut in humana anima sic in persona angelica pars sit quedam mente inferior, que vocatur secundum Augustinum *spiritus, secundum philosophos ymaginativa*, ubi exprimuntur corporalium rerum similitudines » (*I Sent.*, ms *Oxford, Merton College 131*, f. 11a, cité par CHENU, p. 509).

40. Cf. par exemple : « Et intendit (Aristoteles) per *intellectum passivum* virtutem ymaginativam » (AVERROÈS, *In III de anima*, texte 5, éd. F. S. CRAWFORD, p. 409, l. 640) ; « Et intendebat per *intellectum passibilem* formas ymaginationis secundum quod in eas agit virtus cogitativa propria homini... » (*ibid.*, texte 20, p. 449, ll. 173 ss.) ; « Et demonstrat (Alexander) quod intendebat (Aristoteles) hic per *intellectum passibilem* virtutem ymaginativam humanam » (*ibid.*, p. 452, ll. 245-247) ; « Et per istum intellectum quem vocavit Aristoteles *passibilem* diversantur homines in quatuor virtutibus ... et per istum intellectum differt homo ab aliis animalibus... » (*ibid.*, p. 454, ll. 313-316). Outre ces passages où *intellectus passivus* reçoit ce sens très particulier, c'est à sa fonction essentiellement réceptrice à l'égard des formes qu'imprime en lui l'intellect agent, que fait penser le *spiritus* de la Q. 481 (cf. É. GILSON, *La philosophie au moyen âge*, 2e éd., Paris, 1952, p. 366). Il n'est peut-être pas inutile de rappeler que cet *intellectus passivus*, corruptible et identifié à la cogitative, n'est pas à confondre avec l'*intellectus materialis*, qui est l'intellect possible des scolastiques postérieurs, et qui, chez Averroès, est séparé comme l'intellect agent, unique et incorruptible comme lui. D. SALMAN (*Note sur la première influence d'Averroès*, dans *Revue néoscol. de phil.*, XL (1937), pp. 203-212 ; cf. p. 205) a fort justement attiré l'attention sur cette importante nuance.

41. Cf. *La Genèse* (note, p. 564).

42. Cf. R DE VAUX, *La première entrée d'Averroès chez les latins*, dans RSPT, XXII (1933), pp. 193-243 ; cf. également L. W. KEELER, *Ex Summa Philippi Cancellarii Quaestiones de Anima*, Münster i. W., 1937, pp. 61 et 65 notamment.

pu être décelée par nous dans la Q. 481. C'est vainement que l'on cherche dans la traduction latine de son *De anima*, le mot *spiritus* dans le sens que lui donne notre Question. Pas davantage on ne trouve dans sa théorie de la connaissance l'emploi de l'expression *species intelligibilis*, qui apporte une coloration précise à l'élaboration de la Q. 481. Quant à sa théorie générale de la prophétie, elle ne fait en rien songer à celle d'Hugues [43]. Si l'on devait rattacher la Q. 481 à une certaine influence arabe, c'est plutôt à celle d'Avicenne qu'à celle d'Averroès qu'il faudrait penser ; nous y reviendrons.

C'est donc à saint Augustin — ou, plus précisément, au *De spiritu et anima*, par Philippe le Chancelier — qu'il faut revenir pour avoir l'arrière-fond immédiat sur lequel se détache la réflexion de l'auteur de notre Question. Plus que d'une option décidée, il s'agit, nous semble-t-il, d'un choix implicite ; nous voulons dire par là que, si l'auteur adopte cette conception en même temps que les idées véhiculées par la description du processus de la connaissance prophétique sans la vouloir explicitement comme telle, il la retient pourtant en relative connaissance de cause. Sans faire un très large panorama à la manière de Jean de la Rochelle, qui englobe même les définitions des médecins [44], ou à la façon moins ample d'Alexandre de Halès [45], ou

---

D. Salman s'est attaché à saisir les caractéristiques de l'averroïsme naissant en milieu latin, sensiblement différent de ce qu'il est convenu d'appeler « l'averroïsme latin » postérieur ; en plus de l'étude signalée à la note 40, cf. du même auteur, *Jean de la Rochelle et l'averroïsme latin*, AHDLMA XVI (1947-1948), pp. 133-144.

43. On trouve une brève esquisse de cette théorie dans B. DECKER, *Die Entwicklung*, pp. 26-28 ; plus ancien, mais conservant toujours sa valeur (d'après L. GARDET, *La pensée religieuse d'Avicenne*, p. 120, note), le livre de L. GAUTHIER (*La théorie d'Ibn Rochd sur les rapports de la religion et de la philosophie*, Paris, 1909, pp. 128-158) souligne l'inspiration foncièrement naturaliste qui préside à la conception de la prophétie selon Averroès ; dans un ouvrage plus récent : *Ibn Rochd (Averroès)*, Paris, 1948, pp. 37 ss., le même auteur met en valeur le rôle capital de l'imagination dans le processus prophétique. Cela aussi est bien présent dans la Q. 481, mais ce n'est guère qu'une coïncidence, et le rôle décisif est joué par l'*illuminatio mentis*.

44. JEAN DE LA ROCHELLE, *Tractatus...*, II, LIV : *De distinctione spiritus*, éd. P. MICHAUD-QUANTIN, pp. 132-133.

45. « Spiritus accipitur multipliciter. Spiritus enim aliquando accipitur pro corpore spirituali, sicut utuntur naturales et medici hoc nomine ' spiritus '. Item spiritus dicitur secundum quod est spiritualis vis, in qua imagines corporum non praesentibus corporibus recipiuntur ; sic visio spiritualis est eadem

même de la *Summa Duacensis* ⁴⁶, il a cependant justifié son choix de manière suffisante pour que nous ne puissions en douter. Tous les auteurs ne font pas, en effet, le même type de distinction entre *spiritus* et *mens*; certains définissent *spiritus* par rapport à *anima*, et l'un et l'autre par rapport au corps et à Dieu ⁴⁷.

On hésite sur la manière dont il faut qualifier cet « augustinisme » de la Q. 481 : faut-il parler des nuances de cette réflexion ? ou de son hésitation, voire de son indécision ? Il est peut-être risqué de vouloir trancher, mais il est certain que nous aurons à relever souvent cette attitude. En toute hypothèse, il est clair que dès le début de sa question, Hugues nous a placé au confluent de son anthropologie et de sa vision du monde : de son anthropologie, en raison précisément de l'insuffisance de ce qu'il nous en dit ; de sa vision du monde — qu'il n'a certes pas en propre, car le Pseudo-Denys est passé par là ⁴⁸ —, où les esprits s'illuminent suivant un ordre hiérarchique et où l'homme apparaît grand ouvert au monde supérieur. Hugues ne poussera guère sa pensée dans cette direction, mais nous ne pouvons pas négliger cet aspect, sous peine de ne pas comprendre ce qu'il nous dit de la prophétie.

---

quod imaginaria, et sic spiritualis visio dividitur contra corporalem et intellectualem. Item accipitur spiritus aliquando pro ipsa substantia animae secundum seipsam : secundum enim quod per se sumitur, spiritus dicitur ; secundum autem quod ad corpus comparatur, anima » (AH, p. 297). Les éditeurs d'Alexandre donnent en note les passages du *De spiritu et anima* qui inspirent cette dernière acception du terme : « Anima ex eo dicta est quod animat corpus ... Spiritus est ipsa anima pro spirituali natura ... Spiritus ad se ipsum dicitur spiritus, et ad corpus anima... » ; « Dicitur namque anima dum vegetatur, spiritus dum contemplatur » (PL, t. 40, cc. 784, 788).

46. *Summa Duac.*, II (A, 69vb ; éd. P. GLORIEUX, p. 134).

47. Cf. les dernières lignes de la note 45, ainsi que l'exemple donné par M.-D. CHENU, dans RSPT, XV (1927), p. 509, note 2 : « Substantia illa quae in quantum alligatur corpori quod animat, *anima* dicitur, secundum se ratione absolutionis quia separabilis est et separata manet ut angelus, *spiritus* vocatur ; quia *spiritus* a theologis *mens,* a philosophis *intellectus* vocatur » (Apocryphe thomiste *De dilectione Dei et proximi*, c. XXI). Quant aux différents sens du terme *spiritus* tels qu'on peut les trouver dans COSTA BEN LUCA (*De differentia animae et spiritus liber, ex arabico in latinum translatus a Johanne Hispalensi*, éd. C. S. BARACH, Innsbruck, 1878, pp. 121-139), nous n'en avons relevé nulle trace chez Hugues qui, dans la Q. 481 au moins, ignore totalement cet écrit pourtant si répandu au XIIIᵉ siècle.

48. Indépendamment du climat général de l'époque, et à propos duquel on a pu parler de « convergence des platonismes », la trace de cette influence dionysienne est perceptible dans l'obj. 12 à l'art. I, p. 8.

CHAPITRE III

LA VISION *IN SPECULO*

Avec son deuxième article, la problématique de notre Question change notablement. L'auteur ne s'interroge plus sur l'essence de la prophétie en général, mais sur un point particulier : la vision prophétique. Aussi le cadre dans lequel se situe son exposé, n'est-il plus la traditionnelle formule de Cassiodore, mais l'expression de *videre in speculo*, plus « moderne », mais déjà consacrée par l'usage scolaire, puisque Guillaume d'Auxerre et Philippe le Chancelier notamment l'ont utilisée avant lui [1].

1. Le premier emploi certain de *speculum eternitatis*, nous l'avons dit, se trouve chez Godefroid de Poitiers, qui utilise l'expression à quatre reprises (cf. E, 92va-vb) ; fait notable, cependant, il ne développe aucune théorie de la *visio in speculo*. De là, le terme passe chez Guillaume d'Auxerre qui, lui non plus, ne s'étend pas sur le thème de la vision *in speculo* pour les prophètes, mais qui l'a fait pour la connaissance angélique (cf. *Summa aurea*, lib. II, tr. v, f. XLVIIrb-vb ; dans la question *De raptu in Deum, ibid.*, lib. III, tr. xi, f. CXCVIra, Guillaume revient sur le *videre in speculo*, mais sans traiter systématiquement le concept). La *Summa Duacensis* fait un emploi relativement abondant du terme *speculum* et de certains de ses composés (*speculum eternitatis, speculum eternum, speculum eterne sapientie*), mais n'élabore pas pour autant le thème de la *visio in speculo*. Par contre, Philippe le Chancelier, qui utilise le terme de *speculum* plus de cinquante fois, l'a développé amplement, et c'est à lui que Hugues de Saint-Cher doit nombre de ses analyses, et notamment le terme de *speculum creatricis essencie* ; nous n'avons pas rencontré cette expression avant son emploi par Philippe ; par contre, son corrélatif *speculum creature* se trouve déjà chez GUILLAUME D'AUXERRE (cf. *ibid.*, lib. III, tr. xi, f. CXCVI) et chez ROBERT DE MELUN (*Œuvres*, t. II, éd. R.-M. MARTIN, p. 42), mais avec un sens différent, puisque c'est Dieu lui-même qui est appelé *speculum creature* : « (In patria) erit enim Deus speculum omnis creature, sicut modo omnis creatura speculum eius est » ; (cf. aussi *ibid.*, pp. 218-219). Alexandre de Halès, nous l'avons vu (cf. ci-dessus, pp. 128-131), traite également le sujet, bien que dans un tout autre sens que Philippe. Parmi les auteurs antérieurs, il n'y a guère que le *De potentiis animae et obiectis* (éd. D. A. CALLUS, dans RTAM, XIX (1952), pp. 146-170) qui connaisse le terme *speculum eternitatis*, bien qu'il n'y soit utilisé qu'une seule fois (p. 158, 38) ; cet écrit anonyme connaît aussi *speculum eternum* (p. 170, 36), et c'est le seul endroit avec la *Summa Duacensis* (éd.

Il s'agit toutefois davantage d'un approfondissement de la réflexion que d'un changement total. Le thème de la *visio in speculo* est déjà présent dans l'article premier. De nombreuses notations, dans la problématique générale comme dans les réponses aux difficultés, l'avaient introduit au centre du sujet: tant à propos de l'inspiration qui se réalise selon ce mode (« inspiratio ... fit enim per modum visionis in speculo »: I, obj. 10, p. 7), qu'à propos du titre même de prophète, puisque c'est de cette vision que le prophète tire son nom (« prophete vident in speculo eterno et *ex illa visione dicuntur prophete* »: I, obj. 11, p. 8).

De nombreux autres indices de cette continuité pourraient être relevés [2], mais un vocabulaire différent, qui va de pair avec l'apparition de nouvelles questions, attire l'attention sur un domaine peu exploré jusqu'alors. De fait, cinq sujets neufs s'offrent à la réflexion, et Hugues les a regroupés avec leurs arguments *pro et contra* dans les cinq points généraux de sa mise en question.

La première difficulté soulève une question qui sera comme un test décisif tant pour l'anthropologie de l'auteur que pour sa noétique: quel est le rôle des images (et, plus généralement, de l'expérience sensible) dans la *visio in speculo*? Est-ce que le prophète tire d'elles sa connaissance ou non? Et sinon à quoi servent-elles?

Cette première approche est complétée aussitôt par les questions soulevées dans la deuxième difficulté; les images y sont considérées non plus selon le rôle qu'elles jouent dans l'« esprit » (*spiritus*) du prophète, mais du côté de leur cause: comment le *speculum* divin, incorporel, peut-il donner aux prophètes les similitudes des choses corporelles? Cette question ne retiendra guère l'auteur qui répondra nettement: *per modum creationis*; mais dans son laconisme même cette réponse est hautement significative pour la place des images dans sa théorie de la connaissance prophétique. Nous examinerons cette question dans le

---

P. GLORIEUX, p. 128), où nous ayons trouvé cette expression en dehors de la Q. 481 et de la Q. 540 (cf. B, 182ra-rb ; cf. notre édition, numéros 11-13 : *Antonianum*, XLIX (1974), pp. 522-524).

2. Cf. notamment les réponses I, ad 10, p. 16 et ad 13, p. 18. La comparaison de ces solutions avec les difficultés correspondantes montre bien que les discordances éventuelles ne portent pas sur cette place centrale de la *visio in speculo*.

chapitre suivant ; ce sera pour nous l'occasion de quelques réflexions critiques sur les théories implicites de l'auteur.

Les deux interrogations suivantes sont, elles aussi, étroitement liées. La troisième porte sur la nature même du *speculum* ; brièvement traduite en termes techniques elle peut se formuler ainsi : en vertu de quelle analogie peut-on appliquer à Dieu cette désignation ? Quant à la quatrième, elle prend appui sur la simplicité divine pour affirmer l'identité du *speculum* et de l'essence divine, en sorte que voir dans le *speculum* ce serait finalement voir Dieu lui-même ; ce qui va trop évidemment contre le donné révélé pour pouvoir être sérieusement soutenu. Nous consacrerons le présent chapitre à suivre l'auteur dans les explications qu'il nous donne à ce sujet.

Quant à la cinquième difficulté, elle porte sur une question annexe, mais non sans intérêt : quelle est la différence entre le « voir » de la foi et le « voir » de la prophétie ? Hugues s'est interrogé longuement sur ce sujet et sa réponse contient de nombreux éléments dont nous aurons à faire notre profit pour situer la prophétie dans son univers. Ce sera l'objet de notre cinquième chapitre.

§ I. PREMIÈRES PRÉCISIONS SUR LE *SPECULUM*

Le terme et la notion de *speculum* sont au centre de toute réflexion sur la prophétie en cette première moitié du XIIIe siècle. Nous avons donc déjà rencontré plusieurs fois le mot et l'idée au cours des pages qui précèdent, aussi bien lorsque nous avons parlé de l'apparition de ce *verbum magistrale* [3] que de son emploi et de sa signification chez différents auteurs [4]. Il faut voir maintenant ce qu'il en est dans l'élaboration d'Hugues de Saint-Cher. Son habituelle clarté d'exposition rend ici notre enquête particulièrement facile.

Il faut savoir, nous dit l'auteur (II, *Sol. I*, p. 24), qu'il y a un double *speculum* dans lequel et par lequel s'accomplit une triple vision. Le premier est le miroir de la création (*speculum creature*) ; il est évidemment créé ; c'est lui que saint Paul évoque quand il écrit : « Nous voyons maintenant comme dans un miroir

---

3. Cf. ci-dessus, note 48, p. 134.
4. Cf. par exemple ci-dessus, p. 128 ss., pour Hugues, Philippe et Alexandre de Halès.

d'une manière confuse » (*per speculum in enigmate*: *I Cor.*, 13, 12). La connaissance *per speculum creature* est le lot de cette terre (*in via*), de notre condition voyageuse (*puri viatores*) ; par cette « vision » — Hugues ne craint pas d'employer le mot, mais nous avons déjà constaté son équivocité —, l'essence créatrice est « vue » dans le miroir de la création par le moyen du raisonnement (*per modum ratiocinationis*). Mais, il le dit ailleurs, dans cette connaissance qui est le fait des philosophes, ce n'est pas Dieu qui est vu, mais bien le monde créé [5]. Toutefois ce type de vision n'aura qu'un temps ; c'est encore l'Apôtre qui l'affirme : « Quand viendra ce qui est parfait, ce qui est imparfait disparaîtra » (*I Cor.*, 13, 10) ; c'est-à-dire, glose Hugues, quand viendra la vision dans le miroir de l'essence créatrice, la vision dans le miroir de la création disparaîtra, car ce miroir sera totalement éliminé.

Le deuxième *speculum* est défini par Hugues — à la suite de Philippe dont c'est le vocabulaire caractéristique — par une série d'antithèses qui l'opposent au premier pour l'en distinguer plus sûrement. Le miroir de l'essence créatrice (*speculum creatricis essencie*) est incréé : c'est à lui que l'Écriture fait allusion quand elle parle de la « splendeur de la lumière éternelle, miroir sans tache de la majesté de Dieu, image de sa bonté » (*Sag.*, 7, 26). Par ce miroir, ce n'est plus la création qui est vue, mais le créateur, et ceci non par la médiation des concepts et du discours, mais par une saisie directe (*per modum intuitionis*). Cette vision — cette fois le terme convient — s'accomplira *in patria*, elle est réservée aux seuls bienheureux (*puri comprehensores*). C'est son avènement qui éliminera la vision *in speculo creature*.

La vision des prophètes est pour ainsi dire intermédiaire (*quasi media*) entre les deux premières, car elle met en œuvre l'un et l'autre *speculum*. Les prophètes voient à leur manière (*suo modo*) dans le miroir de l'essence créatrice, mais non sans que soit présupposé à cette vision le miroir de la création : « Vident ... in speculo creatricis essencie *preexistente speculo creature* ». Ils ne pourraient en effet voir les créatures dans le miroir de l'essence créatrice, s'ils ne connaissaient en quelque façon le créateur par le miroir de la création.

---

[5]. « Creatura (est) speculum creatoris, id est : per (eam) cognoscitur creator per modum ratiocinationis ; per tale medium cognoscunt philosophi creatorem ; *unde proprie videtur creatura et non Deus* » (*II Sent.*, dist. XV ; H, 33va *in fine*).

Cette première description, très simple dans sa généralité, sera par la suite quelque peu surchargée par les nuances successives que Hugues y ajoutera. Elle énonce pourtant un point fondamental sur lequel il ne variera pas : la vision prophétique, quels que soient le mode de sa réalisation et sa situation par rapport au *speculum eternitatis*, ne porte en définitive que sur une réalité créée. Cette assertion sera répétée fort clairement sous différents aspects, et nous aurons à recueillir d'autres précisions, mais déjà nous pouvons enregistrer celle-ci : « Prophetia non est nisi respectu creaturarum et propheta in speculo non videt nisi creaturas » (II, ad 4, p. 30).

§ II. LE *SPECULUM CREATRICIS ESSENCIE*

Cette affirmation du caractère créé de l'objet de la vision prophétique est d'autant plus précieuse à retenir que, pour Hugues, le *speculum creatricis essencie* (terme régulièrement employé dans le même contexte que *speculum creature*), ou *speculum eternitatis* (terme reçu de Godefroid de Poitiers à travers Guillaume d'Auxerre), ou encore *speculum eternum* (qu'il semble préférer quand il a le choix), s'identifie sans aucun doute à l'essence divine elle-même. Cette conviction se retrouve aussi bien dans la problématique que dans les réponses. « Speculum eternum simplicissimum est sicut divina essencia... ergo speculum est idem quod divina essencia », objecte un de ses interlocuteurs contre une possible vision par le prophète du *speculum* lui-même (II, obj. 4, p. 21). Loin de contredire l'axiome posé par l'objectant, Hugues y assentit pleinement : le miroir de l'essence créatrice est suprêmement simple (*simplicissimum*) ; il ne peut donc contenir la diversité des similitudes, mais il en est l'unique exemplaire (*exemplar*). Aussi, bien que l'on dise que les définitions et les idées de toutes choses (*rationes omnium et ydee*) se trouvent en lui, cette pluralité ne se prend pas de lui, mais des choses ; il n'y a rien en lui qui ne soit lui : « Unde nichil est in eo quod non sit ipsum ». *Exemplar, liber, idea, speculum, ratio, ars, sapientia, dispositio, divina essencia, Deus*, tous ces termes désignent une même et unique réalité, dont ils ne diffèrent que selon une distinction de raison : « Idem sunt secundum esse, sed differunt secundum rationem » (II, *Sol. III*, p. 27).

Le *speculum creatricis essencie* est donc bien nommé ; s'il désigne l'essence divine, c'est très précisément dans son rapport à la création. Suivant un vocabulaire dont la couleur platonicienne (ou plutôt néoplatonicienne par la filière augustinienne [6]) ne peut manquer d'être relevée, le *speculum* est conçu comme contenant en soi les archétypes de toutes choses, leurs Idées : « Speculum eternum (est) representativum omnium ydearum » (II, *Sol. III*, p. 27) ; « in ipso (sunt) rationes omnium et ydee » (*ibid.*).

A quelques nuances près, Hugues partage cette vue avec ses contradicteurs : « Liber ille seu speculum illud », dit l'un d'eux, « idem est quod ydea » (II, obj. 4, p. 21). Il y a pourtant entre eux une divergence notable ; pour Hugues, ce rapport à la création n'est pas essentiel à l'essence divine, il n'apparaît que *post creationem*. En sorte que si, par hypothèse, aucune réalité actuellement existante ne devait être, son idée divine n'en existerait pas moins, bien que non sous sa raison formelle d'idée. Le signifié réel de la justice divine, par exemple, se trouverait en Dieu, même s'il n'y avait rien à punir ou à récompenser ; il ne s'y trouverait pas cependant sous l'aspect formel de justice.

Suivant un langage qui deviendra classique, l'auteur assure : « Ydea non dicitur essencialiter respectu creaturarum, *sed tantum quoad rationem dicendi* » (II, ad 4, p. 30). Considérée sous cet aspect, l'essence divine mérite le titre de miroir, car c'est en elle que les prophètes peuvent contempler le reflet des choses. On peut avoir des doutes sur la propriété de cette appellation (ceux de Thomas d'Aquin par exemple [7]), mais on ne peut conclure de ce rapport des choses aux idées divines à la non-réalité du créé. L'existence des choses est tout autre que celle d'un reflet d'une réalité qui n'existerait vraiment qu'en Dieu ; elles ont assez de consistance pour, même en Dieu, n'être vues que dans leur réalité propre : « Propheta in speculo non videt *nisi creaturas* » (II, ad 4, p. 30).

---

6. Cf. AUGUSTIN, *De diversis quaestionibus LXXXIII*, c. 46 : *De ideis*. L'édition des *Œuvres de saint Augustin* (t. 10 : *Mélanges doctrinaux*, Paris, 1952, par G. BARDY, J.-A. BECKAERT, J. BOUTET) accompagne ce chapitre de notes explicatives (notes 39-45, pp. 723-727) qui, outre de précieuses explications de vocabulaire, rappellent que « l'identification de l'ensemble des Idées avec la Pensée divine créatrice se trouve déjà chez Philon d'Alexandrie (*Opif. mundi*, 24) » (n. 44, p. 726), et signalent également l'influence de ces vues d'Augustin sur différents auteurs du moyen âge (n. 45, p. 727).

7. Cf. *Summa theol.*, II-II, 173, 1, texte cité ci-après, note 27.

Hugues nous a donné ainsi le sens le plus élaboré de *speculum creatricis essencie*; c'est aussi celui que l'on retrouve en d'autres passages de son œuvre, quoique avec moins de détails et avec un autre vocabulaire. Ainsi dans les *Sentences*, il parle de Dieu en ce sens comme *speculum creaturarum*, par opposition à la création qui est dite alors *speculum creatoris*; si, dans le premier cas, Dieu est connu *per modum apprehensionis* et, dans le second, *per modum ratiocinationis*, dans l'un et l'autre cas, ce n'est pas lui qui est vu à proprement parler, mais la créature : « Unde non ipse sed proprie creature videntur in ipso » [8].

La suite de ce texte fait une équivalence révélatrice entre *videre in speculo* et *videre in Verbo*, puisqu'il assure, préfigurant presque mot pour mot, les textes que nous venons de commenter : « Omnia sunt unum in Verbo et una est idea omnium »; et cette *idea*, cause de tout ce qui est vu en elle aussi bien que de leur vision, a les mêmes prérogatives que celle du *speculum* dans la Q. 48 1 : « Quando vult facit aliquid videri, quando vult nichil » [9].

Il serait trop long — et peut-être hasardeux — de reconstruire le raisonnement secret, nulle part clairement exprimé, mais partout sous-jacent, qui justifie aux yeux de ceux qui l'emploient le terme *speculum*. Il se pourrait toutefois que ce passage des *Sentences*, qui parle du Verbe avec les mêmes mots que l'auteur affectionne à propos du *speculum*, nous donne l'essentiel de ce raisonnement. Initialement, c'est la Sagesse divine (*candor lucis aeternae*) qui porte le titre de *speculum sine macula* (*Sag.*, 7, 26) ; or son rapport à la création, bien souvent remarqué [10], est exactement celui du Verbe, tel qu'il sera défini plus tard par un verset de l'épître aux Hébreux, très proche de celui de la Sagesse (*splendor gloriae et figura substantiae (Dei) portansque omnia verbo*

---

8. Suite du texte cité à la note 5 : « Deus autem est speculum creaturarum per modum apprehensionis. Unde non ipse, sed proprie creature videntur in ipso » (H, 33va *in fine*).

9. « Omnia sunt unum in Verbo et una est ydea omnium, ut dicit Augustinus, et tamen illa propria est singulorum. Unde in ea et supra eam omnia proprie et indistincte videntur ; quia illa causa est omnium que in ipsa videntur et visionis eorum, unde quando vult facit aliquid videri, quando vult nichil... » (*ibid.*).

10. Cf. C. LARCHER, *Études sur le Livre de la Sagesse* (Études bibliques), Paris, 1969, pp. 388-391 ; le même auteur souligne (pp. 382-388) le lien qui existe entre le thème du miroir et certaines théories platoniciennes et néoplatoniciennes (cf. aussi ci-dessus, note 6).

virtutis suae [11]). L'idée du reflet de la gloire divine, qui joue dans l'un et l'autre cas, est passée — par suite d'un glissement facilement explicable à propos du terme *imago* [12] — du Verbe créateur ou de la Sagesse créatrice aux créatures elles-mêmes. C'est d'elles que le Verbe ou la Sagesse sont devenus le *speculum*, sans cesser pour autant de l'être de Dieu.

On peut s'interroger sur le bien-fondé de ce renversement, mais on peut l'étayer sans difficulté par plusieurs textes d'Hugues de Saint-Cher [13], et nous ne pensons pas que des recherches plus poussées modifieraient sensiblement le résumé que nous en donnons. Tel qu'il est, il suffit amplement à démontrer que l'idée du *speculum* est plus suggestive que précise.

S'il en est encore besoin, on peut confirmer cette ambiguïté du terme *speculum* par la diversité même des utilisations qu'en font les auteurs. Pour Hugues lui-même, nous l'avons déjà dit, *speculum* s'applique aussi bien, quoique en des sens divers, au Christ, à l'Écriture sainte, à l'âme humaine, à toute créature [14]. Son contemporain, Guillaume d'Auvergne, utilise pour désigner l'âme l'expression de *speculum intelligibile* [15], réservée à Dieu dans la

---

11. *Héb.*, 1, 3 ; ce verset contient notamment le terme ἀπαύγασμα, *hapax* du Nouveau Testament, dont le seul autre emploi biblique se trouve précisément en *Sag.*, 7, 26.

12. On rencontre ce glissement dans le commentaire d'Hugues sur *Sag.*, 7, 26 : « Nota quod Filius dicitur speculum et imago Patris, cum tamen in rebus inferioribus imago fit in speculo, ad notandum quod *idem est speculum et imago*. Et sicut in rebus inferioribus in speculo videtur imago rei, et per imaginem res, sic in Filio et per Filium videtur Pater. In Filio videtur quia est speculum ; per Filium quia est imago. Item Filius non speculum simpliciter, sed speculum sine macula dicitur ad differentiam faciendam inter hoc speculum et alia specula » (III, 152va). Cf. également Q. 480, I, ad 10 (B, 131va début ; voir ce texte plus loin, note 18, p. 257).

13. Hugues lui-même est le témoin de cette ambiguïté du terme et de ce glissement de signification. Outre les textes cités à la note précédente et ci-dessus (cf. pp. 97 et 128 ss.), on trouve dans notre Question un texte significatif à ce sujet. Embarrassé par une « autorité » de la *Glose* qui assure que justes et prophètes ont vu dans le *speculum*, il rapporte d'abord l'opinion de Philippe selon qui le même mot signifie pour les justes le *speculum creature* et pour les prophètes le *speculum creatricis essencie* ; il ajoute toutefois que le même mot peut signifier simplement le *speculum creature*, lui-même étant pris alors soit pour l'*ipsum vestigium Trinitatis quod lucet in qualibet creatura*, soit pour l'*ipsa impressio similitudinis in spiritu* (II, ad 5, p. 31).

14. Cf. ci-dessus p. 97-98.

15. B. ALLARD (thèse citée, p. 163, n. 46) donne un certain nombre de références (le texte de 1674 est parfois différent).

Q. 481. Pour un autre de ses contemporains, Jean de la Rochelle, c'est l'intellect-agent, sous l'aspect où il est réceptif des illuminations reçues du « Premier », qui mérite d'être appelé *speculum* [16]. Si nous remontons à des auteurs antérieurs qui ont influencé (ou pu influencer) Hugues, nous retrouvons également cette application à l'homme : pour le *De spiritu et anima*, c'est la *mens rationalis* qui porte ce titre [17] ; c'est aussi l'usage d'Avicenne, de qui nous aurons à reparler [18].

Cette liste pourrait être plus longue ; en la restreignant à des auteurs proches d'Hugues — soit dans le temps, soit par la pensée —, notre but était de montrer qu'il pouvait parfaitement être conscient de l'équivocité de ce terme. C'est peut-être la raison pour laquelle, sans rejeter le mot, sa propre élaboration aboutira à le vider de son sens le plus obvie, et à considérer l'expression *videre in speculo* comme une métaphore pure et simple.

§ III. LA VISION *IN SPECULO* DES PROPHÈTES

Après avoir recueilli ces explications sur la nature du *speculum*, il faut en venir à la description de la vision prophétique. Hugues l'a déjà située comme intermédiaire entre la connaissance purement rationnelle obtenue au spectacle de la création et celle de la vision béatifique, et comme mettant en jeu le *speculum creature* tout autant que le *speculum creatricis essencie*. Ces premières données sont définitives, mais encore trop générales ; la vision prophétique comporte elle-même plusieurs réalisations. Il faut

---

16. « Quantum... ad secundam eius operationem, qua recipit illuminationes a Primo, (intellectus agens) amittit rationem agentis et habet rationem recipientis ... (isto modo) *magis proprie dicitur speculum quam lux* » (*Tractatus de divisione multiplici potentiarum animae*, II, XXI, éd. P. MICHAUD-QUANTIN, pp. 91-92).

17. *De spiritu et anima*, LII (PL, t. 40, c. 818) : « In *speculo* cordis sui, *id est in rationali mente* (homo) se ipsum et Deum inspicit... » ; cet usage est à peu près celui de la *Glose* (*In I Cor.*, 13, 12 ; t. VI, c. 316) : « Est anima speculum vi cuius aliquo modo Deum noscimus sed obscure ».

18. « Est anima quasi speculum (in quo apparent aliquando formae intelligibiles) et aliquando non apparent » (*Liber de anima*, V, VI, éd. S. VAN RIET, pp. 146-147). On retrouve la même formule dans le *De anima* de GUNDISSALINUS, qui recopie largement Avicenne (cf. éd. R. DE VAUX, p. 162, l. 22). Gundissalinus a cependant quelques développements personnels ; cf. pour le *speculum, ibid.* pp. 171 et 174.

distinguer entre la vision donnée par le *speculum* (*visio a speculo*) et la vision obtenue dans le *speculum* (*visio in speculo*).

La *visio « a » speculo* consiste seulement dans la réception des images « imprimées » dans l'« esprit » (*spiritus*) du prophète par le *speculum*. Pharaon, qui reçut ces images sans obtenir révélation de leur signification secrète, a été gratifié de ce type de vision. Cela correspond donc, on s'en souvient, à la manière dont Hugues a défini, dans son premier article, la prophétie matériellement prise [19]. A travers un vocabulaire différent s'établit et s'affirme une constante de pensée, qui nous renseigne sur sa fermeté. Il est clair également que cette première appellation désigne le degré le plus bas et le plus pauvre du genre prophétie.

La *visio « in » speculo* est, au contraire, plus riche, et elle se subdivise en deux réalisations différentes : celle qui mérite ce titre de plein droit (*visio in speculo simpliciter*), celle qui ne le porte que de façon impropre (*secundum quid*). Pour expliquer ce qu'il en est de la vision *in speculo* proprement dite, Hugues se sert ici d'un vocabulaire qui, pour une part, nous est déjà familier, mais qui comporte cependant sa part de nouveauté. Il y a vision dans le *speculum simpliciter*, lorsque celui qui a reçu les « impressions des images » (*impressiones ymaginum*), a aussi obtenu la pleine connaissance de leur signification quant à leur premier et à leur second sens (*quoad primum et secundum intellectum*).

L'auteur explique longuement ce qu'il faut entendre par premier et second sens d'une prophétie [20], nous aurons à y revenir. Qu'il nous suffise de retenir ici qu'il s'agit d'une tentative pour rendre compte de ces prophéties où le prophète a annoncé quelque chose d'autre que ce qui est réellement arrivé : c'est le cas de Jonas prédisant la destruction de Ninive qui n'a pas eu lieu ; c'est celui d'Isaïe annonçant sa mort au roi Ézéchias, alors que celui-ci bénéficia d'un sursis de quinze ans. Dans de pareils cas, ce n'est pas seulement l'image dans l'« esprit » du prophète qui a une signification cachée dont il ne peut avoir l'intelligence sans révélation divine, c'est l'énoncé prophétique

---

19. *Materialiter tantum* ; cf. ci-dessus, p. 161-162.
20. Cf. II, *Sol. II*, pp. 25-26 ; Hugues suit ici Philippe (cf. C, 78vb ; 79va), et rejoint à travers lui la *Summa Duacensis* (cf. A, 69va ; éd. P. GLORIEUX, pp. 130-131).

lui-même qui est équivoque. La question se pose alors, inévitable : le prophète a-t-il eu conscience de cette ambiguïté ? Si oui, qu'en est-il de sa véracité ? ... Cette difficulté est à la source de développements prolixes dans bien des traités *De prophetia*. Ou bien, si le prophète n'a pas été conscient de ce double sens, comment peut-on dire qu'il a vu *in speculo* ? N'est-ce pas sa qualité de prophète qui est alors atteinte ? ... Suivant les situations, Hugues opte pour l'un ou l'autre membre de cette alternative ; nous n'avons pas à nous y attarder pour l'instant. L'important est de retenir que la distinction entre une vision *simpliciter* et une vision *secundum quid* a précisément été élaborée pour offrir une issue à cette difficulté.

Dans le cas de la vision *in speculo* proprement dite, le prophète a donc pleine conscience des deux sens possibles de ce qu'il annonce. Selon certains, Isaïe fut de ceux-là, car il savait parfaitement que le roi Ézéchias survivrait à sa prédiction ; s'il n'a pas menti en annonçant le contraire, c'est qu'il n'avait en vue à ce moment-là que le cours naturel des choses, selon lequel Ézéchias devait mourir un jour... ou l'autre [21]. Par contre, dans la *visio in speculo secundum quid*, le prophète qui voit les images, n'a connaissance que de leur premier sens, non du second. C'est le cas de Jonas dans sa vision de la destruction de Ninive ; sa déception prouve clairement qu'il n'avait en vue que la destruction matérielle de la ville, non sa « destruction » spirituelle que fut la pénitence de ses habitants.

Peut-on rattacher la vision *in speculo*, comme nous l'avons fait pour la vision *a speculo*, à l'une des cinq acceptions de la prophétie que notre texte a dégagées dans son article premier ? Il faut renoncer à assimiler ces nouvelles catégories aux précédentes. Si la *plena cognitio* de la *visio in speculo simpliciter* fait penser à la réalisation intégrale de la prophétie, elle n'en est pas l'équivalent exact ; il manque ici le *finaliter* qui appartient à ce concept total de prophétie. Dans les premières lignes de sa question, Hugues avait compté l'annonce parmi les trois élé-

---

21. Cf. I, ad 14, p. 19 : « Utrumque... intellectum habuit Ysaias » ; ces mots n'expriment pas l'opinion d'Hugues qui assure ailleurs (II, *Sol. II*, p. 25) : « Ionas in visione de subversione Ninive et Ysaias de morte Ezechie (habuerunt) cognicionem quoad primum intellectum tantum et non quoad secundum ».

ments qui constituent la vision prophétique [22] ; il est maintenant plus précis et ne parle plus que de la condition de possibilité de l'annonce, c'est-à-dire de la connaissance ou de la vision prophétique. Il faut donc tenir compte de cette restriction du champ d'exploration, car nous gagnerons ainsi en profondeur ce que nous perdons en extension.

Vision *in speculo secundum quid* ou *simpliciter* ne représentent pas deux nouvelles catégories qui s'ajouteraient aux précédentes, ou qui s'identifieraient à l'une ou l'autre d'entre elles ; elles sont plus simplement deux stades différents d'une même réalisation intégrale de la prophétie suivant l'objet précis de l'annonce. Isaïe, type de prophète au sens plein (*materialiter, formaliter, finaliter*), jouit parfois d'une vision *simpliciter*, parfois seulement *secundum quid*. La différence de prophète à prophète ne se prend pas entre ces deux stades de la vision *in speculo*, mais bien entre *visio « a » speculo* et *visio « in » speculo*.

Cependant, remarque Hugues pour en terminer avec ces distinctions, puisqu'il est courant de désigner le terme intermédiaire par les termes extrêmes (*quia medium solet denominari ab extremis*), la vision prophétique est parfois décrite comme vision *a speculo*, parfois comme vision *in speculo* (II, *Sol. II*, p. 25). Cette ultime remarque, quelque peu désabusée, atténue la rigueur des distinctions antérieures. S'il est encore lié par ce vocabulaire, Hugues n'en prend pas moins ses distances à son égard, et y substitue un contenu de pensée profondément différent de celui de Philippe ou de Guillaume d'Auxerre. Mais si l'on s'en tient pour l'instant à ce vocabulaire, nous pouvons dresser le tableau suivant d'où ressort clairement la cohérence de l'exposé de l'auteur.

Nous avons tenu à conserver les mots mêmes de l'auteur qui permettent d'opposer terme à terme, avec une grande précision technique, la contemplation des philosophes et celle des bienheureux. On pourra se reporter de nouveau à ce tableau quand nous parlerons de la place de la prophétie dans la hiérarchie du savoir selon Hugues de Saint-Cher (cf. ci-dessous p. 257). L'opposition entre connaissance philosophique et connaissance béatifique s'y retrouve très exactement, mais, comme il est normal,

---

22. Cf. I, *Sol.*, p. 10-11 : « Visio prophetica ... tria importat : ... tercium est denonciatio rei revelate... ».

c'est ici que nous trouvons le plus grand nombre d'explications sur la connaissance prophétique elle-même.

VISIO IN SPECULO
(Proprie videntur creature)

Visio in speculo creature:

    (in via; a philosophis; per modum ratiocinationis).

Visio in speculo creatricis essencie:

    (in patria; a beatis; per modum intuitionis).

Visio prophetica : in speculo creatricis essencie preexistente speculo creature.

visio a speculo	(susceptio impressarum ymaginum in spiritu tantum *sine cognitione* significationis que latebat interius).
visio in speculo	(susceptio ymaginum *cum cognitione*...) simpliciter (... primi et secundi intellectus) secundum quid (... primi intellectus tantum).

§ IV. LE MÉCANISME DE LA VISION *IN SPECULO*

Après cette mise en place d'ordre encore assez général, mais qui achemine cependant vers la solution, Hugues en vient enfin à s'expliquer sur la manière dont se réalise la vision prophétique. Ici encore, nous lui donnerons largement la parole, nous réservant de revenir plus tard sur les termes qu'il emploie, sur leur origine et l'étrange théorie qui en résulte. Pour l'instant, il faut d'abord comprendre ce qu'il veut dire. Sa démarche est d'ailleurs très simple : tout à fait conscient du caractère métaphorique de l'expression *videre in speculo*, il va tenter de vérifier de quelle manière s'effectue sa transposition quand on l'emploie dans un domaine qui n'est plus celui de la vision naturelle. Chacun des éléments en cause, ainsi que leur ensemble, seront tour à tour « mis à la question », et si la comparaison débute de manière très assurée, elle procédera en fait par atténuations de plus en plus sensibles.

Il en va de la vision prophétique dans le miroir de l'essence créatrice comme de la vision corporelle dans un quelconque miroir. Or, dans ce dernier cas, il est possible de discerner quatre éléments en présence (II, *Sol. III,* pp. 27-28) :

— la chose à voir ;
— son reflet dans le miroir, qui reçoit indifféremment le nom d'*ymago* ou d'*ydea* ;
— le miroir lui-même, qui est distinct de l'image qui s'y reflète, d'une double distinction : réelle et de raison (*secundum rem* et *secundum rationem*) ;
— la forme intentionnelle sensible, qui se trouve dans l'œil du voyant et qui porte le nom d'*ydolum* (*ydolum quod formatur in oculo ab ydea speculi* [23]).

Les trois derniers éléments ne se comprennent que dans leur rapport au premier, la réalité : c'est toujours elle qui est vue. En sorte qu'il est aussi vrai de dire : « Je te vois dans le miroir », que de dire : « Je te vois dans l'image (*ydea*) qui est dans le miroir », ou encore : « Je te vois dans la forme sensible (*ydolum*) qui se trouve dans mon œil ». Chacune de ces propositions est aussi vraie que les deux autres, mais elles signifient dans le rapport à la chose une immédiateté plus ou moins proche. Dans l'*ydolum* la vision est immédiate, dans l'*ydea-ymago* elle est médiate, dans le miroir plus médiate encore [24].

Au premier abord, on risque d'être surpris par la distinction faite par l'auteur entre voir *per speculum* et voir *per ymaginem resultantem in speculo*. La complication paraît gratuite ; elle est en fait nécessaire à son argumentation. Ainsi que d'autres textes l'expliquent, il conçoit l'image comme une réalité dynamique, à

---

23. Cette terminologie semble avoir été assez courante à cette époque ; la Q. 454 du *Douai 434* (B, 96va) connaît elle aussi un *idolum rei ex re visa relictum in oculo* (cité par H.-F. Dondaine, dans RTAM, XIX (1952), p. 86, note 93) ; de même la Q. 540 emploie ce terme à trois reprises (cf. B, 182ra-rb ; cf. dans notre édition, numéros 11-12 : *Antonianum*, XLIX (1974), pp. 523-524).

24. Hugues de Saint-Cher a parlé ailleurs de la connaissance *per imaginem*, mais de façon moins élaborée qu'ici ; cf. *Postille sur I Cor.*, 13, 12 (t. VII, 111rb-va) : « Videtur quandoque res per imaginem ut viam et medium : sicut per imaginem rei, quae est in oculo, de quo nunc cogito, video rem cuius est imago : sic modo videmus Deum per imaginem, ut quae ad Deum est tantum via et medium ». Ce passage prend place dans un développement plus ample sur les différents sens du terme *imago* ; on trouve une élaboration tout autre dans le *Commentaire des Sentences* (cf. *I Sent.*, dist. XXVII ; H. 15vb).

mi-chemin pour ainsi dire, du miroir et du voyant : c'est par le moyen des images (*mediantibus ymaginibus*) qui se reflètent en lui, que le miroir imprime dans le sens la similitude de la chose vue. Tout comme, l'auteur le dira plus tard, c'est par l'idée divine (*mediante ydea divina*) que les similitudes intentionnelles sont créées dans l'« esprit » du prophète par le *speculum* divin (II, ad 3, p. 30).

Il y a cependant une différence. Selon la loi de toute analogie, le concept de *speculum* qui se retrouve ici et là, comporte sans doute une ressemblance fondamentale, mais une dissimilitude qui ne l'est pas moins. Alors que dans le miroir corporel, le miroir est distinct de l'image-idée en raison et en réalité (*secundum rem* et *secundum rationem*), dans le miroir divin l'idée est identique au miroir. En sorte que s'il y a bien similitude, puisque le miroir divin agit par la médiation de l'idée divine (et de l'image créée), il y a dissemblance en raison du fait qu'en Dieu il ne peut y avoir que distinction de raison et non pas distinction réelle : « Nichil est in eo quod non sit ipsum » (II, *Sol. III*, p. 27).

Cette réserve faite, on peut commencer à développer le concept de vision prophétique *in speculo* selon l'analogie de la vision naturelle dans un miroir corporel. Il y a apparemment une parfaite correspondance entre ces deux visions : c'est la même réalité qui est vue dans le miroir, dans l'image que reflète le miroir, dans l'*ydolum* qui se forme dans l'œil à partir de cette image ; le prophète lui aussi voit une seule et même chose aussi bien dans le miroir éternel que dans l'idée divine et dans la forme intelligible créée (*species intelligibilis creata*) dans son intellect. Mais ce parallélisme « formel » ne doit pas cacher une différence fondamentale, qui découle précisément de celle déjà signalée.

Dans la vision corporelle, la primauté de la chose vue n'empêche pas que le miroir, l'image-idée et la forme sensible (*ydolum*), soient aussi objets de vision. Cependant, chacun de ces trois intermédiaires est vu dans son rôle « présentatif », non pour ce qu'il est indépendamment de sa fonction : le miroir est vu comme miroir, l'image comme image, la forme sensible comme forme sensible. Seule la chose est vue comme telle et pour elle-même ; c'est en elle que l'intellect s'arrête et se livre à son sujet à ses opérations propres : « Res videtur ut res quia in ea sistit intellectus accipiens et iudicans » (II, *Sol. III*, p. 27).

Il n'en va pas de même dans la vision prophétique. Sans doute, c'est la même réalité que le prophète voit dans le miroir éternel, dans l'idée divine et sous la similitude intelligible (*species intelligibilis*), mais ici, contrairement à ce qui se passe dans la vision corporelle, le miroir n'est pas vu par le prophète : ni comme « chose » ni comme miroir. C'est impossible à un homme ici-bas (*in via dico*) ; de même, dans cette situation voyagère, l'idée divine ne peut être objet de vision : ni en sa réalité propre ni comme idée.

Une question se pose alors : puisque des trois éléments de base nécessaires au processus de la vision dans un miroir, les deux premiers ne sont plus ici objets de vision, peut-on encore parler de vision *in speculo* ? ... Oui, assure l'auteur, qui propose alors sa réponse personnelle et tout à fait originale. En réalité, la chose à connaître est vue sous une forme intelligible (*species intelligibilis*), créée dans l'intellect (*intellectus*) du voyant par l'idée divine elle-même, c'est-à-dire (*sive*) par le *speculum* qui illumine l'intellect et lui donne la connaissance, et c'est pourquoi on dit (*dicitur*) que le prophète « voit » dans le *speculum eternum*.

Il est clair que cette réponse est aux antipodes de ce que laisse d'abord soupçonner l'expression apparemment naïve de *videre in speculo*. C'est une manière très impropre de s'exprimer, notait déjà Godefroid de Poitiers [25]. Hugues ne fait pas d'emblée pareille déclaration d'intention, mais, parvenu au terme de ses explications, il peut assurer paisiblement : voir dans le *speculum* sur cette terre, ce n'est rien d'autre que (*nichil aliud est quam*) voir la chose manifestée sous une forme intelligible ou imaginative (*sub specie intelligibili vel ymaginabili*), grâce à l'intervention du *speculum* qui illumine le prophète et lui donne la connaissance de la réalité à prophétiser. Sans cette connaissance donnée d'en-haut,

---

25. La dénégation de Godefroid de Poitiers porte directement sur la « lecture dans le livre de la prescience divine », attribuée par Grégoire le Grand au prophète Isaïe (cf. *Glos. ord. in Is.*, 38, 1 ; t. IV, c. 336) : « Dico quod *valde improprie* dicitur fuisse apertus ei liber prescientie » (E, 92vb) ; mais il fait lui-même, comme le fera aussi la Q. 481, l'équivalence entre *legere in libro vite (vel prescientie)* et *videre in speculo* : « Legit (Isaias) in libro prescientie Dei, ergo inspexit in speculo eternitatis ». C'est une métaphore, assure Godefroid ; elle signifie tout simplement : « *Secreta inspiratione didicit* quod in libro scriptum fuit ; sub tali tropo dicitur homo homini cor suum aperire, quia aperit ei quod habet in corde » (*ibid.*).

continue l'auteur, il n'y a pas de prophétie, et il se met en devoir d'appuyer cette ultime déclaration par plusieurs textes de l'Écriture et de la Glose (II, *Sol. III,* p. 28).

L'intervention divine se trouve donc fermement maintenue, mais non moins nettement la connaissance prophétique est préservée de toute confusion avec la vision béatifique. En effet, si Hugues admet que voir *in speculo* dans la patrie ce sera voir effectivement le *speculum,* non seulement dans sa fonction représentative, mais aussi dans sa réalité propre (*ut speculum et etiam ut rem*), il dit aussi sans détour que nous n'en sommes pas encore là. C'est pourquoi, une dernière fois, il réaffirme sa position face à « certains » (= Philippe le Chancelier). Ils disent que le prophète sur cette terre, contemplant une réalité dans le *speculum,* voit le *speculum* lui-même, non certes en sa réalité propre — car le regard de l'intellect ne s'arrête pas à lui, mais se porte à la chose dont le *speculum* est l'*exemplar* —, mais tout au moins en sa fonction représentative. Il me semble, réplique Hugues, qu'on ne peut voir cet *exemplar* sans le voir simultanément et dans sa réalité propre et dans sa fonction d'exemplarité (*et ut res et ut exemplar*). C'est pourquoi, conclut-il, je préfère la première opinion : « Prima expositio magis placet michi »[26].

Cette première exposition, c'est la sienne ; elle préfigure avec quelque trente-cinq ans d'avance une réponse toute semblable de Thomas d'Aquin : « Non est autem possibile quod aliquis videat rationes creaturarum in ipsa divina essentia, ita quod eam non videat »[27]. On peut donc assurer, comme l'a fort bien dit Hans

---

26. II, *Sol. III,* p. 28 ; Hugues ne s'est pas toujours exprimé ainsi ; dans sa question *De raptu Pauli,* il a même dit le contraire : « Aliud est cognoscere in speculo increato et aliud cognoscere per speculum creatum. *Videre in speculo increato hoc est videre ipsum speculum secundum quod est exemplar rerum visarum.* Videre per speculum creatum hoc est videre ymaginem sive vestigium rei que videtur in speculo non rem » (Q. 480, I, ad 17 ; B, 131vb). Faut-il voir dans ces positions si différentes l'indice d'une évolution entre ces deux Questions ? ou bien tout simplement une inconséquence ? En l'absence d'autres développements sur le même sujet, nous n'avons guère le moyen d'en décider. Nous verrions plutôt dans la Q. 481 l'expression d'une position plus réfléchie, donc postérieure.

27. THOMAS D'AQUIN, *Summa theol.,* II-II, 173, 1 ; ce texte contient bien des éléments dont nous verrons plus tard que Thomas les a empruntés à Hugues selon toute vraisemblance ; ainsi de ce passage : « Visio prophetica non est visio ipsius divinae essentiae : nec in ipsa divina essentia vident ea quae vident, sed in quibusdam similitudinibus secundum illustrationem divini luminis » (*ibid.*). Thomas, conséquent avec lui-même, ajoute ici une remarque qu'on ne

Urs von Balthasar en quelques lignes pénétrantes, que, si Hugues n'a pas su se débarrasser de la conceptualisation de la théorie du *speculum*, il l'a cependant surmontée quant à la réalité même [28].

§ V. LE RÔLE DU *SPECULUM*

Malgré le cheminement remarquable que nous venons d'analyser, Hugues est loin pourtant d'être parfaitement au clair sur les implications de sa pensée ; il faudra donc y revenir. Mais nous recueillerons d'abord ce qu'il nous dit concernant le rôle du *speculum* ; c'est par là que nous terminerons ce chapitre.

Le rôle du *speculum* est absolument décisif dans la vision prophétique, on a pu déjà le constater. Tout dépend de son initiative libre et « gracieuse ». Il n'est pas seulement intelligible, mais intelligent, libre (*voluntarium*) et agissant (*potestativum*) ; il apparaît donc pour ce qu'il est, une personne, maître de son agir, qui semble n'avoir d'autre loi que celle de son bon plaisir : « Quando vult ostendit hoc, quando vult illud, quando vult claudit se » [29].

Un petit nombre de mots, tout à fait caractéristiques, précisent cet agir du *speculum*. D'une manière générale, il donne la connaissance à celui qui le contemple : *dat cognitionem inspectori* ; c'est une affirmation que l'on retrouve aussi bien dans le *pro et contra* que dans les réponses de l'auteur [30]. Dans cette activité

---

trouve pas chez Hugues, mais qui ne contredit pas l'esprit de son texte : « Huiusmodi similitudines divino lumine illustratae magis habent rationem speculi quam Dei essentia. Nam in speculo resultant species ab aliis rebus : quod non potest dici de Deo ».

28. H. Urs von Balthasar, *Besondere Gnadengaben*, p. 334 : « Hugo überwindet also die Sache nach die Spiegeltheorie, ohne noch von ihrer Begrifflichkeit loszukommen ».

29. II, ad 2, p. 29 ; cf. II, *Sol. III*, p. 27 : le *speculum* adapte son action à l'intellect du voyant « ut quando vult appareat hec ydea tantum, quando vult illa tantum, quando vult plures ». Outre les textes cités ci-dessus (pp. 104-107, en particulier note 44), on peut encore mentionner le suivant qui aborde le même thème, mais sous un angle différent où la liberté du prophète est à son tour mise en valeur : « Prophetare dicitur duobus modis : uno modo prophetiam concipere, et sic non potuerunt prophetare quando volebant ; hoc enim est in voluntate Spiritus Sancti revelantis, ut prevideant futura. Alio modo idem est quod prophetiam dicere, et sic potuerunt quoties volebant post revelationem acceptam, et hanc dicere non cogebat eos Spiritus nec non dicere ; tamen peccarent ipsi si tacerent ex quo eis erat facta revelatio » (*Postille sur II Petr.*, I, 21 ; t. VII, 340vb).

30. II, obj. 2, p. 20 ; obj. 3, p. 21 ; ad 2, p. 29.

globale qu'est la connaissance, Hugues discerne plusieurs éléments à propos desquels le rôle du *speculum* apparaît comme essentiellement actif : c'est lui qui « imprime » les similitudes corporelles dans l'« esprit » (*spiritus*) du prophète (II, ad 2, p. 29). Si l'on objecte que les similitudes des choses corporelles ne peuvent se trouver dans le miroir divin, entièrement spirituel, Hugues répond que cela n'empêche rien, car ces similitudes sont créées par le *speculum* : « A speculo *creantur* similitudines in spiritu » [31]. Ce même terme est employé pour signifier la manière dont sont données les éventuelles similitudes intelligibles ; la *species intelligibilis* est elle aussi « créée » ou bien « formée » par le *speculum* ou l'idée divine, dans l'intellect du voyant : « Res videtur sub specie intelligibili *creata* ab ipsa divina ydea *in intellectu* videntis » [32].

Mais les similitudes, corporelles ou intelligibles, ne constituent que le premier élément, la « matière », si l'on peut dire, de la connaissance prophétique ; le *speculum* donne aussi le second, l'élément formel, la « lumière » qui permet d'en juger. Pour le préciser, Hugues emploie un terme déjà rencontré, car il est souvent utilisé à propos des images, et qui a chez lui valeur technique : « Speculum illud eternum *imprimit cognitionis lumen* » [33]. Finalement, il rassemble les deux aspects en une seule formule à laquelle il semble tenir, car il la répète en termes presque exactement semblables à quatre reprises dans la même solution : la connaissance prophétique s'accomplit grâce au *speculum* qui illumine et donne la connaissance (*speculo illuminante et dante cognitionem* [34]).

Si nous rassemblons en une seule liste les mots qui désignent le rôle du *speculum* dans cette activité *sui generis* qu'est la connaissance prophétique, on obtient un résultat impressionnant : le *speculum* « donne », « crée », « forme », « illumine », « imprime »

---

31. II, ad. 3, pp. 29-30 ; cf. II, ad 2, p. 29 : « Speculum eternum (imprimit) illas similitudines corporales ... *per modum creationis* ».

32. II, *Sol. III*, p. 28 ; cf. p. 27 : « species intelligibilis *creata* » ; « sub illa specie intelligibili *formata* a speculo ».

33. II, ad 3, p. 30 ; cf. I, ad 8, p. 15 : « Inspiratio, id est similitudinum vel *lucis* in spiritu impressio ».

34. II, *Sol. III*, p. 27 : « speculo ... *illuminante* et *formante* illam speciem » ; « species intelligibilis formata *a speculo dante illuminationem et cognitionem* » ; p. 28 : « a speculo *illuminante* intellectum et *dante* cognitionem » ; « speculo *illuminante* et *dante* cognitionem rei de qua est prophetia ».

aussi bien les images que les similitudes intelligibles ou la lumière qui permet de les connaître et de comprendre ce qui est en question. La liste de ces termes est moins longue que celle de leurs emplois respectifs, car ils sont souvent répétés, mais elle suffit à elle seule à formuler une première conclusion : dans ce type de connaissance, le *speculum* est seul à jouer un rôle actif.

Cette conclusion n'est-elle pas excessive et ne dépasse-t-elle pas les données recueillies dans ce chapitre ?... Nous répondrons à cette question avec toute l'ampleur désirable dans le chapitre suivant. Mais déjà, à titre de conclusion provisoire de ce chapitre, voici la propre réponse de l'auteur, brève mais définitive : les prophètes ne tirent pas leur connaissance des images qui leur sont données, mais ils la reçoivent directement du *speculum* soit sous la forme d'une parole, comme David, soit sous la forme d'une illumination, comme Ézéchiel (*a speculo immediate vel per modum locutionis... vel per modum illuminationis...* » : II, ad 1, pp. 28-29). Extrait d'un contexte plus vaste et plus circonstancié, cet élément de réponse ne rend pas compte de toute la pensée de l'auteur, c'est pourquoi nous devons maintenant en donner le détail. On le verra cependant, ces nuances ne diminueront en rien la fermeté de cette prise de position.

CHAPITRE IV

UNE NOÉTIQUE SINGULIÈRE

A mi-chemin entre Aristote et Augustin

A la suivre dans ses grandes lignes, ainsi que nous venons de le faire, la pensée d'Hugues de Saint-Cher témoigne d'une incontestable cohérence. La mise en place des diverses notions en présence (distinction des différents *specula* ; définition du *speculum eternum* ; diversité de la *visio in speculo*) révèle une grande maîtrise, et nous pouvons à bon droit considérer les trois temps de la *Solutio* de son article II comme le sommet de notre texte.

Il était important de souligner ces arêtes et de mettre en valeur la réelle consistance de cette pensée. C'est pourquoi nous avons délibérément exclu de notre exposé toutes les questions qui auraient pu la faire perdre de vue en détournant l'attention vers des considérations qui risquent d'en faire apparaître la fragilité. Ces questions se posent néanmoins ; ce sont celles qui ont été soulevées au début du chapitre précédent, où nous avons évoqué les objections surgies de la mise en problème. En interrogeant Hugues sur le rôle des images dans la vision prophétique, ses interlocuteurs avaient d'emblée mis le doigt sur le point faible de sa théorie. Il y en a d'autres, et ils se révèlent à l'examen de son vocabulaire. Par les mots qu'il emploie, nous serons conduit à ses sources implicites et, une nouvelle fois, nous le découvrirons au confluent du mouvement des idées vers 1235.

§ I. LE RÔLE DES IMAGES
DANS LA CONNAISSANCE PROPHÉTIQUE

Le mot « image », au pluriel ou au singulier, est d'un emploi très fréquent dans la Q. 481 (près de 50 mentions dans les seuls deux premiers articles). La chose n'a rien d'étonnant puisque, on s'en souvient, la prophétie se réalise le plus souvent par des visions imaginatives : « Prophetia fit ut in pluribus per impressionem ymaginis in spiritu » [1]. Mais plus encore que cette fréquence, il importe de remarquer le sens du mot et les contextes dans lequel il est utilisé.

A de rares exceptions près, où il est synonyme d'*exemplar* [2] ou d'*ydea* [3], *ymago* est pris en général dans son sens obvie d'image de réalités corporelles. Outre la grande majorité des cas, où cela ressort avec évidence du contexte, l'emploi de *similitudines rerum* [4] ou de *similitudines corporales* [5] comme équivalents habituels le confirme amplement.

Toutefois, à partir de l'équivalence explicitement faite entre *ymago* et *similitudo* [6], on se gardera de conclure que ces deux termes ont toujours exactement la même signification. Le sens de *similitudo* est beaucoup moins stable que celui d'*ymago* ; ce mot est parfois synonyme de *species intelligibilis* [7], parfois il rejoint *ymago*, mais seulement par le biais d'une identification pratique à *ydea* [8], parfois il revêt un sens tout à fait singulier [9], à moins qu'il ne signifie tout simplement « ressemblance » [10].

Ces précisions étant données, quand nous emploierons l'un pour l'autre *similitudo* ou *ymago*, ce sera toujours au sens d'images des choses corporelles et à la suite d'Hugues lui-même ; s'il nous arrive d'utiliser ces mots en l'un de ces sens périphériques, ce ne sera que par exception dûment signalée.

---

1. II, ad 5, p. 30 ; cf. I, ad 7, p. 14 : « Prophetia *sepius* fit per apparitionem ymaginariam ».
2. II, obj. 5, p. 23 : « comparando exemplar sive ymaginem rei ».
3. II, *Sol. III*, p. 27 : « Ydea resultans in (speculo) ... ymaginem in speculo resultantem... ».
4. Cf. en particulier : II, obj. 1, p. 20.
5. II, ad 2, p. 29.
6. II, obj. 5, p. 23 ; cf. I, ad 8 bis, p. 15.
7. II, obj. 2, p. 20 : « Speculum non imprimit illas (similitudines) *in intellectu* inspectoris » ; c'est la mention de l'intellect qui oblige à conclure ici au caractère intelligible des similitudes imprimées.
8. II, obj. 4, p. 21 : « Nemo potest videre in speculo corporali *similitudinem rei* quin videat speculum ; ergo eadem ratione, immo multo forcius, nemo potest videre in speculo eterno *ydeas rerum* quin videat speculum ».
9. C'est le cas en II, ad 5, p. 31, où l'auteur assure que *speculum creature* signifie parfois *impressio similitudinis in spiritu*.
10. II, obj. 3, p. 21 : « Queritur ... qua *similitudine* speculum dicatur de Deo » ; « Queritur ... qua *similitudine* ... eterna sapientia dicatur speculum » ; II, ad 3, p. 30 : « Propter illam *similitudinem* transsumptum est nomen speculi ad denominandum divinam sapientiam ».

La question du rôle des images est explicitement posée dès les premières lignes de l'article II. Le problème est soulevé de façon fort claire sous la forme d'une alternative. Puisqu'il est acquis que le prophète reçoit les images des choses *in spiritu, id est in vi ymaginativa*, de deux choses l'une : ou bien il tire de ces images la connaissance de la réalité à prophétiser, mais alors il ne voit pas dans le miroir d'éternité — ou, si c'est là voir dans le *speculum*, c'est le cas de tout un chacun ; ou bien, il tire sa connaissance du *speculum*, mais alors la question se pose de nouveau : pourquoi des images ? est-ce qu'elles concourent à la connaissance prophétique d'une façon quelconque ?

La question se subdivise de nouveau : si les images ne concourent en rien à la vision prophétique, elles sont inutiles ; si elles y concourent, comment se fait-il que le prophète ne tire pas d'elles sa connaissance ? Car — le questionneur rappelle ce qui est pour lui une évidence — étant donné leur caractère corporel, ces similitudes ne peuvent conduire à voir le *speculum*, qui est une réalité spirituelle purement intelligible (II, obj. 1, p. 20).

Le problème rebondit autour de cette spiritualité exclusive du *speculum* ; il est évident qu'il ne peut contenir en lui-même les similitudes des choses corporelles. Deux nouvelles difficultés en découlent : d'une part (c'est la fin de la première objection), elles ne peuvent être vues dans le *speculum* puisqu'elles n'y sont pas ; il n'y a donc pas vision *in speculo*, mais vision *in spiritu*. D'autre part, le *speculum* ne peut les communiquer au voyant à la manière du miroir corporel : puisque ces similitudes ne sont pas contenues en lui, il ne peut les « imprimer » dans l'intellect du prophète. Mais s'il en est ainsi, on est en droit de demander comment le miroir éternel donne la connaissance au prophète, puisque rien ne « passe » du *speculum* à l'intellect du prophète (II, obj. 2, p. 20).

Il est encore question du rôle des images en différents passages de notre Question, tant dans la problématique que dans la solution d'ensemble. Il est notable cependant que les problèmes précis soulevés dans les deux premières difficultés ne sont pas repris ailleurs ; c'est donc dans les réponses *ad 1* et *ad 2* qui leur sont explicitement consacrées, qu'il faut chercher la position de l'auteur face à ces questions décisives. Sa clarté ne laisse rien à désirer.

Dans la vision « spirituelle » (= imaginative), le prophète reçoit bien les images des choses dans l'« esprit » (*spiritus*), cependant ce n'est pas d'elles qu'il tire sa connaissance, et ce ne sont pas elles qui le conduisent à voir le *speculum intellectuale*. Elles sont pourtant communiquées au prophète en vue d'un usage très précis (*ad hoc imprimuntur*) : elles servent à l'annonce du message qu'il doit transmettre (*ut sub illis (ymaginibus) enoncient quod debent enonciare*).

Deux cas particuliers peuvent être envisagés. Dans la première supposition, les prophètes n'ont pas besoin d'images pour recevoir la connaissance des réalités à transmettre (*sine impressione imaginum in spiritu*) ; mais Dieu ne veut pas qu'ils annoncent ces réalités de la manière dont ils les voient ; des images leur sont alors créées dans l'« esprit » (*et ideo creantur imagines in spiritu*) afin que, grâce à leur aide et sous leur habillement (*sub illis*), le mystère divin (*sacramentum Dei*) soit annoncé aux « petits ». Ainsi l'apôtre Jean, dans l'*Apocalypse*, bénéficia d'une vision intellectuelle (vision qui a lieu dans la *mens*, par opposition au *spiritus*, et qu'Augustin aurait appelé mentale si la crainte du néologisme ne l'en avait empêché [11]), il l'énonça cependant sous un grand nombre de similitudes, de figures et de paraboles, afin de voiler le mystère de Dieu [12].

Il est donc clair, poursuit Hugues — et ici nous retrouvons en son contexte l'élément de réponse déjà cité à la fin du chapitre précédent —, que les similitudes ne sont pas inutiles, bien que les prophètes ne tirent pas d'elles leur connaissance, mais qu'ils l'obtiennent du *speculum* directement (*immediate*) soit sous la forme d'une parole (*per modum locutionis*) comme David, soit sous la forme d'une illumination (*per modum illuminationis*) comme Ézéchiel. L'auteur ne donne par ailleurs aucun élément qui permettrait d'expliciter davantage la distinction entre ces deux modes de communication divine, mais il faut rattacher ce qu'il dit ici à cette réalisation éminente de la prophétie déjà signalée : la révélation *sine omni ymagine* [13]. Une nouvelle fois

---

11. *La Genèse*, XII, vii, 16 : « ... tertium vero (genus visionis, appellamus) intellectuale ab intellectu, quia mentale a mente ipsa vocabuli novitate nimis absurdum est ut dicamus » (p. 350).

12. II, ad 1, p. 29, 6 ; le scribe a écrit sans aucun doute : « *volens* celare sacramentum Dei » ; on attendrait plutôt *nolens*, mais le contexte ne permet pas de trancher avec certitude.

13. Cf. ci-dessus, deuxième partie, chap. I, p. 164 ; cf. I, obj. 12, p. 8 ; I, *Sol.*, p. 11.

s'affirme la cohérence de sa pensée, dont les éléments se correspondent d'un sujet à l'autre.

Dans le deuxième cas envisagé par Hugues, le prophète ne reçoit pas l'entière connaissance de ce qu'il doit annoncer. Les similitudes lui sont alors données pour voiler le mystère (*ut celetur rei misterium*) et pour que le prophète l'annonce sous ce voile. A la différence du cas précédent, ce ne sont plus seulement les destinataires, les *minores*, qui sont ici dans l'ignorance, c'est aussi le prophète lui-même. Jonas avait « lu » dans le livre de la prescience divine la destruction de Ninive, mais il n'avait pas lu la pénitence de ses habitants, destruction spirituelle qui les sauverait de l'anéantissement matériel. De même Isaïe avait bien « lu » que les œuvres d'Ézéchias méritaient la mort, mais sa pénitence — mort spirituelle — avait échappé au prophète. Selon une terminologie déjà rencontrée, le prophète n'a souvent connaissance que du sens obvie de ce qu'il annonce (*primus intellectus*) ; le sens caché (*secundus intellectus*) l'est aussi pour lui. Hugues ne conclut pas autrement, mais nous pouvons faire nous-même la déduction : l'utilité des images ne se prend pas seulement de la nécessité d'habiller ou de voiler le message ; elles servent en définitive le dessein divin, car le prophète est d'autant plus persuasif dans sa menace, qu'il ignore ce qu'il annonce réellement [14].

Quant à la seconde objection concernant les images — comment le *speculum* pourrait-il les donner puisque sa spiritualité n'est pas compatible avec leur caractère corporel ? —, l'auteur y répond en faisant appel à la singularité de ce miroir à la fois intelligent, libre et tout-puissant. Le miroir corporel ne peut imprimer que les images qui se reflètent en lui ; le miroir éternel ne connaît pas cette limite : il procède par mode de création (*per modum creationis*).

Cette indication, brève mais catégorique, est prolongée dans la réponse suivante (II, ad 3, p. 40) : les similitudes sont créées dans l'« esprit » du prophète par le miroir éternel. Malgré la différence

---

14. C'est exactement ce que dit Hugues en expliquant la différence entre la *sentencia* (c'est-à-dire la menace formulée par le prophète) et le *consilium* (le dessein secret de Dieu) : « Dominus noluit revelare consilium suum prophete Ysaie vel Ione, quia *consilium Dei* secundum quod erat Ninive subvertenda spiritualiter et Ezechias moriturus spiritualiter *non terreret. Sed sentencia terrere poterat, et territi peniterent et sic consilium impleretur* » (I, ad 13, p. 18).

du processus, on peut donc constater une réelle analogie (*similitudo*) entre les deux miroirs, puisque l'un et l'autre impriment des similitudes dans le voyant : dans le sens, par le moyen des images qui se reflètent en lui, dans le cas du miroir corporel ; dans le *spiritus*, par la médiation de l'idée divine, dans le cas du miroir éternel.

Cette dernière réponse n'a pas pour seuls mérites brièveté et clarté ; en précisant que les images accordées au prophète sont objets de création, elle lève l'équivoque qui hantait invinciblement l'esprit du lecteur. Celui qui aborde ce texte sans aucun *a priori*, pour essayer d'épouser sa logique interne, ne peut éviter que les termes de connaissance et d'images ne s'associent dans l'expression « connaissance par images » et n'évoquent le monde quotidien de l'expérience sensible. Il cherche donc à vérifier de quelle manière Hugues a intégré la connaissance sensible dans sa construction. Cette réponse suffirait à le détourner de sa quête si cette première référence, involontaire, ne se doublait aussitôt d'une seconde à la théorie aristotélicienne de la connaissance qui, elle, perce dans le texte malgré son auteur.

§ II. VESTIGES ARISTOTÉLICIENS

La présence d'Aristote à l'arrière-plan de ce débat est incontestable. L'influence du Stagirite, dont le *De anima* venait de connaître une nouvelle traduction à l'époque où se situe notre texte [15], se signale explicitement dès les premières lignes par une

---

15. La question des différentes « entrées » d'Aristote est un sujet qui a été bien souvent traité, nous n'avons pas à nous y attarder ici. Rappelons simplement ce qu'il en est concernant les traductions latines du traité *De l'âme* (cf. L. MINIO-PALUELLO, *Le texte du « De anima » d'Aristote : la tradition latine avant 1500*, dans *Opuscula. The Latin Aristotle*, Amsterdam, 1972, pp. 250-276). En 1235, Hugues avait le choix entre deux versions : 1) la *translatio vetus* de Jacques de Venise, qui datait du milieu du XIIe siècle ; 2) la traduction *arabo-latine* due à Michel Scot (?), apparue vers 1230, et qui nous est conservée dans le *Grand Commentaire* d'Averroès. La *recensio nova*, que l'on trouve dans le commentaire du *De anima* par S. Thomas, due à Guillaume de Moerbeke entre 1260-1270 (ou peut-être avant 1257 d'après H.-D. SAFFREY, *Une brillante conjecture de saint Albert et la « recensio nova » du « De anima »*, dans RSPT, XL (1956), pp. 255-263), n'étant pas encore en circulation, nous n'avons pas à en tenir compte — elle ne représente d'ailleurs qu'une version améliorée de la *translatio vetus* de Jacques de Venise. En l'absence de toute citation explicite faite par Hugues, il est impossible de dire avec certitude laquelle des deux versions existantes à son époque, il a utilisée. Pour les rares citations que nous

citation de l'*Éthique à Nicomaque*, dont nous aurons à reparler car elle était promise à une singulière fortune et son rôle est tout autre que décoratif [16]. Mais plus encore que de cet écrit déjà connu depuis longtemps, c'est de la connaissance de la psychologie d'Aristote que témoigne notre texte. L'insistance sur le rôle des images en est l'indice le plus flagrant [17], mais il faut y ajouter la position générale du problème de la connaissance. On trouve dans l'exposé de la cinquième difficulté — développée avec une ampleur surprenante (cf. pp. 22-23) —, un passage tout à fait caractéristique des requêtes de la noétique nouvelle.

Trois choses sont requises dans la vision sensible, objecte un contradicteur : le voyant, la chose à voir, la lumière qui éclaire [18]. *Videns, visibile, lux illuminans*, la manière dont ces trois éléments font leur apparition dans le présent débat, rappelle à s'y méprendre la façon dont la Q. 9 du *Douai 434* introduit la nécessité d'un *medium* dans la vision de Dieu : « Tria exiguntur ad hoc quod visio sit in actu : *videns, visibile, lux media*. Necesse est ergo *medium* esse ad videndum Deum » [19]. On remarque dans ce texte l'équivalence faite entre la *lux media* et le *medium videndi* ; il arrive — ainsi chez Guerric de Saint-Quentin — que cette dernière expression soit clairement formulée : « Tria sunt necessaria : videns, visibile et *medium videndi* » [20]. Mais sous cette

---

aurons à faire, nous donnerons donc les deux textes : la *translatio vetus* telle qu'on la trouve dans M. ALONSO, *Pedro Hispano : Obras filosoficas*, t. III, Madrid, 1952 (cité en abrégé : ALONSO) ; la *translatio arabica* d'après l'édition d'Averroès par F. S. CRAWFORD (en abrégé : CRAWFORD).

16. I, obj. 1, p. 3 ; de fait, cette citation fournit l'armature de la discussion pour les six premières difficultés et les réponses correspondantes.

17. C'est en effet une donnée majeure du *De anima* (cf. III, VIII, 431a17) : « Nequaquam sine phantasmate intelligit anima » (ALONSO, p. 344, 8) ; « Nichil intelligit anima sine ymaginatione » (CRAWFORD, p. 468, n. 30, l. 5) ; *ibid.*, 431b1-2 : « Species igitur in phantasmatibus intellectivum intelligit » (ALONSO, p. 344, 22) ; « Intelligit enim formas per primas ymaginationes » (CRAWFORD, p. 472, n. 32, ll. 13-14).

18. II, obj. 5, p. 22 ; on retrouve un argument semblable formulé de manière très voisine dans le *Commentaire* d'Hugues *sur les Sentences*, ce qui dénote pour le moins une certaine continuité de pensée : « Ad hoc quod aliquid illuminetur tria exiguntur, scilicet lux, illuminabile, lumen fluens a luce super illuminabile... » (*II Sent.*, dist. XXVII ; H, 41ra).

19. Q. 9, n. 1 (A, 9ra *in fine*), éd. H.-F. DONDAINE, dans RTAM, XIX (1952), p. 108, ll. 27-28.

20. GUERRIC DE SAINT-QUENTIN, *Quodlibet II*, art. 2 (*Vat. lat. 4245*, f. 63rb), cité par H.-F. DONDAINE, *ibid.*, p. 85, n. 92 ; cf. du même Guerric la Q. II du ms *Praha, Univ. 667*, ff. 232va-233ra, éd. par B.-G. GUYOT, dans RSPT, XLIV

forme, encore générale et vague, on ignore si ce *medium* doit être une « lumière » ou une « similitude ». Or l'objectant de la Q. 481 a choisi ; voici de quelle façon il continue à formuler sa difficulté.

Puisque ces trois éléments sont requis dans la vision sensible, ils le sont aussi de la même façon dans la « vision spirituelle ». Ce terme générique recouvrait pour la Q. 9 et pour Guerric la vision béatifique, ici il s'applique à la vision prophétique ; *mutatis mutandis*, les conditions sont les mêmes ici et là. Il faut donc que la chose à voir soit présente, et si elle ne l'est pas physiquement (*per sui essenciam*), il faut qu'elle le soit intentionnellement (per *speciem* sive *similitudinem* sui). Donc, conclut-il, dans toute vision prophétique, il faut nécessairement une *species* [21].

On aura remarqué que le *medium* n'est pas de même nature dans notre texte que dans les deux autres textes cités. Pour utiliser un langage qui n'est pas encore tout à fait celui de cette époque, pour l'objectant de la Q. 481, il s'agit d'un *medium* objectif ou instrumental (la *species* comme représentative de la

---

(1960), p. 237, l. 183 : « In omni visione tria sunt : visens, visum et medium ». Guerric, Maître-régent à la deuxième école dominicaine de Paris de 1233 à 1242, fut l'exact contemporain de Hugues de Saint-Cher, dont il rectifia à l'occasion les vues qu'il estimait hasardeuses ; cf. H.-F. Dondaine, dans RSPT, XXXIII (1949), p. 174, n. 12.

21. II, obj. 5, p. 23 : « In omni visione prophetica requiritur species » ; cf. p. 23 : « In omni visione prophetali exigitur species vel ymago ». On se souvient des formules bien frappées d'Aristote pour qui « omnia que sunt quoddammodo est anima » (431b20 ; Alonso, p. 351, 5 ; Crawford, p. 503, n. 37, ll. 2-3 : « Anima est quoquo modo alia entia »), non pas d'une identité physique, mais intentionnelle : « Non enim hic lapis in anima est, sed species (lapidis) » (431b30 ; p. 351, 13 ; Crawford, p. 503, n. 38, ll. 5-6 : « Lapis enim non existit in anima, sed forma »). C'est précisément la présence de cette *species* réclamée par Aristote, en de nombreux textes de notre époque, qui peut être considérée comme typique d'une inquiétude noétique inconnue quelques années plus tôt. Dans la conclusion de son article si documenté sur *L'objet et le ' medium ' de la vision béatifique chez les théologiens du XIIIe siècle* (RTAM, XIX (1952), p. 97), H.-F. Dondaine pouvait écrire : « Une instance philosophique nous est apparue çà et là dans les difficultés traitées par nos théologiens : celle qui réclame une *similitudo*, voire un *idolum*, jusque dans la vision béatifique. Pour « voir Dieu », Guillaume d'Auxerre ou les Questions de Douai n'ont besoin que d'une assimilation à Dieu de type platonicien ; mais une autre noétique les taquine, qui exige pour toute connaissance une *similitudo* spécifique et *sui generis*. Voilà une exigence qui n'a pas fini de poser problème... ». La même constatation est également faite par P.-M. de Contenson, *Avicennisme latin et vision de Dieu au début du XIIIe siècle* (AHDLMA, XXVI (1959), pp. 29-97 ; cf. en particulier le § II : *La psychologie aristotélicienne et ses problèmes*). Avec les transpositions requises, c'est, on le voit, le même problème qui se pose à propos de la connaissance prophétique.

réalité à connaître); pour la Q. 9 et Guerric, d'un *medium* subjectif (la lumière qui permet de voir). Ce n'est pas le lieu de préciser ici davantage, mais le fait que la question du *medium* provoque cette différence d'orientation dans la position du problème, est significatif de l'incertitude qui règne alors et laisse deviner ce qu'il en sera des réponses [22]. S'il est des auteurs qui savent conjuguer ces deux aspects [23], ce n'est pas le cas d'Hugues, dont nous n'avons pas fini d'analyser les hésitations.

Cette nécessité d'une représentation vicaire de la réalité connue dans l'esprit du connaissant, se trouve confirmée par Hugues lui-même dans sa réponse, lorsqu'il évoque la présence d'une *species intelligibilis creata* dans le processus de la connaissance prophétique (cf. II, *Sol. III*, pp. 27-28). Ces indications — et d'autres indices plus discrets sur lesquels il faudra revenir — nous orientent donc vers une psychologie aristotélicienne de la connaissance. Or les textes que nous avons analysés jusqu'ici sont péremptoires : non seulement les images ne sont en aucune façon la source de la connaissance prophétique, mais à proprement parler elles n'en constituent même pas l'étoffe.

A qui serait tenté, comme le furent ses contradicteurs, d'opposer à Hugues l'hiatus que sa théorie semble creuser entre connaissance sensible et connaissance intellectuelle, il répond par une fin de non-recevoir : la connaissance prophétique n'a rien à voir avec les images venues des sens ; elles viennent d'en-haut comme tout ce qui constitue la prophétie. Si nous en doutions encore, la réponse *per modum creationis* achève de signifier ce refus. D'ailleurs, s'il est vrai que la prophétie se réalise souvent par le moyen de visions imaginatives, il n'en existe pas moins des cas

---

22. Le P. H.-F. Dondaine a magistralement analysé cette ambiguïté à propos de la Q. 9, qui opte certes pour un *medium* subjectif, une assimilation à Dieu par la *lux gratiae*, mais non sans chercher à combler la distance entre l'âme et Dieu qu'on ne peut voir *ut essentia* ; cf. RTAM, XIX (1952), pp. 84-88.

23. C'est au conditionnel que nous formulons cette phrase, en pensant à la position exprimée par la Q. 454 du *Douai 434* (B, f. 96ra ; cité par N. WICKI, *Die Lehre von der himmlischen Seligkeit*, p. 168, note 38) ; le texte parle de la vision de saint Paul comme d'une *visio mediastina* entre la vision béatifique et la vision prophétique, qui se trouve ainsi définie : « In visione naturali prophetica *spiritualis habitus* necessarius est et preter habitum necessaria est *species* qua mediante procedat cognitio ». Les deux *media*, subjectif et objectif, sont ici bien en place, mais on peut se demander ce qu'est cette *visio prophetica naturalis* ; seule une étude attentive de ce texte pour lui-même permettrait de décider s'il parle bien de la même réalité que la Q. 481.

de prophétie *sine omni ymagine*, et cela même est la preuve qu'il n'existe aucun lien intrinsèque nécessaire entre images et connaissance prophétique. Par cette réponse, Hugues montre qu'il peut parfaitement adopter l'argument qu'il cite dans sa problématique: l'inspiration ne peut être le fait que d'une intelligence libérée des images [24]. S'il en va autrement de l'annonce, il en est ainsi de la vision.

En totale harmonie avec cette donnée centrale, on ne peut qu'enregistrer une cohérence certaine de l'exposé du point de vue de l'auteur. C'est ainsi qu'il utilise des mots caractéristiques qui, loin d'évoquer la démarche « ascendante » de la connaissance selon Aristote, décrivent un processus exclusivement « descendant ». Le mot « image » dans la presque totalité de ses emplois est associé au mot « apparition ». Il serait fastidieux de citer toutes les références, mais on rencontre sans cesse des expressions semblables: *apparitio ymaginum, visio ymaginarie apparitionis, ymaginaria apparitio, apparitiones facte, apparitio in parte anime spirituali*, etc.; dans la seule *Solutio* de l'article I, on ne compte pas moins de sept emplois du mot *apparitio* [25], et il faut joindre à ce compte le mot *ostensio* (*sub ymagine ostenssa*) que l'auteur a dû utiliser pour varier son vocabulaire dans un louable souci d'élégance littéraire. D'autres termes sont aussi à l'honneur, on a dû les remarquer, ce sont ceux de la famille d'*impressio*; nous y reviendrons, car ils posent un problème spécial. Par contre, on ne trouve aucun mot qui indiquerait une quelconque activité de la *vis ymaginativa* du prophète; toujours il reçoit, jamais il n'agit. Ici sans aucun doute s'applique la remarque d'Augustin quand il parle des similitudes des choses corporelles: « Si l'âme les façonne elle-même, ce sont seulement des imaginations (*phantasiae*); si elle contemple celles qui lui sont présentées, ce sont des apparitions (*ostensiones*) » [26].

---

24. I, obj. 8 bis, p. 6 : « Inspiratio non est nisi mentis depurate a fantasiis ». Notons au passage que c'est le seul endroit où notre Question emploie le mot *fantasia* ; la Q. 540 est plus proche du vocabulaire aristotélicien en parlant de *phantasma* (cf. B, 181va ; dans notre édition, n° 2 : *Antonianum*, XLIX (1974), p. 517).

25. On ne relève pas sur ce point de différence sensible entre le texte de la Q. 481 et celui de Philippe qui lui aussi emploie ce terme fréquemment.

26. AUGUSTIN, *La Genèse*, XX, xx, 42 (texte, p. 398) ; on peut voir à ce sujet la note des éditeurs, qui porte cependant sur un problème plus vaste que le nôtre (p. 573) : « ... *ostensiones* (la meilleure traduction de ce ... mot serait peut-être ' fantômes ' ;... sans doute est-ce l'équivalent du terme stoïcien

Si nous délaissons le plan de la connaissance sensible et la question du passage des images à la connaissance intellectuelle, nous retrouvons à propos de cette dernière la même réceptivité fondamentale, typique du prophète ainsi compris. Qu'elles soient appelées *similitudines* ou *species intelligibiles*, les idées du prophète sont reçues du *speculum*, « créées » ou « formées » par lui. Il en va de même du *lumen*, qui ne peut être reçu que de l'agent divin. Nous l'avons vu en exposant le rôle du *speculum*, il est inutile de s'y attarder.

Cependant, nous pouvons remarquer ici encore les traces de l'aristotélisme. Outre l'indice manifeste que constitue l'emploi de l'expression *species intelligibilis* [27], on trouve ce qu'on pourrait

---

φάντασμα, qui signifie une vision non représentative, ' telle qu'il s'en produit chez les malades et les mélancoliques ', cf. NÉMÉSIUS...). Ces visions fantastiques sont sans doute *montrées* par un esprit étranger... ».

27. La présence de l'expression *species intelligibilis* dans la Q. 481 est un fait dont nous n'avons pas encore trouvé les antécédents certains. Hugues ne l'utilise pas dans ses autres œuvres ; on ne le trouve pas davantage dans ses sources habituelles. Guillaume d'Auxerre n'emploie le terme ni dans son traité de la prophétie, ni à propos de sa théorie de la connaissance, ni à propos de la vision *in raptu* de l'apôtre Paul — à propos de laquelle il se pose pourtant la question : a-t-elle eu lieu avec ou sans *medium* ? Philippe le Chancelier semble ignorer aussi cette expression : nous ne l'avons trouvé ni dans son *De prophetia* ni dans son *De anima* ; N. Wicki, qui a cherché pour nous ailleurs, nous confirme provisoirement cette absence, en attendant l'établissement de l'index de son édition critique (nous avons toutefois découvert depuis un emploi isolé dans un fragment de Philippe édité par O. LOTTIN, PM, I, p. 434, 1. 60). Nous avons cherché du côté des traductions latines d'Aristote (différentes versions du *De anima* et de la *Métaphysique*), mais sans succès ; le *De anima* d'Averroès ne contient pas non plus ce terme ; la tradition latine avicennienne (notamment le *De anima* d'Avicenne et celui de Gundissalinus) préfère le terme *forma impressa*, mais A.-M. Goichon signale *species intelligibilis* en plusieurs ouvrages d'Avicenne, vraisemblablement non connus d'Hugues (cf. *Lexique de la langue philosophique d'Ibn Sina (Avicenne)*, Paris, 1938, n. 372 : 5, 14-15, 19-20 ; n. 374, p. 192). Chez les autres contemporains d'Hugues, Guillaume d'Auvergne ne semble pas connaître le terme (cf. B. ALLARD, thèse citée, p. 139) ; Alexandre de Halès l'utilise rarement (cf. BFSMAe, t. XIV, p. 266 ; *ibid.*, t. XIX, p. 230), mais non dans son *De prophetia* (il connaît certes la réalité, mais la désigne simplement du nom de *species*, sans la qualifier autrement). Aucun autre *De prophetia* antérieur à Hugues n'utilise ce terme. Nous ne l'avons finalement trouvé que chez deux auteurs. L'anonyme *De potentiis animae et obiectis* (éd. D. A. CALLUS, dans RTAM, XIX (1952), pp. 146-170) l'utilise couramment (cf. p. 148, ll. 19-21 : la chose sans le mot ; p. 155, ll. 18, 20, 23 ; p. 157, ll. 12, 16). Ce texte, certainement antérieur à Philippe, puisque ce dernier l'a utilisé, a-t-il été aussi connu d'Hugues ? Il ne nous a pas été possible de l'établir. On trouve aussi de fréquents emplois de *species intelligibilis* dans le *Tractatus de divisione multiplici potentiarum animae* (éd. P. MICHAUD-QUANTIN : p. 86,

appeler des indices latents, ou mieux peut-être des indices étouffés. Nous voulons dire par là qu'ils permettent de déceler chez l'auteur une connaissance certaine d'Aristote, mais qu'ils sont employés dans un contexte (cette conception de la prophétie où le prophète n'apporte rien de son cru) qui les a empêchés de déployer leurs virtualités.

On trouve la première de ces traces dans les passages où l'auteur explique le caractère métaphorique de l'expression *videre in speculo*, qu'il réduit à la connaissance pure et simple par le moyen d'une *species*, grâce à laquelle le prophète voit la réalité à prophétiser. *Medium* « *quo* » plutôt que *medium* « *quod* » — puisque ce n'est pas la *species* elle-même qui est connue, mais la chose extra-mentale, mais preuve incontestable que Hugues partage, au moins partiellement, les vues du contradicteur supposé dont nous avons rapporté les termes ci-dessus (cf. p. 214). Or c'est dans ce contexte qu'il explique: cette *species* vient au prophète de l'extérieur, du *speculum*, non de l'intellect la recevant à l'intérieur. La traduction ici est par trop approximative, il faut reproduire les termes mêmes de l'auteur: « Illa species intelligibilis *non est ab intellectu intus recipiente*, sed a speculo extra illuminante et formante illam speciem » (II, *Sol. III*, p. 27).

Les mots soulignés dans cette dernière phrase sont la preuve irrécusable que Hugues oppose, pour mieux l'en distinguer, la connaissance prophétique à la connaissance naturelle, dans laquelle le concept est le produit de l'intellect, lui-même étant mis en acte par ce qu'il reçoit à l'intérieur. Nous disions à l'instant que rien dans la Q. 481 n'évoque le processus « ascendant » de la connaissance selon Aristote. C'est vrai en ce sens qu'on ne rencontre aucun des termes caractéristiques de la théorie aristotélicienne: abstraction, intellect agent, intellect

---

l. 589 ; p. 87, ll. 619, 625 ; p. 97, ll. 953, 958 ; p. 132, l. 130). Ce texte est à peu près contemporain de la Q. 481 ; antérieur ou postérieur ? nous n'avons pu en décider par son utilisation éventuelle dans notre Question. — Notre enquête n'est sans doute pas exhaustive, mais elle montre du moins la relative rareté du terme encore à cette époque, et il est intéressant de compter Hugues parmi ses premiers utilisateurs (L'étude de P. MICHAUD-QUANTIN, *Les champs sémantiques de* « *species* ». *Tradition latine et traductions du grec*, dans *Études sur le vocabulaire philosophique du moyen âge*, Rome, 1970, qui ne relève que des emplois nettement postérieurs à notre époque — chez Vital du Four vers 1295 — ne nous a pas permis d'étayer davantage nos conclusions).

possible (comme on peut les trouver chez Philippe le Chancelier par exemple [28]). Cet outillage conceptuel et verbal, nécessaire pour décrire le processus de spiritualisation croissante du connu dans le connaissant pour que celui-ci devienne intentionnellement ce qu'il connaît, est en effet absent de notre texte ; pourtant, condensée à l'extrême, c'est bien cette démarche qui se trouve évoquée par les mots *ab intellectu intus recipiente*.

Le second indice « étouffé » d'une référence, sinon à la noétique aristotélicienne comme telle, du moins à l'un de ses présupposés majeurs, c'est la présence, au cœur même de la définition de la vision prophétique, du monde de l'expérience sensible. Nous l'avons dit (cf. ci-dessus, p. 191), Hugues définit la vision prophétique comme intermédiaire (*quasi media*) entre la vision dans le miroir de l'essence créatrice propre aux bienheureux et celle dans le miroir de la création qui est le lot des *viatores*, car la vision des prophètes dans le miroir de l'essence créatrice présuppose le miroir de la création (*preexistente speculo creature*). L'auteur continue : les prophètes ne pourraient voir les créatures dans le miroir divin, s'ils ne connaissaient en quelque façon le créateur par le miroir de la création (II, *Sol. I*, p. 24).

Hugues ne s'explique nulle part sur le statut de cette connaissance présupposée. Sa position est claire cependant, et en parfait accord avec ce que nous en avons déjà dit. Dans la connaissance prophétique, il s'agit bien en définitive de connaître les créatures, et sans doute en référence à la création, mais en deuxième instance seulement — par créateur interposé pourrait-on dire : c'est lui d'abord qui est connu à partir du miroir de la création, et c'est alors seulement qu'il peut donner de la création une connaissance d'un type nouveau. L'expérience sensible n'est

---

28. On peut s'en rendre compte en parcourant les *Quaestiones de anima* (éd. L. W. KEELER, Münster i. W., 1938) ; on ne relève pas moins de 38 citations, allusions ou mentions d'Aristote dans les quatre-vingt pages de cet opuscule, et le vocabulaire technique d'Aristote s'y retrouve pour ainsi dire à chaque page. Ces références à Aristote sont évidemment beaucoup plus nombreuses si l'on considère l'ensemble de l'œuvre (cf. P. MINGES, *Philosophiegeschichtliche Bemerkungen über Philipp von Grève († 1236)*, dans *Philosophisches Jahrbuch*, XXVII (1914), pp. 21-32) ; par contre, on n'en relève qu'une seule dans le *De prophetia* (cf. C, 81ra ; citation de l'*Ethica vetus*, II, 7, 1108a20 à propos de la définition de la vertu de véracité : « Circa verum medius est verus et medietas est veritas vel veracitas. Quod autem in maius est superbia et quod in minus yronia » (cf. éd. R.-A. GAUTHIER, dans *Aristoteles latinus*, XXVI, 1-3, p. 18) ; mais nous citons ici le texte de C).

donc présente à l'horizon de la connaissance prophétique que par le relais de l'agent divin. Cela suffit toutefois pour en inférer que, malgré sa volonté de magnifier la seule source de la connaissance prophétique, Hugues n'a pu éliminer de son cadre de référence habituel une option réaliste dans le domaine de la connaissance ; même empêchée de s'épanouir, celle-ci témoigne, par sa seule présence, de sa vivacité [29].

Nous avons relevé un troisième et dernier indice de cette présence d'une certaine philosophie de la connaissance qui contredit secrètement la logique interne du système, et ceci d'autant plus fortement qu'il est situé — comme les deux précédents — en un endroit stratégique. Rappelons-nous ce texte déjà analysé (cf. ci-dessus, pp. 154-155), dans lequel Hugues décrit les deux phases en lesquelles consiste la prophétie. Vue sous un certain aspect, elle est un acte global dans lequel on distingue trois actes particuliers : la vision de l'apparition imaginative, la compréhension de sa signification, l'annonce de la réalité révélée. Quant à l'autre aspect, on s'en souvient, il consiste dans la double « passion » présupposée à cette activité complexe : l'impression des images, la révélation de leur signification.

A s'en tenir à une lecture « naïve », ce texte témoigne d'une activité du prophète, qui se déploie certes sur la base d'une passivité préalable à l'égard de l'agent divin, mais qui semble incontestable à voir la manière dont la suite du texte décrit la réalisation de cet acte. Il procède *ex habitu et potentia*; s'il n'est pas proprement « *in* » *anima*, ce qui empêche de considérer la prophétie comme un habitus, il est bien « *ab* » *anima*. Il est possible que Hugues songe surtout ici à l'annonce prophétique, puisqu'il ajoute *vel* « *ad* » *animam*; mais cette réponse est trop brève et trop précise pour que nous soyons autorisé à donner au mot *actus* une compréhension différente à quelques lignes d'intervalle.

Ce texte énonce donc une triple activité du prophète à l'intérieur du processus total désigné par le mot prophétie : il voit, il comprend, il annonce. Dans le troisième temps, cette activité est

---

29. « Videre in speculo creatricis essencie, *tamen preexistente speculo creature* ». Hugues a emprunté cette citation à Philippe (cf. C, 81vb *circa medium*) ; la Q. 540 a également puisé à la même source (cf. B, 182rb ; dans notre édition, n° 13 : *Antonianum*, XLIX (1974), p. 524), mais n'a guère davantage développé cet aspect.

sans doute plus perceptible ; elle n'en est pas moins réelle dans les deux premiers. Il semble donc que nous serions autorisé à conclure que l'homme entre en collaboration avec Dieu, puisque au don des images et de la lumière venues de l'agent divin, correspond leur vision et la saisie de leur signification par le prophète. En d'autres termes, Hugues décrirait l'activité immanente de connaissance par laquelle le prophète prend possession de ce que Dieu lui révèle.

Cette interprétation s'impose, et pourtant les textes la contredisent formellement : le prophète est celui qui prévoit et prédit l'avenir « solo Spiritu Sancto revelante *sine cooperatione sui ingenii* [30] ». Même si cette phrase était moins formelle dans sa négation, c'est en fait tout le déroulement de la Q. 48I qui contredit l'interprétation spontanée que nous venons de donner ; nous n'avons plus à le prouver. Il reste néanmoins que ce texte qui décrit si bien l'activité de l'agent connaissant — même quand il s'agit de connaissance prophétique — « trahit », aux deux sens du mot, son auteur : il révèle la forte idée qu'il se fait du rôle actif de l'intelligence dans l'acte de connaître ; il dessert son exposé de la connaissance prophétique au sein de laquelle il apparaît comme un élément nécessaire, mais dont les exigences n'ont pas été respectées.

§ III. UN ARISTOTÉLISME ENTRAVÉ

La présence de ces divers indices, aussi fragmentaires et étouffés soient-ils, nous renseigne au moins sur la persistance d'une certaine théorie de la connaissance en soubassement de notre texte. Sans aucun doute, Hugues connaît cette noétique aristotélicienne, et elle perce malgré lui dans un contexte où il pensait n'en avoir que faire. Une question se pose alors : d'où vient précisément qu'il n'en ait pas tiré meilleur parti ? Est-il possible d'expliquer pourquoi il a cru pouvoir en faire l'économie dans ce contexte ?

On nous permettra de faire appel à Philippe le Chancelier pour répondre à cette question. Le détour ne sera qu'apparent, car si Philippe n'est pas entré aussi avant que Hugues dans son explication du mécanisme de la connaissance prophétique, nous trouvons

---

30. IV, ad 6, p. 54 ; cf. ci-dessus, p. 168.

pourtant chez lui l'exposé d'une théorie de la connaissance qui fait précisément défaut chez notre auteur. Disons d'un mot simplificateur, mais utile provisoirement, que Philippe fournit les éléments de la noétique qu'on se serait attendu à trouver chez Hugues. Si donc nous allons de l'un à l'autre dans les lignes suivantes, c'est de façon consciente; nous espérons que cet amalgame en apparence composite se justifiera finalement par l'intelligibilité nouvelle qu'il apportera.

On trouve chez Philippe un exposé ample et ferme de la théorie de la connaissance intellectuelle par le moyen d'une *species* extraite des phantasmes par l'opération de l'intellect agent [31]. Peu importe pour l'instant que la théorie d'Aristote soit reçue à la lumière d'Avicenne ou d'Averroès [32], il nous suffit d'en retenir les grands traits : « Intellectus agens abstrahit species a phantasmatibus, et abstrahendo unit cum possibili qui est recipiens » [33]. Ce processus de l'abstraction à partir du sensible, dont nous n'avons trouvé chez Hugues que l'évocation très implicite, Philippe en donne la raison : l'intellect de l'homme ne peut connaître que par cette voie en raison de son union au corps : « Intellectus autem hominis ideo cognoscit per speciem abstractam, *quia coniunctus est* » [34].

Cette *coniunctio* de l'âme et du corps, qui fait de l'homme un *coniunctus* par opposition à l'ange qui est un *inconiunctus* (c'est pourquoi la connaissance angélique se réalise sans abstraction; l'ange est de plain-pied — si l'on peut dire — avec l'intelligible), joue un rôle important et précis dans la Q. 481. Si Hugues dénie

---

31. Cf. *Quaestiones de anima*, en particulier, pp. 57, 61-62, 86, 91.
32. Cf. l'introduction de L. W. KEELER aux *Quaestiones de anima* (pp. 11-12), qui assure que les références à Aristote sont faites à travers Avicenne, à moins que Philippe n'utilise plutôt Algazel, dont le *De anima* n'est qu'un résumé de celui d'Avicenne. Averroès n'est explicitement cité, sous le nom de *Commentator*, qu'une seule fois dans ces *Quaestiones* (p. 65), mais est cependant utilisé plusieurs fois. P. MINGES (art. cité, p. 30) a relevé plusieurs citations d'Averroès. Pour une exacte intelligence des textes de Philippe, il est important de rappeler ici qu'à cette toute première époque de son influence, les textes d'Averroès, interprétés à faux, étaient entendus en un sens tout à fait orthodoxe (cf. les articles de D. Salman, cités en notes 40 et 42, ci-dessus, pp. 185-186).
33. *Quaestiones de anima*, p. 61 ; il faut noter l'étrange voisinage de cette phrase avec un passage d'Alexandre de Halès décrivant le rôle du *speculum* dans la connaissance prophétique : « Lumen ... aeternum abstrahit formas rerum et unit eas in anima mediante illuminatione » (ΛH, p. 299).
34. *Ibid.*, p. 59 ; cf. p. 64 : « Abstrahere quod est indivisibile, non est nisi separabilis substantiae ».

à l'ange la possibilité d'être prophète au sens précis du mot, c'est parce qu'il est démuni de *vis interpretativa* qui lui soit propre, car il est esprit pur. Or l'annonce prophétique ne se réalise que par le moyen de la *vis interpretativa*, et celle-ci « est solius hominis, *et est coniuncti* » (I, ad 12, p. 17).

L'argument tiré de la nature composée de l'être humain paraît donc assez fort pour qu'on puisse lui faire jouer un rôle décisif dans cette question. Hugues emboîte ici le pas à Philippe et à d'autres auteurs [35]. Cette même raison qui fonde, nous venons de le voir, la nécessité de l'abstraction à partir des images, explique en dernière analyse l'impossibilité d'une connaissance qui ne comporterait pas ce recours, même lointain, à la connaissance sensible : « Numquam sine phantasmate intelligit anima ».

Comment se fait-il donc que cette raison, tirée de la nature même du prophète, soit jugée dirimante dans un cas et non dans l'autre ? En d'autres termes, pourquoi Hugues a-t-il pensé que la théorie de la connaissance d'Aristote ne pouvait pas s'appliquer dans le cas de la prophétie ? Il nous semble trouver la réponse à cette question dans une phrase de Philippe, où l'influence d'Augustin se conjugue à celle d'Aristote : « Intellectus, etsi non fit in nobis sine imaginatione et sensu, *tamen est sine illis* » [36].

Nous n'avons pas à décider ici si la preuve de l'immortalité de l'âme que Philippe poursuit de l'immatérialité de l'acte d'intellection, est en tout point conforme à la doctrine d'Aristote ; il nous suffit d'enregistrer qu'à partir de l'intellection des concepts abstraits (tel que celui de la justice ou de la vertu, par exemple [37]), Philippe en conclut que leur intellection ne comporte pas de recours à des sensations corporelles (*comprehenduntur sine corpore*), et il achève ainsi son raisonnement : « Cuius actus potest esse sine corpore, substantia eius potest esse sine illo. Ergo anima rationalis potest esse sine corpore » [38].

---

35. Philippe (cf. C, 8orb) et la Q. 540 (cf. B, 182ra ; notre édition, n° 8 : *Antonianum*, XLIX (1974), p. 521) refusent eux aussi le titre de prophète à l'ange en raison de son défaut de *vis interpretativa* propre, mais sans s'expliquer à ce sujet. La *Summa Duacensis* par contre (A, 69vb ; éd. P. GLORIEUX, pp. 135-136) rend compte de cette même question de manière plus circonstanciée.

36. *Quaestiones de anima*, p. 57.

37. On reconnaît ici un héritage augustinien, *De Gen. ad litt.*, XII, XXIV, 50, notamment p. 414 ; cf. les notes 50, p. 568, et 52, § 4, pp. 579-580.

38. *Quaestiones de anima*, p. 58.

Aristote admettait, certes, la séparabilité du νοῦς — puisqu'il le qualifie de χωριστός [39]; mais il semble bien que la théorie de Philippe suppose une anthropologie dualiste qui n'a pas encore tiré toutes les conséquences d'une vue vraiment unifiée du *coniunctus* humain. Juxtaposée à celle d'Aristote, c'est l'option augustinienne qui resurgit, qui récuse l'influence du corps sur l'âme en vertu de la noblesse de l'esprit : « Imaginem (corporis) *non corpus in spiritu sed ipse spiritus in se ipso facit* celeritate mirabili » [40].

Il n'est pas dans notre intention de poursuivre jusque dans ses détails pareille conception; rappelons simplement l'application que Philippe en fait lui-même au cas de la connaissance prophétique. Il en parle avec toute la clarté souhaitable en synthétisant l'essentiel de ce que nous avons dit jusqu'ici. Aussi longtemps que l'âme est dans le corps, dit-il, l'acte d'intellection ne s'accomplit que par la médiation de l'imagination. Il s'ensuit que si l'âme est en quelque sorte séparée du corps — comme il est arrivé à saint Paul durant son « ravissement » — et que, dans cet état, elle voit et contemple les choses divines, elle ne peut communiquer à l'homme (*homini!*) pareille contemplation; il faut donc que des *impressiones* soient formées *in spiritu imaginationis*. On reconnaît le processus souvent rencontré dans la Q. 481, mais Philippe sait en expliquer le pourquoi : c'est afin que soit « formé » l'intellect du composé comme tel (*ad hoc quod formetur intellectus coniuncti ut coniuncti*) ; c'est pourquoi les prophètes énoncent leurs prophéties en figures [41]. Ce passage est sans doute le plus développé de ceux que l'on peut citer, mais il

---

39. A moins que ce ne soit χωρισθείς ! Cf. *De l'âme*, III, 5, 430a10-25 (éd. J. TRICOT, Paris, 1959, p. 182) ; on nous dispensera d'entrer ici dans les subtilités de l'exégèse de ce passage, qui a aiguisé depuis des siècles la sagacité des commentateurs.

40. *La Genèse*, XII, XVI, 33 : « N'allons pas nous figurer qu'un corps opère quelque chose dans l'esprit, comme si l'esprit jouait le rôle d'une matière soumise à l'action d'un corps (...). Ce n'est pas le corps qui forme cette image dans l'esprit, mais l'esprit lui-même qui la forme en soi avec une merveilleuse rapidité... » (texte, p. 383).

41. Voici cette page en son intégralité : « Et operatio intellectus hominis, dum anima est in corpore, non fit nisi mediante imaginatione. Unde quando anima in raptu quodammodo separatur a corpore, et videt et speculatur divina, non communicat huiusmodi speculationem homini, sed oportet fieri impressiones in spiritu imaginationis ad hoc quod formetur intellectus coniuncti ut coniuncti. Unde prophetae prophetias suas enuntiant in figuris » (*Quaestione de anima*, p. 91).

est loin d'énoncer une vue isolée de Philippe; on retrouve ailleurs la même idée exprimée fort clairement à propos de la connaissance *in raptu* [42].

§ IV. LA CONNAISSANCE *IN RAPTU*

Nous avons ainsi dégagé la raison pour laquelle Hugues n'a pas tenté explicitement de mettre la théorie aristotélicienne de la connaissance au service de son élaboration de la connaissance prophétique; il juge le prophète dans une situation telle qu'il n'a pas à faire usage de ses sens, il est en extase.

A vrai dire, cette dernière affirmation n'est pas clairement exprimée dans notre texte; il faut donc s'assurer que cette explication est la bonne. Nous en avons un premier indice dans le choix de certains personnages bibliques pour illustrer la prophétie sans image: l'apôtre Jean pour l'Apocalypse (cf. *Apoc.*, 1, 10) ou le prophète Ézéchiel (*Ez.*, 1, 3; 3, 22-24), dont le texte de l'Écriture dit bien qu'ils étaient en extase quand ils reçurent leurs visions.

Mais si Hugues n'explicite pas cette donnée pourtant sousjacente à son exposé dans la Q. 481, il l'a fait dans la Q. 480, où il traite précisément *De raptu Pauli*. Il y réserve, certes, le cas de l'apôtre Paul d'une manière singulière, puisqu'il en fait l'égal des anges dans la vision de Dieu [43]; mais il ne répugne pas à employer le terme de *raptus* pour des personnages de moindre importance et des visions prophétiques plus ordinaires.

---

42. *Ibid.*, p. 36 : « Operatio autem intelligibilis, quae fit solo intellectu, licet sit a potentia non separata, nihil tamen prohibet (ipsam rapi), *cum ipsa sit separabilis virtute supremae substantiae*, quae potentiae spirituali spiritualem confert operationem, cum vult intelligere substantias separatas a materia, cum contingat (sicut dicit Augustinus, *De Trin.* XIV, xv, 21 et *al.*) cognoscere iustitiam et huiusmodi formas, quae sunt quantum est de se formae per se intelligibiles ». Cf. également *ibid.*, p. 31 : « Anima ... potest ... videre sine phantasiis corporalibus visione spirituali per gratiam... ».

43. Q. 480, I, ad 10 (B, 131rb *in fine*) : « Eodem genere visionis vidit Paulus Deum quo vident angeli, ut dicit Augustinus (*Ad Paulinam, Ep. CXLVII*, dans PL, t. 33, c. 610), nisi quod angeli sunt confirmati in gloria et in illa visione Paulus non ». La question du ravissement de saint Paul chez saint Augustin et chez les scolastiques a été étudiée par B. Lavaud, *La vision de Dieu ici-bas par Moïse et saint Paul*, dans RT, XXXV (1930), pp. 75-83; 252-256; pour Hugues de Saint-Cher, p. 255; on peut voir à ce sujet plusieurs pages de N. Wicki, *Die Lehre von der himmlischen Seligkeit...*, pp. 126-127, 170, 322, et quelques remarques de P.-M. de Contenson, *Avicennisme latin...*, pp. 92-93, notes 214-215.

Pour essayer de préciser quel est ce « troisième ciel » où a été ravi l'apôtre Paul, Hugues est conduit à faire un parallèle assez poussé entre les trois genres de vision qu'avait distingués Augustin, et les trois « cieux » qui y correspondent : vision corporelle – premier ciel ; vision imaginative – deuxième ciel ; vision intellectuelle – troisième ciel [44]. Hugues n'a certes pas l'exclusivité de ce genre de rapprochement, mais il en a fait abondant usage [45].

La pointe de son enseignement consiste en ceci : l'assimilation entre ciel et vision n'est pas parfaite en chaque détail ; seule mérite le titre de « ciel », la vision qui « cèle » (*celum a celando dicitur*) une réalité secrète qui n'est pas manifeste pour tous. Ainsi la vision du mur par Balthasar n'est pas appelée ciel, mais bien la vision de la main écrivant sur le mur, car elle cachait quelque chose qui fut révélé à Daniel ; la même explication vaut pour Pharaon et Joseph. Et Hugues conclut son long raisonnement, que nous pouvons ici omettre sans dommage, par ces mots décisifs pour notre question : « Unde non Balthasar sed *Daniel fuit raptus* in primum celum ; similiter non Pharao sed *Joseph fuit raptus* in secundum celum » [46]. La nécessité de sa démonstration oblige alors Hugues à mentionner saint Paul comme exemple de *raptus in tertium celum*, mais nous pouvons sans forcer sa pensée évoquer aussi l'apôtre Jean ou Ézéchiel ou David, tous bénéficiaires de visions intellectuelles.

Hugues fait d'ailleurs lui-même cette assimilation dans son *Commentaire sur Isaïe* (6,5), où il explique comment la vision intellectuelle porte sur Dieu et les autres réalités incorporelles (*Deus ceteraeque res incorporeae* [47]), connues non par images ou figures, mais par un pur regard de l'âme *sicut vidit Paulus raptus*

---

44. Q. 480, I, ad 7 (B, 131ra, l. 41 - rb, l. 13).

45. Outre la réponse citée à la note précédente, cf. encore *ibid.*, ad 9 (B, 131rb, ll. 30-49) ; de même on peut voir les *Postilles* de Hugues sur *Rom.*, I, 21 (t. VII, 13vb) et sur *II Cor.*, 12, 1-4 (*ibid.*, 142rb). Cette doctrine se trouve déjà dans la *Glose ordinaire* sur *II Cor.*, 12, 1-4 (t. VI, c. 447) et auparavant chez AUGUSTIN (*De Gen. ad litt.*, XII, xxxiv, 67). Curieux, ROLAND DE CRÉMONE (*Summa*, III, CCCXXXVIII, éd. A. CORTESI, p. 985) se demande d'où Augustin a pu tirer cette doctrine qu'on ne trouve pas chez les philosophes ; il conclut que l'Écriture pouvait lui fournir un fondement suffisant. N. WICKI (*Die Lehre von der himmlischen Seligkeit*, p. 101, n. 27) a signalé que Godefroid de Poitiers, après les *Sententiae divinitatis*, avait déjà tiré parti du jeu de mots *celum-celare*.

46. Q. 480, I, ad 7 (B, 131rb).

47. *Postille sur Is.*, 6, 5 (t. IV, 17va) ; la Q. 480 présente une formule également imprécise : *vel Deum vel huiusmodi* (I, ad 7).

ad tertium celum. Cette troisième vision se produit de manière parfaite *in patria*, de manière imparfaite *in via*, et encore en peu de saints [48]. La vision corporelle n'est pas prophétie à proprement parler, ni la seconde, mais bien la troisième, en laquelle sont comprises les réalités vues dans la première et la seconde. Cette compréhension est donnée de deux manières : *per illuminationem mentis aut per locutionem spiritus ad spiritum*.

On reconnaît, légèrement plus développée dans le second cas, une doctrine déjà rencontrée dans la Q. 481 ; ce qui confirme aussi bien l'homogénéité de ces différents textes que la légitimité de leur interprétation l'un par l'autre. La *Postille sur Isaïe*, tout comme les QQ. 480 et 481, n'enseigne donc aucunement que le prophète puisse voir Dieu *in natura sua* — cela est le privilège exclusif de l'apôtre Paul élevé transitoirement à la gloire des bienheureux [49] —, mais par le parallèle qu'elle établit entre ciel et vision, elle authentifie notre lecture de la Q. 481. Si Hugues n'a pas fait la transposition systématique au domaine de la connaissance prophétique de tout ce qu'il aurait pu tirer de la noétique aristotélicienne, c'est que de toute évidence elle ne pouvait s'appliquer en la circonstance : l'âme du prophète étant dans l'incapacité d'user de ses sens corporels [50]. Ceci nous est dit fort

---

48. La Q. 480 a ici une formule plus restrictive que le *Commentaire sur Isaïe*. Alors que celui-ci dit simplement : *in paucis sanctis*, la Question précise : *quod paucissimis vel nullis datur in via*. L'objet propre de la Question explique cette formulation qui vise à préserver la prééminence de l'Apôtre, mais on la trouve plus exclusive encore dans la *Postille sur Rom.*, I, 20 (t. VII, 13vb) : « Visio intellectualis que celum est fit quando anima rapitur, ut Deum non iam per speculum, sed in se ipso, et per ipsum contempletur ; hoc est tertium celum *quam nullus habuit nisi Paulus* ». Ces différences d'accent selon les textes ne peuvent pas infirmer une doctrine répétée plusieurs fois par ailleurs : il faut en retenir la singularité du privilège accordé à Paul, mais aussi le parallélisme général ciel-vision avec, ainsi que l'enseigne le *Commentaire sur Isaïe*, des différences de degrés suivant l'état du sujet bénéficiaire : soit encore *viator*, soit déjà *comprehensor*.

49. Outre le passage cité ci-dessus, note 46, cf. cette notation du *Commentaire sur les Sentences* (II, dist. VIII ; H, 30va *in fine*) : « Paulus non erat tunc in statu mortalium sed comprehensorum, licet tunc corporeis sensibus utebatur » (*licet* : *Assise 131*, 47rb lit ici : *neque*). N. WICKI (*Die Lehre von der himmlischen Seligkeit...*, p. 170, notes 46, 47) cite des textes de la *Filia Magistri* et de la *Summa Basilensis* (qui toutes deux appartiennent à la sphère d'influence d'Hugues de Saint-Cher), dans lesquels la vision de l'Apôtre est aussi caractérisée comme une *visio comprehensoris*.

50. Peu de temps après Hugues, Albert le Grand, plus conscient que lui sans doute des implications de sa théorie, ne craindra pas d'assurer expressément :

clairement en un passage de la Q. 480 dans lequel Hugues distingue trois sortes de ravissement: le premier est celui des contemplatifs qui, pour mieux vaquer à la prière, s'abstraient des choses extérieures et se fixent sur les choses invisibles; le troisième est celui de saint Paul, tout à fait unique; mais le second est bien celui des prophètes.

Dans le ravissement des prophètes, l'âme n'est pas seulement libérée de la préoccupation des choses extérieures, c'est encore l'usage de tous les sens corporels qui lui est ôté: « Non solum ab exterioribus vacat, *sed etiam omnium sensuum corporis officio sive usu ablato* ». Elle peut ainsi contempler du seul regard de l'âme et par la grâce de la révélation divine, non pas les choses elles-mêmes mais leurs images (*non ipsas res sed rerum imagines*). On parle alors d'« extase » ou de « ravissement » (*excessus*) ou encore d'*alienatio mentis* — on hésite à traduire cette dernière expression... Après cette définition, Hugues en vient aux exemples qui l'illustrent : c'est ainsi que Pierre vit les figures des animaux dans la toile qui descendait du ciel (cf. *Act.*, 10), qu'Isaïe vit un trône élevé et sur ce trône Quelqu'un (*Is.*, 6, 1) — visions imaginatives, Hugues le répète souvent [51]; c'est ainsi également que Jean eut les visions de l'Apocalypse — visions intellectuelles, nous venons de le rappeler [52].

Nous touchons ainsi au terme de cette démarche qui nous a permis de vérifier la cohérence interne de la pensée d'Hugues de Saint-Cher. On peut regretter qu'il n'ait pas donné dans sa question *De prophetia* toutes ces explications, nous épargnant

---

« Prophetia enim proprie vocatur quando homo *per raptum intellectus sui* illustratur de scientia futurorum vel aliorum occultorum ad quae deveniri non potest per inquisitionem et rationem » (*De somno et vigilia*, I, 3, éd. A. BORGNET, t. IX, p. 181a).

51. Cf. Q. 481, II, ad. 4, p. 30 ; cf. également la *Postille sur Is.*, 6, 1 (t. IV, 16rb) : « Et fuit haec visio imaginaria cuiusmodi solent videre infirmi, vel etiam sani dormientes ». Cette allusion à des visions naturelles ou à des songes mérite d'être notée ; ce genre de référence est totalement absent de la Q. 481.

52. Voici le texte complet de ce passage, Q. 480, I, *Sol.* ; B, 130va-vb : « Secundus raptus est quando anima non solum ab exterioribus vacat, sed etiam omnium sensuum corporis officio sive usu ablato, solo mentis intuitu non ipsas res sed rerum imagines Dei revelatione contemplatur, dicitur extasis sive excessus sive alienatio mentis ; sic Petrus vidit discum et animalium figuras (*Act.*, 10) ; sic Ysaias vidit solium excelsum et sedentem super illud (cap. VI) ; sic Johannes in Apocalypsi ut dicit Glosa (*II Cor.*, 12) ubi agitur de raptu ».

ainsi le long détour de cette preuve [53], mais on ne peut douter de leur pertinence. L'harmonie de ces différents textes est trop profonde pour que nous puissions hésiter à les interpréter l'un par l'autre. Les différences que l'on constate entre eux, loin de nous en dissuader, invitaient au contraire à cette opération : ces textes se complètent souvent, se nuancent parfois, ne se contredisent jamais (du moins sur ce point précis de l'extase prophétique). Nous aurons à y revenir car ils fourmillent de notations sur la situation de la prophétie dans l'univers mental d'un homme du XIIIe siècle. Nous achèverons alors de constater la réelle unité de la vision du monde qui s'y exprime. Mais avant de quitter le domaine de la noétique, nous avons encore quelques interrogations à poser à notre texte.

§ V. AVICENNE OU AUGUSTIN ?

Pour mieux traiter des difficultés qu'elle soulève, nous avons fait abstraction jusqu'ici de la phrase par laquelle notre auteur termine ses explications sur la nature de la *species intelligibilis*. Jusqu'alors il a raisonné exactement comme si cette *species* était une représentation intentionnelle de la chose connue. Par le parallélisme qu'il établit entre le rôle de cette *species* et celui de l'*ydolum* dans la connaissance sensible [54], par le renvoi continuel de la *species* à la chose qu'elle permet de connaître, il semblait suggérer qu'il en va de même au plan de la vision intellectuelle qu'à celui de la vision imaginative : comme dans ce dernier cas, le

---

53. Nous aurions pu aboutir à ce même résultat par une démonstration plus brève ; il aurait suffi de rappeler ce que répète Augustin à plusieurs reprises : les visions, spirituelles ou intellectuelles, qui supposent l'intervention d'un esprit étranger (démons, anges, Dieu), s'accomplissent toujours en extase, avec suspension plus ou moins profonde et prolongée de l'usage des sens (cf. *La Genèse*, XII, XII, 26-27 ; XXI, 44 ; XXIII, 49 *in fine* ; XXVI, 53). Or cette intervention de l'agent divin étant incontestablement l'hypothèse de base de la Q. 481, la déduction s'imposait. Si nous avons préféré utiliser une méthode plus onéreuse, c'est que, mettant en œuvre les textes mêmes d'Hugues, elle était aussi plus probante.

54. Cf. en particulier II, *Sol. III*, p. 27, ll. 30 ss., où chacun des trois éléments de la vision sensible : *speculum, ymago, ydolum*, a son correspondant dans la vision prophétique : *speculum eternum, ydea divina, species intelligibilis creata*. Dans le premier cas, chacun des trois éléments est objet de vision, mais c'est la chose qui est connue « *in* » *eis* ; dans le deuxième cas, le *speculum eternum* et l'*ydea divina* ne sont vus en aucune façon, mais la chose seulement, qui est connue « *in* » *specie intelligibili*.

speculum donne images et lumière, ainsi dans le premier donnait-il également *species* et lumière. Or voici que dans le souci d'apporter une dernière nuance à sa pensée, Hugues semble changer brusquement de conception et explique que, d'après lui, cette *species* n'est rien d'autre qu'une (que la ?) lumière donnée par le *speculum* à l'intellect du prophète : « Speciem autem illam intelligibilem mediante qua fit visio intellectualis *non intelligo aliud quam lumen infusum menti* per quod videt rem enonciandam » [55].

Cette phrase est trop affirmative dans sa précision pour que nous puissions ignorer son apport, mais aussitôt Hugues semble reprendre sa position antécédente en assimilant une nouvelle fois le rôle de la *species* intelligible à celui de la similitude imaginative : voir dans le *speculum*, assure-t-il, ce n'est rien d'autre que voir la chose manifestée *sub specie intelligibili vel ymaginabili* grâce au *speculum* qui illumine et donne la connaissance (II, *Sol. III*, p. 28). A moins de considérer la similitude imaginative comme une lumière — ce que le texte n'autorise en aucune façon —, on ne voit pas comment on pourrait éviter de prendre la *species* intelligible selon le modèle représentatif de l'image. Cette phrase nous laisse pour le moins dans l'incertitude à ce sujet ; cette incertitude ne fait que croître si l'on remarque le flottement de l'auteur quant aux prépositions qui accompagnent l'emploi du mot *species* : tantôt la chose est connue *in specie intelligibili*, tantôt *sub specie intelligibili*.

A défaut de clarifier sa position, ces oscillations ont cependant le mérite de manifester la difficulté qu'a eue l'auteur à qualifier le *medium* dont il sentait le besoin pour rendre compte de la vision prophétique. Il ne semble pas l'avoir considéré comme un *medium* objectif (*medium « quod »*), mais plutôt instrumental (*medium « quo »* ou *« in quo »*) et peut-être subjectif (*sub quo*). En toute hypothèse, que ce *medium* qualifie le sujet ou représente l'objet, il nous renvoie encore une fois et avant tout à l'agent divin qui en est la seule source, et qui se révèle ainsi aussi bien comme *dator formarum* que comme *dator luminis*. C'est à dessein que nous employons ces deux expressions si chargées de sens dans la psychologie de l'époque. Pour le dire en un mot, l'oscil-

---

[55]. II, *Sol. III*, p. 28 ; nous avons déjà attiré l'attention sur cette phrase pour signaler sa ressemblance avec les idées d'Alexandre de Halès ; cf. ci-dessus, pp. 129-131.

lation d'Hugues entre ces deux formules nous paraît la traduction concrète — sinon consciente — de sa difficulté à choisir entre Augustin et Avicenne, à moins qu'elle n'exprime une tentative pour les concilier.

Avicenne, en effct, n'cst pas moins présent qu'Aristote ou Augustin dans notre texte. Le premier indice pourrait en être cette ambiguïté sur la véritable portée de *species intelligibilis* dans la pensée d'Hugues. Si, effectivement, elle ne dit pas un rapport à la réalité, dont elle serait la représentation sous un certain mode, il se pourrait que se trahisse ici une influence avicennienne précise [56]. La chose nous paraît douteuse cependant, et cette ambivalence pourrait avoir une autre signification, nous y reviendrons.

Il est un autre signe, beaucoup plus clair, de l'influence d'Avicenne dans la Q. 481 ; nous pensons à la fréquence d'emplois du mot *impressio* et de ses dérivés. Alors qu'il est relativement rare chez Augustin [57], d'un emploi plutôt modéré mais significatif pourtant chez Philippe [58], la Q. 481 ne l'utilise pas moins de vingt-et-une fois dans ses deux premiers articles [59]. De préférence

---

56. Cf. L. GARDET, *La pensée religieuse d'Avicenne (Ibn Sina)*, Paris, 1951, p. 158 : « L'âme n'est pas un lieu obscur qui reçoit passivement les intelligibles ; rendue transparente et lumineuse à la fois, elle les voit. Mais elle les reçoit et en leur être même de l'intellect séparé ; c'est en ce sens qu'on peut la dire passive. Et, *au contraire d'Aristote, aucune postulation n'apparaît ici d'un ordre intentionnel. Les species intelligibles (impressae) ne sont pas la chose même sous un certain mode*. N'oublions pas qu'en langage avicennien, remarquablement fidèle en cela à l'inspiration platonicienne, il serait plus juste de dire que ce sont les choses matérielles qui sont la participation des formes universelles » (c'est nous qui soulignons).

57. Dans le livre XII du *De Genesi ad litt.*, qui est le lieu le plus proche de notre Question, nous avons trouvé seulement deux emplois d'*impressio* (VI, 15 ; XI, 23) ; c'est au contraire *exprimere* qui est le plus souvent utilisé par Augustin pour traduire cette même idée : « Rerum similitudines *exprimuntur* (in spiritu) » ; cf. II, 3 ; IX, 20 ; XII, 25 ; XXIV, 50). En des lieux aussi significatifs que XXII, 48 et XXIII, 49, on trouve de nombreux termes tels que *venire, formare, fieri*, pour désigner l'apparition des images *in spiritu*, mais non *imprimere*.

58. La Q. 481 l'emporte sur Philippe pour la fréquence d'emplois d'*impressio*, mais les deux auteurs en font un usage semblable ; on trouve chez Philippe exactement les mêmes tournures : « *imprimuntur* similitudines in spiritu » ; « speculum *imprimit* cognitionis habitum » ; « *impresse* similitudines » (pour les trois emplois, cf. C, 81va) ; on peut voir encore l'usage d'*impressio* dans le cas significatif de la connaissance *in raptu* (cf. texte cité ci-dessus, note 41, p. 225).

59. Comme il est facile de retrouver ces différents passages à partir de l'Index (cf. ci-dessous), nous nous dispensons de reproduire ici cette liste de références.

à *creare* ou à *formare* — qu'il emploie aussi dans ce contexte, quoique moins fréquemment —, Hugues utilise le substantif *impressio* ou l'adjectif *impressa* ou le verbe à l'actif (*imprimit*) ou au passif (*imprimitur*) comme vocabulaire technique pour désigner l'acte ou le résultat de l'action du miroir divin. Or, la chose a déjà été signalée [60], ce sont là des termes qu'on trouve fréquemment chez Avicenne [61] ; nous avons pu le vérifier en particulier en ce qui concerne le lien de l'âme au corps [62], le problème de la connaissance en général [63], et celui de la connaissance prophétique en particulier [64].

Ce recours à Avicenne s'est-il effectué directement ? Ou l'auteur a-t-il eu plutôt connaissance du *De anima* de Gundissa-

---

60. Nous devons à P.-M. DE CONTENSON (*Avicennisme latin...*, pp. 61-67) d'avoir eu l'attention attirée sur l'importance de ce terme en noétique avicennienne.

61. Nous ne reproduisons ici que quelques emplois significatifs, mais on peut multiplier ces références en recourant au lexique latino-arabe établi par S. VAN RIET (cf. *Avicenna latinus. Liber de anima...*, I-II-III, pp. 416-417 ; IV-V, p. 301 ; nos références renvoient presque uniquement aux deux derniers livres ; cf. aussi A.-M. GOICHON, *Lexique ... d'Ibn Sina*, n. 3-5, pp. 1-2 ; n. 8-9, p. 3 ; n. 275, p. 143).

62. AVICENNE, *De anima*, V, 4 (éd. S. VAN RIET, p. 125) : « Non sic anima pendet ex corpore quasi *impressa* in eo sicut iam saepe ostendimus, sed sic pendet ex eo sicut circa quod occupatur et cognoscit et quod patitur ex illa » ; cf. *ibid.*, V, 2, p. 101, l. 88 ; V, 4, p. 115, l. 71. Sur la manière dont il faut entendre ces expressions, cf. L. GARDET, *La pensée religieuse d'Avicenne*, p. 91 ; nous signalons ce point particulier, car il se pourrait que la doctrine avicennienne de la séparabilité de l'âme et du corps ait influé sur les idées de Philippe signalées ci-dessus, et donc aussi sur la Q. 481.

63. En voici deux exemples : « Causa vero doloris et irae et tristitiae non est nisi quia eorum quae praeterierunt *forma est impressa sensibus interioribus* » (*ibid.*, IV, 3, p. 43) ; le texte suivant est plus caractéristique, et fera sans doute penser à plus d'un passage de notre Q. 481 : « Virtus enim rationalis cum considerat singula quae sunt in imaginatione et illuminatur *luce intelligentiae agentis* in nos quam praediximus, fiunt nuda a materia et ab eius appendiciis et *imprimuntur* in anima rationali, non quasi ipsa mutentur de imaginatione ad intellectum nostrum, nec quia intentio pendens ex multis (cum sit nuda considerata per se), faciat similem sibi, sed quia ex consideratione eorum aptatur anima *ut emanet in eam ab intelligentia agente* abstractio » (*ibid.*, V, 5, p. 127).

64. Nous aurons à y revenir, mais nous pouvons déjà citer un de ces textes : « Possibile est ... ut alicuius hominis anima eo quod est clara et cohaerens principiis intellectibilibus, ita sit inspirata ut accendatur ingenio *ad recipiendum omnes quaestiones ab intelligentia agente*, aut subito aut paene subito, *firmiter impressas* ... *Et hic est unus modus prophetiae qui omnibus virtutibus prophetiae altior est*. Unde congrue vocatur virtus sancta, quia est altior gradus inter omnes virtutes humanas » (*ibid.*, V, 6, p. 153).

linus ⁶⁵ ? Ou a-t-il plus simplement encore puisé en des sources plus proches de lui, en cet avicennisme diffus qui colora l'aristotélisme au début du XIIIᵉ siècle jusqu'à l'arrivée d'Averroès ⁶⁶ ?... La chose mériterait d'être précisée, mais il serait sans doute fort difficile d'y parvenir, étant donné le caractère vague de ces emprunts. Même quand ils paraissent évocateurs, ils risquent d'être plus verbaux que réels ⁶⁷.

---

65. On sait que le *De anima* de GUNDISSALINUS est une espèce de compilation de plusieurs sources arabes (et même, en finale, de certains écrits chrétiens), au premier rang desquelles il faut placer Avicenne. Depuis qu'É. GILSON, jadis, a présenté amplement sa doctrine dans *Les sources gréco-arabes de l'augustinisme avicennisant* (dans AHDLMA, IV (1929), pp. 5-149 ; pour Gundissalinus, cf. pp. 79-92), divers chercheurs sont revenus sur l'œuvre du chanoine de Tolède ; R. DE VAUX procura notamment une meilleure édition du chapitre X du *De anima* (*Notes et textes sur l'avicennisme latin aux confins des XIIᵉ et XIIIᵉ siècles* [Bibl. thom., XX], Paris, 1934, pp. 141-178), jusqu'à ce que J. T. MUCKLE établisse le texte critique en son entier (MS, II (1940), pp. 23-103). Une préface d'É. Gilson à cette dernière édition faisait le point des diverses interprétations alors en présence (*ibid.*, pp. 23-31). On nous permettra de renvoyer à ce sujet aux travaux plus complets de H. DULUDE (*La tradition latine des traités de l'âme d'Aristote et d'Avicenne*, thèse dactylographiée, Montréal, 1958), ou à la bibliographie plus brève de P.-M. DE CONTENSON (*Avicennisme latin...*, pp. 52-53, notes 81-82). En ce qui concerne le vocabulaire de l'*impressio* nous avons pu relever dans le seul livre X une dizaine d'emplois qui, dans tous les cas, se trouvent déjà chez Avicenne (cf. éd. J. T. MUCKLE : p. 88, l. 10 ; p. 88, ll. 29-30 ; p. 90, ll. 36-37 ; p. 93, l. 5 ; p. 94, ll. 15-20 ; p. 96, ll. 7-15 ; p. 97, l. 25).

66. É. GILSON (*Pourquoi saint Thomas a critiqué s. Augustin*, dans AHDLMA, I (1926-1927), p. 123, note 1) a rappelé le jugement de Cl. Baeumker qui, dès 1920, a « remarquablement distingué les deux stades, avicennien et averroïste, du mouvement aristotélicien au début du XIIIᵉ siècle ; ... le premier aristotélisme est celui d'Avicenne ... auquel succédera celui d'Averroès » ; avec des fortunes diverses (cf. P.-M. DE CONTENSON, passages cités à la note précédente), cette constatation a été renouvelée depuis et s'est désormais imposée. Il n'est donc pas étonnant que le texte de la Q. 481, dont la date se situe dans les années où l'influence d'Averroès commence tout juste à se faire sentir, reflète encore plutôt les conceptions avicenniennes.

67. C'est sans doute le cas du vocabulaire de l'*impressio* ; il semble que la réalité désignée par ce mot est nettement moins caractérisée dans la Q. 481 qu'elle ne l'est chez Avicenne. Alors que chez ce dernier, il s'agissait en gros d'un équivalent de *similitudo* ou de *species* (cf. DE CONTENSON, dans AHDLMA, XXVI (1959), pp. 60 et 63), dans la Q. 481 la *similitudo* ou la *species* sont objet d'*impressio* ; nous n'avons trouvé qu'un seul cas douteux : *impressiones ymaginum*, mais le contexte semble bien en faire un équivalent de *impressas ymagines* (cf. II, *Sol. II*, p. 25). On trouve chez THOMAS D'AQUIN un bref passage (*I Sent.*, dist. III, q. 1, art. 1, ad 3) qui emploie ce vocabulaire, et qui, dans sa brièveté, ne laisse pas d'être intéressant ; l'auteur y parle de la connaissance de Dieu et des anges par l'intellect humain, qui ne se produit pas *per abstractionem, sed per impressionem ipsorum (Dei et angelorum) in intelligentias nostras*. Ce passage a exercé la sagacité de F. VAN STEENBERGHEN (*Le pro-*

Outre le vocabulaire de l'*impressio*, la manière dont le *speculum* intervient directement dans l'« esprit » (*spiritus*), la *mens* ou l'*intellectus* du prophète, peut faire penser non seulement à Augustin, mais aussi à Avicenne et à sa théorie de la connaissance [68]. Sa conception du *spiritus* n'est, à vrai dire, pas exactement la même [69]; mais son intellect agent qui peut, en certains cas, intervenir « de façon immédiate pour informer l'intellect humain et lui communiquer les intelligibles » [70], ce « donateur des formes » qui, aux différents stades de la connaissance (intellectuelle, prophétique, mystique), est en définitive le seul agent actif, face à une âme foncièrement réceptive [71]; tout cela rejoint

---

blème de l'existence de Dieu dans le ' Scriptum super Sententiis ' de saint Thomas, dans *Studia mediaevalia in honorem* ... *R. J. Martin*, Bruges, 1948, pp. 331-349), qui avoue cependant ne pouvoir discerner exactement ce dont il s'agit, ni quelle influence (Ps.-Denys, Augustin, Avicenne, Bonaventure) se trahit dans ce passage (cf. p. 341).

68. Nous avons utilisé ici le résumé de G. VERBEKE, *Le ' De anima ' d'Avicenne. Une conception spiritualiste de l'homme*, dans *Avicenna latinus. Liber de anima seu Sextus de naturalibus IV-V*, éd. critique de la traduction latine par S. VAN RIET, introduction sur la doctrine psychologique d'Avicenne par G. VERBEKE, Louvain-Leiden, 1968; cf. pp. 59*-73* : *La transcendance de l'intellect*. Nous sommes également redevable à l'exposé magistral de L. GARDET, *La pensée religieuse d'Avicenne (Ibn Sīnā)* (Études de phil. méd., XLI), Paris, 1951, pp. 107-141 : *Le prophétisme et les vérités religieuses*. L'étude de B. DECKER (*Die Entwicklung*, pp. 15-24), directement basée sur les textes, conserve toute sa valeur. Le *Lexique de la langue philosophique d'Ibn Sīnā (Avicenne)*, Paris, 1938, d'A. M. GOICHON, nous a été un précieux instrument de travail.

69. Le mot est employé en plusieurs passages du *De anima* (cf. notamment *Avicenna latinus*, IV-V, pp. 30 ; 148 ; 175 ; 177) et G. Verbeke en résume ainsi la teneur : « C'est au niveau de la mémoire et de l'imagination et non au niveau de l'intellect que les formes s'impriment dans un sujet matériel qui est le souffle vital (*spiritus*) ; celui-ci est l'instrument de la connaissance sensible et il est capable de retenir les formes saisies, de telle façon qu'on puisse se les rappeler quand on le veut. La conservation des formes connues est donc rendue possible grâce à l'instrument matériel dont se servent les facultés sensitives » (*Avicenna latinus*, IV-V, Introduction, p. 70*, avec renvoi au *De anima*, V, 6, p. 148). A.-M. GOICHON (*Lexique*..., n. 280, pp. 144-145) ne connaît pas ce sens de *spiritus*, pourtant appuyé sur les textes cités. La *Note liminaire sur les Pneumas* de J. BAKŌS (*Psychologie de Grégoire Aboulfaradj dit Barhebraeus*, Leiden, 1948, pp. XXXV-XL), à laquelle renvoie S. VAN RIET (*Avicenna latinus*, IV-V, p. 175, note 51), n'apporte aucun élément qui puisse éclairer notre propos.

70. G. VERBEKE, *Avicenna latinus*, IV-V, Introduction, p. 66. Cf. L. GARDET (*La pensée religieuse d'Avicenne*, pp. 116-117) : « L'âme humaine, de par sa nature, bien que par accident (du moins tant qu'elle est liée au corps), est donc apte à cette révélation sans intermédiaire. Et c'est en cela que consiste la révélation prophétique ».

71. Renvoyons à quelques autres pages de L. GARDET : *ibid.*, pp. 93-94, 150-152, 160.

trop bien nombre de constatations déjà faites à propos de la Q. 481, pour qu'on ne se pose pas la question : Hugues n'aurait-il pas mis au service de sa conception de la prophétie une systématisation avicennienne ?

L'étude attentive des principaux passages consacrés par Avicenne à la prophétie, [72] n'a pu que nous conduire à une réponse négative. Au-delà des points de contact que nous avons signalés, et qui nous paraissent s'expliquer par un climat général teinté d'avicennisme, rien de précis ne nous permet d'affirmer que l'auteur de la Q. 481 a voulu consciemment s'inspirer d'Avicenne. Bien au contraire, des éléments décisifs s'inscrivent en faux contre cette hypothèse.

En effet, si l'intellect agent d'Avicenne peut donner directement les formes intelligibles à l'âme du prophète, celui-ci est cependant prêt à les recevoir : d'une part, en raison de ses dispositions naturelles — facteur décisif dans la constitution du prophète selon Avicenne [73] ; d'autre part, en raison de l'expérience sensible antérieure qui, sans être la source de la connaissance intellectuelle, en est cependant l'acheminement [74]. De

---

72. On les trouve commodément rassemblés par B. DECKER, *Die Entwicklung*, pp. 15-24 ; voici toutefois les principaux lieux du *De anima* selon l'édition de S. VAN RIET : IV, 1, p. 6, ll. 73-78 ; IV, 2, pp. 16-19, ll. 7-61 ; IV, 4, pp. 65-66, ll. 36-64 ; V, 6, pp. 151-153. On trouve encore quelques notations dans la *Métaphysique* (*Opera philosophica*, Venise, 1508 ; réimpression en fac-similé..., Louvain, 1961) : X, 1, f. 107vb-108ra ; X, 2, f. 108vb ; X, 3, *ibid*. Cf. également : IBN SĪNĀ, *Livre des directives et remarques*, trad. A.-M. GOICHON, Paris, 1951, pp. 514-515.

73. Cf. L. GARDET, *La pensée religieuse d'Avicenne*, p. 121 : « ... les prophètes sont *par nature* ce que les gnostiques et les saints ne deviennent qu'après une longue dialectique de purification et d'ascèse morale et intellectuelle. Les prophètes, eux, se trouvent aptes à recevoir l'inspiration divine par le puissant équilibre psycho-somatique qui est le leur (...). Trois conditions ... sont requises pour qu'un homme puisse être prophète : clarté et lucidité de l'intelligence, perfection de la vertu imaginative, pouvoir de se faire obéir de la matière extérieure. De ces trois conditions, la première est sans contredit, capitale... Mais c'est précisément la seconde condition, perfection de la vertu imaginative, qui permet à l'inspiration intérieure (*ilhām*) de l'intellect de se transformer en révélation prophétique (*waḥy*) ».

74. Cf. G. VERBEKE, *Avicenna latinus*, Introduction, p. 66* : « Le sensible ne sera donc pas la source de l'intelligible, l'étude des données de l'expérience sera simplement une sorte de préparation par laquelle l'âme se rendra apte à recevoir l'intelligible d'une source supérieure » (cf. aussi *ibid*., p. 69*). L. GARDET (*La pensée religieuse d'Avicenne*, p. 93) parle de la connaissance sensible comme d'un « excitant », d'un « prétexte » dont l'âme a besoin « pour parfaire sa puissance réceptrice et s'élever à la connaissance intelligible ».

droit, l'illumination prophétique ne dépasse pas les forces de l'intelligence humaine et, par un exercice approprié, les ascètes peuvent parvenir à ce que les prophètes atteignent par nature [75].

On ne trouve rien de semblable dans la Q. 481. S'il n'est pas impossible de relever quelque allusion à la connaissance sensible antérieure du prophète [76], on cherche vainement la moindre référence à ses dispositions naturelles [77]. Au contraire, nous l'avons dit, l'inspiration prophétique dépend entièrement du bon vouloir divin [78]; presque assimilée à la création *ex nihilo*, l'illumination prophétique n'est le fait que de Dieu seul [79]. Nous avons assez amplement mis en valeur ces données majeures de notre texte pour qu'il soit utile d'y insister. Si donc il y a dans la Q. 481 des traces avicenniennes, comme il y a des vestiges aristotéliciens, nous pouvons dire qu'elles y transparaissent malgré l'auteur, nous révélant quelque chose de son monde intellectuel, mais sans qu'il ait fait un effort intentionnel d'assimilation.

§ VI. ULTIMES RÉFLEXIONS CRITIQUES

Dans un article demeuré célèbre, Étienne Gilson a lancé jadis le terme d'« augustinisme avicennisant » pour caractériser l'entreprise de Gundissalinus, qui tenta de transposer Avicenne en terre chrétienne, substituant à l'« illumination de l'âme par l'Intelligence agente d'Avicenne... l'illumination de l'âme par Dieu » [80].

---

75. Cf. L. GARDET, ci-dessus, note 73 ; et p. 112 de l'ouvrage cité, qui résume la position générale des philosophes arabes, dont Avicenne : « ... l'illumination prophétique ne dépasse aucunement *en droit* les forces de l'intellect humain ; elle est le plus haut épanouissement des qualités de cet intellect mis en acte par les intelligences agentes ».

76. Nous avons relevé cet indice ci-dessus, p. 220, à propos de l'expression *preexistente speculo creature*.

77. Par contre, il y est question de leurs qualités morales : le péché peut faire perdre le don de prophétie (I, ad 6, pp. 13-14).

78. « Quando aufertur prophetia, potest auferri sola Dei voluntate qui quando vult revelat, quando vult occultat » (I, ad 6, p. 13) ; cf. II, *Sol. III*, p. 27 ; *ibid.*, ad 2, p. 29.

79. Le mot est employé dans la problématique de l'art. I : « *Inspiratio est cognitio de nichilo facta* et formata a Spiritu Santo, nulla preexistente similitudine ... sed constat quod *facere rem de nichilo solius Dei est* » (I, obj. 8 bis, p. 6). Hugues ne reprend pas ces expressions dans sa réponse, mais il ne les conteste pas non plus, et, dans une autre solution (I, ad 11, p. 16), il s'exprime de manière équivalente : « Solius Dei est cognitionem rei prophetice facere ».

80. É. GILSON, *Les sources gréco-arabes*, p. 85 ; cf. déjà *Pourquoi saint Thomas...*, pp. 80-111.

Il ne nous appartient pas d'apporter ici toutes les nuances qui justifient cette appellation, ni de rappeler à quels textes elle s'applique. L'auteur lui-même ne considérait pas cette dénomination ni sa propre construction sans réserves [81] ; de fait, elle en provoqua [82]. Il nous suffit de rappeler une de ses conclusions qui nous semble pouvoir s'appliquer à la Q. 481. Soucieux de distinguer ce qui relève d'Augustin et ce qui n'appartient qu'à Avicenne dans ce syncrétisme, É. Gilson précisait : « ... chez saint Augustin la doctrine de l'illumination porte sur la vérité des jugements et non sur le contenu des concepts. Avicenne, au contraire, apportait aux hommes du moyen âge une doctrine de l'illumination où ce sont les formes intelligibles, donc les concepts, qui sont conférées du dehors à l'intellect humain. Aussitôt connue, et en vertu de leur commun néo-platonisme, l'illumination-concept d'Avicenne a tenté de se combiner à l'illumination-vérité de saint Augustin... » [83].

On ne peut appliquer cette citation à notre texte sans faire une transposition majeure. Comme on peut s'en apercevoir par la suite de la phrase d'É. Gilson, elle s'applique directement au problème de la connaissance naturelle : c'est pour faire l'économie de la théorie aristotélicienne de l'abstraction qu'on en est venu à « la doctrine bâtarde de Dieu intellect agent » [84]. Or la Q. 481 ne traite que de la connaissance prophétique qui, nous le savons maintenant, sinon par son objet du moins par son mode, diffère essentiellement de la connaissance intellectuelle par voie d'abstraction [85]. Il faut donc se garder d'une assimilation réductrice.

---

81. Cf. *Pourquoi saint Thomas...*, pp. 84 ; 103-104 ; cf. également *Les sources gréco-arabes*, pp. 103-104.
82. Cf. les différents travaux cités ci-dessus, note 65, p. 234.
83. *Les sources gréco-arabes*, p. 107.
84. Voici la fin de cette citation : « ... de leur union sont nées la doctrine bâtarde de Dieu intellect-agent et, en général, toutes celles qui ont essayé d'extraire de la solution augustinienne du problème de la vérité une réponse au problème aristotélicien de l'abstraction, jusqu'à ce que l'analyse thomiste, dissociant de nouveau ces deux problèmes, vienne restituer à la Vérité divine sa fonction illuminatrice et réserver à l'intellect humain la fonction d'abstraction » (*ibid.*).
85. Analogiquement, il en va de la connaissance prophétique comme de la connaissance mystique, dont les auteurs aux franges de l'avicennisme ont parfaitement su réserver le domaine. On peut en voir un exemple chez Jean de la Rochelle, *Tractatus...*, II, xx ; texte cité par É. Gilson (*Pourquoi saint Thomas...*, p. 88, note 1), mais qu'il vaut mieux lire dans l'édition de P. Michaud-Quantin (p. 90, ll. 706-719), car le texte critique ne parle que de *Deus*

Cependant, cette réserve faite, et en nous situant sur le plan propre de la connaissance prophétique, nous croyons pouvoir déceler dans les oscillations décrites ci-dessus, comme le reflet malheureux d'une tentative de conciliation entre les deux types d'illumination distingués par É. Gilson. Si la dernière nuance introduite par Hugues fait pencher cet équilibre incertain du côté d'Augustin [86], ce n'est pas sans que la théorie de l'illumination-concept n'ait paru d'abord prédominer.

Faut-il donc conclure à un constat d'échec ?... Pour oser l'affirmer, il faudrait être certain du but que se proposait l'auteur. Il serait tout à fait injuste de l'apprécier à l'aune d'une théorie de la connaissance — aristotélicienne, avicennienne ou augustinienne, peu importe ! — qu'il n'a nullement prétendu donner comme telle. On pouvait sans doute essayer — ce que nous avons fait — de

---

agens et non plus de *Deus intellectus agens*. Nous prendrons un autre exemple dans un texte édité postérieurement aux travaux d'É. Gilson. Il s'agit d'un passage du *De potentiis animae et obiectis*, éd. D. A. CALLUS, dans RTAM, XIX (1952), p. 156, ll. 6-20 : « Fuerunt tamen quidam philosophorum qui dixerunt *intellectum agentem esse substantiam separatam* a substantia anime, et *per irradiationem* sui super possibilem fieri intellectum possibilem in effectu. Sed oportet intelligere quod *non requiritur talis irradiatio* intellectus agentis et separati super intellectum possibilem, *nisi quantum ad quedam intelligibilia* ad que non potest intellectus ex se, *sicut sunt ea que de divina essentia intelliguntur divino modo*, et quibus humana ratio repugnare videtur (...). Sed quia natura intellectualis est superior rebus corporalibus et supra res incorporales que sunt in ipsa, ideo ad hec comprehendenda non est necessarium illuminatione substantie separate, sed sufficit intellectus agens, qui est lumen interius, cum intellectu possibili ». On le remarque, dans ce texte il n'est question que d'illumination-vérité et non d'illumination-concept, à moins qu'il ne faille donner une certaine consistance à cette *irradiatio*.

86. Même pour la connaissance prophétique — et d'une manière plus large pour toutes celles qu'il envisage dans le *De Genesi*, XII —, Augustin n'envisage pas un seul instant le don de concepts par l'agent divin, comme moyen de communiquer cette connaissance. Dans la vision intellectuelle, il n'y a pas de similitude représentative de la réalité à connaître (XXXI, 59) ; c'est son immédiateté même qui explique l'infaillibilité de la vision intellectuelle (VI, 15 ; X, 21 ; XIV, 29 ; XXV, 52). La seule *species* que connaisse Augustin, c'est l'aspect d'une réalité, sa présence (*virtutum internam speciem* : « la forme intérieure des vertus » (XVII, 34) ; *illa specie, qua Deus est* : « en cette forme où Dieu se montre tel qu'il est » (XXVII, 55) ; *per fidem ambulamus, non per speciem* « nous marchons par la foi, non par la vision » (XXVIII, 56). Augustin ne connaît que le don d'une lumière qui permet de voir et de juger soit des visions corporelles, soit des visions spirituelles, soit de la présence même de l'objet intelligible (cf. *La Genèse*, note 52, § 3-4, pp. 577-581). En optant finalement pour une *species-lumen*, c'est donc bien comme un retour vers la doctrine d'Augustin qui s'amorce dans notre texte, mais la nouvelle problématique aristotélicienne a profondément modifié la perspective.

détecter les présupposés de sa construction, on peut aussi regretter qu'il n'ait pas jugé utile de mettre plus explicitement sa théorie de la connaissance prophétique en accord avec ce que nous devinons de ses préoccupations noétiques [87], mais s'il s'agit d'apprécier la réussite ou l'échec de sa tentative, il nous paraît plus équitable de le faire à partir de ce qu'elle pouvait avoir de plus original.

Cette originalité apparaît clairement si nous comparons sa théorie de la connaissance prophétique à la théorie de la vision béatifique, qui, à l'époque, agitait grandement les esprits. Comparaison n'est pas raison, et ces rapprochements sont toujours délicats à manier — nous venons de l'expérimenter —, mais nous sommes autorisé à celui-ci par Hugues lui-même qui, dans son *Commentaire* sur le chapitre VI d'*Isaie*, a traité de la vision de Dieu comme d'un genre, dont la vision prophétique et la vision béatifique seraient deux espèces. C'est en essayant de rendre compte d'une « autorité » de Jean Chrysostome, qui a joué un rôle déterminant dans les recherches sur la vision béatifique entre 1230 et 1245 [88], que Hugues fait ce rapprochement. Il retient de ce texte de Chrysostome une conclusion très ferme : « Prophetae non vident Deum in natura sua... sed in subjecta creatura... » [89]. On reconnaît là une de ses thèses centrales et comme, par ailleurs, ce texte nous a déjà fourni d'autres éléments importants [90], nous avons donc la preuve qu'il n'a rien de périphérique et que nous

---

87. On en devine quelque chose à travers certains textes, malheureusement trop rares ; ainsi celui-ci : « Dico quod in substantiis corporeis ubi est materia et forma, agere pertinet ad formam, recipere ad materiam. In spiritualibus vero substantiis, idem est agens et patiens seu recipiens et secundum idem, sed non respectu eiusdem vel respectu eodem. Dicitur enim recipiens respectu superiorum a quibus recipit influentias illuminationum ; et dicitur agens respectu inferiorum id est corporis quod regit et vivificat, a quo recipit etiam immutationes, quia corpus quod corrumpitur aggravat animam, Sap. IX ; etiam a rebus extra recipit immutationem anima mediante sensu et ymaginatione quas intelligendo agit et patitur : agit quidem iudicando sive intuendo, patitur similitudines recipiendo ; unde et similitudines rerum passiones dicuntur ab Aristotele... » (Q. 263, A, 108vb, ad 4 ; cité par O. LOTTIN, PM, I, p. 439 ; VI, p. 145).

88. Cf. H.-F. DONDAINE, *L'objet et le 'medium'*, pp. 82-84 (on trouve le texte complet de Chrysostome, pp. 100-102 ; pour le vocabulaire de la *condescentio*, voir notamment lignes 10, 16, 20). P.-M. DE CONTENSON (*Avicennisme latin*, p. 89, note 205) a souligné avec perspicacité que l'*impressio* avicennienne a rejoint fort opportunément la *condescentio*, que les théologiens de cette époque avaient reçue de Chrysostome à travers Érigène.

89. *Postille sur Is.*, 6, 5 (t. IV, 17va).

90. Cf. ci-dessus, p. 227-228.

pouvons utiliser ce parallélisme entre les deux visions pour mettre en valeur la singularité de son propos.

Or, à cette époque, la grande question au sujet de la vision béatifique portait sur la nature du *medium* qui — selon les postulations de la nouvelle noétique — était nécessaire pour toute vision, et donc aussi pour la vision de Dieu. L'originalité d'Hugues a été de prendre au sérieux cette question dans le domaine propre de la connaissance prophétique [91]. Avant lui (ou à peu près à la même époque), seul Alexandre de Halès a tenté cette entreprise ; il l'a conduite d'une manière plus vigoureuse et jusqu'à une conclusion plus ferme que notre auteur ne l'a fait [92]. Cependant il se pourrait que la solution d'Hugues, au premier abord moins claire que celle d'Alexandre, indique une meilleure direction.

On fait gloire, et à juste titre, à Albert le Grand d'avoir fait accomplir un pas décisif à la théologie de la vision béatifique « par un renversement génial » de la problématique du *medium* [93]. Délaissant l'impossible prétention du *medium* objectif d'une *species* représentative de Dieu, il considère que c'est un *medium* subjectif qui est ici requis, c'est-à-dire une qualification de l'intellect du voyant, dont la capacité naturelle se trouve ainsi surélevée jusqu'à voir Dieu *facie ad faciem* [94].

C'est exactement à cette opération que semble vouloir se livrer Hugues dans la Q. 481. Quand il conclut ses développements sur la

---

91. L'exemple de Guiard de Laon est instructif en sens contraire, mais il souligne au moins l'actualité de cette façon de poser le problème : « Et multe auctoritates fuerunt inducte quod *sine medio aliquo propheta non possit videre. Sed solvit contrarium...* » (Q. 130, cf. A, 77vb).

92. On peut relire le texte que nous avons cité ci-dessus, p. 130.

93. L'expression est de N. Wicki (*Die Lehre von der himmlischen Seligkeit*, pp. 154-156) ; P.-M. de Contenson a lui aussi souligné cet aspect (cf. *S. Thomas et l'avicennisme latin*, dans RSPT, XLIII (1959), pp. 3-31, spécialement, p. 30, note 52).

94. Voici la conclusion du développement d'Albert : « Et tale lumen vocat Dyonisius theophaniam que est medium (in) visione patrie *non sicut species emanans (in) intellectum a Deo in qua ut obiecto accipiatur eius cognitio, sed sicut medium confortans videntem* » (*Quaestio de visione Dei in patria*, ms *Toulouse 737* f. 289rb, cité par N. Wicki, *ibid.*, p. 156). Thomas d'Aquin s'inscrit dans la même ligne, et l'on sait de quelle tournure suggestive il use : « Ad videndum Dei essentiam requiritur aliqua *similitudo ex parte visivae potentiae*, scilicet lumen divinae gloriae confortans intellectum... » (*Summa theol.*, I, 12, 2, c.). Guerric de Saint-Quentin était déjà fort près de cette solution, quand il assurait que la vision de Dieu exige un perfectionnement de l'intellect, qui sera la grâce propre de la patrie : « Haec autem dispositio erit ex parte videntis, non visi... » (*Praha, Univ. 667*, marg. fol. 232r-v ; éd. B.-G. Guyot, dans RSPT, XLIV (1960), p. 241, l. 120).

species intelligibilis en affirmant que ce n'est rien d'autre qu'un *lumen*, il déconcerte sans doute son lecteur, mais il déplace aussi la question du *medium* du pôle objectif vers le pôle subjectif. Ce qui est parfaitement consonant avec sa doctrine constante de l'*illuminatio mentis* dans le processus de la vision prophétique. Cette indication est sans doute timide et incertaine, mais c'est pourtant elle qui livre la clé de son entreprise.

On ne saurait pourtant surévaluer la portée de cette tentative car, même en admettant que Hugues eût été plus précis et plus ferme sur ce dernier point, l'insuffisance de sa noétique telle qu'on la devine dans son texte, l'eût empêché d'en exploiter toutes les conséquences. La césure que, bon gré mal gré, il a maintenue entre les images et la connaissance intellectuelle, ne lui permettait en aucune façon de considérer le prophète comme le sujet effectif de la connaissance prophétique. Actif dans l'annonce du message, le prophète ne peut l'être dans l'élaboration conceptuelle de ce qu'il aura à dire, s'il en reçoit le contenu entièrement « préfabriqué » par le *speculum*. Faute de cette appropriation personnelle par son activité immanente de connaissance, le prophète ne peut être qu'un instrument au sens le plus étroit du mot, assimilable à la limite aux animaux sans raison [95], comme son « esprit » n'a pu qu'être le théâtre d'interventions qui le dépassent. Ce n'est pas notre propos ici de développer davantage cette critique, ni de proposer une solution de remplacement, mais il importait de signaler ces limites.

---

95. Nous avons déjà signalé l'exemple de Caïphe, qui n'est sans doute pas probant, car il n'est prophète que très improprement. Cependant un Jonas et un Isaïe, en certains cas (cf. II, *Sol. II*, pp. 25-26), ne sont pas du tout conscients de ce qu'ils annoncent réellement. Si, dans ce même texte, Hugues considère comme allant de soi que le prophète puisse être totalement conscient de ce qu'il annonce, il ne s'en est pourtant pas expliqué. Il en va de même dans son *Commentaire sur Héb.*, I, I (t. VII, p. 238ra), où il distingue les quinze manières de « parler » que Dieu a utilisées (une seizième est *per filium*) : « Quarto loquitur per propheticam inspirationem, in qua jam homo non occulte sed aperte scit quis loquitur et intelligit quod dicitur ». Philippe le Chancelier, qui a reçu cette question de la *Summa Duacensis* (cf. A, 69va-b ; éd. P. Glorieux, pp. 132-133), est légèrement plus explicite, face à une objection attribuée à l'hérétique Montan, selon qui les prophètes auraient parlé en extase (!), ne sachant ce qu'ils disaient. La réponse de Philippe est intéressante car elle ménage, au-delà de ce dont le prophète est conscient, une zone qui peut lui demeurer cachée : « Intellexit (Ionas quod) dixit ... sed erat ulterius veritas que latebat eum, nec necesse est veros prophetas omnia intelligere. Sed preter hoc quod dicunt, intelligunt quod Dominus potest aliter ordinare » (C, 79vb *in fine*).

CHAPITRE V

SITUATION DE LA PROPHÉTIE

Le propos de ce chapitre est de synthétiser, autant que faire se peut, les diverses indications données çà et là par Hugues de Saint-Cher concernant la place de la prophétie dans l'univers mental d'un homme de cette époque. Cela porte aussi bien sur les rapports de la prophétie avec les autres modes de connaissance — tels que la connaissance de foi ou la connaissance philosophique —, que sur ses relations avec le domaine de la grâce sanctifiante ou des vertus — où situer la prophétie dans l'équipement subjectif du prophète ? Cela comporte également des données sur l'insertion de la prophétie dans l'histoire du salut — à quoi sert-elle et comment ?

Tout cela est sans doute assez inégalement traité — en ampleur comme en profondeur —, et d'une manière à vrai dire assez peu ordonnée — ce qui nous a déjà contraint à toucher à l'un ou l'autre de ces sujets —, mais il nous a paru utile de rassembler ces divers éléments, afin de nous faire une idée plus complète de la manière dont la prophétie prend place dans la vision du monde d'Hugues de Saint-Cher. Loin d'apparaître comme plus ou moins périphérique, elle est au contraire fermement située à l'intérieur de ce monde, dont elle est partie intégrante.

§ I. UN CHARISME

Il faut revenir aux toutes premières prises de position de notre Question. On s'en souvient, dans l'énumération des diverses acceptions du mot prophétie, Hugues mentionnait en cinquième lieu l'opinion de « certains », pour qui « la prophétie est une qualité stable de l'intellect (*habitus mentis*), par laquelle le prophète est rendu apte à connaître les choses qui lui sont montrées » (I, *Sol.*,

p. 10). En finale de l'article II, il ne sera plus très éloigné de cette position [1], mais sous la présentation de Guillaume d'Auxerre (le *quidam* ici désigné), il en est un adversaire décidé. Sous des formes diverses, cette question occupe l'essentiel des six premières objections, et le soin que l'auteur apporte à y répondre, montre l'importance qu'il y attache.

Pour Hugues, la prophétie n'est pas un *habitus*, mais un acte. Nous avons vu avec lui la complexité de cet *actus compositus*; il reste à remarquer un élément complémentaire de sa réponse, qui porte directement sur l'autorité d'Aristote alléguée en faveur du caractère d'*habitus* de la prophétie (cf. obj. 1, p. 3). Puisqu'elle est un acte, la prophétie émane bien d'une puissance de l'âme habilitée à la poser (*actus qui est ex habitu et potentia*), mais elle ne se déroule pas à proprement parler *in anima*; elle est bien plutôt produite « par » l'âme ou destinée « à » l'âme (*magis « ab » anima vel « ad » animam*) (I, ad 1, p. 12).

Nous avons déjà évoqué ce texte important; on voit mieux maintenant comment Hugues pense davantage à l'annonce qu'à la perception du message. S'il en est ainsi, nous pouvons en déduire que la prophétie n'a d'autre consistance que celle d'un acte transitoire, et d'autre durée que passagère — contrairement à ce qui se produirait si elle était une qualification permanente de l'intellect du prophète. Hugues ne consentira à parler ici d'un *habitus* qu'en un sens très particulier; il admet que cet acte triple en quoi consiste la prophétie laisse dans l'esprit (*mens*) un *quidam habitus*, c'est-à-dire une connaissance (*noticia*) par laquelle le prophète sait et qu'il a vu et ce qu'il a vu; mais cet habitus-là ce n'est pas la prophétie, c'est bien plutôt son résidu (I, ad 3, p. 12).

L'insistance d'Hugues à maintenir cette position à l'encontre de Guillaume et de Philippe, ses guides habituels [2], est certainement la preuve d'un choix motivé. Il laisse pressentir ce qui est en jeu

---

1. Nous venons de le voir (cf. p. 241 et note 94, *ibid.*), sans qu'il soit question d'*habitus*, c'est de cela qu'il s'agit; l'auteur de la Q. 454 que nous avons déjà cité, avait une idée très ferme de cette exigence (cf. note 23, p. 216; cf. également N. WICKI, *Die Lehre von der himmlischen Seligkeit*, p. 158).

2. Nous avons déjà cité le texte de Guillaume (cf. ci-dessus, p. 65); quant à Philippe, sans faire de développement spécial sur le sujet, il en parle avec assez de précision pour ne laisser aucun doute sur sa pensée : « Prophetia est tam nomen habitus quam nomen actus sive habilitatis et promptitudinis. Et potest contingere quod licet remaneat habitus, non tamen remaneat prophetia sub ratione promptitudinis vel actus » (C, 80vb). Cf. aussi : « Quantum ad habitum (est prophetia) in vi intellectiva » (C, 80ra).

quand il explique pourquoi la prophétie qui n'est pas un *habitus*, est encore moins une vertu. Non seulement elle ne correspond pas à la définition augustinienne selon laquelle on n'use jamais mal d'une vertu [3], mais encore elle ne qualifie pas en bien le sujet qui en bénéficie: « Non enim bene constituit mentem, id est non bonam facit » [4]. L'auteur justifie sa position dans une réponse dont nous avons déjà dit le curieux travail de recomposition d'un texte de Philippe qu'elle suppose [5].

La prophétie est un don de Dieu, certes, mais il ne s'ensuit pas pour autant qu'elle soit une vertu — il en va d'elle comme du don d'accomplir les miracles (*operatio virtutum*). Les dons de Dieu sont différents; on les rencontre dans les bons comme dans les méchants, mais parfois seulement chez les premiers, parfois seulement chez les derniers: c'est le cas de la crainte servile pour ceux-ci — mais ce n'est pas elle qui les rend mauvais; c'est le cas de la charité pour ceux-là — et c'est elle qui les rend bons. Parmi les dons qui se trouvent aussi bien chez les uns que chez les autres, — car ils n'ont pas de lien direct à leur bonté ou à leur méchanceté, — il faut ranger le don des miracles et celui de la prophétie en général (*prophetia communiter sumpta*). Mais il est d'autres dons qui ne se trouvent que dans les bons — sans pour autant provoquer leur bonté —, il en va ainsi d'une certaine prophétie qui relève de la « vérité de la piété », et dont parle saint Pierre dans son épître (I, ad 4, p. 12).

La terminologie d'Hugues est particulièrement imprécise dans ce texte, et on ne peut l'éclairer par celle de Philippe qui ne l'est guère moins. Que veut-il dire par *prophetia communiter sumpta* (Philippe: *et huiusmodi*) [6] ? Quelle réalité recouvre cette *prophetia*

---

3. I, ad 2, p. 12 ; cf. ci-dessus, p. 3, note 2 à la Q. 481, I.

4. I, ad 3, p. 12 ; Hugues a une idée précise de cette définition augustinienne de la vertu, et il s'en explique dans les *Sentences* : *qua recte vivitur* est mis dans la définition de la vertu « ad differentiam scientie quia etsi sit bona qualitas mentis, tamen non ea recte vivitur, sed recte intelligitur. Duplex enim est intellectus scilicet speculativus, cuius finis est veritas et scientia est perfectio, et practicus cuius finis est bonitas et perfectio virtus, et hoc intellectu recte vivitur, alio recte intelligitur » (*II Sent.*, dist. XXVII ; H, 40vb). O. LOTTIN (PM, III, pp. 352-355) cite un autre texte qui situe la vertu par rapport aux dons du Saint-Esprit (cf. *II Sent.*, dist. XXXIV ; H, 68rb-68va).

5. I, ad 4, p. 12 ; cf. notre commentaire ci-dessus, pp. 76-77.

6. Hugues emploie une seconde fois cette expression, mais dans une acception qui n'est probablement pas la même : « Prophetia sumitur ... aliquando communiter pro revelatione qualibet occultorum » (I, ad 9, p. 16). Peut-on rapprocher la *prophetia sumpta communiter* de I, ad 4, de la *visio prophetica natura-*

quedam que pertinet ad veritatem pietatis ? La logique voudrait que ce soit celle que Philippe désigne comme *huiusmodi prophetia* qui, sans être une vertu, ne se trouve cependant que chez les saints (*non est nisi in sanctis*) ; mais ce serait réintroduire dans le texte d'Hugues une précision que, justement, il n'a pas voulu emprunter à Philippe. Nous pouvons l'assurer, car il reprend tous les autres mots de Philippe, à l'exception de ceux-là (cf. ci-dessus pp. 76-77). Quelle est de ces deux prophéties, celle qui répond à la définition que nous avons dégagée dans notre chapitre I ?... Il est impossible de répondre avec certitude à aucune de ces questions. Ceci n'est pas sans signification : Hugues est ici victime de son attachement excessif au texte de Philippe. Tout en essayant de le désamorcer de ce qui lui paraissait inacceptable, il n'en a pas moins introduit dans son propre texte des notions qu'il lui est impossible de justifier.

Une chose ressort pourtant clairement de ce passage : la prophétie n'est pas liée au don de la grâce sanctifiante. Hugues n'emploie pas ce vocabulaire ici ; cela est assez surprenant car il est déjà bien connu [7]. Mais ce qu'il cherche, c'est à définir le don de prophétie comme grâce *gratis data* et non *gratum faciens*, ou ainsi que nous le dirions de nos jours, comme c h a r i s m e. Ce n'est pas là une extrapolation anachronique : c'est le mot grec *charisma* qui est employé par saint Paul quand Hugues lit *gratia* dans le latin de la Vulgate (*I Cor.*, 12, 4 ; 9) et il en trouvait la définition dans ce même

---

lis de la Q. 454 (cf. note 23 ci-dessus, p. 216) ? Ce n'est qu'une hypothèse que nous ne pouvons vérifier. Il ne serait pas invraisemblable que cette expression désigne l'ersatz de prophétie que les anges ou les démons sont capables d'inspirer à l'homme (cf. I, ad 8 bis, p. 15) ; mais ceci encore ne peut être démontré.

7. Philippe le Chancelier situe fort clairement, dès son Prologue, la place de la prophétie dans l'organisme de la grâce : « Post tractatum de bono gratie in angelis, sequitur de bono gratie in homine. Primo autem agendum est de *gratia gratis data non gratum faciente et post de gratum faciente...* » (C, 77va). L'anonyme *De potentiis animae et obiectis* est lui aussi fort explicite sur ce point : Si le don de Dieu qui procure la connaissance s'accomplit dans la partie inférieure de l'âme « aut est per gratiam gratum facientem, aut *per gratiam gratis datam tantum*. Si per gratiam gratis datam tantum, tunc est *sicut donum prophetie aut inspiratio visionis in somnio* ; utraque est enim per gratiam gratis datam tantum, non gratum facientem. Sed in hoc differunt ab invicem, quod una plus se habet ad superiorem, scilicet *prophetia*, et *dicitur propter hoc cognitio in speculo eternitatis aut visio...* » (éd. D. A. CALLUS, dans RTAM, XIX (1952), p. 158, ll. 32-39). Cette terminologie est également connue de la Q. 241 (A, 104va) et de la Q. 540 (B, 182ra ; dans notre édition, nº 7 : *Antonianum*, XLIX (1974), p. 521).

passage : les dons de l'Esprit sont accordés *ad utilitatem* (*ecclesiae*). D'où le soin qu'il prend à définir la prophétie de telle sorte qu'elle ne paraisse pas impliquer nécessairement la sainteté du prophète. Ce don ne lui est pas donné pour lui, mais pour le service de la communauté ; nous aurons à y revenir. Cependant, si la prophétie n'est pas une vertu — puisque son acte qui ne consiste qu'à « voir » et à « parler », ne comporte pas, de soi, de « milieu » difficile (*medium laudabile et difficile*) —, elle peut néanmoins être l'objet d'un acte vertueux, dans la mesure où elle est pénétrée d'obéissance et de charité. Ainsi tout en maintenant fermement l'ordination de la prophétie au salut des destinataires, Hugues ménage la possibilité pour le prophète d'en être lui-même bénéficiaire (I, ad 5, p. 13).

Outre ces raisons, qu'on pourrait qualifier de spéculatives, d'autres arguments militent contre l'attribution de la prophétie au prophète comme une qualité stable : la Bible en témoigne souvent, il n'était pas au pouvoir des prophètes de prophétiser à leur gré : « Non potuerunt prophetare quando volebant » [8]. Cela tient à deux raisons, dont la première revient souvent sous diverses formes dans notre texte : le bon vouloir divin dispose librement de ses dons ; il les accorde quand il veut et il veille aussi sur leur emploi. La prophétie n'est donc pas laissée à l'arbitraire du charismatique, Dieu peut lui en ôter le don.

Mais le prophète peut aussi perdre ce don — et c'est le deuxième argument évoqué — soit par ses péchés, soit par ceux des autres. Les exemples bibliques ne manquent pas ici ; ils permettent à l'auteur de conclure par une parabole qu'il emprunte à la *Glose*. Il en va de la prophétie comme d'une chandelle : celui qui la tient — Dieu — peut la cacher, et la lumière — prophétique — n'entrera pas dans la maison — le prophète ; mais ce dernier peut aussi fermer portes et fenêtres et empêcher ainsi la lumière de pénétrer chez lui, c'est-à-dire par son péché chasser l'esprit de prophétie (I, ad 6, pp. 13-14).

La comparaison est parlante, mais un peu sommaire ; elle laisse non résolue une question sur laquelle l'auteur revient en finale. Ce n'est pas seulement la vertu qui peut se perdre par le péché,

---

8. *Postille sur II Pet.*, 1, 21 cf. texte complet ci-dessus, note 29, p. 205) ; on trouve encore un beau texte à ce sujet dans le *Commentaire* d'Hugues *sur II Reg.*, 7, 3-5, mais vérification faite, il ne s'agit que d'un emprunt littéral à la *Glos. ord. in loco* (II, c. 553).

explique-t-il, tout don de Dieu est dans ce cas : il en est ainsi du don de la parole, comme de celui des miracles ; la science elle-même peut parfois se perdre par suite du péché.

Cette « science » doit évidemment être comprise d'après le contexte, où elle signifie la « science » accordée au prophète de ce qu'il doit savoir pour accomplir sa mission. Aussi n'est-ce pas ce détail qui laisse insatisfait ; c'est plutôt l'ensemble de la réponse qui pose un problème que l'auteur ne semble pas avoir perçu : si la prophétie est un don qui n'est accordé au prophète que par intermittence selon la libre initiative divine, pourquoi raisonner à son sujet comme si le prophète le possédait de manière permanente ? Or c'est bien cela que suppose ce texte, et la richesse insolite de sa documentation biblique ne peut masquer cette anomalie.

La raison en est assez claire : Hugues est ici victime de son procédé habituel ; s'il sait souvent « retoucher » les textes qu'il emprunte à Philippe pour les faire servir à sa synthèse personnelle, il lui arrive parfois d'y en introduire d'autres qui lui sont en fait inassimilables, car ils sont contraires à ses options les plus décidées.

De ces options, nous retiendrons au moins les plus claires : la prophétie n'est pas une qualification permanente de l'esprit du prophète, qui pourrait en user à sa guise ; c'est un don « problématique » dont l'existence fragile dépend autant de la libéralité de Dieu qui l'accorde que de la rectitude morale de celui qui en bénéficie ; cependant ce n'est pas une vertu qui entraînerait par sa présence même la sainteté du sujet. Suivant un vocabulaire plus technique, mais qui ne trahit pas Hugues : la prophétie n'appartient pas à l'ordre de la grâce sanctifiante, mais à celui des charismes qui sont à son service. C'est ce qui ressort avec encore plus d'évidence de la suite de son enseignement.

§ II. PROPHÉTIE ET FOI

Les rapports de la prophétie et de la foi ont été considérés par Hugues comme un problème important. Il l'annonce dès les premières lignes de sa Question : « Quid sit differencia inter *videre fidei* per speculum et *videre prophetie* in speculo » (*Prol.*, p. 3), et il le traitera avec une ampleur suffisante le moment venu (II, obj. 5, p. 22, et ad 5, pp. 30-31). De même — comme au passage, mais avec une précision qui ne laisse pas de doute sur la maturité de sa réflexion à ce sujet — il s'explique sur les différences qu'on peut noter entre la définition de la foi et celle de la prophétie. Loin de considérer que la définition de la prophétie peut s'appliquer à la foi, il l'en distingue systématiquement.

Nous recueillerons d'abord les éléments que donne l'auteur dans son premier texte sur le sujet (I, ad 7, p. 14). L'objection fait état de deux difficultés : tout d'abord la foi croit et annonce certains événements futurs, comme la résurrection des morts et le jugement dernier, à la lumière de l'immuabilité divine ; or c'est exactement la définition que Cassiodore donne de la prophétie ; donc, ou bien la foi est elle-même prophétie, ou bien cette définition ne convient pas à la prophétie. Quand à la deuxième difficulté, elle prévient une réponse trop facile : il ne sert à rien de dire que foi et prophétie diffèrent quant à l'assentiment dû à ce qui est cru ou annoncé, car la prophétie est dans ce cas tout autant que la foi, le prophète doit aussi adhérer à la volonté divine (I, obj. 7, p. 5).

Le premier point développé par Hugues dans sa réponse consiste dans la différence du motif de l'inspiration entre la foi et la prophétie. Si l'on parle d'inspiration dans les deux cas, c'est en un sens tout autre : la foi est « inspirée » en vue de croire ce qu'on ne voit pas (*inspiratur ad credendum quod non videtur*), la prophétie en vue d'annoncer aux autres ce qu'on voit (*ad denonciandum aliis quod videtur*). Le parallélisme des deux formules attire l'attention sur l'opposition voir-ne pas voir ; c'est elle que l'auteur va spécialement développer dans ce passage, mais il ne faut pas négliger les deux finalités diverses : croire dans un cas, c'est une affaire personnelle, privée dirait-on presque ; annoncer dans l'autre, c'est une tâche à accomplir, elle relève déjà du domaine public ; nous y reviendrons.

Hugues souligne donc d'abord ce qui a trait à la « vue ». Cela est encore accentué dans l'énoncé d'un argument complémentaire. Nous en avons déjà utilisé la teneur plusieurs fois, nous n'y revenons que pour préciser ce qui en est de la foi. La prophétie, rappelle Hugues, s'accomplit le plus souvent par voie d'apparition imaginative ; ce n'est pas le cas de la foi. Il juge cette affirmation assez importante pour la reprendre presque littéralement quelques pages plus loin (II, ad 5, p. 30). Cet argument prend force si l'on se souvient que la définition de la foi ici sous-entendue est celle de l'épître aux Hébreux (11, 1) : « Est autem fides sperandarum substantia rerum, argumentum *non apparentium* ». Hugues a longuement commenté ce texte dans sa Question *De fide* [9], faisant ainsi la preuve de l'intérêt qu'il lui accorde. Il ne traite malheureusement pas dans ce dernier texte des rapports de la foi et de la prophétie, mais nous en savons désormais assez pour comprendre que l'invisibilité propre à l'objet de foi est un argument dirimant pour la distinguer de la prophétie qui, précisément, se définit comme une « vue ». Il est vrai que la foi aussi se définit comme une vue, mais c'est en un sens tout spécial que l'auteur ne tardera pas à soigneusement délimiter [10].

La partie la plus intéressante de sa réponse consiste certainement dans la manière dont il s'attache à définir le motif et l'objet de l'assentiment dans la foi et la prophétie. Il a ici des accents déjà modernes. Dans la foi, rappelle-t-il, l'assentiment par lequel on adhère à la réalité crue ou vue, est donné à cause de la réalité même, non à cause de la vision qu'on en a (*assentitur credito sive viso propter ipsum non propter visionem*) ; dans la prophétie, c'est le contraire, la vue est le motif de l'adhésion (*assentitur viso propter visionem*). Il en est de la prophétie comme de la vision d'une personne présente : quand je te vois, j'assentis au fait de ta présence non à cause de toi, mais à cause de la vision même (*non propter te sed propter visionem*).

La traduction d'un texte aussi dense ne peut être que déficiente, mais elle ne l'est guère plus que l'exemple choisi. Sa force apparente ne vient que de la simplification qu'il opère, laissant intouchée la foi, premier membre de la comparaison. On ne peut, en effet, manquer de remarquer un flottement significatif dans cette formule, qui permettrait de faire jouer à propos de la foi l'exemple allégué en faveur de la prophétie ; si l'objet de la foi n'est pas seulement cru mais vu (*credito sive viso*), pourquoi ne pourrait-on y adhérer aussi *propter visionem* ?

Cette réponse se complète toutefois par un élément qui apporte une précision non négligeable : dans la foi l'âme s'élève au-dessus d'elle-même à cause de la réalité vue (*elevat se mens supra se*

---

9. Cf. Q. 28 (A, 37vb), qui se continue par la Q. 129 (A, 76vb-77va) ; Hugues traite aussi de la foi dans les *Sentences* (II, dist. xxiii-xxv ; H, 60rb ss.).

10. On perçoit souvent chez Hugues le malaise né de l'association trop étroite de la vision à la foi, et il lui arrive de préciser le caractère métaphorique de l'expression : « Visio fidei proprie non est visio, sed estimatio ; sed visio speciei proprie est visio. Unde etsi ab eadem sunt et eiusdem et per idem, non tamen eadem » (*II Sent.*, dist. xxxi ; H, 66va *in fine*).

propter visum) ; dans la prophétie, c'est à cause de la vision, non de la réalité (*propter visionem, non propter visum*). La même opposition entre donc en jeu une nouvelle fois, mais ici la pointe de l'argument porte sur la surélévation impliquée de part et d'autre : dans le cas de la prophétie, c'est le mode de vision qui requiert cette élévation — l'âme étant de soi à la hauteur de la réalité vue puisqu'il ne s'agit toujours que de créatures ; dans le cas de la foi, au contraire, c'est la substance de la réalité vue — c'est-à-dire Dieu lui-même — qui requiert cette « hausse ».

Il est toujours délicat d'interpréter les dires d'un auteur avec des termes qui ne sont pas (encore) les siens, mais nous pensons que sans les mots, la chose y est bien. Hugues veut assurer que la foi relève du surnaturel substantiel ou intrinsèque, tandis que la prophétie appartient plus simplement à l'ordre du surnaturel modal. Ce qui sera le langage de la scolastique postérieure, se trouve donc bien postulé par les nécessités mêmes de l'analyse réelle. C'est faute peut-être d'avoir eu à sa disposition des termes assez techniquement précisés, que Hugues manifeste si souvent les hésitations que nous avons pu relever.

Même en admettant qu'il ne s'agisse dans ces dernières précisions que d'une interprétation de notre part, il reste le rôle décisif que la vision comme vision, avec sa certitude irrécusable, joue dans l'élaboration de la Q. 481. Ce n'est pas par hasard, car c'est elle qui est la source de l'assurance du prophète et de sa fermeté. Hugues s'en explique avec peut-être moins de force et de clarté que Guillaume d'Auxerre [11], mais il le dit avec assez de vigueur : sa vision passée, le prophète sait qu'il a vu et ce qu'il a vu : « Scit se vidisse aliquid et quid est illud » (I, ad 3, p. 12). S'il était seul en cause, cela n'aurait qu'une importance relative, mais il n'en est rien : la prophétie n'est pas donnée *ad credendum*, mais *ad denonciandum aliis*.

Cette ordination de la prophétie à l'annonce du message est l'argument principal que Hugues développe dans l'autre passage consacré *ex professo* au sujet qui nous occupe : la prophétie n'est pas pour celui qui en reçoit le don, elle ne lui est pas nécessaire pour son salut, mais seulement en vue de l'annonce qu'il doit faire aux autres ; la foi par contre n'est pas infusée (*infunditur*) en vue

---

11. Cf. *Summa aurea*, lib. II, tr. 6 (XLIXra, ad 2) : « Propheta innitebatur *ex tota apertioni et certitudini ipsius visionis* ... In visione que virtus est magis innititur videns rei vise propter se quam propter visionem ».

de cette annonce publique, mais bien parce qu'elle est indispensable au salut de celui à qui elle est «insufflée» (*inspiratur*) (II, ad 5, p. 30). Ce n'est pas le seul endroit où Hugues s'exprime ainsi [12], il n'est pas le seul à le faire [13] ; cela nous renseigne d'autant mieux sur le rôle qui revient à la prophétie dans cette perspective : elle est au service de la foi. Ajoutons-le tout de suite pour prévenir l'équivoque : même en celui qui l'annonce. Hugues dégage ici l'essence des deux réalités en présence et leurs rapports absolus, mais quand il en vient au concret des existants, il précise très bien que le prophète peut aussi être un croyant ; distinction n'est pas séparation.

C'est du moins ce qu'on peut conclure de la finale de ce texte qui traite précisément de la foi du prophète Isaïe en la conception virginale du Christ, dont il fut pourtant le prophète. Indépendamment des problèmes exégétiques divers qui se posent autour de ce verset (*Is.*, 7, 14), retenons ici l'application particulière qu'en fait l'auteur. Pour lui, il n'y a aucun doute, Isaïe a vu, tant d'une vision de foi que d'une vision prophétique, que la Vierge enfanterait ; il a donc eu l'habitus de foi pour le croire et l'illumination prophétique pour le voir et l'annoncer : « Habuit *habitum* fidei ad credendum virginem parituram et *actualem illuminationem* propheticam ad videndum et denonciandum idem ». Les termes sont ici particulièrement bien choisis pour confirmer notre lecture antécédente : l'illumination prophétique est bien une réalité « ponctuelle ». C'est d'ailleurs cela qui explique que cette illumination par manière d'acte, n'a pas exclu de l'âme du prophète l'habitus permanent de la foi. Ainsi, l'illumination prophétique disparue, restait la lumière de la foi, par laquelle Isaïe croirait la même réalité qu'il voyait précédemment de façon plus claire à la clarté de la lumière prophétique [14].

---

12. Cf. encore I, ad 12, p. 17 ; ad 13, *in fine*, p. 18.

13. Philippe n'est pas moins clair sur ce sujet : « Prophetia non est a Deo *nisi propter homines*, ut per eam que est comminationis revocentur a malo et per alias invitentur ad bonum » (C, 80rb *in fine*). Alexandre de Halès est toutefois le plus vigoureux sur ce lien de la prophétie au salut et à la rédemption, jusqu'à les faire entrer dans la définition même de la prophétie : « Non omnia quae revelantur pertinent ad prophetiam, *sed quae sunt ad salutem* (...). Sic prophetia respicit futurum contingens occultum, definitum secundum causam superiorem, ordinatum ad salutem hominum quibus prophetatur vel aliis ; quae salus praefiguratur in redemptione. *Omnes enim prophetiae in redemptione complentur et ad ipsam ordinantur...* » (AH, n° 35, pp. 310-311).

14. On trouve des amorces de cette élaboration dans Guillaume d'Auxerre, qui notait déjà : « Isaias duplicem cognitionem habuit de hoc articulo ' Ecce

On aurait pu souhaiter que l'auteur ait été plus explicite sur ce dernier point : est-ce bien sous le même rapport que le même objet est à la fois vu et cru par le prophète ? N'y a-t-il pas place ici pour le *duplex intellectus* dont Hugues a fait si abondant usage en d'autres contextes ?... Ces questions ne doivent en tout cas pas masquer ce qui était au premier plan de ses préoccupations. Quand il distingue avec autant de force que de clarté la vertu en général ou la foi en particulier, du don de prophétie, son intention est de prévenir des confusions dommageables, non de cloisonner ces réalités diverses de façon étanche ; comme le prophète peut (et sans doute doit) faire un usage vertueux de son don, ainsi il est lui-même le premier destinataire provoqué à la foi par le message qu'il doit transmettre.

Il reste un dernier problème à résoudre à propos des rapports de la foi et de la prophétie. L'une et l'autre, quoique à des titres divers, sont caractérisées comme un « voir » ; héritage augustinien dont l'ambiguïté ne cesse de se manifester. Elle s'accroît ici du poids de l'autorité de la *Glose* qui assure : « *Iusti et prophete... viderunt per speculum* ». D'où, conclut l'objectant, la foi, tout comme la prophétie, voit par le *speculum* et par le même *speculum*, car on ne peut utiliser ce terme de façon équivoque.

Hugues a certainement été embarrassé par l'objection. Cela se perçoit au fait qu'il propose deux solutions pour y répondre. La première, celle de Philippe, n'a sûrement pas sa faveur, car elle tombe à plein sous le coup de cette équivocité qu'il récuse (le même terme de *speculum* désignerait le *speculum creature* pour les justes, et le *speculum creatricis essencie* pour les prophètes) ; mais il n'est sans doute guère plus satisfait de la seconde, car au lieu et place d'un *dicimus* assuré, il avance une hypothèse : *vel potest dici*. Cette explication entend la phrase citée du seul *speculum creature*, mais elle le prend aussi en un double sens : les justes voient *per speculum*, mais cela signifie alors l'*ipsum vestigium Trinitatis* qui brille en toute créature, et qu'ils découvrent par la foi ou par l'intellect ; les prophètes voient aussi par le même *speculum*, mais il désigne dans leur cas l'*ipsa impressio similitudinis in spiritu.*

---

virgo concipiet ', scilicet cognitionem fidei et cognitionem prophetalem, sed in actu non potest istis duabus uti simul » (*Summa aurea*, lib. II, tr. 6, f. XLIXra *circa finem*). Guillaume revenait un peu plus loin sur le même sujet et exprimait une doctrine semblable : « Duplici visione, scilicet prophetie et fidei vidit Abraham incarnationem filii Dei ... Non autem simul actu habuit has visiones » (*ibid.*, Lva).

Nous n'avons pas à rappeler tout ce qui a été dit plus haut sur la *visio in speculo* pour que l'on comprenne que ces dernières explications ne s'y harmonisent que de façon assez lointaine [15]. Hugues ajoute ici cependant un nouveau trait à sa description de la foi, et il faut en faire notre profit. Cette vision par laquelle les justes voient *per speculum in enigmate* n'est pas encore la foi, mais un préambule à la foi (*preambula ad fidem*) ; seul mérite ce titre l'assentiment qui suit cette vision ou qui suit la parole divine (II, ad 5, p. 31). Ici encore, il est dommage que l'auteur n'ait pas précisé davantage, mais il en dit assez pour nous laisser entendre qu'il ne retire rien de ses affirmations majeures, qu'il les souligne au contraire.

Cette vision *per speculum*, qui n'est qu'un prélude à la foi, réserve pour cette dernière un acte qui n'est plus de l'ordre de la vision, mais de l'adhésion — où la volonté aura sa part autant que l'intelligence. Gêné par ce vocabulaire de la vision, Hugues essaie néanmoins de s'en libérer, et c'est ainsi qu'il faut comprendre son incise *seu fide seu intellectu* (p. 31, 9) ; il assimile ainsi la démarche spontanée du croyant qui reconnaît son Créateur de manière confuse et préscientifique au spectacle du monde créé, à celle des *philosophi* qui, eux aussi, procèdent à cette démarche de « théologie naturelle », mais au niveau qui est le leur (cf. ci-dessus notre tableau p. 200). La ressemblance réside en ceci qu'il ne s'agit dans l'un et l'autre cas que d'un préalable à la foi, qui en elle-même demeure irréductible à ce seuil antérieur.

Quant à la vision *per speculum* du prophète, l'emploi de l'expression *impressio similitudinis in spiritu*, nous rappelle que cette vision procède selon un mode inverse. Il ne s'agit plus de s'élever de la créature vers le Créateur par les forces de la raison, mais de connaître la créature par une intervention du Créateur, ce qui ne demande au prophète aucune activité, mais seulement l'accueil de ce don. Par là, la prophétie ressemble à la foi, l'une et l'autre viennent d'en-haut ; mais par leur objet elles se distinguent radicalement : « Visio fidei est de *creatore* principaliter, visio prophetica de *creatura* » (II, ad 5, p. 30).

---

15. Cf. cependant note 13, p. 195.

§ III. FOI, PROPHÉTIE ET DIVERS AUTRES MODES DE CONNAISSANCE

Dans la Q. 480, consacrée au ravissement de saint Paul, on trouve un certain nombre de précisions qui complètent ce que dit Hugues dans la Q. 481. Il y met en place les divers modes de connaissance que nous avons évoqués, soit ici soit dans le chapitre précédent. Cet enseignement, donné dans le cadre d'une systématisation plus vaste, est le témoignage clair qu'il n'y a pas chez Hugues un domaine de la connaissance naturelle ou scientifique qui serait tellement réservé qu'on ne pourrait le mettre en relation avec la connaissance de foi, la connaissance prophétique ou la connaissance mystique. Au contraire, si les distinctions sont bien faites, qui délimitent des champs particuliers, plus encore que des accentuations prioritaires, elles traduisent une vision unifiée et hiérarchisée d'un savoir non encore éclaté en spécialités concurrentes.

C'est à propos du parallélisme déjà signalé entre « ciel » et vision que l'auteur donne ces explications. Il n'y a pas correspondance rigoureuse et nécessaire entre les trois genres de vision dont parle Augustin et les trois cieux traditionnels, assure-t-il, et ceci vaut en particulier pour la vision intellectuelle et le troisième ciel. En effet, quand l'intellect prend connaissance des choses par leurs similitudes intentionnelles (*per species suas*), c'est une vision intellectuelle ; de même quand il appréhende une réalité incorporelle non par sa similitude, mais par sa présence par la voie du raisonnement, c'est encore une vision intellectuelle ; mais ni dans un cas ni dans l'autre il ne s'agit de « ciel », car qui dit « ciel » dit « repos » (*quies*), alors que le raisonnement implique un labeur. Par contre, quand l'intellect entre en possession (*apprehendit*) d'une réalité incorporelle en vertu de sa présence, sans similitude ni image ni raisonnement, mais par la seule intuition, alors une semblable vision mérite le titre de troisième ciel.

Donc, si l'on dit que les philosophes ont vu Dieu, il importe de s'entendre sur les mots : ce n'est pas par sa présence propre, mais par le miroir de la création (*per ymaginem creature*), ce n'est pas par la vue directe (*intuendo*), mais par la voie du raisonnement, et ils ne l'ont pas vu en sa qualité de Dieu, mais en celle d'artisan de l'univers, puissant, sage et bon — à la façon dont à la beauté d'un anneau on peut conclure à l'habileté du joaillier, mais non au type d'homme qu'il est. La raison peut s'élever à la toute-puissance de Dieu par la grandeur de sa création, à sa sagesse par son ordre et sa beauté, à sa bonté par son utilité et sa permanence, mais elle ne peut aller au-delà et par ce moyen connaître Dieu en son essence. Il est donc clair que les philosophes ne furent pas ravis au troisième ciel [16].

Abstraction faite de la conclusion et des développements appelés par l'objet de la démonstration, on reconnaît dans cette réponse ce que disait déjà pour l'essentiel la réponse *ad 5* précédemment analysée concernant les *preambula fidei*. Si l'absence de parallèles littéraires précis ne nous a pas permis d'inférer de l'auteur de la Q. 480 à celui de la Q. 481 [17], tous les rapports doctrinaux que nous avons pu établir ne laissent aucun doute à ce sujet. Nous n'en sommes donc que plus à l'aise pour tirer parti de l'enseignement suivant qui, du privilège exceptionnel de l'apôtre Paul au quotidien de la connaissance de foi, trace une vaste fresque dont chaque élément est fixé avec clarté et fermeté.

L'apôtre Paul a vu Dieu de la même façon que le voient les anges, ainsi que le dit saint Augustin ; à cette différence près que les anges sont établis dans la gloire de manière stable, ce qui n'était pas le cas de Paul dans cette vision. Mais la vision de Paul, comme celles des anges, fut immédiate et par vue directe (*immediata et per intuitionem*).

---

16. « ... Sicut non omnis visio corporalis dicitur primum celum, non omnis ymaginaria dicitur secundum celum, ita non omnis intellectualis dicitur tertium celum. Quando enim intellectus apprehendit res per species suas, visio est intellectualis, sed non est celum ; item quando intellectus apprehendit rem incorpoream non per speciem sed per rei presenciam ratiocinando, visio intellectualis est, sed non celum, quia celum quietem habet et ratiocinatio laborem. Sed quando intellectus apprehendit rem incorpoream per sui presenciam, non per speciem alicam vel ymaginem, neque ratiocinando sed intuendo, talis visio intellectualis est tercium (celum). Philosophi autem neque per presenciam sui sed per ymaginem creature, neque intuendo sed ratiocinando viderunt Deum, neque ut Deum sed ut artificem potentem, sapientem, benignum, sicut per bonitatem anelli cognoscitur faber, non quod homo vel qualis homo sit, sed quod bonus artifex est. Similiter per rerum magnitudinem cognoscitur Deus potens, per speciositatem et ordinem cognoscitur Deus sapiens, per utilitatem et permanenciam cognoscitur Deus benignus, sed ratio non potest ultra procedere, ut per hoc cognoscat Deum secundum essenciam ... Et ideo patet quod philosophi non fuerunt rapti in tercium celum » (Q. 480, I, ad 9 ; B, 131rb).

17. Cf. note 44, p. 106.

La vision des **philosophes** est médiate, et s'obtient par la voie du raisonnement (*mediata et per ratiocinationem*).

La vision des **prophètes** procède *per ymaginationem et revelationem*; ce sont en effet certaines images qui sont montrées aux prophètes et leur signification qui leur est révélée.

Les **contemplatifs**, eux, voient comme par une espèce de pressentiment — littéralement : un avant-goût (*per pregustationem*) — tout comme, et Hugues se fait ici tour à tour poétique et prosaïque, la rose est devinée à son parfum et le vin à sa saveur, par l'imagination.

Quant aux **fidèles**, ils connaissent *per speculum enigmaticum*; c'est le lot commun de la connaissance obscure de la foi : *per fidem ambulamus, non per speciem*. Mais les *rapti* comme *Paul*, connaissent *per speciem* [18].

La savante gradation de cette énumération ne doit pas induire en erreur, elle n'énonce pas une sélection aristocratique de catégories d'individus, elle situe l'un par rapport à l'autre divers modes de connaissance ; c'est ainsi que les personnes du dernier échelon peuvent rejoindre celle du premier : d'autres fidèles connaissent aussi en extase, et auraient pu éventuellement bénéficier du même privilège que Paul ; car ils communient avec lui dans la même foi qui en est la base présupposée : « Iste intellectus quod habent tales qui rapiuntur supponit fidem » [19].

Nous n'avons pas à commenter la robustesse candide et la confiance dans le pouvoir de connaître de l'homme dont témoigne pareil exposé, mais il est évident qu'elle s'étale avec une paisible assurance. La suite du texte en est une nouvelle preuve, en même temps qu'elle rend raison du rapprochement de ces différents types de connaissance. Il s'agit d'une mise au point provoquée par une instance : étant donné que Dieu est présent en toute

---

18. Nous avons déjà cité les premiers mots de ce texte (cf. note 43, p. 226), mais il sera utile de l'avoir sous les yeux dans son ensemble : « Eodem genere visionis vidit Paulus Deum quo vident angeli, ut dicit Augustinus, nisi quod angeli sunt confirmati in gloria et in illa visione Paulus non, et ita utraque visio, id est angelorum et Pauli est immediata et per intuitionem ; visio philosophorum mediata et per ratiocinationem ; visio prophetarum per ymaginationem et revelationem, ostenduntur enim prophetis ymagines quedam et revelantur eorum significationes. Contemplativi vident per pregustationem sicut rosa cognoscitur per odorem aut vinum per saporem et ymaginationem ; fideles per speculum enigmaticum ; rapti ut Paulus per speciem » (Q. 480, I, ad 10 ; B, 131rb *in fine*).

19. Q. 480, I, ad 16 (B, 131vb).

créature, ne peut-on dire qu'il est toujours connu par sa présence (*per sui presenciam*) et donc jamais par une similitude (*per ymaginem*) ?

Hugues ne conteste pas cette omniprésence de Dieu, mais il apporte des précisions sur le mode de cette présence. Il peut s'agir d'une présence absolue de Dieu en lui-même, c'est ainsi qu'il sera connu *in patria*. Il peut aussi s'agir d'une présence relative, comme on est présent dans un autre (*per presenciam respectivam ut in alio*), c'est de cette manière que Dieu est connu *in via*, et c'est cela qu'on appelle la *cognitio per speculum*. Puisque toute créature est une trace de Dieu (*vestigium Dei*), elle permet une connaissance de Dieu *per presenciam*, car Dieu se trouve là effectivement présent. On voit donc comment connaître Dieu par sa présence « relative » ne s'oppose aucunement à le connaître *per ymaginem sive per speculum* [20].

Bien des éléments complémentaires pourraient être apportés à ce tableau à partir des autres œuvres d'Hugues [21], mais nous serions entraîné trop loin de notre propos. Il ne s'agissait pas d'exposer la théologie naturelle d'Hugues, ni sa théorie de la connaissance angélique, qui pourrait prendre place ici de manière plus détaillée, mais simplement de situer le « lieu » de la connaissance prophétique par rapport à ces autres modes de connaître. Il faut en venir maintenant à la dernière partie de notre exposé et préciser certains autres points qui achèveront de délimiter cette

---

20. « Dupplex est cognitio Dei per presenciam : una per presenciam absolutam Dei in se, sic cognoscitur Deus in patria ; alia per presenciam respectivam ut in alio, sic cognoscitur in via, et hec est cognitio per speculum. Qualibet enim creatura cum sit vestigium Dei fert secum cognitionem Dei per presenciam quia ibi est Deus per presenciam. Et ita cognitio Dei per presenciam respectivam et cognitio Dei per ymaginem sive per speculum non repugnant » (*ibid.*, ad 10 ; B, 131rb-va). On pourrait continuer cet exposé à l'aide d'une réponse suivante (ad 17 ; *ibid.*, 131vb), dans laquelle Hugues distingue la connaissance *in speculo* de la connaissance *per speculum* ; mais son explication de la vision *in speculo* n'est pas en harmonie avec celle qu'il a donnée *ex professo* dans la Q. 481 (cf. ce texte ci-dessus, note 26, p. 204).

21. Sans prétendre être complet, il faut au moins mentionner ce que dit Hugues sur la connaissance des anges *in verbo* (cf. *II Sent.*, dist. XV ; H, 32rb-33va) ; sur la double connaissance de Dieu *naturalis* et *actualis* (*III Sent.*, dist. XXIV ; H, 61ra-rb) ; sur la connaissance des anges *vespertina* et *matutina* (cf. notamment Q. 480, I, ad 15 ; B, 131va) ; sans parler de ses développements sur la *prescientia Dei* qui contiennent nombre d'éléments sur la théorie de la connaissance (cf. *I Sent.*, dist. XXXV ; H, 21rb ss. ; cf. Q. 264, *De prescientia Dei* ; A, 109r-v).

place de la prophétie à l'intérieur de cette vision inspirée par la foi [22].

§ IV. PROPHÉTIE ET HISTOIRE DU SALUT

Ce titre est sans doute trop ambitieux pour un simple paragraphe, mais c'est pourtant de cela qu'il s'agit dans les développements de l'article III de notre Question sur les différentes espèces de prophétie. C'est même, de fait, le dernier grand sujet traité par Hugues dans ses deux derniers articles ; si nous en faisons abstraction, il ne reste guère, comme il le dit lui-même, que des solutions sans lien apparent, à des difficultés surgies d'« autorités » contradictoires [23].

Au premier abord, ces considérations sur la meilleure manière de répartir les espèces de prophéties, soit en deux (prescience et « commination »), soit en trois (prédestination, prescience, « commination »), paraissent relever d'un exercice scolaire conventionnel provoqué par la discordance de deux « autorités » — Pierre Lombard étant pour la division bipartite, la *Glose* pour la division tripartite. Le texte reflète bien cette préoccupation, mais elle ne retient guère l'attention ; il suffit à Hugues de quelques mots pour s'en débarrasser : dans le premier cas, la prophétie de prescience a une acception plus large que dans le second, ce qui explique qu'elle englobe la prophétie de prédestination, alors que dans le second cas elle en est distinguée ; il n'y a donc pas d'opposition entre les « autorités » citées (III, ad 1, p. 39).

Il ne s'agissait là que d'un prologue à des considérations d'un ordre tout autre. Si Hugues retient de préférence la division à trois membres — l'examen successif des problèmes posés par les trois espèces de prophéties en est la preuve implicite —, c'est qu'elle lui permet d'examiner un certain nombre de questions qu'il n'a pu traiter jusque-là. Il apporte ainsi des précisions qui complètent utilement celles déjà données. C'est pourquoi, après avoir avec lui situé la prophétie dans l'outillage surnaturel du croyant-prophète et rappelé de quelle manière la connaissance prophétique prend

---

22. Malgré qu'elle soit relativement poussée, l'élaboration d'Hugues frappe par son caractère simple et concret. Au contraire, celle du *De potentiis animae et obiectis* (cf. un extrait ci-dessus, note 7, p. 246), si elle est nettement plus systématique, est aussi beaucoup plus abstraite (cf. le texte complet : RTAM, XIX (1952), pp. 158, ll. 13 - 159, l. 7 ; cf. aussi : p. 170, ll. 11-40).

23. Cf. ce que nous en disons ci-dessus, pp. XX-XXI.

place parmi les autres modes de connaître rattachés à la foi, il faut essayer de définir de quelle façon la prophétie concourt à la réalisation du dessein divin.

La toile de fond sur laquelle se situe cette réflexion, c'est la conviction indiscutée que la prophétie trouve sa justification dans son ordination au salut des hommes, contribuant ainsi à l'accomplissement du projet rédempteur [24]. A la vérité, Hugues est précis et ferme sur ce point, mais sans insistance ; on est même étonné de ne trouver aucune allusion à la communauté des croyants — Peuple de Dieu de l'Ancienne Alliance ou Église du Nouveau Testament — autre que celle toute implicite que suppose la *denonciatio prophetica* [25]. Si l'on peut pourtant conclure ce lien de la prophétie à la communion ecclésiale, c'est que ces indications s'accompagnent d'autres, guère plus nombreuses mais plus explicites, qui soulignent la subordination du charisme prophétique — don en apparence plus extraordinaire — à la foi apparemment plus ordinaire dans sa quotidienneté. Nous l'avons vu, la pensée d'Hugues ne laisse ici place à aucun doute : la foi permet de rejoindre l'ordre des réalités ultimes, tandis que la prophétie n'a jamais pour objet que des réalités créées.

Cette constatation en entraîne une autre qui ne manque pas de surprendre ; on cherche en vain dans la Q. 481 la présence d'une réflexion tant soit peu élaborée sur la communication du monde divin comme tel. Axée de manière prédominante — si ce n'est exclusive [26] — sur l'annonce du futur, la prophétie selon Hugues n'effleure qu'exceptionnellement (à propos d'Isaïe par exemple : *Vidi Dominum*) les cas où le prophète aurait eu connaissance de vérités intrinsèquement surnaturelles. On peut s'interroger sur la manière dont l'auteur aurait rendu compte de l'histoire de la révélation en tant que telle, ainsi que de la constitution progressive du donné de foi. Quand il envisage les rapports de la prophétie au plan divin, sa réflexion suppose que ce plan est déjà révélé et connu. Ainsi la tâche du prophète est-elle moins celle d'un intermédiaire de la révélation, que d'un envoyé chargé de ramener

---

24. Cf. ci-dessus, p. 252 et notes 12-13.

25. On ne trouve le mot *ecclesia* qu'une seule fois, dans un contexte d'exégèse allégorique à propos de l'*Ecce virgo concipiet*, « que in beata virgine impleta fuit litteraliter, et in *ecclesia* impletur cotidie spiritualiter » (III, ad 4, p. 40).

26. Cf. I, ad 9, p. 16 : « Proprie prophetia est de re futura ». Cf. notre index particulièrement éloquent sous la rubrique : *futurum*.

vers la droite voie ceux qui s'en écartent, d'où l'insistance sur la prophétie de « commination ».

Dans la perspective englobante qui est la sienne, Hugues s'est plu à souligner la continuité du dessein divin : le bien de grâce que cherche à procurer la prophétie étant conçu comme une préparation au bien de la gloire future. Et s'il n'a pas parlé explicitement de l'Église, il a néanmoins évoqué le Corps Mystique de manière fort claire : la tête de ce corps, le Christ, étant l'objet privilégié de la prophétie de prédestination, les membres ne l'étant que de manière secondaire (cf. III, ad 6, p. 41). Mais dans cette vision totalisante, les exceptions apparentes ne pouvaient pas ne pas être fortement perçues ; c'est pourquoi le non-accomplissement des prophéties (Isaïe et la mort différée d'Ézéchias ; Jonas et sa prédiction non suivie d'effet de la destruction de Ninive) a constitué pour Hugues comme pour nombre d'autres, un sujet inépuisable de réflexion. Il faut en dire autant du type de nécessité propre à la prophétie de prédestination (*Ecce Virgo concipiet*). A la question posée par les prophéties non réalisées de Jonas et d'Isaïe — la volonté divine peut-elle être mise en échec ? — s'en ajoutait donc une autre, cruciale : la liberté de l'homme est-elle nécessaire à l'accomplissement de la prophétie (le consentement de la Vierge) ?

Dans les réponses données à ces difficultés, on risque d'être sensible avant tout à la subtilité logique qui s'y déploie — avec intempérance, déjà à cette époque —, à moins que ce ne soit à la fragilité de certaines distinctions. Nous ne pourrions pénétrer dans les replis de pareilles discussions sans être conduit à les replacer dans leur contexte théologique le plus vaste ; cela demeure hors de notre propos. Mais si, faisant abstraction de ces prolongements, nous essayons simplement de rassembler ce qui peut contribuer à notre intelligence de la prophétie selon Hugues, nous nous apercevons que sa réflexion, qui gravite apparemment autour de deux sujets principaux, est en fait axée sur un seul thème implicite, qu'il nous faut essayer de dégager car il va demeurer pour la théologie postérieure un point de référence privilégié. D'où l'intérêt de recueillir ces premières solutions, si balbutiantes et si approximatives soient-elles.

Le premier point est en relation directe à la nature de la prophétie ; à ce titre nous en avons déjà parlé à deux reprises [27].

---

27. Cf. chap. I, pp. 160-161 ; chap. III, pp. 197-198.

La prophétie n'est pas une simple prédiction du futur claire et nette, comme le fut par exemple la prédiction du reniement de Pierre (cf. III, ad 9, p. 43). Elle comporte au contraire une frange d'indétermination qui peut laisser en suspens, sinon le prophète du moins ses auditeurs. C'est ce que l'on peut déduire de la doctrine du *duplex intellectus* (cf. II, *Sol. II*, pp. 25-26). Selon ces explications, la prophétie se présente comme un discours signifiant à un double niveau : le premier (*intentio rei*) est directement exprimé par le prophète — Ninive sera détruite ; le second (*intentio signi*) est seulement sous-entendu et plus ou moins clairement signifié — cette destruction peut être celle des œuvres mauvaises par la pénitence. Le prophète est plus ou moins conscient, selon les cas, de ce double niveau ; il n'en est en tout cas jamais totalement ignorant, car il peut au moins penser que la volonté de Dieu n'est pas limitée par son dire. Mais il peut juger préférable de taire le second, pour donner plus de poids à ses paroles en les situant sur le seul premier niveau — à moins que sa débilité intellectuelle ne l'empêche de percevoir le lien entre les deux niveaux et d'en tirer les conséquences [28] ! En toute hypothèse, Dieu, qui sait parfaitement où il veut en venir, sera ainsi placé hors d'atteinte de tout soupçon d'inefficacité ou de duplicité.

Ce *duplex intellectus*, qui rend à nos auteurs d'inappréciables services, ne doit pas être confondu avec ce que Hugues appelle ailleurs une *duplex acceptio* (III, ad 13, p. 47). Si, dans le premier cas, nous sommes aux confins de l'équivocité [29], ce n'est que du point de vue du destinataire, le prophète sait à peu près à quoi s'en tenir ; dans le second cas, nous sommes dans l'équivocité pure et simple, et le « prophète » n'est pas mieux partagé que ses auditeurs : seul l'Esprit divin sait ce qu'il veut lui faire dire. Ce cas extrême est celui du grand-prêtre Caïphe, instrument inconscient du dessein divin, à qui l'Esprit-Saint inspire un message à double sens : « Il est bon qu'un seul homme meure pour tout le peuple ». Caïphe n'entend parler que de l'exécution sommaire d'un gêneur

---

28. Savoureuse explication que suggère la Q. 490 à propos de Jonas : « Aliquando prophete conferunt et non semper dabatur spiritus prudentie cum prophetia » (B, 144vb). Signalons ici que la Q. 490, de préférence à un *duplex intellectus*, parle de *duplex veritas* (*ibid.*).

29. La Q. 490 ne craint pas de parler ici d'ambiguïté (*est igitur in talibus ambiguitas*), mais à la suite d'Augustin (?), elle fait remarquer que pareille incertitude donne à l'homme la chance de se prononcer librement : « Sicut est in ea ambiguitas sentencie, ita dat homini libertatem » (*ibid.*).

pour éviter les représailles de l'occupant romain — il vise une action criminelle; le dessein inspiré n'a en vue que le bien de grâce qui résultera de ce mauvais calcul — la passion du Christ : « Prophetia Cayphe fuit de *passione* Christi et non de *actione* Iudeorum nisi ratione consequentis ».

Les différents cas envisagés (Isaïe, Jonas, Caïphe) comportent nombre de détails qui complètent et nuancent ces grandes lignes. Nous en savons assez cependant pour saisir ce qui se cherche à travers des explications parfois embarrassées. Au-delà de la volonté claire de « justifier » Dieu d'une prophétie non accomplie ou d'innocenter le prophète de tout mensonge, le cas de Caïphe le montre bien, c'est le degré de conscience du messager par rapport à ce qu'il annonce qui est en question. Pour l'exprimer en des catégories qui ne sont pas celles d'Hugues, mais qui nous paraissent impliquées dans ce qu'il dit, il s'essaie à préciser le rôle qui revient au prophète comme transmetteur de la Parole de Dieu. Dans quelle mesure l'homme est-il un instrument adéquat aux mains de l'agent divin ? La parole qu'il annonce n'est pas destinée à ses seuls contemporains, mais aussi à des générations à venir ; venant de plus haut que lui, elle va aussi plus loin. Comment pourrait-il ne pas être un instrument déficient ? puisque le futur prophétique lui échappe, non seulement en ce qui concerne son contenu propre, mais aussi en ses déterminations temporelles précises [30]. Cependant l'instrument humain est nécessaire puisqu'il s'agit d'atteindre des hommes ; cela implique donc que le prophète, agent subordonné, est néanmoins conscient et actif, volontairement engagé dans ce processus.

Ces problèmes ne sont pas tout à fait ceux que Hugues s'est explicitement posés, mais ils ont sans doute été confusément perçus

---

30. Hugues est ici très sommaire ; il n'évoque les déterminations temporelles et locales de la réalité prophétisée que pour les écarter de la *visio in speculo* : « Res ... omnes sunt in speculo per modum incomplexi, etiam complexa, sicut enim *mutabilia sunt ibi immutabiliter et temporalia intemporaliter*, sic complexa incomplexionaliter » (I, ad 10, p. 16). L'équivalent de cette réponse se trouve déjà chez Philippe (cf. C, 78rb *circa finem*), qui reproduit en outre une définition que l'on trouve déjà dans la *Summa Duacensis* : « Propheta est rei future precognitor, preter tempus, sub temporalibus conditionibus, et a Deo » (A, 69va ; éd. P. GLORIEUX, p. 129 ; cf. Q. 540 ; B, 181va *circa finem* ; dans notre édition, n° 4 : *Antonianum*, XLIX (1974), p. 518). Alexandre de Halès est sans doute celui qui s'est intéressé le plus profondément à cet aspect des choses ; pour lui, le prophète a connaissance par révélation de la détermination temporelle qui affecte sa vision (AH, n°s 95-98, pp. 335-336).

par lui, et ses théories du *duplex intellectus* et de la *duplex acceptio* nous apparaissent comme des tentatives pour les résoudre. Si tel ou tel essai exégétique contemporain n'est pas sans rappeler les principes fondamentaux qu'il a énoncés [31], il ne pouvait cependant pas apporter une solution satisfaisante à ces questions, étant donné le plan sur lequel se mouvait sa réflexion.

Cette impossibilité nous apparaît clairement à l'examen du deuxième point important qu'il examine dans ces dernières pages. Il s'agit de la place du libre arbitre dans l'accomplissement des prophéties.

Depuis le début du siècle, la définition de la prophétie de prédestination comme étant celle qui s'accomplit *sine nostro arbitrio*, n'avait pas cessé d'exercer la virtuosité dialectique des auteurs [32]. Hugues n'a donc pas manqué de s'y intéresser, et s'est efforcé à son tour de sauvegarder clairement la place du libre arbitre, même dans ce cas [33] ; mais il a également tenté de préciser la place de la liberté dans la définition des autres espèces de prophétie. C'est elle, assure-t-il après Philippe [34], qui explique

---

31. Pour l'indétermination du futur prophétique, nous pensons, par exemple, à la manière dont le discours eschatologique de *Mat.*, 24, 1-31, mêle l'annonce de la ruine de Jérusalem, celle de la fin du monde et celle de la parousie du Fils de l'homme — phases différentes que seule une analyse attentive du texte peut distinguer (cf. A. FEUILLET, *La synthèse eschatologique de saint Matthieu (XXIV-XXV)*, dans RB, LVI (1949), pp. 340-364). Quant au *duplex intellectus*, il n'est pas sans évoquer les nombreux travaux qui ont été consacrés aux divers sens de l'Écriture (cf. v.g. P. BENOIT, *La plénitude de sens des Livres saints*, dans RB, LXVII (1960), pp. 161-196). Ce que P. Benoit appelle dans cet article le « sens typique » (cf. 166) correspondrait assez bien à la définition que Hugues donne des deux *intellectus* : « Primus intellectus est quod significatur per orationem, secundus intellectus est quod significatur per rem significatam illa oratione » (II, *Sol. II*, p. 25).

32. Pour ne citer que les auteurs les plus proches de la Q. 481, cf. Guillaume d'Auxerre, *Summa aurea*, lib. II, tr. 6, XLIXva, et Philippe, C, 82rb ; parmi les textes du *Douai 434* : Q. 490 (B, 144va) ; Q. 540 (B, 182rb ; dans notre édition, n° 14 : *Antonianum*, XLIX (1974), p. 525) ; ces deux derniers textes réduisent toutefois les considérations nécessaires au minimum, à l'inverse des auteurs du début du siècle qui s'étendaient beaucoup plus amplement sur le sujet.

33. « Prophetia predestinationis semper impletur sine arbitrio hominis cooperante ad efficiendum id quod principaliter prophetatur, sed *non sine arbitrio hominis operante dispositionem preparatoriam* » (III, ad 4, p. 41) ; le vocabulaire n'est toutefois pas celui qu'on attendrait : « *Operata est caro* in virgine preparando se per consensum, *sed non est cooperata* ipsi conceptioni vel incarnationi » (*ibid.*).

34. Philippe n'a été ici qu'un relais (C, 82rb) ; cf. avant lui la *Summa Duacensis* (A, 70ra ; éd. P. GLORIEUX, p. 137), et déjà la *Glos. ord. in Mat.*, 1, 22

qu'il y ait trois espèces de prophéties. Si en effet on considère la réalité prophétisée du point de vue de sa cause efficiente, trois cas se présentent et trois seulement : 1) ou bien c'est l'initiative divine qui réalise tout à elle seule (non sans un concours préalable de l'homme) — cas de la prophétie de prédestination [35]; 2) ou bien c'est le libre arbitre de l'homme seul (quand il se soustrait à la grâce) — c'est cela que vise la prophétie de « commination » [36]; 3) ou bien c'est le libre arbitre de l'homme coopérant avec la grâce de Dieu — nous avons affaire alors à ce qui est l'objet propre de la prophétie de prescience, qui porte justement sur des actes qui ne peuvent être que libres, comme la conversion [37].

Devant ces trois réalisations différentes, quelles que soient les nuances que comporte chacune d'elles et les applications que Hugues en fait, la liberté de l'homme a donc une place honorable et explicitement reconnue. Une chose frappe cependant, cette liberté est évidemment située au plan de l'agir moral (ce qui se traduit notamment par une valorisation bien affirmée de l'idée de mérite [38]). C'est dire qu'elle se vérifie surtout au plan des destinataires de la prophétie, celle-ci étant déjà proclamée ; il n'est nullement question de liberté dans le devenir même du processus prophétique. Hugues est fort net à ce sujet, et parle bien dans les cas que nous venons d'évoquer des *cause efficien(tes) eius quod prophetatur* (III, ad 2, p. 39, 23), et non de la *causa prophetiae*. Le domaine du libre arbitre, c'est celui de la réalisation de l'événement annoncé, non celui de la perception anticipée de cet événement. A ce sujet nous ne pouvons que rappeler un passage déjà mentionné, il reste le dernier mot de l'auteur : « Ioseph enim, solo Spiritu Sancto revelante *sine cooperatione sui ingenii*, previdit et predixit futura » (IV, ad 6, p. 54).

* * *

(texte ci-dessus p. 32, note 2 à Q. 481, III). Alexandre de Halès en fait une utilisation un peu différente (cf. AH, p. 326).

35. La référence augustinienne est ici nettement soulignée : « Prophetia predestinationis ... est de bono gratie principaliter secundum quod pertinet ad capud nostrum quod est Christus, secundario de bono gratie secundum quod pertinet ad membra (...). Istud autem bonum gratie sive predestinationis non cadit sub merito » (III, ad 6, p. 41-42).

36. Cf. III, ad 6, p. 42.
37. Cf. III, ad 5, p. 41.
38. Cf. p. 42 et notre index au mot *meritum*.

Ainsi qu'on a pu s'en rendre compte, si la prophétie est parfaitement intégrée comme essence dans la vision globale d'Hugues, si les réalités prophétisées elles-mêmes prennent place de manière organique dans l'histoire du salut, il n'en va pas de même du prophète.

Le deuxième point examiné par l'auteur nous a conduit à la même constatation que le premier. Théoriquement, le prophète est affirmé — tant au plan de la connaissance que de l'annonce — comme un agent libre [39]; mais de fait l'élaboration théologique d'Hugues échoue à rendre compte de cette liberté de manière satisfaisante. Pour y parvenir il aurait fallu qu'il dispose d'une meilleure théorie de la connaissance — ou du moins qu'il tente de la mettre au service de sa systématisation de la vision prophétique —, ainsi que d'une anthropologie où le sujet humain, plus autonome, n'aurait pas été le simple champ d'interventions de puissances supérieures.

Il aurait fallu également qu'il étende ses réflexions sur la liberté, au-delà de la simple conciliation entre agir méritoire et infaillibilité divine, jusqu'à s'essayer à rendre compte de la participation active du prophète à la perception du message par son activité immanente de connaissance. Hugues a clairement perçu qu'il ne pouvait y avoir adéquation entre l'agent divin et l'instrument humain, d'où ses considérations sur le *duplex intellectus*. Sans mettre en cause cette radicale disproportion, il restait encore un pas à faire, qu'il n'a pas franchi, pour tenter d'expliquer comment la parole prophétique, parole de Dieu certes, est aussi parole d'homme.

---

39. La chose est plus claire cependant au plan de la volonté que de l'intelligence ; cf. ce qui est dit de l'usage vertueux de la prophétie (I, ad 5, p. 13) et sur la liberté laissée au messager (ci-dessus, note 29, p. 205).

CHAPITRE VI

UN PRÉCURSEUR

Pour que cette étude consacrée à la Q. 481 ne demeure pas trop incomplète, il restait à s'interroger sur le destin réservé à ses idées. Ont-elles exercé une certaine influence et sur qui ? ... Le champ ouvert par cette question est trop vaste pour que nous puissions y répondre avec toute l'ampleur requise. Si Hugues de Saint-Cher est bien l'auteur de notre texte, comme nous espérons l'avoir établi, il faudrait passer au crible tous les auteurs qui entrent dans sa sphère d'influence, pour que notre réponse puisse être considérée comme définitive. Cela reste hors de notre propos car, on le sait, le domaine où s'est exercée l'influence d'Hugues est considérable [1] ; il demeure encore assez important si nous restreignons notre enquête au seul *De prophetia*. C'est donc seulement à titre de conclusion provisoire que nous donnons ici le résultat de quelques sondages. Aussi fragmentaires soient-elles, ces conclusions sont pourtant le fruit d'une recherche assez systématique pour que nous puissions les proposer comme certaines.

§ I. THÉOLOGIENS DE L'ENTOURAGE D'HUGUES DE SAINT-CHER

Notre enquête s'est portée en premier lieu sur les « théologiens de l'entourage d'Hugues de Saint-Cher », notamment la *Filia Magistri* et la *Summa Basilensis* [2] ; nous y avons joint Jean de

---

1. A titre de première orientation, cf. v.g. O. LOTTIN, PM, IV, pp. 848-849 ; on pourrait énumérer quantité de travaux qui ont décelé cette influence chez les auteurs les plus divers ; nous y renonçons ici puisque notre propos porte sur un point très particulier.
2. H. WEISWEILER (*Théologiens de l'entourage d'Hugues de Saint-Cher*, dans RTAM, VIII (1936), pp. 389-407) s'est attaché particulièrement : d'une part à la *Filia Magistri*, cet abrégé des *Sentences* dont il établit définitivement qu'il n'est pas l'œuvre d'Hugues, mais d'un auteur qui l'utilise sur un pied d'égalité

Trévise [3] et Roland de Crémone [4], et, pour faire large mesure,

---

avec Guillaume d'Auxerre, et dont la date se situe entre 1235 et 1250 ; d'autre part à la *Summa Basilensis*, autre œuvre anonyme, dépendant aussi des deux mêmes auteurs, pour qui Hugues est cependant la source essentielle, et dont l'époque de composition est la même (vers le milieu du XIIIe s.). On trouvera dans cet article la littérature relative à l'auteur de la *Filia Magistri* (cf. aussi J. GRÜNDEL, *Filia Magistri*, dans LTK, t. IV, 1960, cc. 125-126). — M. GRABMANN (*Eine ungedruckte Summa theologiae aus der ersten Hälfte des 13. Jahrh. (Basel, Univ. B. IX. 18)*, dans RTAM, VII (1935), pp. 73-81) a donné une description du contenu de la *Summa Basilensis*, mais il faut noter qu'il situait sa date de composition beaucoup plus tôt que H. Weisweiler, car il lisait HUGUES DE SAINT-VICTOR, là où il faut lire HUGUES DE SAINT-CHER ; Weisweiler a montré pertinemment le bien-fondé de sa lecture. — Comme Guillaume d'Auxerre, la *Somme* de Bâle rattache ses considérations sur la prophétie à celles sur les anges : « Quoniam ea que prophete vident in speculo eternitatis vident sicut angeli ... » (I, 28rb).

3. La *Summa in theologia brevis et utilis* de JEAN DE TRÉVISE a été, selon toute vraisemblance, écrite avant 1244, car Hugues de Saint-Cher y est encore appelé « frère » et non « cardinal » ; elle est conservée dans un unique manuscrit (*Vat. lat. 1187* ; ici : J), dont A. FRIES a décrit le contenu (*Ein Abriss der Theologie für Seelsorger aus der ersten Hälfte des 13. Jahrhunderts*, dans AFP, VI (1936), pp. 351-360). Le *De prophetia* (f. 11vb-12va), très bref et sans caractère, est introduit ici encore en relation à la considération sur les anges : « Post angelorum cognitionem dicendum de prophetia et primo quid sit » (11vb, l. 32). L'étude de A. Fries est la seule qui soit consacrée explicitement à cet auteur ; toutefois O. Lottin s'est référé plusieurs fois à Jean de Trévise (cf. PM, IV, p. 851), à propos duquel il formule de sévères jugements ; cf. PM, III, p. 351, n. 1 : « pâle résumé » ; IV, p. 118 : « Ces textes ne valent pas d'être cités, étant de simples résumés, imprécis, inintelligibles même si l'on ne recourt pas à la source, et n'accusant aucun progrès doctrinal ». Ces appréciations englobent aussi Herbert d'Auxerre et Ardengus. En dehors de cela, on ne peut guère évoquer que les articles de dictionnaires (cf. v.g. J. GRÜNDEL, *Johannes v. Treviso*, t. LTK, V, 1960, cc. 1092-1093).

4. Pour Roland de Crémone et ses rapports avec Hugues, cf. ci-dessus, notes 7 et 32, pp. 90 et 101. On ajoutera toutefois l'article d'A. DONDAINE (*Un commentaire scripturaire de Roland de Crémone : « Le livre de Job »*, dans AFP, XI (1941), pp. 109-137), si instructif sur la personnalité de Roland. F. EHRLE (*S. Domenico... e la Somma Teologica del primo maestro, Rolando da Cremona*, dans *Miscellanea Dominicana...*, pp. 125-134) a donné une description détaillée des trois livres du *Liber quaestionum* de Roland (I, II, IV), contenus dans le ms *Paris, Mazarine 795* (ici : F). Le *De prophetia* se trouve dans le livre II (f. 35vb-37ra), rattaché à la création de l'homme, et fournit d'ailleurs un bel exemple de coq-à-l'âne théologique, puisque c'est à propos de l'union étroite d'Adam et Ève (*duo in carne una*) que l'auteur enchaîne : « Sed quia ista fuit prima prophetia de Christi et ecclesia, consequenter volumus disputare de ea », et il développe alors ses quatre questions (*quid sit prophetia ; de prophetia Cayphe ; de prophetia comminationis ; utrum teneamur credere in omnibus prophetis*), après quoi il revient à Adam et Ève ... Le livre III, jadis signalé par Th. KÄPPELI (AFP, X (1940), pp. 282-288), édité depuis par A. CORTESI (Bergame, 1962), contient notamment quelques questions *De raptu Pauli* (CCCXXXVII-CCCXLII, pp. 983-1004), qui pourraient trahir une certaine influence d'Hugues

Herbert d'Auxerre [5] — qui ne se rattache pas à cette « école », mais qui est assez proche dans le temps de notre Question pour qu'on ne puisse exclure *a priori* qu'il ait pu la connaître.

Il faut le dire sans retard, le résultat de cette investigation s'est révélé assez décevant. La *Filia Magistri* ne contient rien sur la prophétie ; quant aux autres auteurs, dont Guillaume d'Auxerre est avec Hugues de Saint-Cher la source habituelle, ils ont préféré en ce domaine suivre le premier plutôt que le second. Nous l'avons déjà signalé à propos du caractère d'habitus attribuable à la prophétie (cf. ci-dessus, note 2, p. 244). Cette thèse bien typée au sujet de laquelle Hugues s'oppose à Guillaume, constituait un test idéal pour détecter l'influence de l'un ou de l'autre. Or c'est ici Guillaume qui l'emporte : à l'exception de Roland de Crémone plus personnel, mais qui opte tout de même pour la position de Guillaume, les autres auteurs copient servilement, en la simplifiant à l'excès, la *Summa aurea*.

Nous avons doublé ce premier test d'un second. A propos des quatre éléments à considérer dans la prophétie de Caïphe, nous avons signalé la légère différence par laquelle Hugues se distingue de Guillaume : il emploie le mot *inspiratio* là où le second utilise *intelligentia* (cf. ci-dessus, p. 108).

A partir de ce détail significatif, il était aisé de vérifier laquelle de leurs deux sources habituelles nos auteurs avaient préféré. Ici encore, Herbert d'Auxerre, Jean de Trévise, la *Summa Basilensis* suivent Guillaume de préférence à Hugues [6] ; Roland de Crémone ne mentionne pas ces quatre éléments, mais ne se rapproche pas

---

de Saint-Cher (cf. plus loin note 17). Par contre, la Question *De visione divina*, éditée par H.-F. DONDAINE (RTAM, XIX (1952), pp. 117-118), ne laisse percevoir aucune trace de cette influence.

5. HERBERT D'AUXERRE (mort après 1249) est l'auteur d'une *Abbreviatio* de la *Summa aurea*, qui aurait été composée avant 1234 ; cf. P. GLORIEUX, *Répertoire*, t. I, n° 157, p. 338. U. BETTI (*Notes de littérature sacramentaire*, dans RTAM, XVIII (1951), pp. 211-237) lui a consacré quelques pages (pp. 213-216) ; de même O. LOTTIN, qui ne le tient pas en meilleure estime que Jean de Trévise (cf. note 3), l'a mentionné quelques fois ; cf. PM, IV, p. 847 ; cf. aussi L. OTT, *Herbert v. Auxerre*, dans LTK, t. V, 1960, p. 241. Nous citons son *De prophetia* d'après le ms Vat. lat. 2674 (f. 22rb-23rb ; ici : O) ; lui aussi traite de la prophétie immédiatement après la connaissance des anges *in speculo* et *in verbo*, mais il ne fait pas explicitement le raccord comme les auteurs précédents, et commence simplement par l'énoncé de la formule de Cassiodore — sans l'incise du Lombard : « Prophetia est divina inspiratio rerum eventus immobili veritate denuncians » (O, 22rb, ll. 27-28).

6. Cf. O, 22va ; J, 12ra : L, 29vb.

davantage d'Hugues sur ce point, il se réfère plus volontiers à Prévostin de Crémone [7].

La lecture exhaustive de ces textes confirme ce que nous apprend l'analyse de ces deux passages : aucun des points sur lesquels Hugues manifeste quelque originalité dans la Q. 481, ne transparaît dans les textes de ces auteurs. On n'y trouve en particulier pas le moindre essai pour tenter de rendre compte du mécanisme psychologique de la connaissance prophétique. Seul Roland de Crémone fait une tentative en ce sens, mais elle tourne bien court, puisqu'il se contente d'assurer que les prophètes voyaient *in Verbo*, c'est-à-dire *in intellectu suo illuminato a Verbo* [8].

Il faut donc en convenir, le résultat de cette première enquête est négatif : les thèses caractéristiques de la Q. 481 n'ont trouvé aucune audience chez les auteurs qui dépendent habituellement d'Hugues de Saint-Cher. Accessoirement, il faut en conclure, croyons-nous, que le commentaire des *Sentences* d'Hugues, plus répandu sans doute que le texte de sa Question sur la prophétie, a relégué celle-ci dans l'ombre. Il est pourtant des auteurs — et non des moindres ! — qui l'ont connue, et nous devons maintenant en relever les indices [9].

§ II. GUERRIC DE SAINT-QUENTIN ET LE *DE PROPHETIA* D'ASSISE 186

La première trace en date de cette influence se relève déjà chez un auteur qui pourrait être Guerric de Saint-Quentin ; c'est du moins une indication du manuscrit *Assisi, Bibl. com. 186* qui

---

7. « Ad hoc dicebat Magister Prepositinus quod Spiritus Sanctus fuit usus Caipha quasi quoddam instrumento sicut fuit usus asina Balaam quando loquebatur » (F, 36ra, l. 60) ; le début de cette phrase se trouve textuellement chez Guillaume d'Auxerre, qui a toutefois omis la mention de l'ânesse (f. XLIXva *circa finem*).

8. F, 36va, l. 11.

9. A la liste des auteurs que nous avons pu étudier, il faudrait peut-être ajouter le dominicain Richard Fishacre, dont on connaît les attaches parisiennes ; cf. F. Pelster, *Das Leben und die Schriften des Oxforder Dominikanerlehrers Richard Fishacre*, dans ZKT, LIV (1930), pp. 518-553. Peut-être trouverait-on quelques éléments dans les *Sentences*, mais s'il a existé de lui un volume de *Quæstiones variæ*, il est aujourd'hui inconnu. Il ne serait sans doute pas inutile non plus de prospecter du côté des maîtres franciscains, puisque, le paragraphe suivant le montrera, les idées d'Hugues ont trouvé un écho dans ce milieu.

nous met sur cette voie [10]. Dans la marge du f. 12ra, on trouve en effet la mention *Ger*, face à certaines positions rapportées par l'auteur [11]. Il est difficile d'attribuer cette opinion à Guerric sur la foi de cette seule indication, car nous n'avons pas de lui l'éventuel traité de la prophétie qui permettrait de le vérifier [12]. En toute

---

10. Le ms *Assisi, Bibl. Com. 186* a été particulièrement étudié par F. M. HENQUINET (EF, XLIV (1932), pp. 633-655 ; XLV (1933), pp. 59-82), qui pensait avoir établi qu'il s'agissait là d'un autographe provenant intégralement de la main de saint Bonaventure (cf. p. 640 ; du même auteur : *Un recueil de questions annoté par S. Bonaventure*, dans AFH, XXV (1932), pp. 553-555). Reprenant cette question trente ans plus tard, I. Brady a montré les points faibles de l'argumentation d'Henquinet et donc la fragilité de cette attribution que rien ne justifie de manière irrécusable (*S. Bonaventura alunno della scuola francescana di Parigi*, dans *L'Uomo Bonaventura* (Incontri Bonaventuriani, 9), Montecalvo Irpino, 1973, pp. 62-74). Il reste pourtant que ce manuscrit où Bonaventure est largement utilisé, nous plonge par ses citations dans un milieu surtout franciscain : Alexandre de Halès, Guillaume de Méliton, Jean de la Rochelle ; mais il évoque aussi Guerric de Saint-Quentin et Guiard de Laon.

11. Notre attention a été attirée sur ce point par B. DECKER (*Die Entwicklung*, pp. 148-149), mais F.-M. HENQUINET (*Les écrits du Frère Guerric de Saint-Quentin O.P.*, dans RTAM, VI (1934), pp. 184-213 ; 284-312 ; 394-410) cite lui aussi ce texte, ainsi qu'un deuxième du même manuscrit où l'auteur évoque de nouveau Guerric ; cf. pp. 213-214.

12. Au moment où nos recherches sur l'auteur de la Q. 481 n'avaient pas encore abouti, le texte que nous citons ci-dessous, note 14, nous a paru assez précis pour motiver une recherche en paternité littéraire du côté de Guerric de Saint-Quentin. Outre le travail déjà cité de F.-M. HENQUINET (note précédente), nous avons donc utilisé du même auteur : *Notes additionnelles sur les écrits de Guerric de Saint-Quentin* (RTAM, VIII (1936), pp. 369-388). L'article antérieur de A. FRIES (*De commentario Guerrici de S. Quintino in libros Sententiarum*, dans AFP, V (1935), pp. 326-340) a attiré notre attention sur sa proximité à l'égard d'Hugues de Saint-Cher (cf. pp. 329 ; 331 ; 340) ; de fait, certains textes sur la préparation à la grâce (cf. p. 334) ne sont pas sans rappeler ceux de la Q. 481 (cf. III, ad 4, p. 41). Dans l'article de H.-F. DONDAINE et B.-G. GUYOT, *Guerric de Saint-Quentin et la condamnation de 1241* (RSPT, XLIV (1960), pp. 225-242), nous avons trouvé quelques mots concernant la prophétie (cf. p. 241, ll. 123-137), mais sans lien avec la Q. 481 (mis à part le fait que Guerric refuse lui aussi la vision de l'essence divine pour le prophète, cf. *ibid.*, l. 133). Les textes édités dans ce dernier article exceptés, on ne trouve aucune autre indication pour notre sujet dans le travail postérieur de B.-G. GUYOT, *Quaestiones Guerrici, Alexandri et aliorum magistrorum (Praha, Univ. IV D 13)*, dans AFP, XXXII (1962), pp. 5-119. Une note en marge de ce ms parle bien de prophétie, mais en termes tels qu'ils ne permettent pas de conclure à l'existence d'un texte de Guerric sur ce sujet : « Tertio quesitum est utrum anima cum corpore et in corpore possit esse beata et pertinet ad de quolibet G^{er} supra *post questiones de prophetia* » (*ibid.*, p. 87, nous soulignons). Le P. Guyot a bien voulu chercher pour nous dans les commentaires scripturaires de Guerric aux endroits souvent cités par la Q. 481, dans l'espoir de découvrir quelque parenté entre les deux textes, mais il n'a rien trouvé. Nous avons donc abandonné

hypothèse, l'auteur ainsi désigné est antérieur à ces notes sur la prophétie [13] et postérieur à Hugues, dont il reproduit la pensée avec assez d'exactitude pour qu'on puisse supposer qu'il la connaît.

Nous donnons ici l'essentiel de ce texte que nous reproduisons en note [14]. A la question de savoir si les prophètes ont vu le *speculum eternum* lui-même, l'auteur répond en rappelant d'abord la position de Philippe [15] : les prophètes virent *in illo speculo sub quodam enigmate, preexistente speculo creature*. Mais cette position se heurte à l'objection selon laquelle l'essence divine ne peut être vue par un homme encore sur cette terre. C'est pourquoi d'autres disent autrement (*dicunt secundi aliter*) : les prophètes ne peuvent voir l'essence du *speculum* à moins qu'ils ne soient totalement en extase, et c'est pourquoi ceux-là disent que voir dans le *speculum* c'est voir dans une « irradiation » qui provient de lui : *videre in speculo, hoc est videre in irradiatione que exit a speculo*. C'est en marge de ce résumé qu'on trouve la mention en abrégé : *Ger*.

Il est clair que nous ne retrouvons pas dans ce texte les termes mêmes d'Hugues de Saint-Cher ; au contraire, il ignore jusqu'au mot même d'*irradiatio* ici utilisé. Ce dernier pourrait plutôt faire penser à Alexandre de Halès, mais à tort : pour Alexandre de Halès, c'est l'*irradiatio* (ou l'*illuminatio*) elle-même qui est le

---

cette piste et, on l'a vu, nos recherches ultérieures nous ont ramené vers Hugues de Saint-Cher.

13. F.-M. Henquinet pensait pouvoir le situer vers 1252/53 ; en fait, d'après I. BRADY (*loco cit.*, p. 71), elles seraient sans doute postérieures au *Commentaire* de Bonaventure sur les *Sentences*, car, dans ce recueil, bien des passages sont repris de Bonaventure.

14. « Utrum prophete videant speculum eternum (...). Ad hoc quidam (*en marge :* Cancellarius) dixerunt quod est speculum creature et speculum creatricis essencie (...). Sed quia Deus sive divina essencia non videtur in presenti a viatore secundum quod est in statu viatoris, propter hoc dicunt secundi aliter (*en marge :* Ger(ricus)) quod prophete non viderunt in ipso speculo, id est ipsa essencia speculi, tum quia non se offerebat, tum quia anima non est nata videre dum est in statu viatoris nisi penitus abstrahatur ab illo ut in raptu, et sic patet primo quesitum. Propter hoc dicunt quod videre in speculo, hoc est videre in irradiatione que exit a speculo et sic intelliguntur auctoritates » (S, 12rb). Ce texte est aussi reproduit par F. M. HENQUINET (*ibid.*, p. 214) et par B. DECKER (*Die Entwicklung*, pp. 148-149), plus largement toutefois par ce dernier, qui le replace dans la doctrine d'ensemble de Bonaventure sur la prophétie.

15. F. M. HENQUINET (*ibid.*, p. 214) a lu ici : *Guillelmus* ; B. DECKER (*Die Entwicklung*, p. 148) a lu · *Cancellarius* ; autant que nous puissions en juger d'après le micro-film, c'est cette dernière lecture qui est la bonne.

speculum eternitatis [16] ; tandis que pour cette opinion, le *speculum* reste bien identifié à l'essence divine qu'on ne peut voir et c'est son action illuminatrice qui permet la vision prophétique. Si l'on tient compte que cette position est ici évoquée à travers deux intermédiaires différents (Guerric (?) et l'auteur qui la rapporte), nous sommes en fait très proche de la déclaration d'Hugues de Saint-Cher : « Speciem autem illam intelligibilem mediante qua fit visio intellectualis non intelligo aliud quam *lumen infusum menti* per quod videt rem enonciandam » (II, *Sol. III*, p. 28) [17]. Si c'est bien Hugues qui est ici visé, on lit avec d'autant plus d'intérêt la mention selon laquelle, d'après cette opinion, le prophète doit être en extase (*ut in raptu*) ; l'auteur expliciterait donc la pensée d'Hugues plus nettement que celui-ci ne l'a fait dans la Q. 481 et notre propre interprétation s'en trouve ainsi confirmée.

Si cette première trace d'une possible influence de la Q. 481 reste sujette à discussion, il n'en va pas de même de la seconde : il s'agit d'un fait clair et précis. On s'en souvient, Hugues ouvre sa Question par une citation de l'*Éthique à Nicomaque* : « Tria sunt in anima et non plura, sicut dicit Philosophus : potentia, habitus et passio » (I, obj. 1, p. 3).

Inconnue avant lui dans ce contexte, cette citation se retrouve dans deux auteurs qui lui sont postérieurs : dans le manuscrit d'*Assise 186* et chez Thomas d'Aquin. L'auteur du *De prophetia* d'Assise a même placé cette évocation d'Aristote tout au début de ses considérations : « Dona Sancti Spiritus in anima sunt habitus, sed prophetia est huiusmodi, etc. ; questio est utrum prophetia sit habitus et quod sit videtur : *omne quod est in anima est potentia vel passio vel habitus* » [18].

Thomas d'Aquin fait de même dans son *De veritate* et sa formulation est encore plus proche de celle d'Hugues : « Tria sunt in anima : potentia, habitus et passio » [19]. Dans la *Somme* où la problématique est légèrement différente, cette citation ne vient

---

16. Cf. textes cités ci-dessus, pp. 128-131.
17. Il sera permis d'évoquer ici un passage de ROLAND DE CRÉMONE : « Dicimus quod Paulus vidit illa secreta celestia sine ymaginibus, *sed mediante luce qua fuit suus intellectus perfusus. Et illa lux fuit creata...* » (*Summa*, III, Q. CCCXL, § 23, éd. A. CORTESI, p. 996). Compte tenu du fait que la réalité à expliquer n'est pas la même, on ne peut pas ne pas noter la grande ressemblance de cette assertion de Roland avec celle de son ancien bachelier sententiaire.
18. *De prophetia*, I (S, 10vb, ll. 1-2).
19. THOMAS D'AQUIN, *De ver.*, 12, 1, 1er *sed contra*.

qu'au début du deuxième article du traité de la prophétie, mais la tournure est exactement la même [20].

Certes, l'utilisation d'Aristote après 1230 est beaucoup plus courante qu'auparavant, et l'on peut penser que les deux auteurs ont pu recourir directement au texte de l'*Éthique*. Il semble pourtant qu'il y a là plus qu'une coïncidence, et ceci pour deux raisons.

D'une part, l'emploi de cette référence se situe dans le contexte d'ensemble d'une discussion sur le caractère d'habitus de la prophétie. Or Hugues, l'auteur d'*Assise 186* et Thomas sont les seuls à procéder à cet examen depuis Guillaume d'Auxerre ; ce n'est le cas ni de Philippe, ni d'Alexandre de Halès, ni d'Albert le Grand ; on peut donc penser que Hugues a joué ici un rôle d'initiateur [21].

D'autre part, il est significatif que nos trois auteurs parlent de *potentia*, d'*habitus*, de *passio*, au singulier. Or ce n'est le cas ni de l'*Ethica vetus* en usage avant 1240, ni de la traduction de Robert Grosseteste qui apparut à ce moment-là : ces deux textes ne

---

20. ID., *Summa theol.*, II-II, 171, 2, obj. 1.
21. Au moment de livrer ces pages à l'impression, nous avons découvert un nouvel auteur qui partage lui aussi cette problématique. Il s'agit d'un anonyme, dont la question *De prophetia* se trouve contenue dans le ms de *Madrid, Nac. 4008* (autrefois *P 37*), f. 59va-82va, jadis signalée par les éditeurs de Quaracchi qui en ont publié quelques extraits (cf. *De humanae cognitionis ratione anecdota quaedam seraphici doctoris sancti Bonaventurae et nonnullorum ipsius discipulorum*, Quaracchi, 1883, pp. 71-72). Bien que probablement assez tardif (il voisine dans ce manuscrit de la fin du XIIIe s. avec des quodlibets de Nicolas du Pressoir, dont certains sont très précisément datés de 1273), ce texte se signale par une facture assez archaïque ; ses schèmes de pensée sont des environs de 1235 (la formule de Cassiodore et les questions qui se posent autour du *speculum* et de la vision *in speculo*). Il pose avec beaucoup d'ampleur la question de la prophétie-habitus : « (Queritur) secundo quid sit in se, utrum actus solum vel habitus ; tertio, si est habitus, utrum naturalis vel gratuitus, et si gratuitus utrum faciens gratum vel non ; quarto, utrum sit unus habitus vel plures et si in qualibet illuminatione infundatur novus habitus » (f. 59va). Sa réponse va dans le même sens que celle de l'anonyme d'Assise : « Prophetia est habitus infusus gratis datus mediante quo elevatur mens prophete ad videndum Deum et sic videt in speculo » (66rb). Mais l'auteur connaît certainement Hugues de Saint-Cher ou Thomas d'Aquin ou peut-être les deux et rappelle leur position en ces termes : « Dicunt quidam quod prophetia non est habitus sed potius actus unde illustratur mens prophete ad videndum ... tamen cum actus videndi recedit et recedit illa illustratio remanet memoria rei vise. Unde ille species impresse in mente prophete in illa visione prophetica et cognitio earum non ex toto tolluntur, immo quodammodo tenentur ut propheta possit denunciare » (66ra). Ce texte est trop étendu pour être exploité ici et maintenant, mais il contient nombre d'autres indices qu'il serait intéressant de relever comme témoins de la postérité des idées qui se sont fait jour vers 1230.

connaissent que le pluriel : *passiones, potencie, habitus* [22]. A moins que les trois auteurs ne se réfèrent à une même version qui ne nous est pas parvenue comme telle, il paraît vraisemblable de conclure que les deux auteurs postérieurs ont été victimes de la citation approximative faite par le premier [23], et l'un d'eux au moins — Thomas — a reproduit la séquence d'Hugues (*potentia, habitus, passio*) qui n'est pas celle de l'original (*passiones, potencie, habitus*) [24].

§ III. THOMAS D'AQUIN

En ce qui concerne l'auteur d'*Assise 186*, s'il y a eu emprunt à Hugues, cela ne semble pas être allé plus loin que cette position du

---

22. Voici d'abord le texte de l'*Ethica vetus* : « Quoniam igitur ea que in anima fiunt tria sunt, passiones, potencie, habitus, horum aliquid erit virtus » (*Aristoteles latinus*, XXVI, 1-3, fasc. 2, éd. R.-A. GAUTHIER, Leiden-Bruxelles, 1972, p. 11, ll. 14-15). Comme on peut s'en rendre compte, la traduction de Robert Grosseteste n'est pas très différente de ce premier texte : « Quia igitur que in anima fiunt tria sunt passiones, potencie, habitus, horum aliquod utique erit virtus » (*ibid.*, fasc. 3, p. 168, ll. 20-21). Nous pouvons faire abstraction de la version revisée de Grosseteste puisque en toute hypothèse Hugues n'aurait pu l'utiliser avant 1240. On peut toutefois noter que le singulier se trouve aussi chez Alfred de Sareshel (*De motu cordis*, éd. Cl. BAEUMKER, p. 90), mais dans un ordre différent : *potentiam, passionem, habitum*.

23. L'édition critique du *De veritate* (éd. léonine, Rome, 1970) renvoie à propos de cette citation d'Aristote par saint Thomas au ms *Vat. lat. 2171*, f. 33v, mais n'en donne pas le texte ; cependant, ce manuscrit, utilisé dans l'édition de l'Éthique par l'*Aristoteles latinus*, n'apparaît pas dans l'apparat critique de cette dernière comme ayant ici une variante semblable, ce n'est donc pas lui qui aurait ce texte au singulier. On sait par ailleurs que les auteurs scolastiques et Thomas lui-même n'utilisent pas toujours des citations de première main (Cf. H.-F. DONDAINE, dans RSPT, XXXVI (1952), pp. 231-243 ; cf. p. 242). L'emploi de cette même citation par Thomas et l'anonyme d'Assise pose d'ailleurs le problème de l'utilisation de ce dernier par le premier. B. DECKER (*Die Entwicklung*, p. 170), qui voyait en lui saint Bonaventure, avait noté la présence chez saint Thomas de certains traits semblables ; la chose ne nous a pas paru évidente, mais ce texte mériterait d'être édité et étudié pour lui-même.

24. Nous avons noté un autre point précis où Thomas emploie une expression que l'on trouve déjà chez Hugues. Définissant le prophète par sa relation aux réalités qui sont *procul a communi cognitione*, il ajoute : « ut sic dicatur esse prophetia non solum *procul fans*, id est annuntians, sed etiam procul videns a phanos, quod est apparitio » (*De ver.*, 12, 1, c.). Les éditeurs de la Léonine (t. XXII, p. 367, 157) renvoient ici à Albert le Grand (*Postilla super Ier.*, 1, 5, éd. Col., XIX, p. 365, l. 18 : « Propheta ' procul fans ' vel ' pro aliis fans ' dicitur »), mais ils notent aussi : « procul fans : non invenimus », signalant ainsi que la véritable source leur échappe. Or cette tournure se rencontre déjà dans la Q. 481 (I, ad 12, p. 17 : « Secundum nominis rationem prophetari enim dicitur quasi procul fari et *propheta procul fans* » ; cf. également ci-dessus p. 157).

problème. Il prend en effet par la suite une position opposée à celle d'Hugues; bien qu'il l'exprime avec nuances, il tient fermement que le don de prophétie est un *habitus infusus* [25].

Il n'en va pas de même de Thomas, qui tient résolument que la prophétie n'est pas un *habitus*. Nous avons déjà signalé l'un ou l'autre point sur lesquels Hugues semble avoir préparé les solutions de son grand confrère [26], il est temps maintenant de voir cela de plus près. Nous avons noté ici trois points précis sur lesquels son texte est assez voisin de celui d'Hugues pour conduire à s'interroger sur les liens qui existent entre les deux auteurs.

1. Le premier de ces points, c'est justement le refus de considérer la lumière prophétique comme une forme permanente qui se trouverait dans le prophète à l'état d'une qualité stable; pour Thomas, elle est plutôt comparable à une « passion » qui ne se

---

25. Cf. S, 10vb ; ce texte a été reproduit et analysé par B. DECKER, *Die Entwicklung*, pp. 138-140 ; cf. aussi l'analyse très fine de H. URS VON BALTHASAR, *Besondere Gnadengaben*, p. 300. Nous n'avons pu relever d'autres ressemblances notables entre ce texte et celui de la Q. 481. Il se pourrait pourtant qu'un autre passage trahisse une certaine influence d'Hugues ; il s'agit d'une réflexion sur le caractère de grâce *gratis data* qui revient à la prophétie : « Ad illud quod queritur, utrum sit donum gratie gratis date aut gratum facientis, respondent *quidam* quod gratie datis date et tamen non compatitur se cum mortali. Dicunt enim quod quoddam est donum Spiritus Sancti quod quidem bonum est et bonos facit sicut caritas, et hec est solum in bonis ; quoddam est quod bonum est et tamen non facit bonos nec malos, et hec est in triplici differentia : quoddam est in malis tantum, ut timor servilis : quoddam in bonis et malis, ut operatio miraculorum ; quoddam in bonis tantum, ut donum prophetie sive ipsa prophetia. Unde etsi mali aliquando dicant verum Spiritu Sancto dictante, tamen non habent prophetiam nec dicendi sunt prophete sicut Balaam et Cayphas, et sic respondent ad illud quod dicit quod gratia gratis data compatitur se cum mortali » (S, 11ra-rb ; reproduit aussi par B. DECKER, *Die Entwicklung*, p. 142). On reconnaît dans ce texte les éléments d'une doctrine que nous avons évoquée dans un de nos tableaux (ci-dessus, pp. 76-77) ; avec beaucoup de perspicacité B. DECKER (*ibid*.) se demandait si Philippe était ici vraiment la seule source de l'auteur. Si c'était le cas, concluait-il, il faudrait admettre qu'il dégage du texte de Philippe des conséquences que celui-ci n'avait pas vues. Nous penserions plutôt que l'auteur redit ici avec ses propres mots la doctrine d'Hugues dans les réponses *ad 4* et *ad 6* (pp. 12 et 13), mais la réinterprétation est telle qu'il n'est guère possible de le prouver.

26. Cf. ci-dessus, notes 27, 28, p. 204 ; ce rôle de précurseur n'a pas échappé à H. URS VON BALTHASAR qui notait — à très juste titre selon nous — que sous son apparence platonicienne la théorie du *speculum* d'Hugues de Saint-Cher laissait percer plus clairement que chez ses prédécesseurs ce que sera la future position thomiste : « Aber unter diesem ganz platonischen Gewand schaut bei Hugo *deutlicher als bei seinen Vorgängern* die spätere thomistische Position hervor » (*Besondere Gnadengaben*, p. 334 ; nous soulignons).

trouve dans le prophète qu'au moment où il est actuellement inspiré. Il faut ici reproduire ces termes : « Oportet quod lumen propheticum non sit habitus sed magis sit in anima prophetae per modum cuiusdam passionis (...). Lumen prædictum (non) remanet in mente prophetae nisi quando *actualiter* divinitus inspiratur » (*De veritate*, 12, 1, c.).

Il est évident pour quiconque compare le texte d'Hugues à celui de saint Thomas, que ce dernier fait preuve d'une ampleur de documentation, d'une maîtrise dans l'exposé, d'une propriété de termes, sans commune mesure avec celles de son confrère. Plus explicitement que ne le fait ce dernier, Thomas dégage le caractère transitoire de l'illumination prophétique ; mais Hugues avait lui aussi clairement souligné le caractère « actuel » de ce don par opposition à la stabilité de l'*habitus* de foi (cf. ci-dessus, p. 252). On ne peut donc pas ne pas souligner le fait que les deux auteurs s'accordent sur ce point, et la chose est d'autant plus frappante qu'ils sont les deux seuls. Des théologiens qui suivent souvent les positions d'Hugues de Saint-Cher préfèrent sur ce point se rattacher à Guillaume d'Auxerre [27] ; un auteur qui a influencé Thomas d'Aquin comme Albert le Grand, a une position différente [28] ; la position de Thomas est sans doute fondée en raison, mais le fait qu'il rejoigne Hugues sur ce point invite à penser qu'il a pu s'inspirer de lui.

2. Cette inspiration reçoit un accroissement de vraisemblance à l'examen du second point que nous avons retenu. On se souvient de la manière dont Hugues définit la prophétie comme une réalité complexe qui présente essentiellement deux phases : un *actus triplex* précédé d'une *duplex passio* [29]. Cet acte triple comporte entre autres la *visio* par le prophète de ce qui lui apparaît ; la *passio* réside dans la réception des images et du *lumen* révélant (cf. I, ad 1, p. 11-12). Or, à la même place exactement — c'est-à-dire en réponse à l'autorité d'Aristote alléguée pour démontrer que la prophétie doit être une des *tria que sunt in anima* —, Thomas d'Aquin donne la solution que voici : « Prophetia autem

---

27. Cf. ci-dessus, p. 269.
28. Quand il arrive à Albert le Grand d'évoquer ce sujet, il s'exprime en ces termes : « Prophetia enim est *quasi habitus* vel naturae habilitas ex illuminatione intellectus futura praecognoscens » (*De somno et vigilia*, I, 3, éd. A. BORGNET, p. 181a).
29. Cf. notre analyse, ci-dessus, p. 155.

quantum ad ipsam visionem prophetae est actus quidam mentis, quantum vero ad lumen, quod raptim et quasi pertranseunter percipitur, *est similis passioni,* prout in intellectiva parte *receptio passio* dicitur » (*De veritate,* 12, 1, rép. au 1er *sed contra*).

Ce texte de saint Thomas est intéressant à plus d'un titre, car s'il donne le même type de solution que la Q. 481 (ici encore ce sont des positions qu'ils sont seuls à avoir en commun), il la développe, la conduit plus loin, et la fonde par un recours à Aristote. Il ajoute en effet : « Quia intelligere etiam quoddam pati est, *ut dicitur in III De anima* » (*ibid.*). C'est avec intérêt que nous avons retrouvé ici cette évocation, car elle justifie l'hypothèse que nous avons faite ci-dessus, et dans laquelle nous proposons de voir dans ce texte d'Hugues un vestige aristotélicien étouffé (cf. p. 231).

Mais la réponse de Thomas contient encore un trait qui rappelle celle d'Hugues. Toujours en réponse à l'« autorité » extraite de l'*Éthique à Nicomaque,* Thomas explique : « Quia actus totaliter ab habitu oritur, ideo in illa Philosophi divisione *actus ad habitum reducitur,* vel etiam ad passionem... » (*De ver.* 12, 1, ad 1). Hugues, pour sa part, avait une position très voisine : « Quod obicitur quod quicquid est in anima est potentia vel habitus vel passio, intelligendum est vel *actus qui est ex habitu* et potentia... » (I, ad 1, p. 11-12). Ici encore on peut noter entre les deux textes des différences qui sont à l'avantage de Thomas d'Aquin, mais la communauté d'inspiration ne paraît guère douteuse.

3. Un troisième indice achève, croyons-nous, d'établir cette parenté des deux textes — et donc une certaine dépendance du second par rapport au premier. Dans ce même article du *De veritate,* après avoir refusé de considérer la prophétie comme un *habitus,* Thomas concède cependant qu'on peut parler ici d'une certaine *habilitas.* De même que, dans l'ordre naturel, la répétition fréquente d'une passion subie n'est pas sans laisser quelque trace qui rende plus perméable à la subir de nouveau (ainsi de la tristesse), de même que dans l'ordre surnaturel l'âme « touchée » une fois par l'Esprit s'élève plus aisément à la prière, ainsi l'esprit du prophète ayant été déjà inspiré, demeure plus apte à être inspiré de nouveau [30].

---

30. « Mens prophetae postquam fuerit semel vel pluries divinitus inspirata, etiam actuali inspiratione cessante remanet habilior ut iterum inspiretur ; et haec habilitas potest habitus prophetiae dici, sicut etiam Avicenna dicit in

Il nous paraît éclairant de rapprocher ce texte d'un passage d'Hugues de Saint-Cher, qui explique que l'*actus triplex* dont il a parlé, laisse dans l'esprit du prophète « comme » un *habitus* (*quidam habitus*), c'est-à-dire une certaine connaissance par laquelle le prophète sait qu'il a vu et ce qu'il a vu ; cet *habitus* ce n'est pas la prophétie elle-même, mais bien plutôt son effet (I, ad 3, p. 12).

Plus encore que dans les cas précédemment analysés, ces deux textes témoignent d'une élaboration différente. Chez Hugues, ce *quidam habitus* est causé par l'acte prophétique même, et il n'est défini qu'en relation à cette expérience passée, dont il est l'effet. Chez Thomas, ce n'est pas l'acte mais la *passio* qui est la cause, et cette *habilitas* est tournée vers l'avenir ; de plus, le contexte de référence — Avicenne [31] — est ici ignoré d'Hugues. Cependant, au-delà de ces divergences, il est aisé de percevoir une analogie profonde entre les deux auteurs.

Si leur réponse procède du même refus décidé de considérer la prophétie comme un *habitus*, elle témoigne aussi du même désir de ne pas ignorer un autre aspect de la question. Il est certes possible que le même contexte de pensée ait provoqué chez l'un et l'autre le surgissement des mêmes questions et de réponses semblables, mais il nous semble préférable d'expliquer cette ressemblance (qui se manifeste sur cinq points différents en une même question [32]) par le fait que Thomas a connu et utilisé le texte d'Hugues.

Pour que cette constatation n'induise pas en erreur, il faut toutefois ajouter que la manière dont Thomas a pu se servir d'Hugues, n'est en rien comparable aux procédés de ce dernier à

VI De naturalibus quod habitus scientiarum in nobis nihil aliud sunt quam habilitates quaedam animae nostrae ad hoc quod recipiat illustrationem intelligentiae agentis et species intelligibiles ab ea in se effluentes. Sed tamen non proprie potest dici habitus sed magis habilitas vel dispositio quaedam a qua aliquis nominatur propheta etiam quando actu non inspiratur » (*De veritate*, 12, 1, c. *in fine*).

31. Il est à noter que saint Thomas sera plus circonspect dans la *Somme* et fera disparaître cette référence à Avicenne (cf. II-II, 171, 2, ad 2). H. URS VON BALTHASAR (*Besondere Gnadengaben*, p. 298) note avec raison qu'il ne faut pas se laisser abuser par cette référence ; saint Thomas la dément aussitôt, car contrairement à Avicenne — et tout comme Hugues de Saint-Cher — il assure que, si parfaite que soit cette *habilitas*, il n'est pas au pouvoir du prophète d'en user à son gré (*De ver.*, 12, 1, ad 1).

32. Le quatrième point est la citation d'Aristote *Tria sunt in anima* ; le cinquième la définition du prophète comme *procul fans* (cf. note 24).

l'égard de Philippe ou de Guillaume d'Auxerre. Quand Hugues se sert massivement du texte de ses devanciers, il y introduit des corrections qui témoignent de son travail personnel, mais pour une large part cela reste un emprunt pur et simple. Il en va tout autrement de Thomas à l'égard d'Hugues ; cette utilisation est l'illustration parfaite du travail de tout homme qui réfléchit à un sujet donné ; les allusions qu'on peut détecter dans son texte témoignent certes de sa documentation, mais la manière dont les sujets sont repris ne laisse aucun doute sur le travail d'assimilation qui a été accompli. Nous n'avons mentionné ici que cinq points (dont certains minimes), alors que ce premier article du *De veritate* ne comporte pas moins de seize objections et autant de réponses, sans compter la *Solutio*. Si l'on pouvait replacer ces cinq éléments dans le contexte de l'ensemble, leur valeur en serait sans doute relativisée ; notre propos était plutôt de les accentuer, mais non aux dépens de la vérité. De toute façon nous croyons avoir montré la réalité de ces rapports de Thomas d'Aquin à Hugues de Saint-Cher à propos de leur enseignement sur la prophétie [33].

---

33. L'intérêt de ces premiers résultats nous a conduit à reprendre cette étude et à l'étendre à l'ensemble des passages où Thomas d'Aquin parle de la prophétie (cf. RT, LXXIV (1974), pp. 5-22). Nous avons pu établir de manière plus nette que nous ne l'avons fait ci-dessus (p. 204 et note 27) la réalité de ces rapports en ce qui concerne la nécessité d'un *medium* créé pour la vision prophétique. Nous avons également signalé un passage du *Commentaire sur Isaïe* dans lequel Thomas pourrait manifester une certaine connaissance de la Q. 480, mais la chose est assez problématique. En fait, nous n'avons rien trouvé de comparable aux points de contact que nous relevons ici.

CONCLUSION

Si nous jetons maintenant un regard rétrospectif sur l'ensemble de ce travail, il nous semble que deux sortes de conclusions peuvent être tirées de notre recherche. Certaines sont assez claires et précises pour accroître, si modestement que ce soit, la somme de nos connaissances sur le deuxième quart du XIIIe siècle. D'autres, aux contours moins nets, ne sont pas moins précieuses à enregistrer, car elles sont, pour ainsi dire, la « doublure » dont l'épaisseur est indispensable à l'intelligence des précédentes ; plus et mieux que des dates ou des faits particuliers, elles apportent la vie de cette époque.

En ce qui concerne la première série de conclusions, plutôt que de nous astreindre à dresser une nomenclature complète de tous et de chacun des résultats obtenus, nous avons préféré ne relever que les plus significatifs, les faisant suivre à l'occasion de réflexions complémentaires.

Rappelons d'abord l'influence certaine que ce texte a subie de Guillaume d'Auxerre d'une part, de Philippe le Chancelier d'autre part ; les emprunts à ces deux auteurs sont considérables. Le peu d'intérêt du travail tout autant que son énormité nous a dissuadé de le publier, mais nous avons fait pour les besoins de cette étude la mise en parallèle intégrale du texte de Philippe et de celui de la Q. 481. Nous avons fait de même pour de larges extraits de Guillaume d'Auxerre. Les résultats sont quantitativement étonnants. Pour autant que des appréciations chiffrées puissent en donner une idée, nous pensons pouvoir dire que les neuf-dixièmes du texte de la Q. 481 sont des emprunts littéraux ; sept d'entre eux environ proviennent de Philippe, les deux autres de Guillaume d'Auxerre.

Ces chiffres effarants ne rendent pourtant pas compte de toute la réalité. Le plus étonnant est que ce texte-mosaïque, apparemment recomposé de toutes pièces, trahit la présence d'un auteur très conscient de ses choix. Il n'est que de lire attentivement les textes qu'il retranscrit massivement pour y déceler des omissions, des ajouts, des retouches significatives, qui dénotent clairement ses options et par lesquelles il prend ses distances, alors même qu'on le jugerait asservi à son modèle. Finalement, nous croyons l'avoir prouvé, dans ce dixième du texte qui est son bien propre, il propose des vues vraiment personnelles, et assez originales pour préfigurer celles de Thomas d'Aquin.

Cet auteur, nous l'avons identifié comme étant Hugues de Saint-Cher. On aura sans doute remarqué le caractère un peu hésitant de la preuve par la méthode des parallèles littéraires. Nous avons pourtant tenu à reproduire cette démarche, justement en raison du caractère problématique de ses résultats. Si l'utilisation de cette méthode sur une base documentaire aussi vaste que celle que nous avons mis en œuvre, ne peut donner que des résultats douteux, on ne peut qu'être circonspect sur la valeur de certaines attributions faites parfois à partir de rapprochements beaucoup moins étendus.

Cette incertitude a pourtant été levée quand nous avons pu constater de part et d'autre, chez Hugues et dans la Q. 481, l'existence de mêmes positions doctrinales décisives. Ces options, jointes aux indices littéraires déjà décelés (dont les « formules » employées représentent un exemple frappant, mais non le seul) et à la constatation d'une même méthode de travail bien typée, nous permettent d'affirmer que Hugues est bien l'auteur de la Q. 481. Cette paternité a reçu par la suite une précieuse confirmation par l'utilisation que nous avons pu faire de ses *Commentaires sur l'Écriture* et *sur les Sentences* pour interpréter notre Question. Les différences, et même les divergences, que nous avons signalées, ne peuvent offusquer cet accord de fond.

Les résultats que nous pouvons mentionner dans notre deuxième série de conclusions, sont moins aisément mesurables, et donc peut-être moins frappants; ils n'en ont pas moins leur importance. Disons qu'ils relèvent de l'expérience familière à tout chercheur qui, grâce à une fréquentation assidue, voit revivre devant lui un homme et son époque. Tout cela n'est pas également inédit, car de nombreuses études — auxquelles nous sommes largement redevables — ont déjà signalé l'un ou l'autre point ici rappelé. Mais regrouper cela autour de la personne d'Hugues de Saint-Cher et du traité de la prophétie, c'est combler une lacune dans la connaissance de cette époque qui en comporte encore beaucoup.

On a vu d'abord revivre, croyons-nous, tout un univers mental et religieux. La « situation de la prophétie » dans l'équipement subjectif du croyant, dans le cadre bien ordonné de ses connaissances philosophiques et religieuses, en relation hiérarchisée et pour ainsi dire « naturelle » au monde des anges et des démons, à la fonction bien définie dans le déroulement de l'histoire que Dieu conduit, tout cela révèle une « Weltanschauung » dont l'origine se perd pour une large part dans les siècles passés. Les références à Augustin ou à Grégoire le Grand, et plus encore à la *Glose*, héritage traditionnel s'il en est, sont le signe patent de cette continuité.

Ce premier aspect, réel, n'est pourtant pas le plus important. Dans la Q. 481, ce que nous voyons surtout, c'est un auteur au travail et, à travers sa méthode, c'est son monde intellectuel que nous devinons. La manière dont il traite les « autorités » — dont il tord le « nez de cire » dans le sens qui l'arrange ; la façon dont il utilise sans scrupules les œuvres des autres Maîtres, ses collègues, non seulement par emprunts massifs, mais par interventions qui altèrent leur texte, et même le défigurent ; les rapports qu'il entretient avec ses étudiants dans le déroulement d'une Question disputée, à moins que ce ne soit effectivement avec d'autres Maîtres ; tout cela fait partie du paysage scolaire de l'époque, et il n'est pas sans signification de le voir revivre dans cette recherche sur la prophétie.

Contrairement à ce que l'on pourrait penser, en effet, rien de tout cela ne sent la poussière. L'ouvrage pillé par l'auteur, c'est celui de Philippe — le dernier paru sur le sujet — et celui de Guillaume date tout au plus de quinze ans. Et si la formule proposée comme cadre à une partie de la Dispute provient de Cassiodore, nombre d'objections soulevées appartiennent à l'actualité la plus brûlante. Quant aux solutions proposées par Hugues, elles se signalent par leur nouveauté. Là où Philippe n'a pas osé prendre position, Hugues propose hardiment sa façon de voir. L'insuccès relatif de sa tentative est peut-être la rançon de son caractère inédit, mais cela est aussi le signe qu'il est dans le mouvement le plus actuel de la pensée qui se cherche. D'ailleurs la présence d'Aristote et d'Avicenne, déjà dans la place alors qu'on ne pense même pas à les y introduire, est la preuve manifeste que tout ce qui vit à l'époque a trouvé audience dans ce texte apparemment si intemporel.

Nous savions déjà que cette époque était un moment de transition, où les solutions des futurs grands de la scolastique s'essayaient plus ou moins maladroitement sans toujours parvenir à la réussite. La Q. 481 nous paraît exemplaire de cette période en ce qui concerne la réflexion sur la prophétie. En elle coexistent les deux mondes dont nous avons rappelé les grands traits, mais déjà l'ancien y cède au nouveau. S'il est incontestable que toute une partie de la problématique et des solutions relève d'un héritage traditionnel, il est non moins clair que l'essentiel du débat est situé au niveau le plus contemporain. Dans ce mouvement d'idées, les solutions d'Hugues prennent place de manière hésitante, reflet sans doute de cette époque de recherche, mais il demeure à son honneur d'avoir préfiguré pour une bonne part les solutions à venir.

TABLES

I. TABLE DES CITATIONS BIBLIQUES

II. TABLE DES ŒUVRES CITÉES DANS LA QUESTION 481

III. TABLE DES MANUSCRITS

IV. TABLE DES THÈMES ET TERMES PRINCIPAUX

V. TABLE DES NOMS

I. TABLE DES CITATIONS BIBLIQUES

Exode,	5,21	$38^{19\text{-}20}$	Isaïe, 7,10-12	95
	33,20	23^{31}	7,11	53^{12}
Nombres, 22,20		15^{26}	7,14	$22^{10\text{-}11}$
				$33^{16\text{-}17}$
I Samuel (I Reg.),				$40^{24\text{-}25}$
	10,6	$13^{31\text{-}32}$		51^{16}
	16,14	$13^{29\text{-}30}$		252
II Samuel (II Reg.),			30,2	49^9
	7,3-5	$52^{22\text{-}26}$	38,1	9^{11}
		247		92
			53,7	43^{12}
I Rois (III Reg.),			63,1	$8^{16\text{-}17}$
	20,35	$49^{21\text{-}23}$		
		53^2	Jérémie, 8,7	41^{21}
			15,19	49^9
II Rois (IV Reg.),			28,6	$10^{1\text{-}2}$
	4,27	$13^{22\text{-}23}$		92
Tobie, 12,7		$29^{7\text{-}9}$		95
		156	Ezéchiel, 1,3	226
Job, 13,1		$28^{15\text{-}16}$	3,22-24	226
		38^{27}	Daniel, 9,22	16^{33}
		92-93	10,1	28^{14}
Psaumes, 50,13		4^{10}		92-93
	50,17	4^{16}	Amos, 7,14	$50^{16\text{-}18}$
	84,9	6^5		54^5
		167		92-93
	118,18	166	Jonas, 3,4	$37^{3\text{-}4}$
	118,73	6^{19}		$44^{5\text{-}6}$
	138,13	41^9		$44^{25\text{-}26}$
Isaïe, 1,3		$41^{19\text{-}20}$		$50^{11\text{-}12}$
	6,1	$14^{2\text{-}3}$		92
		20^{36}		
		30^{24}	3,10	$44^{33\text{-}35}$
		92	Michée, 2,11	$39^{4\text{-}5}$
		229		47^{21}
	6,5	92		92
		106		95
		240	3,6	$14^{5\text{-}7}$

Référence	Page
Zacharie, 1,9	7^{29}
	167
Sagesse, 7,26	24^{8-9}
	92
	97-98
	194-195
Matthieu, 1,23	51^{5-6}
7,16-20	38^{7-8}
7,22	46^{25-26}
19,6	50^{7-8}
26,34	35^{13-14}
	43^{15}
	58^{4-5}
Marc, 14,30	58^{6-7}
Luc, 1,45	33^{19-20}
10,24	22^{5-6}
24,16	166
24,31	136
24,45	136
	166
Jean, 1,18	23^{31}
	92
8,21	33^{28}
11,50-51	34^{32-33}
	37^{17-20}
	38^{31-32}
	46^{3}
	92
	94
14,9	21^{20-21}
Actes, 10	229
Romains, 1,3	41^{11}
1,4	34^{15-16}
	41^{30}
1,19	166

Référence	Page
Romains, 1,20-21	92
	106
	227-228
5,8	51^{24}
9,3	47^{32}
10,17	31^{14}
Galates, 1,8	50^{3-4}
I Corinthiens, 12,4	246
12,9	246
12,8-10	4^{3-4}
12,10	12^{22}
13,9-10	24^{27-29}
13,10	191
13,12	24^{7}
	24^{26-27}
	92
	191
	201
14,2	15^{4}
	92
14,5	17^{25-26}
14,6	92
	166
14,14-15	171
II Corinthiens, 3,15	166
12	229
12,1-14	92
	106
	227
II Pierre, 1,21	12^{31-33}
	13^{23-24}
	92
	247
Hébreux, 1,1	242
1,3	195
11,1	249
Apocalypse, 1,10	226

II. TABLE DES ŒUVRES CITÉES DANS LA QUESTION 481

Guillaume d'Auxerre et Philippe le Chancelier, constamment utilisés dans la Question 481, ne figurent pas dans cet index. Ne s'y trouvent pas non plus les œuvres citées d'après la Glose, mais seulement les passages de la Glose d'où sont extraites ces citations.

ALEXANDRE III, *A l'archevêque de Salerne* : 50$^{8-9}$.
ANSELME DE CANTORBÉRY, *Cur Deus homo*, I,3, II, 8 : 57^{33}.
ARISTOTE, *Éthique à Nicomaque*, II, v, 1105 b 20 : 3$^{8-9}$.
AUGUSTIN, *De Genesi ad litteram*, VI,17 : 26$^{27-38}$; XII,9 : 23$^{6-7}$.
— *De mendacio*, V,7 : 25$^{18-20}$.
— *De civitate Dei*, XVIII,44 : 50$^{12-14}$.

CASSIODORE, voir PIERRE LOMBARD.

DENYS L'ARÉOPAGITE, *La hiérarchie céleste*, VII,3 : 8^{23}.
De spiritu et anima, XI : 6$^{16-18}$; XXIV : 8^{5}.

Glossa ordinaria :
 In Exod., 5,21 : 38^{20} ; 12,1 : 35$^{21-22}$.
 In Num., 22,20 : 15$^{26-27}$.
 In Job, 13,1 : 28$^{16-18}$, 38$^{28-29}$.
 In Ps., 50,13 : 4$^{11-12}$; 118,173 : 6$^{20-24}$.
 In Is., 6,1 : 14$^{3-5}$; 38,1 : 9^{14}, 9$^{30-32}$, 10$^{6-7}$, 10$^{15-16}$, 19$^{10-12}$, 36-37 *passim*, 45$^{13-21}$.
 In Jer., 28,6 : 10$^{2-4}$.
 In Jon., Prol. : 36$^{19-20}$, 45^{28} ; 3,4 : 37$^{4-5}$, 50$^{13-14}$, 53^{26} ; 3,10 : 44^{35}-45^{6}.

 In Mich., 2,11 : 47$^{25-29}$.
 In Matth., 1,22 : 32$^{8-14}$, 33$^{15-16}$, 40$^{22-23}$; 1,23 : 51$^{6-7}$, 51^{22}.
 In Luc., 10,24 : 22$^{6-7}$, 31$^{2-3}$.
 In Joan., 11,49-50 : 46^{27}, 44^{34} ; 11,51 : 37$^{26-29}$.
 In Rom., 1,3 : 41$^{11-12}$; 1,4 : 34$^{16-17}$, 41^{31}-42^{1} ; 5,8 : 51$^{25-26}$; 10,17 : 31$^{14-15}$.
 In I Cor., 14,2 : 15^{5} ; 14,5 : 17$^{26-28}$.
 In II Cor., 12 :23^{9}.
 In II Pet., 1,21 : 13$^{24-27}$.

Glossa interlinearis :
 In Job, 13,1 : 28$^{16-18}$.
 In Ps., 50,17 : 4^{17} ; 138, 13 : 41$^{9-10}$.
 In Amos, 7,14 : 50$^{16-18}$.

GRÉGOIRE LE GRAND, *Moralia in Job*, XXVIII,I,9 : 7^{28}.
— *In Ezechiel.*, I,1 : 7$^{5-6}$, 22$^{26-28}$; I,16 : 49$^{11-12}$.

ISIDORE DE SÉVILLE, *Etymologiarum sive originum libri XX*, lib. VI, cap. VIII, 1 : 17$^{11-14}$.

JEAN DAMASCÈNE, *De fide orthodoxa*, I,11 : 20$^{29-30}$.

PIERRE LOMBARD, *Commentarium in Psalmos*, Praef : 4$^{18-20}$, 5$^{8-9}$, 6$^{1-4}$, 32$^{4-5}$, 35$^{8-10}$.

III. TABLE DES MANUSCRITS CITÉS

Assisi, *Com. 131* : 103-104, 228.
— *Com. 186* : 270-275.

Bamberg, *Staatliche Bibl.*, Patr. 136 (*A VI 50*) : 140-142.
Basel, *Univ. B IX 18* : 96, 151, 268.
Bologna, *Archiginnasio A 1036* : 33, 133-137, 139-140, 166-167, 203.
Bruxelles, *Bibl. Roy. 11422-23 (1424)* : 17, 24, 29-31, 46, 52, 103-104, 111-115, 183-184, 194, 201, 214, 228, 245, 250, 258.

Cambridge, *St John's College 57* : 138.
Chartres, *Mun. 340* : 138.

Douai, *Mun. 434, I* : 112, 114, 119, 131, 178, 183, 187, 197, 214, 240, 242, 246, 250, 258, 263.
— *Mun. 434,II* : 27, 106, 114, 141, 157, 178-179, 183, 189, 195, 200-201, 216-217, 222, 224, 226-227, 229, 246, 256-258, 262-264.

London, *Brit. Mus., Royal 7 F 1* : 119.

Madrid, *Nac. 4008* (P 37) : 274.

Oxford, *Merton College 131* : 185.

Padova, *Anton. 156* : 28, 31, 64, 76-80, 83-85, 96, 105, 108, 111, 116, 125-126, 128, 132, 157, 167, 197, 220-221, 224, 232, 242, 244, 246, 252, 263-264.
Paris, *Mazarine 795* : 151, 268.
— *B.N. lat. 14556* : 138, 141, 143.
— *B.N. lat. 15739* : 64.
— *B.N. lat. 16385* : 138.
— *B.N. lat. 16386* : 64.
Praha, *Univ. IV D 13* (667) : 241, 271.

Toulouse, *Mun. 737* : 241.

Vaticano, *Vat. lat. 781* : 157.
— *Vat. lat. 1098* : 103.
— *Vat. lat. 1187* : 151, 268-269.
— *Vat. lat. 2171* : 275.
— *Vat. lat. 2674* : 151, 269.
— *Vat. lat. 4296* : 143.
— *Vat. lat. 4297* : 33, 137-140, 269.
— *Vat. lat. 10754* : 119, 142-143, 147.

IV. TABLE DES THÈMES ET DES TERMES PRINCIPAUX

Cet index est d'abord celui du texte édité, mais nous renvoyons aussi aux lieux principaux de notre commentaire. Les renvois au texte se reconnaissent à la mention de la ligne (ou, éventuellement, du *passim*) qui suit celle de la page. Cette liste ne relève pas les emplois de *propheta* et de *prophetia* quand ils ne sont pas autrement qualifiés. L'astérisque signale les mots qui n'appartiennent pas au vocabulaire de la Q. 481.

Abraham (Habraam, Abraam), 49^{28}, 53^{6-10}, 55^2, 55^8, 135.
abstractio*, 130, 219-220, 223-224.
Acaz, 53^{11-15}, 94-95, 137, 139.
acceptio, 47^{12-19}, 262-264.
actus ipse prophetandi, 10^{24}.
Adam*, 268.
amissio (prophetie), 4^9, 13^{17}-14^{19}, 247-248.
Amos, 50^{16-19}, 54^{3-9}, 93.
Ananias*, 142.
angelus, 6^{21-22}, 8^{3-24}, 15^{23}, 17^{3-14}, 160, 176, 230, 258. — V. *etiam* inspiratio (ab angelo).
anima: vires —, 17^{15-18}, 111-113; simplicitas —, 112-113; tria sunt in —, 3^8, 12^{1-4}, 214, 273-275; pars — spiritualis, 8^{7-8}, 8^{20-21}, 10^{31}-11^1; potestas angeli super —, 8^{3-11}, 16^{25}-17^2, 176, 185, 187, 230.
antecedens pro consequenti, 47^{20}-48^2.
apostoli, 54^{23-24}.
Apostolus, *v.* Paulus.
apparitio, in parte anime spirituali, 8^{7-8}, 217; — ymaginaria (sive spiritualis), 11^{20}, 13^{17-18}, 14^{24}, 217.
apparitio (*vel* apparitiones) ymaginum, 8^{9-10}, 8^{20}, 8^{24}, 10^{31}, 11^{6-10}, 11^{14}, 11^{24}, 15^{15-16}, 17^2, 23^7, 217.

arbitrium divinum, 39^{21-29}.
arbitrium (liberum, humanum), 32^{11-12}, 33^{6-7}, 33^{16}, 33^{21}, 34^{2-5}, 39^{21-29}, 40^{30-32}, 41^{1-15}, 42^{1-17}, 43^{4-13}, 46^{27}-47^2.
ars (divina) 27^6.
ars magica, 15^{27-28}.
assensus (fidei *vel* prophetie), 5^{16-17}, 5^{21-22}, 14^{25-29}, 31^{13}, 250-251.

Balaam, 15^{26-27}, 81, 104-105, 107, 142, 163-164, 270.
Balaam (asina eius), 104, 163-164, 270.
Baltasar (rex), 20^{10}, 50^{22}, 227.
bonum (gratie, glorie), 34^{11-30}, 35^{15-18}, 40^{6-20}, 41^{25}-43^2.

Caiphas, 11^{15}, 11^{27}, 34-35 *passim*, 37^{16}-39^3, 43^{4-13}, 46-47 *passim*, 71, 86, 94, 104, 107-109, 119, 127, 142-143, 160, 163-164, 242, 262-263, 268-269, 270.
candela, 14^{9-12}.
causa (prophetati), 32^{17}-33^9, 39^{21}-40^5, 265.
causa, efficiens (prophetie), 32^{20-22}, 39^{21-29}; — finalis (prophetie), 32^{23}-33^3, 40^{6-20}; — materialis (prophetie), 33^{4-9}, 39^{30-33}; — phisica, *v.* sentencia ordinata; —

TABLE DES THÈMES ET DES TERMES PRINCIPAUX 291

primaria, 7^{19}; — superior, 10^{8-11}, 26^{9-38}.
cause inferiores, 9^{14-15}, 10^{8-11}, 19^{14}, 26^{9-38}. — *V. etiam* phisica.
cecus, 19^{18}, 45^{19}.
celum*, 227-228, 255.
charisma*, 246.
cognitio Dei, 255-258.
cognitio de nichilo facta, 6^{10}, 6^{12}, 237.
cognoscere, cognitio (significationis, revelationis), 11^3, 11^{12}, 13^{18}, 15^{31}, 16^{10-11}, 16^{26-27}, 17^{18}, 20 *passim*, 21^8, 21^{10}, 24^{23}, 24^{28}, 25^5, 27^5, 28^{12-13}, 29^{13}, 30^{14}.
complexio (utrum prophetia fiat per modum complexionis), 7^{15-26}, 16^{13-24}, 263.
comprehensor, 24^{19}.
coniunctus (homo est —), 17^8, 223-225.
consensus virginis, 33^{15}-34^5, 41^{1-15}, 63-64, 111, 138, 140, 142-143, 261.
consilium (divinum), 9^{21-23}, 10^{10}, 10^{14}, 18 *passim*, 19^{5-6}, 26^{17}, 161, 212.
contingentes (prophetia de — tibus), 8^{25}-9^{25}, 51^4-52^{15}, 54^{25-58}.
cooperatio (hominis ad impletionem prophetie), 33^{14}-34^5, 40^{21}-41^{15}, 63-64, 110-111. — *V. etiam* ingenium.
creatio (ymaginum in spiritu), 29^3, 29^{27}, 30^1, 84-85, 205, 211-213, 216.

Daniel, 11^{22}, 11^{29}, 16^{33}, 50^{23}, 165, 227.
dator, formarum*, 231, 235; — luminis*, 231.
David (rex), 4, 6^4, 6^{11}, 8^{23}, 11^{28}, 29^{11}, 41^{11}, 52^{21}, 51^{24}, 164, 166, 211, 227.
demon, 15^{27}, 230.
denonciare, denonciatio, 5^9, 5^{12}, 7^3, 7^4, 7^{12}, 7^{23-26}, 8^{17}, 8^{19}, 8^{29-32}, 9^9, 11 *passim*, 13^{18}, 16^{20-24}, 17^{6-7}, 17^{11}, 17^{19}, 132, 156, 159-161.

designatio (in spiritu —), 5^{29-30}, 125-127.
diabolus, 14^3, 15^{23}. — *V. etiam* demon; inspiratio (a diabolo).
dispositio (divina) 26^{12}, 27^7 (cause superioris), 26^{21}.
distantia situalis, 21^6, 132.
divinatio, 14^6.
divinus (Balaam), 15^{27}.
divisio prophetie, 15^{14-16}, 32-33^{13}, 39^{12}-40^{20}, 259-266.
docere (ab angelo), 16^{29-33}.
donum Dei, 4^3, 12^{20-33}.

ecclesia, 40^{26-28}, 260-261.
enigma (in enigmate), 22^7, 24^7, 24^{27}, 31^3, 31^{12}.
enonciare, 8^{32}, 9^7, 9^{12}, 9^{18}, 9^{24}, 22^{19}, 28^{31}, 29^1, 29^{3-5}, 29^{15}, 30^{31-32}, 57^{10}-58, 132.
essentia (divina), 21^{19}, 21^{22}, 27^7.
Eva*, 268.
exemplar, 7^{19}, 23^{28-30}, 27^3, 27^6, 28^{23-24}, 30^7, 30^{12}, 30^{13}, 203-204.
exitus ordinationis, 57-58 *passim*.
expositores, 50^{20}-51^3, 54^{10-24}, 134, 168.
exprimere*, 232.
Ezechias (rex), 9^1, 9^{11}, 9^{14}, 10^{11}, 10^{13}, 10^{18}, 18^{12}, 18^{31}, 25^{14}, 26^{18}, 26^{35}, 29^{20}, 57^{16}, 96, 119, 136, 197-198, 212, 261.
Ezechiel, 29^{12}, 50^{24}, 54^{19}, 164, 206, 211, 227.

falsitas-veracitas (prophete *vel* prophetie), 9^{26}-10^{21}, 18^{36}-19^{26}, 38^{14-26}, 45^{9-23}, 47^{3-11}, 51^{4-31}.
fantasie, 6^{14}.
fari, 17^{11-14}, 157, 160.
fides (differentia inter — et prophetiam), 3^{3-4}, 5^{11-22}, 14^{20-31}, 22^{1-29}, 30^{27}-31^{24}, 109-110, 135-136, 248-254.
figura, 29^6.
finis (prophetie), 17^{24-25}, 18^{34-35}, 22^{18-22}, 30^{29-31}, 251-252, 259-266.
forme (corporales, intellectuales, spirituales), 15^{7-8}.

futurum, 7^{1-26}, 8^{25-28}, 10^8, 15^{28}, 16^{1-12}, 22^{23-29}, 26^{26-38}, 52^{1-8}, 55^{17-26}, 57^{1-13}, 260.

Gabriel (angelus), 16^{33}.
gratia, miracula faciendi, 14^{17-18}, 46^{24-25}; — predicandi, 14^{17}.

habitus (utrum prophetia sit —), 3-5 passim, 10^{26}, 11^{32}-12^{19}, 67-70, 151, 216, 243-248, 276-279.
habitus, fidei, 31^{18-21}; — mentis bene constitute, 4^1, 12^{11-15}.

idea, v. ydea.
idolum, v. ydolum.
Ieremias, 11^{30}, 41^{21}, 49^4, 52^{28}, 139, 142, 165.
illuminatio, (angelica) ad cognoscendum, 8^{6-7}, 8^{10}, 16^{27-29}; — mentis (a Deo vel a speculo), 6^{20}, 6^{24}, 11^{2-3}, 16^{31-32}, 17^1, 19^{19}, 28^{12}, 29^{12}, 164, 206, 211, 228, 238-239, 242; — prophetica (actualis), 31^{18-24}, 252, 277.
imago, v. ymago.
immobilis veritas, 5^9, 5^{12}, 5^{14}, 8^{25}-9^{25}, 17^{29}-18^{35}, 35^{26-34}, 43^{21-24}.
immolatio agni, 35^{21-25}.
impressio (ymaginum, similitudinum, specierum, lucis), 11^{36}, 15^9, 15^{21}, 20^{26}, 23^{13-15}, 25^{3-5}, 25^9, 25^{26}, 28^{31}, 29^{1-2}, 29^{13}, 29^{32-33}, 30^{13}, 31^8, 205-206, 232-235, 254.
incomplexio, v. complexio.
infusio (lucis divine), 16^{31}, 28^9.
ingenium (prophete), 54^{10-18}, 168, 222, 262-265, 270.
inspector (in speculo), 20^{22}, 20^{24}, 20^{26}, 21^8, 21^{10}, 23^{12-13}, 27^{19}, 29^{28}.
inspiratio, 5-6 passim, 15-16 passim, 46 passim, 78-82, 176-177, 217, 237.
inspiratio (ab angelo), 6^{19-25}, 7^{27}-8^{14}, 15^{23}, 15^{29}, 16^{25}-17^2, 157-159, 176.
inspiratio (a diabolo), 15^{23}, 15^{29}, 158-159, 176.

inspiratio vel revelatio, 5^8, 16^{6-7}, 141, 153-156.
instinctus (Spiritus Sancti), 5^{31}, 6^4.
intellectus agens*, 219-220, 223-224, 238-239.
intellectus¹ (facultas), 9^{10}, 16^{16}, 16^{00}, 20^{26}, 20^{28}, 27^{22-23}, 27^{33}, 27^{38}, 28^5, 28^{22}, 31^{10}, 219-220.
intellectus² (duplex in prophetia), 19^2, 19^{24-26}, 25-26 passim, 29^{12-14}, 39^{1-3}, 47^{12-19}, 212, 262-264.
intelligentia significationis (vel necessaria in visione), 11^{34}, 17^{27}, 23^{7-8}, 28^{14}, 30^{14}.
intentio (prophete), 38^9, 38^{21}, 45^{9-12}, 46^1-47^{12}.
intentio, rei, 25^{29}-26^8, 262; — signi, 25^{29}-26^8, 262.
intuitio, 24^{18}, 199, 256-257.
Ioachim, 49^3.
Iohannes (Baptista*), IX.
Iohannes (evangelista), 53^{22-23}, 211, 227, 229.
Ionas, 9-10 passim, 18-19 passim, 25^{13}, 26^{2-8}, 29^{15-17}, 36-37 passim, 50^{11}, 71, 86, 98, 136, 142-143, 161, 197, 212, 242, 261-263.
Ioseph, Iosep, 11^{12}, 11^{26}, 50^{21}, 54^{14}, 162, 168, 227.
irradiatio*, 130, 239, 272.
Isaias, v. Ysaias.
iudex, 43^{27}-44^{30}.
iusticia (divina), 30^{20}, 43^{27}-45^8.

legere (in libro vite vel prescientie), 10^{15-17}, 21^{30}, 27^{25-26}, 29^{17-22}, 37^{10-12}, 45^{13}, 203.
legere (in speculo), 9^{14}.
liber (seu speculum), 21^{29}, 21^{32-33}, 27^6, 193.
liber, prescientie Dei, 27^{25}, 29^{17}, 37^{10-12}, 45^{13}; — vite, 10^{15-17}.
locutio (divina), 31^{13}; (prophetica), 38^1, 38^{10}; (per modum locutionis), 29^{11}, 164, 206, 211, 228.
loqui, 7^{29}, 9^{31-32}, 13^{14}, 13^{16}; — a Spiritu Sancto, 37^{18-25}, 46-47 passim.

lux (Dominus est —), 6^{20}.
lux, divina, 16^{31}; — gratie*, 216; — illuminans (visibile), $23^{31\text{-}32}$, 214; — impressa in spiritu, 15^9; — media*, 214; — naturalis, 6^{23}; — prima, $52^{2\text{-}3}$; — prophetica, 31^{24}.
lumen, 6^{23}, $14^{10\text{-}13}$; — cognitionis (impressa a speculo), 30^{13}, 206; — divinum*, 128-131; — fidei, 31^{22}; — infusum menti, 28^9, 231; — prophetie, 14^{13}.

mala actio, 43^{22}. – V. malum culpe.
malum, culpe, $35^{15\text{-}59}$, $42^{18}\text{-}43^2$, $43^{14\text{-}26}$; — pene, $33^{10\text{-}13}$, $34^{25\text{-}27}$, 35^5, $39^{21}\text{-}40^{20}$, $42^{18}\text{-}43^2$.
Maria (virgo), 33^{23}, 41^{10}. – V. consensus virginis.
medium per quod (videtur), 22^{15}, 214-216, 219, 231-232, 240-242, 280.
medium (virtutis), $13^{11\text{-}12}$, 68-69.
mendacium, mentiri, $9^{33}\text{-}10^7$, $18^{36}\text{-}19^{26}$, $39^{5\text{-}10}$, $47^{3\text{-}11}$, $47^{25\text{-}29}$, $48^{5\text{-}6}$.
mens, $6^{14\text{-}16}$, 6^{21}, 6^{24}, 9^{33}, 12 *passim*, 15^3, 15^5, 16^{32}, 28^9, 159, 170-171, 181, 184, 211, 244.
meritum, 4-5 *passim*, $10^{8\text{-}21}$, $13^{1\text{-}16}$, $18^{14\text{-}18}$, $26^{10\text{-}15}$, $29^{17\text{-}18}$, $36^{7\text{-}15}$, $42^{1\text{-}17}$, $44^{8\text{-}14}$, $44^{19}\text{-}45^8$, 265.
Micheas, $39^{4\text{-}10}$, 47^{20}, 47^{22}, 47^{29}, 48^3, 49^{21}, $53^{2\text{-}3}$, 139.
misterium, 29^{14}.
motus prophetie, $13^{11\text{-}13}$.
Moyses*, 167, 226.

Nabuchodonosor, 20^{10}.
Nathan, 52^{21}, 52^{24}.
necessitas (in prophetato), $8^{25}\text{-}9^{25}$, $17^{29}\text{-}18^{35}$, $51^4\text{-}52^{15}$, $54^{25}\text{-}58$.
necessitas consequentie, consequentis, $55^{27\text{-}34}$.
Ninive, $10^{12\text{-}13}$, 10^{19}, 18^{12}, 18^{31}, 18^{37}, 25^{13}, $26^{13\text{-}17}$, 29^{16}, 33^{26}, 36^4, 36^6, 36^{14}, 36^{17}, 44 *passim*, $50^{11\text{-}15}$, $53^{24\text{-}30}$, 71, 98, 136, 161, 197, 212, 261-262.
noncius 25^3, $25^{5\text{-}6}$, 26^{24}.

noticia quedam (relicta a prophetia), 12^{17}.

obedientia (creature ad causam supremam), 26^{20}.
obedientia (prophete precipienti), $49^2\text{-}50^{10}$, $52^{32}\text{-}53^{15}$, 139.
occultum, 7^6, 13^{21}, $14^{10\text{-}15}$, 22^{24}, 22^{28}, 51^1.
officium prophetarum, XX, 3^6, 138-139.
operatio (arbitrii humani), $34^{1\text{-}5}$, $41^{1\text{-}15}$, 64, 111.
operatio virtutum, $12^{21\text{-}22}$, 12^{28}.
Opponens, XVII-XVIII, 22^{23}.
ordinatio exitus, 57-58 *passim*.
ordinatio (nature *vel* conveniencie), $57^{14}\text{-}58^3$.
os (Domini, propheta), $49^{8\text{-}10}$, 49^{26}.
ostensio (ymaginum), 10^{27}, $11^{2\text{-}3}$, 217.

passio (anime), $3^{9\text{-}11}$, 12^1.
patria (visio Dei in —), 24^{14}, 24^{25}, 28^{18}.
Paulus (apostolus), 48^2, 127, 166, 171-172, 191, 218, 226-229, 255-258.
peccatum, peccare, $4^{16\text{-}20}$, $14^{1\text{-}19}$, $37^{18}\text{-}38^{13}$, $39^{9\text{-}10}$, $46^{1\text{-}7}$, $16^{17\text{-}26}$.
Petrus (apostolus), $35^{12\text{-}14}$, $43^{15\text{-}16}$, $58^{4\text{-}23}$, 160, 229, 262.
phantasma*, 214, 224.
Pharao, 11^{25}, 20^{10}, 50^{20}, 161-163, 227.
phisica (*vel* causa inferior), $10^{8\text{-}21}$, 19^{21}, 26^{19}.
phisica res, 26^{11}.
potentia (anime), $3^{9\text{-}11}$, $12^{1\text{-}2}$, 113.
potentia videntis, $22^{13\text{-}14}$.
preambula ad fidem, 31^{12}, 254, 256.
preco, 44^{24}, 44^{26}.
predestinatio, $34^{14\text{-}18}$, $41^{25}\text{-}42^4$, $54^{25\text{-}34}$, $56^{21\text{-}25}$. – V. prophetia predestinationis.
predictio (futuri, prophetica), 35^{19}, $43^{14\text{-}24}$, $54^9\text{-}55^5$, 160.
preordinatio, $43^{4\text{-}26}$.

prescientia Dei, 26^{28}, 26^{33}, 26^{37}, 45^{25-28}, 51^{6-8}, 258.
presens, 7^3, 16^6, 16^{10}, 22^{29}.
preteritum, 7^8, 16^3, 16^{10}, 22^{29}, 51^{11}.
previdere, 54^{11}, 54^{15}.
prononciare, 44^{23}, 44^{26}.
procul, 16^{9-10}; — fari, 17^{13-14}, 275.
prophetia, multis modis dicitur, 10^{23}-11^{30}, 64-67, 161-165; — non est virtus, 11^{33}, 12-14 *passim*, 245-248, nec scientia, 11^{32}, 12^{20-23}, neque habitus, 11^{32}-12^{19}, 243-248, sed actus compositus ex triplici actu, 11^{33-35}, 12^{16}, 13^{17}, 152, 155, 221-222, 244, 277-278, quod precedit duplex passio, 11^{35-37}, 155-156, 221-222, 277-278; est tamen una non diversa quia ordinata ad unum finem, 17^{19-25}, 182, *v. etiam* finis prophetie; fit in pluribus per impressionem ymaginum in spiritu, 14^{24}, 30^{33-34}, 208-213, per modum visionis in speculo, 24-28 *passim*, 188-207, sed non est nisi respectu creaturarum, 30^{22-23}, 193-194; proprie est de re futura, 16^{1-2}, 157, 260; sumitur tamen aliquando communiter, 16^{2-3}, 157, 245-246.
prophetia, ceteris dignior, 6^1, 164; — comminationis, 32^{12-14}, 33^{12}, 39^{25-27}, 39^{31-32}, 40^{2-3}, 40^{9-10}, 40^{28-30}, 42^{18}-43^2, 265; — communiter sumpta, 12^{28}, 16^{2-3}, 157, 245-246; — corporalis, 5^{28}; — intellectualis, 5^{27}; — predestinationis 32^{8-11}, 33^{15-16}, 34^{11-30}, 39^{27-28}, 39^{30-31}, 40^{1-2}, 40^{10-11}, 40^{21-32}, 41^{25}-42^4, 42^{8-17}, 62-64, 261, 264-265; — prescientie, 32^{11-12}, 33^{11}, 34^{6-10}, 39^{12-20}, 39^{28-29}, 39^{32-33}, 40^{3-5}, 40^{12-13}, 40^{30-32}, 41^{16-24}, 42^{5-17}, 265; — per dicta, 9^2; — per facta, 7^{1-4}, *v. immolatio*; — quedam, 12^{30}, 31^{10}, 77, 246; — sine omni ymagine, 8^{21-22}, 11^{18}, 211, 217; — spiritualis, 5^{27-29}.

pseudo prophete, 49^{15-18}.
qualitas mentis, 3^{14-16}, 12^{5-10}.
Quidam, 10^{27}, 12^8, 14^7, 28^{20}, 30^8, 31^2, 33^{21}, 52^1, 56^{20-21}, 57^1.

raptus* (cognitio in —), 225-230, 255-259, 268, 272-273.
ratio (divina), 27^6.
rationes seminales, causales, 26^{36-38}.
ratiocinatio, 24^{17}, 199, 256-257.
rerum eventus, 5^9, 5^{12}, 7^{9-14}.
Respondens, XVIII-XIX, 21^{14}, 22^3, 23^{14}, 23^{18}, 23^{26}.
resultare (in speculo), 9^4, 27^{10}, 27^{12}, 27^{31}, 29^{33}, 30^1, 201.
revelare, 8^{15}, 8^{33}, 9^1, 13^{21}, 16^{32}, 29^8, 36^{11}, 37^{13-14}, 38^{3-5}, 54^{11}, 54^{15}, 54^{21}, 168, 260-261.
revelatio, 5^8, 7^{12}, 8^{18}, 11 *passim*, 15^{22}, 16^3, 17^{3-14}, 136, 153-159, 166-168, 260-261. – *V. etiam* inspiratio.

sacramentum, 37^{28}; — Dei, 29^{4-8}.
sapientia (eterna, divina), 21^{12}, 27^6, 30^5.
scientia (utram prophetia sit —), 3-5, 12^{20-23}.
Sedechias, 49^3.
sensus, sensibilis, 15^{13}, 16^{15}, 29^{36}.
sensus (scripturarum), 40^{21-32}.
sentencia (absoluta *vel* ordinata), 9^{21-23}, 18-19, 36^{1-15}, 43-45 *passim*. – *V. etiam* intellectus².
Septuaginta (LXX), 54^1, 54^4.
sermo propheticus, 10^{24}.
similitudines corporales, 20^{17}, 29^{26}.
similitudo (analogia), 20^{28}-21^{14}, 30^4.
similitudo, –dines (rei, rerum), 6^{11}, 15^9, 15^{21-22}, 20^{2-25}, 21^3, 21^{25-26}, 23^4, 23^{16}, 27^2, 29 *passim*, 30^1, 31^9, 82-85, 209.
similitudo Dei, 6^{17}.
signa (veri prophete), 52^{17-31}, 139.
signacula, 29^6.
sompnium, 6^3, 8^8.
species (apud Augustinum), 239.

species, sive similitudo (*vel* ymago), 23^{3-5}, 23^{23}; — intelligibilis, 27^{11}, 27^{21-24}, 27^{26}, 27^{33}, 28^{1}, 28^{4-6}, 85, 202-203, 205, 215-216, 218-219, 230-232; — ymaginabilis, 28^{12}; — prophetie, *v.* divisio.

speculatio, 7^{18}.

speculum, 3^{1-3}, 9^{4-6}, 9^{14}, 9^{16}, 16^{17}, 16^{20}, 18^{3}, 18^{22}, 18^{27}, 20-23 *passim*, 27-28 *passim*, 30^{3}, 30^{5}, 30^{10}, 30^{14}, 31^{2}, 84, 104-105, 195-196, 204-206, 230; — corporale, 20^{21}, 21^{2}, 21^{5}, 21^{8}, 21^{11}, 21^{25}, 27^{9}, 27^{30-31}, 29^{25-34}, 85; — creatricis essencie, 24 *passim*, 27^{1}, 31^{5}, 188, 191-196; — creature, 24 *passim*, 31^{4}, 31^{7-8}, 97, 188, 190-191, 195; — divinum, 23^{13}; — eterne sapientie*, 188; — eternitatis, 20^{5-6}, 20^{23}, 20^{25}, 97, 105-107, 134, 188; — eternum, 7^{18}, 8^{12}, 9^{18}, 21 *passim*, 27^{17}, 27^{25}, 27^{32}, 28^{1}, 28^{7}, 29^{25}-30^{15}, 85, 188, 193, 205, 230; — intellectuale, 28^{29}, 128; — intelligibile, 122, 128; — materiale, 23^{11}, 29^{35}, 30^{3}; — scripturae*, 98.

spiritus (ymaginatio *vel* anima), 15^{1-8}, 20^{4}, 20^{9}, 23^{7}, 25^{4-5}, 28^{28}, 29^{2-3}, 30^{1}, 30^{34}, 31^{9}, 170-187, 235, 242.

spiritus, a quo, 5^{24-25}, 15^{18}, 176; — in quo, 5^{25}, 5^{29}, 15^{18}, 174-175; — Dei, 37^{29}, 38^{1}, 47^{24}, 47^{26}, 47^{28}; — Domini, 13^{29}, 13^{32}; — nequam, 13^{30}; — prophetie, 4^{11}, 4^{19-20}, 5^{1}, 13^{28}, 14^{1}, 14^{14}, 37^{27}, 39^{6}, 47^{31}.

spiritus (propheticus), 13^{25}, 39^{5}.

spiritus (proprius prophetarum), 46^{4}, 47^{25}, 49^{12-13}, 52^{20}.

Spiritus Sanctus, 5^{31}, 13^{27}, 15^{30}, 37^{14}, 37^{19}, 37^{21}, 37^{24}, 38^{5}, 41^{8}, 41^{13}, 46 *passim*, 49^{12}, 53^{3}, 134-135, 176, 262-263.

transsumptio (–tus, –tive), 20^{30}, 21^{1}, 25^{19}, 30^{4}.

velamen*, 131-132.

vestigium, Dei, 258; — Trinitatis, 37^{7-8}, 195, 253.

veritas, futurorum contingencium, 8^{27-28}, – *v.* immobilis veritas; — prima —, 6^{18}; duplex —*, 262.

via, viatores, 24^{13}, 24^{19}, 28^{2-3}, 28^{11}, 28^{20}.

videns, 22^{30-32}, 214.

videre (Deum, gloriam Dei), 21^{19-23}, 21^{36}, 22^{5-7}, 30^{23-26}, 31^{1-6}.

videre (*vel* visio) fidei, 3^{3-4}, 14^{25-31}, 22^{10-25}, 30^{27-29}, 31^{16}, 249-251.

videre (*vel* visio), prophetie, 3^{4}, 25^{15}, 30^{27-29}, 52^{1}.

videre, in spiritu, 20^{19}; — in speculo (in patria), 28^{18-19}.

vinculum matrimoniale, 50^{7-10}, 53^{16-23}.

virgo (ecce — concipiet, necessitas), 55-58 *passim*.

virtus (definitio), 3^{14-16}, 4^{1-2}, 12^{5-10}.

virtus (utrum prophetia sit —), 3-5 *passim*, 12-14 *passim*, 76-77, 245-248. - *V.* habitus mentis bene constitute.

vis, interpretativa, 17^{7}, 17^{10}, 17^{19}, 17^{22}, 18^{2}, 160, 224; — intellectiva, 5^{3}, 17^{18}, 18^{2}, 112; — ymaginativa (scil. ymaginaria), 5^{5}, 11^{1}, 15^{2}, 15^{24}, 17^{17}, 18^{1}, 20^{4}, 20^{19}, 30^{2}, 181-182, 217; potestas diaboli super — —, 15^{21-32}, - *v. etiam* spiritus.

visibile, 22^{30}, 214.

visio, 6^{3}, 14^{6} (genera visionum), 8^{5-6}.

visio (prophetarum), 8^{29}.

visio, a speculo, 25^{1-6}, 25^{16}, 196-197, 199; — discreta, 52^{11}; — in speculo creatricis essencie, 191; — in speculo creature, 191; — in speculo (eterno), 3^{1-3}, 8^{13}, 9^{3-5}, 9^{14}, 9^{18}, 16^{19-20}, 20^{2}, 20^{16}, 20^{18}, 21^{15-36}, 22^{1-2}, 23^{25}, 25^{1-16}, 27^{35}, 28^{7}, 28^{10}, 28^{20-21}, 72-75, 82-86, 96, 106, 128-131, 187-191, 194, 196, 204, 272; — in Verbo* (prophetarum), 270; — per speculum creatricis essencie, 24^{10-19}; — per speculum

creature, 24^{10-19}; — per speculum in enigmate, 22^3, 22^{7-9}, 31^{2-3}, 31^{12}, 253-354, 257; — corporalis (sive sensibilis), 13^{14}, 15^{13}, 22^{30-32}, 200-204; — intellectualis, 15^{12}, 28^{8-9}, 29^5, 164, 227-229; — media (prophetarum), 24^{20-24}; — mediastina*, 216; — philosophorum, 255-258; — prophetalis, 10^{25}, 23^{10-22}, 66; — prophetica, 10^{30-31}, 11^{19-22}, 22^{10-25}, 27^{17}, 31^{17}, 50^{20-25}, 52^{1-15}, 54^{25}-55^5, 152, 191-192, 196, 203, 220, 255-259; — prophetica naturalis*, 216; — spiritualis, 15^{12}, 23^1, 28^{28}, 177-178; — ymaginaria, 15^{12}, 30^{24-25}, 177; — ymaginarie apparitionis, 11^{34}, 17^{17}.
visiones sompniorum, 8^8.

ydea (divina), 27^6, 27^{33}, 27^{35-36}, 28^1, 28^{3-5}, 30 *passim*, 193-194, 230.

ydea (in speculo corporali), 27^9, 27^{12-14}, 200-204.
ydee (rerum in speculo eterno), 21 *passim*, 27^{18-20}, 30^7, 30^{11}.
ydolum (in oculo), 27^{12}, 27^{14-15}, 27^{31}, 27^{35}, 27^{37}, 200, 215, 230.
ymago, –gines (rei, rerum), 11^{2-3}, 11^8, 11^{12}, 15^{25}, 23^{8-20}, 25^{3-4}, 27^{11}, 27^{31}, 28-29 *passim*, 30^{34}, 180-181, 201, 208-213, 216-218, 230. – *V. etiam* apparitiones ymaginum.
ymago* (dictum de Verbo), 195.
Ysaias, 9^{22}-10^{21}, 11^{22}, 11^{29}, 18^{6-37}, 19 *passim*, 22^{10}, 22^{24}, 23^2, 25^{13}, 26^{22}, 26^{25}, 29^{20}, 30^{23}, 31^{16}, 33^{24}, 51^{16}, 51^{28}, 55-58 *passim*, 86, 96, 119, 136, 138, 143, 161, 165, 197-198, 212, 229, 240, 252, 261, 263.

Zacarias, 7^{28}, 8^2, 16^{34}.

V. TABLE DES NOMS

Cette liste ne reprend pas les noms cités en bibliographie, ni celui d'Hugues de Saint-Cher, partout présent. Les noms des personnages bibliques sont relevés à l'index des thèmes.

Abélard, 4.
Abellán, P., 116.
Agaësse, P., 171.
Alain de Lille, 140.
Albert le Grand, 134, 157, 213, 228, 241, 274-275, 277.
Ps.-Albert le Grand, voir *De potentiis animae*.
Alcher de Clairvaux, 6.
Alexandre III (pape), 50, 53.
Alexandre (d'Aphrodise), 185.
Alexandre de Halès, VI, VIII, X, 60, 62, 86, 101-102, 113, 119, 124-133, 147, 166-167, 186-188, 218, 223, 231, 241, 252, 263, 265, 271-272, 274.
Alexandre Neckam, 118-119, 147.
Alfred de Sareshel, 119, 184, 275.
Algazel, 223.
Allard, B., 120-123, 195, 218.
Alonso, M., 214-215.
Altaner, B., 99.
Anciaux, P., 133, 142.
André de Saint-Victor, 91.
Anselme de Cantorbéry, 22, 57.
Anselme de Laon, 4, 143.
Antl, L., 137.
Ardengus, 268.
Aristote, 3-4, 103, 122, 184-185, 208, 213-226, 232, 273-275, 278, 283.
Arnould de la Pierre, VII, X, 88-89.
Augustin, 3, 6, 8, 12, 23, 25-26, 38, 42, 50-51, 54, 56, 57, 70, 81-82, 112, 119, 131, 165, 170-175, 177-182, 184-186, 193, 208, 211, 217, 226-227, 230, 232, 235, 238-239, 255-258, 262, 283.
Averroès, 185-186, 213-214, 218, 223, 234.
Avicenne, 186, 196, 218, 223, 230, 232-239, 279, 283.

Baehrens, W. A., 135.
Baeumker, C., 184, 234, 275.
Bakoš, J., 235.
Balthasar, H. Urs von, 126, 134, 204, 276, 279.
Barach, C. S., 187.
Bardy, G., 193.
Beckaert, J.-A., 193.
Bède le Vénérable, 13.
Benoit, P., 264.
Berger, S., 99-100.
Betti, H., VIII, 119, 269.
Bliemetzrieder, F., 4, 143.
Boèce, 4.
Boeren, P. C., XII.
Bonaventure, 91, 235, 271-272, 275.
Borgnet, A., 229.
Bossuet, J. B., 170.
Boutet, J., 193.
Brady, I., 271-272.
Breuning, W., 103.
Brunel, C., XXII.
Buytaert, E. M., 20.

Callus, D. A., 119, 188, 218, 239, 246.

Cassiodore, XIX, 4-7, 8, 10, 15, 16, 23, 65-66, 71, 75, 103, 122, 142, 151, 153, 156, 161, 164, 269, 274, 283.
Cecchetti, I., 6.
Châtelain, A., XVI.
Chenu, M.-D., XVII, 174, 184-185, 187.
Contenson, P.-M. de, 215, 226, 233, 240-241.
Cortesi, A., 227, 268, 273.
Costa ben Luca, 187.
Crawford, F. S., 185, 214-215.

Decker, B., 72, 74, 113, 120-126, 131, 134, 144, 157, 171, 186, 235-236, 271-272, 275-276.
Denifle, H., XVI, 91, 99.
Denys l'Aréopagite, 8, 179, 187, 235.
Dickson, Chr., 118.
Dickson, M., 118.
Dondaine, A., 268.
Dondaine, H.-F., 92, 130, 152, 179, 201, 214-216, 240, 269, 271, 275.
Doucet, V., VIII-XV, 73-74, 88-89, 100-101, 109, 114, 116.
Dulude, H., 234.
Duval, A., 90, 95.

Échard, J., 90.
Ehrle, F., 103, 268.
Erigène, 240.
Ernst, J. Th., 102.
Étienne Bérout, VII.
Étienne Langton, VIII, XX, 33, 60, 91, 119, 137-140, 142, 147.
Ps.-Étienne Langton, 119, 140-143, 147.
Eudes de Châteauroux, V.

Faral, E., XXII.
Feuillet, A., 264.
Filthaut, E., 90, 103.
Fischer, J., 102.
Forest, A., 121.
Friedberg, E., 50.
Fries, A., 268, 271.

G., VII, IX, XII.
Gardet, L., 186, 232-233, 235-237.
Gauthier, L., 186.
Gauthier, R.-A., 3, 220, 275.
Geyer, B., 103.
Gilbert de la Porrée, 140, 142.
Gilson, E., 185, 234, 237-239.
Glorieux, P., V-XVII, XXII, 88-90, 101, 114, 178, 189, 197, 224, 242, 263-264, 269.
Godefroid de Poitiers, VIII, XX, 33, 60, 62, 115, 119, 124, 133-137, 140, 147, 158, 166-167, 188, 192, 203, 227.
Goichon, A.-M., 218, 233, 235-236.
Grabmann, M., XVI, 118, 142, 268.
Grégoire le Grand, 7-9, 16, 22, 36-37, 43, 49-50, 54, 131, 203, 283.
Gregory, A. L., 138.
Gründel, J., 101, 268.
Guerric de Saint-Quentin, XII, 214-216, 241, 270-273.
Guiard de Laon, V, VII, IX, XII, 88, 241, 271.
Guillaume d'Auxerre, VII-VIII, XIX-XX, 3-4, 10, 12, 30, 33-34, 40, 46, 60-73, 75, 87, 89, 95-96, 105, 108-111, 134-139, 144, 147, 150-151, 164, 188, 192, 199, 218, 244, 251-253, 264, 268-269, 274, 277, 280-281, 283.
Guillaume de Champeaux, 143.
Guillaume de Durham, VII, X.
Guillaume de Méliton, 271.
Guillaume de Moerbeke, 213.
Gundissalinus, 196, 218, 233-234, 237.
Guy d'Orchelles, VIII, 118-119.
Guyot, B.-G., 214, 241, 271.

Heinzmann, R., 120-121.
Henquinet, F.-M., XII, 88, 271-272.
Herbert d'Auxerre, 151, 268-269.
Herman, 4.
Hödl, L., XVI.
Hugues de Saint-Victor, 3, 91, 268.
Hunt, R. W., 119.

TABLE DES NOMS

Ibn Rochd, voir Averroès.
Ibn Sīnā, voir Avicenne.
Innocent III, 62.
Isidore de Séville, VIII, 17, 157.

Jacques de Venise, 213.
Jean Blund, 119.
Jean Chrysostome, 240.
Jean Damascène, 20.
Jean de la Rochelle, 168, 179, 186, 195, 238, 271.
Jean de Trévise, 151, 267-269.
Jérôme, 14, 45, 47, 54, 98-100, 135.
Joachim de Fiore, 62.

Käppeli, Th., 90-91, 268.
Keeler, L. W., 184-185, 220, 223.
Kennedy, V. L., 118-119.
Kramp, J., 120.

Lacombe, G., 138.
Landgraf, A., XV, 91, 101, 118, 137-138, 142.
Landgraf, A.-M., 115.
Larcher, C., 194.
Lavaud, B., 226.
Lazar, M., XV.
Lindsay, W. M., 17.
Lottin, O., V, VII-IX, XXIII, 3-4, 17, 62, 102, 112-113, 119-120, 124, 133-134, 137-138, 140, 142-144, 183, 218, 240, 245, 267-269.
Louis IX (roi de France), 99.
Lynch, K. F., 102.

Maïmonide, 123.
Maître A., X.
Maître Martin, 120, 141-144, 147.
Mandonnet, P., XVI-XVII.
Mangenot, E., 90, 95, 99.
Marichal, R., XXII.
Martin, voir Maître.
Martin, R.-M., XV, XVII, 188.
Meier, L., XVI.
Ménard, E., 136.
Michaud-Quantin, P., 168, 179, 186, 196, 218-219, 238.
Michel Scot, 213.

Minges, P., 220, 223.
Minio-Paluello, L., 213.
Montan, 242.
Muckle, J. T., 234.

Nemesius, 218.
Nicolas de Lyre, 4.
Nicolas du Pressoir, 274.

Odo, VII.
Odon de Soissons (ou d'Ourscamp), XVI-XVII, 142.
Origène, 38, 104, 135.
Ott, L., 269.

Paschase Radbert, 100.
Pelster, F., V, XII, 88, 103, 270.
Petrus Parvus, VII.
Peri (Pflaum), H., XV-XVII.
Philippe le Chancelier, VII, X, XIII-XV, XIX-XX, 28, 31, 60-61, 64, 71, 73-87, 89, 95-97, 102, 105-106, 108-109, 111, 113, 115, 117, 119, 121-122, 124-129, 131-133, 144, 147, 150, 157, 164, 166-167, 177-178, 184-186, 188, 195, 197, 199, 203, 217-218, 220, 222-226, 232-233, 242, 244-246, 252-253, 263-264, 272, 274, 276, 280-281, 283.
Philon d'Alexandrie, 193.
Pierre Auriol, 121.
Pierre de Bar, VII.
Pierre de Capoue, 119, 142-143, 147.
Pierre de Corbeil, 62, 91.
Pierre de Poitiers, 142.
Pierre le Mangeur, 6, 142.
Pierre le Petit, voir Petrus Parvus.
Pierre le Vénérable, 144.
Pierre Lombard, XIX, 3-7, 32, 41-42, 51, 90, 100, 103-105, 110, 112, 142, 152, 164, 178, 269.
Pitra, J.-B., XVI-XVII.
Prévostin de Crémone, 120, 142, 147, 163-174, 270.
Principe, W. H., 62, 101-103, 134.

Quétif, J., 90.

Raban Maur, 15.
Raciti, G., 6.
Richard Fishacre, 270.
Richard Kilwardby, 185.
Riedlinger, H., 142.
Robert de Courson, 118.
Robert Grosseteste, 274-275.
Robert de Melun, XV, XVII, 188.
Roland de Crémone, 90, 101-103, 151, 164, 227, 268-270, 273.
Rouse, M. A., 90, 95.
Rouse, R. H., 90, 95.

Saffrey, H.-D., 213.
Salman, D., 185-186, 223.
Samaran, C., XXII.
Schmitt, F. S., 22, 57.
Simon, R., 99.
Simon de Tournai, XVI-XVII, 120, 140, 142-144.
Smalley, B., 91, 95-97, 116, 121.
Smith, A., 90.
Solignac, A., 171.
Spicq, C., 99.
Stegmüller, F., 91, 101, 119.

Teetaert, A., XVI-XVII.
Théry, G., 6.
Thiel, M., 99.
Thomas d'Aquin, XVI, 86, 120-121, 135-136, 157, 171, 193, 204, 213, 234, 241, 273-280, 282.
Torrell, J.-P., 135, 144.
Tricot, J., 225.

Valois, N., 120.
Van den Eynde, D., VIII, X, 62, 102, 113-114, 116, 119, 140.

Van den Eynde, O., 62, 119.
Van Riet, S., 196, 233, 235-236.
Van Steenberghen, F., 234.
Vansteenkiste, C., XIV.
Vatican II, 135.
Vaux, R. de, 185, 196, 234.
Vaux Saint-Cyr, M.-B. de, 91.
Verbeke, G., 235-236.
Vicaire, M.-H., 90.
Virgile, 25.
Vital du Four, 219.

Walther, H., 25.
Warichez, J., XVI-XVII, 142.
Weisweiler, H., 267-268.
Wicki, N., XII, 28, 92, 106, 216, 218, 226-228, 241, 244.

Zarb, S., 171.

X., *De dilectione Dei et proximi*, 187.
X., *De potentiis animae*, 121, 188, 218, 239, 246, 259.
X., *De spiritu et anima*, 6, 8, 159, 168, 179, 187, 196.
X., *Filia Magistri*, 228, 267-269.
X., *Liber Pancrisis*, 4.
X., *Summa Basilensis*, 151, 228, 267-269.
X., *Summa 'Breves dies hominis'*, cf. Ps.-Étienne Langton.
X., *Summa Duacensis*, XIII-XV, 127, 147, 178, 187-188, 197, 224, 242, 263-264.
X., *Summa 'Ne transgrediaris'*, 119.

TABLE DES MATIÈRES

Introduction V
  1. Un témoin de l'activité scolaire aux environs de 1230 .   V
  2. Six textes sur la prophétie XI
  3. Une *Quaestio disputata* XV

Sigles et abréviations........................ XXIII

Bibliographie XXIV

DE PROPHETIA

I

TEXTE

Art. I :   Quid sit prophetia........................... 3
Art. II :   Quid sit videre in speculo 20
Art. III : De speciebus prophetie 32
Art. IV : De officio prophetarum 49

II

ÉTUDE LITTÉRAIRE
HISTORIQUE ET DOCTRINALE

Première partie

La Question 481 dans son contexte littéraire et doctrinal

Chapitre I. – Les sources principales : Guillaume d'Auxerre et Philippe le Chancelier 61

  § I. Guillaume d'Auxerre 62
    1. Une citation de Guillaume d'Auxerre 62

> 2. Les différents sens du mot « prophétie » 64
> 3. La prophétie n'est pas un *habitus* 67
> 4. Une problématique nouvelle 70
>
> § II. Philippe le Chancelier 73
> > 1. Similitudes et différences 73
> > 2. La prophétie est-elle une vertu ? 76
> > 3. Deux sens du mot *inspiratio* 78
> > 4. Divergences autour de la *visio in speculo* 82

CHAPITRE II. – HUGUES DE SAINT-CHER AUTEUR DE LA QUESTION 481 88

> § I. Les commentaires scripturaires d'Hugues de Saint-Cher et la Question 481 91
> § II. Les traces du commentaire des Sentences d'Hugues de Saint-Cher dans la Question 481 100

CHAPITRE III. – LES AUTRES QUESTIONS *DE PROPHETIA* DU DÉBUT DU XIIIe siècle 118

> § I. Guillaume d'Auvergne 120
> § II. Alexandre de Halès 124
> > 1. « Inspiratio est in spiritu designatio » 125
> > 2. Le *lumen divinum* dans la *visio in speculo* 128
> > 3. Recherches complémentaires 131
>
> § III. Godefroid de Poitiers 133
> § IV. Étienne Langton 137
> § V. Le Pseudo-Langton 140
> § VI. Pierre de Capoue 142

Deuxième partie

Une théorie de la connaissance prophétique à la veille de la grande scolastique

CHAPITRE I. – QU'EST-CE QUE LA PROPHÉTIE ? 151

> § I. Une approche embarrassée : « prophetia est inspiratio vel revelatio » 153
> § II. *Revelatio sive illuminatio* 156
> § III. *Prophetia quantum ad denonciationem* 159

§ IV. Un concept analogique : cinq réalisations différentes de la prophétie 161
§ V. Remarques critiques 165

Chapitre II. – Une anthropologie implicitement augustinienne. Les ambiguïtés du terme *spiritus* ... 170

§ I. *Spiritus* chez saint Augustin 171
§ II. *Inspiratio* et *spiritus* 173
   1. *Inspiratio* et *spiritus* « *in quo* » 174
   2. *Inspiratio* et *spiritus* « *a quo* » 176
   3. Deux difficultés et une question 177
§ III. *Spiritus* dans la Question 481 179
§ IV. L'apport des autres œuvres d'Hugues de Saint-Cher à la compréhension du terme *spiritus* 182

Chapitre III. – La vision *in speculo* 188

§ I. Premières précisions sur le *speculum* 190
§ II. Le *speculum creatricis essencie* 192
§ III. La vision *in speculo* des prophètes 196
§ IV. Le mécanisme de la vision *in speculo* 200
§ V. Le rôle du *speculum* 205

Chapitre IV. – Une noétique singulière. A mi-chemin entre Aristote et Augustin 208

§ I. Le rôle des images dans la connaissance prophétique 208
§ II. Vestiges aristotéliciens.................. 213
§ III. Un aristotélisme entravé.................. 222
§ IV. La connaissance *in raptu*.................. 226
§ V. Avicenne ou Augustin ? 230
§ VI. Ultimes réflexions critiques 237

Chapitre V. – Situation de la prophétie 243

§ I. Un charisme 243
§ II. Prophétie et foi.................. 248
§ III. Foi, prophétie et divers autres modes de connaissance 255
§ IV. Prophétie et histoire du salut.................. 259

Chapitre VI. – Un précurseur 267

   § I. Théologiens de l'entourage d'Hugues de Saint-Cher   267
   § II. Guerric de Saint-Quentin et le *De prophetia* d'Assise 186 270
   § III. Thomas d'Aquin 275

Conclusion 281

Tables

I. Table des citations bibliques 286

II. Table des œuvres citées dans la Question 481   288

III. Table des manuscrits 289

IV. Table des thèmes et termes principaux 290

V. Table des noms 297

   Table des matières 301

Addenda

Au dossier de la diffusion précoce des œuvres d'Hugues de Saint-Cher, il faut ajouter : David M. Solomon, *The Sentence Commentary of Richard Fishacre and the Apocalypse Commentary of Hugh of St Cher*, AFP, XLVI (1976), pp. 367-377, qui montre entre autres que Fishacre s'est servi dès 1245 du commentaire d'Hugues sur l'Apocalypse ; un anonyme, qui semble bien être Guerric de Saint-Quentin, aurait utilisé ce même commentaire dès avant cette date. – Cf. p. 91, note 8.

G. Cremascoli (*La ' Summa ' di Rolando da Cremona. Il testo del prologo*, Studi Medievali, Serie terza, Anno XVI, fasc. II, 1975, pp. 825-876), qui semble ignorer les mises au point de E. Filthaut et de W. H. Principe, véhicule encore l'appréciation de F. Ehrle sur le « conservatisme » d'Hugues de Saint-Cher (cf. p. 835). – Cf. p. 103, note 35.

Imprimatur:
Lovanii, die 15ᵃ aprilis 1977.
† A.-L. Descamps,
Episc. Tunet.